百将传评注

下 册

(北宋)张预 编

李如龙 评注

吴·周瑜

【原文】

周瑜，字公瑾，庐江舒人也。初，孙坚兴义兵讨董卓，徙家于舒。坚子策与瑜同年，独相友善，瑜推道南大宅以舍策，升堂拜母，有无通共。

及策薨，权统事，瑜与张昭共掌众事。曹公入荆州，刘琮举众降曹。公得其水军，船步兵数十万。将士闻之，皆恐。权延见群下，问以计策。议者咸曰："曹公豺虎也，然托名汉相，挟天子以征四方，动以朝廷为辞，今日拒之，事更不顺。且将军大势可以拒操者，长江也。今操得荆州，掩有其地。刘表治水军，蒙冲斗舰，乃以千数。操悉浮以沿江，兼有步兵，水陆俱下。此为长江之险，已与我共之矣。而势力众寡，又不可论。愚谓大计不如迎①之。"瑜曰："不然。操虽托名汉相，其实汉贼也。将军以神武雄才，兼仗父兄之烈②，割据江东，地方数千里，兵精足用，英雄乐业，尚当横行天下，为汉家除残去秽，况操自送死，而可迎之邪？请为将军筹之：今使北土已安，操无内忧，能旷日持久，来争疆场，又能与我校胜负于船楫可乎？今北土既未平安，加马超、韩遂尚在关西，为操后患。且舍鞍马，杖舟楫，与吴越争衡，本非中国所长。又今盛寒，马无藁③草，驱中国士众远涉江湖之间，不习水土，必生疾病。此数四者，用兵之患也，而操皆冒行之。将军禽^④操，宜在今日。瑜请得精兵三万人，进住夏口，保为将军破之。"权曰："老贼欲废汉自立久矣，徒忌二袁、吕布、刘表与孤耳。今数雄已灭，惟孤尚存，孤与老贼势不两立。君言当击，甚与孤合，此天以君授孤也。"时刘备为曹公所破，欲引南渡江，与鲁肃遇于当阳，遂共图计，因进住夏口，遣诸葛亮诣^⑤权。权遂遣瑜及程普等与备并力逆^⑥曹公，遇于赤壁。时曹公军众已有疾病，初一交战，公军败退，引次江北。瑜等在南岸，瑜部将黄盖曰："今寇众我寡，难与持久。然观操军方连船舰首尾相接，可烧而走也。"乃聚蒙冲斗舰数十艘，实以薪草，膏油灌其中，裹以帷幕，上建牙旗，先书报曹公，欺以欲降。又预备走舸，各系大船后，因引次俱前。曹公军吏士皆延颈观望，指言盖降。盖放诸船，同时发火。时风盛猛，悉延烧岸上营落。顷之，烟炎张天，人马烧溺死者甚众，军遂败退，还保南郡。备与瑜等复共追。曹公留曹仁等守江陵城，径自北归。瑜与程普又进南郡，与仁相对，各隔大江。兵未交锋，瑜即遣甘宁前据夷陵。仁分兵骑别攻围宁。宁告急于瑜。瑜用吕蒙计，留凌统以守其后，身与蒙往救宁。宁围既解，乃渡屯北岸，克期^⑦大战，瑜亲跨马掠阵，会流矢中右胁，疮甚，便还。后仁闻瑜卧未起，勒兵就阵。瑜乃就兴，案行军营，激扬吏士，仁由是遂退。

权拜瑜偏将军，领南郡太守，屯据江陵。刘备以左将军领荆州牧，治公安。备诣京见权，瑜上疏曰："刘备以枭雄之姿，而有关羽、张飞熊虎之将，必非久屈为人用者。愚谓大计宜徙备置吴，盛为筑宫室，多其美女玩好，以娱其耳目，分此二人，各置一方，使如瑜者得挟与攻战，大事可定也。今猥^⑧割土地以资业之，聚此三人，俱在疆场，恐蛟龙得云雨，终非池中物也。"权以曹公在北方，当广览英雄，又恐备难卒制，故不纳。

是时刘璋为益州牧，外有张鲁寇侵，瑜乃诣京见权曰："今曹操新折衄⑨，方忧在腹心，未能与将军连兵相争也。乞与奋威俱进取蜀，得蜀而并张鲁，因留奋威固守其地，好与马超结援。瑜还与将军据襄阳以蹙⑩操，北方可图也。"权许之。瑜还江陵，为⑪行装，而道于巴丘病卒。

孙子曰："天地孰得？"瑜谓曹公盛寒驱中国士涉江湖。又曰："亲而离之。"瑜威声远著，而曹公、刘备咸疑谮⑫之是也。

【注释】

① 迎：迎接。这里有投降之意。

② 烈：事业，功绩。

③ 藁：多年生草本植物，茎直立中空，根可入药。亦称"西芎""抚芎"。藁草意为干草。

④ 禽：通"擒"。

⑤ 诣：到……去。

⑥ 逆：抵御。

⑦ 克期：约定时间。

⑧ 猥：苟且，随便地。

⑨ 折衄：失败，挫败。

⑩ 蹙：脚步变小变碎。引申义为紧迫，急促。

⑪ 为：预备。

⑫ 谮：说坏话诬陷别人。

【今译】

周瑜，字公谨，是庐江郡（今安徽庐江）舒县（今安徽舒城）人。

当初，孙坚率领义兵讨伐董卓，他家跟着搬到了舒县。孙坚的儿子孙策和周瑜同岁，唯独和周瑜很要好，周瑜把路南的大宅子给孙策住，又进内宅拜见孙策的母亲，亲如一家，不分彼此。

孙策去世后，孙权主政。周瑜和长史张昭共同辅政，统管一切事务。曹操打入荆州（今湖北襄阳一带）之后，刘琮率领部下投降了曹操。曹操得到荆州水军，有水军和步兵共几十万人。孙权的将士听到这消息都很害怕。孙权于是召集部下询问对策，参加讨论的人都说："曹操是如同豺虎一般的人物，借着汉朝丞相的名义，劫持皇上到处征讨，动不动就拿朝廷为借口威胁别人，今天我们如果反对他，将会对我们更加不利。孙将军可以阻挡曹操的只有长江天险。现在曹操已得到了荆州，占据大片土地。刘表所训练的水军，单单大型战船和帆船就数以千计。曹操把舰船都布置在江岸，再加上步兵，部队通过水陆两路都可以到达下游。这也就是说曹操跟我们一同拥有了长江天险，双方实力对比就更不用说了。愚臣以为不如投降他吧，这可算作大的计策了。"周瑜却说："不是这样，曹操名义上虽称作汉朝丞相，其实是汉贼，将军凭仗英明神武，雄才大略，再仗着父兄的功劳，占据江东之地，方圆几千里，将士精干，兵员充足，英雄们都喜爱行军打仗，正该当横行天下，为汉朝王室除去这残恶的人，况且曹操自己来送死，怎能投降他呢？请让我为将军筹划一下，现今如果北方领地已经安定，曹操没有内忧，他怎能耗费长久时日，跟我们争夺疆土，又怎能跟我们在水上决一胜负呢？何况现今北方领地并未安定，加上马超、韩遂还在函谷关以西，成为曹操的后患。再说，舍弃鞍马，驾驶船舶，跟吴越争权，本就不是中原人所长。如今又碰上寒冷季节，马没有草吃，曹操驱使中原来的士兵远途跋涉来到江湖之旁，水土不服，必然生病。这四条都是用兵打仗上必须考虑的因素，然而曹操均冒险而为。所以将军捉拿曹操，应该就在当前。我周瑜请求调拨精兵三万人，进驻夏口（今湖北武昌），保证为将军打败他。"孙权说："老贼要废除汉朝、篡位自立已经很久了，只是害怕袁绍、袁术、吕布、刘表和我而已。现在几位枭雄都不在了，只有我还在，我和曹操老贼，势不两立。你说该当攻打他，正合我意，这真是上天把你送给我的。"那时，刘备被曹操打败，要带部下渡长江南下，和鲁肃在当阳县（今湖北当阳）相遇，就一同商量对策，刘备趁机派兵进驻夏口（今湖北武昌），派诸葛亮来见孙权。孙权就让周瑜、程普等跟刘备联合抵抗曹操，两军在赤壁（今湖北嘉鱼县）交战。当时曹操军中将士已患有疾病，战事一开始，曹军就败下阵来，退到江北，周瑜等人的部队驻扎在长江南岸，他的部下黄盖说："如今敌方兵力多而我方兵力少，难以跟他们持久交战。但是看见曹军战船首尾相接，可以用火攻战术打败他们。"于是召集数十艘大型战船和帆船，在上面装满柴草，里面再灌上膏油，外面裹上帷幕，上边竖立旗帜，而且事先给曹操去信，假装投降。又准备了舢板，系在大船后面，排列整齐向曹军方向驶去。曹军官兵们都一个个伸长了脖子观望，说黄盖带着船投降来了。黄盖放开战船，同时点燃船上的柴草。当时风力猛烈，大火一直烧到了岸上的军营。一会儿功夫，漫天遍野都是浓烟和火焰。曹军人马烧死、淹死的非常多，曹军于是败退，逃回到南郡（今湖北东部和南部），以求自保。刘备、周瑜的部队又一起追赶曹军。曹操留下曹仁等人守住江陵城（今湖北江陵），他自己逃回北方去了。周瑜和程普又率兵向南郡挺进，跟曹仁对立，以长江为隔。两军没有交战，周瑜又派遣甘宁带兵占领夷陵县（今湖北宜昌），曹仁派出一支部队包围了甘宁。甘宁急忙向周瑜求救。周瑜使用了吕蒙的计策，让凌统驻守后方，他亲自跟吕蒙去解救甘宁。解除了甘宁的包围之后，周瑜渡过长江，驻扎在江北岸，按约定的日期和曹军大战，周瑜亲自骑马上阵作战，右肋被乱箭射中，受伤很重，只好退回。后来，曹仁知道周瑜受伤卧床不起，就利用此机会率兵前来攻打。周瑜不得已只好起身，巡视各兵营，给部下打气，曹仁才退兵而去。

孙权任周瑜为偏将军，兼任南郡太守，驻扎在江陵。刘备以左将军头衔担任荆州牧（荆州的最高官员），州治选在公安（在江陵对面，长江南岸）。刘备到吴国京都去见孙权，周瑜上书给孙权说："刘备有着枭雄的样貌，加上有关羽、张飞这样如熊虎一般勇猛的大将，是绝不肯长久屈于他人之下的。我的计策是让刘备搬到吴国来住，给他建设宫殿，多预备美女和好玩的东西，使他的耳朵和眼睛感到愉悦，关、张二人要分开使用，各安置一地，派遣像我这样有能力的人，和他们一同行军打仗，这样，才能定下天下大事。现在若割让土地给刘备成为他的资本，又让这三人聚在一起，恐怕他们如同蛟龙得到云雨，终归不是池中之物呀。"孙权却以为曹操盘踞在北方，应当广纳英雄，又怕刘备不容易控制，所以没有采纳周瑜的建议。

当时，刘璋担任益州（今四川）牧，外面又受张鲁的侵扰，周瑜为此上京城觐见孙权说："现在曹操刚打了败仗，内心忧闷，不能发兵跟将军交战。请允许我和奋威（孙瑜号奋威将军）一同攻取益州，得到益州后再吞并张鲁，并留下奋威守卫益州，以便跟马超结成同盟，相互支援。我回来后和将军攻占襄阳，逼迫曹操，这样就可以考虑攻占北方的领地了。"孙权采纳了他的建议，周瑜就回到江陵预备行装，刚走到巴丘（今湖南岳阳）时就病死了。

孙子说："看哪一方占有天时地利的优势？"周瑜认为曹操驱使中原不习水战的士兵远途跋涉来到江南作战不利。孙子又说："敌人内部团结，就要设计使他们分裂。"周瑜威名远扬，但是曹操、刘备都猜忌他，还说他的坏话。

【评析】

　　周瑜，东汉末年东吴杰出的军事家。他出身士族，身姿优美，有"周郎"之称。精音律，多谋善断，精于军略，为人气度恢廓，雅量高致；少时与孙策友好，得以重用。195年，起兵助孙策占据江东。孙策死后，以中护军职辅佐孙权。208年秋，曹操率军南下，周瑜等分析局势，坚定了孙权与刘备结盟抗曹的决心，又自请为将，率军三万与刘备联合，以少胜多，大败曹军于赤壁，奠定了三分天下的基础。周瑜文武兼备，有雄才大略，赤壁战后攻取南郡积极筹划进图中原。210年，周瑜在巴丘去世，孙权痛哭流涕地说："公瑾有王佐之才，如今短命而死，叫我以后依赖谁呢？"对周瑜的才干，刘备、曹操也非常清楚。刘备曾私下挑拨周瑜和孙权的关系。一次，孙权、张昭等人为刘备送行，张昭等人先离开了，孙权和刘备谈话。刘备叹息说："公瑾文武筹略，万人之英。只是他器量太大，恐非久居人下者！"曹操写信给孙权有意贬低周瑜在赤壁之战中的作用。他说："赤壁之战，正赶上我的将士们染病，于是我自己烧船退却，没想到这倒使周瑜成了名。"

吴·吕蒙

【原文】

吕蒙，字子明，汝南富陂人也。少南渡，依姊夫邓当。当为孙策将，数讨山越。蒙年十五六，窃随当击贼，当顾见大惊，呵叱不能禁止。归以告蒙母，母恚①欲罚之，蒙曰："贫贱难可居，脱误②有功，富贵可致。且不探虎穴，安得虎子？"母哀而舍之。当职吏以蒙年小轻之，曰："彼孺子何能为？此欲以肉喂虎耳。"他日与蒙会，又笞③辱之。蒙大怒，引刀杀吏，出走。后策召见，奇之，引置左右。数岁，邓当死，张昭荐蒙代当，拜别部司马。权统事，料诸小将兵少而用薄者，欲并合之。蒙阴赊贳，为兵作绛衣行滕。及简日，陈列赫然，兵人练习。权见之大悦，增其兵。从征黄祖，祖令都督陈就逆以水军出战。蒙勒前锋，亲枭就首，将士乘胜，进攻其城。祖闻就死，委城走，兵追禽之。权曰："事之克，由陈就先获也。"以蒙为横野中郎将。益州将袭肃举军来附，周瑜表以肃兵益蒙。蒙盛称肃有胆勇，且慕化远来，于义宜益不宜夺也。权善其言，还肃兵。瑜使甘宁前据夷陵，曹仁分众围宁。宁困急，使使请救。蒙说瑜分遣三百人柴断险道，贼走可得其马。瑜从之。军到夷陵，即日交战，所杀过半。敌夜遁去，行遇柴道，骑皆舍马步走。兵追蹙④击，获马三百匹，方船载还。于是将士形势自倍，乃渡江立屯，与相攻击，曹仁退走。遂据南郡，抚定荆州。

鲁肃代周瑜,当之陆口,过蒙屯下。肃意尚轻蒙,或说肃曰:"吕将军功名日显,不可以故意待也。君宜顾之。"遂往诣蒙。酒酣,蒙问肃曰:"君受重任,与关羽为邻,将何计略,以备不虞?"肃造次应曰:"临时施宜。"蒙曰:"今东西虽为一家,而关羽实熊虎也,计安可不豫定?"因为肃画五策。肃于是越席就之,拊⑤其背曰:"吕子明,吾不知卿才略所及乃至于此也。"遂拜蒙母,结友而别。时蒙与成当、宋定、徐顾屯次比近,三将死,子弟幼弱,权悉以兵并蒙。蒙固辞,陈启顾等皆勤劳国事,子弟虽小,不可废也。书三上,权乃听。蒙于是又为择师,使辅导之,其操心率如此。后权拒曹公于濡须,数进奇计,又劝权夹水口立坞,所以备御甚精,曹公不能下而退。

曹公遣朱光为庐江太守,屯皖,大开稻田,又令间人招诱鄱阳贼帅,使作内应。蒙曰:"皖田肥美,若一收熟,彼众必增,如是数岁,操态见矣,宜早除之。"乃具陈其状。于是权亲征皖,引见诸将问以计策。蒙乃荐甘宁为升城督,督攻在前,蒙以精锐继之。侵晨进攻,蒙手执枹鼓,士卒皆腾踊自升,食时破之。既而张辽至夹石,闻城已拔,乃退。权加其功,即拜庐江太守,所得人马皆分与之。庐陵贼起,诸将讨击,不能禽⑥。权曰:"鸷鸟⑦累百,不如一鹗⑧。"复令蒙讨之。蒙至,诛其首恶,余皆释放,复为平民。

是时,刘备令关羽镇守,专有荆土。权命蒙西取长沙、零、桂三郡。蒙移书二郡,望风归服,惟零陵太守郝普城守不降。而各自蜀亲至公安,遣羽争三郡。权时住陆口,使鲁肃万人屯益阳拒羽,而飞书召蒙,使舍零陵,急还助肃。初,蒙既定长沙,当之零陵,过酃,载南阳邓元之。元之者,郝普之旧也,欲令诱普。及被书当还,蒙秘之,夜召诸将,授以方略,晨当攻城,顾谓元之曰:"郝子太闻世间有忠义事,亦欲为之,而不知时也。左将军在汉中,为夏侯渊所围。关羽在南郡，今至尊身自临之。近者破樊本屯，救酃，逆为孙规所破。此皆目前之事，君所亲见也。彼方首尾倒垂，救死不给，岂有余力复营此哉！今吾士卒精锐，人思致命，至尊遣兵，相继于道。今子以旦夕之命，待不可望之救，犹牛蹄中鱼，冀赖江汉，其不可恃亦明矣。若子太必能一士卒之心，保孤城之守，尚能稽延日夕，以待所归者，可也。今吾计力度虑，而以攻此，曾不移日，而城必破。城破之后，身死何益于事。而今百岁老母，戴白受诛，岂不痛哉？度此家不得外问，谓援可恃，故至于此耳。君可见之，为陈祸福。"元之见普，具宣蒙意，普惧而听之。元之先出报蒙，普寻后当至。蒙豫敕四将，各选百人，普出，便入守城门。须臾普出，蒙迎执其手，与俱下船。语毕，出书示之，因拊手㉚大笑。普见书，知备在公安，而羽在益阳，惭恨入地。蒙留孙河，委以后事，即日引军赴益阳。

后曹公又大出濡须㉛，权以蒙为督，据前所立坞，置强弩万张于其上，以拒曹公。曹公前锋屯未就，蒙攻破之。鲁肃卒，蒙西屯陆口，肃军人马万余尽以属蒙，又拜汉昌太守，与关羽分土接境。知羽骁雄，有并兼心，且居国上流，其势难久。初，鲁肃等以为曹公尚存，祸难始构，宜相辅协，与之同仇，不可失也。蒙乃密陈计策曰："今征虏守南郡，潘璋住白帝，蒋钦将游兵万人，循江上下，应敌所在，蒙为国家前据㉛襄阳，如此，何忧于操，何赖于羽？且羽君臣，矜其诈力，所在反覆，不可以腹心待也。今羽所以未便东向者，以至尊圣明，蒙等尚存也。今不于强壮时图之，一旦僵仆，欲复陈力，其可得邪？"权深纳其策。初至陆口，外倍修恩厚，与羽结好。

后羽讨樊，留兵将备公安、南郡。蒙上疏曰："羽讨樊而多留备兵，必恐蒙图其后故也。蒙常有病，乞分士众还建业，以治病为名。羽闻之，必撤备兵，尽赴襄阳。大军浮江，昼夜驰上，袭其空虚，则南郡可下，而羽可禽也。"遂称病笃⑫，权乃露檄⑬召蒙还，阴与图计。羽果信之，稍撤兵以赴樊。魏使于禁救樊，羽尽禽禁等，人马数万，托以粮乏，擅取湘关米。权闻之，遂行，先遣蒙在前。蒙至浔阳，尽伏其精兵舳舻中，使白衣摇橹，作商贾人服，昼夜兼行，至羽所置江边屯候，尽收缚之，是故羽不闻知。遂到南郡，士仁、糜芳皆降。蒙入据城，尽得羽及将士家属，皆抚慰，约令军中不得干历人家，有所求取。蒙麾下士，是汝南人，取民家一笠，以覆官铠。官铠虽公，蒙犹以为犯军令，不可以乡里故而废法，遂垂涕斩之。于是军中震栗⑭，道不拾遗。蒙旦暮使亲近存恤耆老，问所不足，疾病者给医药，饥寒者赐衣粮。羽府藏财宝，皆封闭以待权至。羽还，在道路，数使人与蒙相问，蒙辄厚遇其使，周游城中，家家致问，或手书示信。羽人还，私相参讯，咸知家门无恙，见待过于平时，故吏士无斗心。会权寻至，羽自知孤穷，乃走麦城，西至漳乡，众皆委⑮羽而降。权使朱然、潘璋断其径路，即父子俱获，荆州遂定。

以蒙为南郡太守，封孱陵侯。蒙疾，权时在公安，迎置内殿，所以治护者万方。年四十二，遂卒。蒙常以部曲事为江夏太守蔡遗所白，蒙无恨意。及豫章太守顾邵卒，权问所用，蒙因荐遗奉职佳吏，权笑曰："君欲为祁奚邪？"于是用之。甘宁粗暴好杀，既常失蒙意，又时违权令，权怒之。蒙曰："将如宁难得，宜容忍之。"权遂厚宁，卒得其用。孙权与陆逊论周瑜、鲁肃及蒙曰："公瑾雄烈，胆略兼人，遂破孟德，开拓荆州，邈焉难继，君今继之。公瑾昔要鲁肃来东，致达于孤，孤与宴语，便及大略帝王之业，此一快也。后孟德因获刘琮，张言方率数十万众水步俱下。孤请诸将，问所宜，俱言宜遣使迎之。肃即驳言不可，劝孤急呼公瑾，付任以众，逆而击之，此二快也。且其决计策意，出张、苏远矣。后虽劝吾借玄德地，是其一短，不足以损其二长也。周公不求备于一人，故孤忘其短而贵其长，常以比方邓禹也。又子明少时，孤谓不辞剧易，果敢有胆而已。及长，学问开益，筹略奇至，可以次于公瑾，但言议英发不及之耳。图取关羽，胜于鲁肃。肃答孤书云：'帝王之起，皆有驱除，羽不足忌。'此肃内不能辨，外为大言耳。孤亦恕之，不苟责也。"

孙子曰："料敌制胜，计险厄远近。"蒙料贼必遁而柴险得马。又曰："因间者，因其乡人而用之。"蒙因邓元之而降郝普。又曰："攻其无备。"蒙令关羽撤兵而袭南郡。又曰："法令孰行？"蒙乡人盗笠而斩之是也。

【注释】

① 恚（huì）：恼怒，发怒。

② 脱误：文字脱漏和错误，泛指疏忽失误。此处指误打误撞。

③ 笞（chī）：用竹板、荆条打。

④ 蹙（cù）：紧迫，窘迫。

⑤ 拊：拍，击，抚摸，体恤抚慰。

⑥ 禽：通"擒"。

⑦ 鸷鸟：凶猛的鸟。燕的别名。

⑧ 鹗：鸟，性凶猛，背暗褐色，腹白色，常在水面上飞翔，捕食鱼类。比喻有才能的人。

⑨ 拊手：拍手。拊，抚摩；引申为"拍""敲"。

⑩ 濡须：三国时古城，现安徽省无为县城北边，东南孙权曾建有濡须口，为战时港口。

⑪ 据：占据，盘踞。

⑫ 病笃：病重。

⑬ 露檄：公开发征召文书。
⑭ 震栗：惊恐。震，震惊；栗，恐惧，害怕。
⑮ 委：抛弃，舍弃。

【今译】

　　吕蒙，字子明，是汝南郡（今河南东南、安徽西北部）富陂（今安徽阜阳南）人，年轻时到江南，投奔姐夫邓当。邓当是孙策手下的将领，多次讨伐山越。吕蒙十五六岁时，就偷偷跟随邓当打仗，邓当知道后非常惊讶，责备他也制止不了他。邓当回家告诉了吕蒙的母亲，母亲很生气，要责罚他，吕蒙说："贫贱人的日子不好过，万一能立点功劳，不是可以富贵了吗？再说，不入虎穴，怎可得虎子呢？"母亲心疼他，就放他去了。邓当的下属看吕蒙年纪小，看不起他，说："这小子能干什么？这不是拿肉喂老虎吗？"有一天，这个下属碰见吕蒙，又出言讥讽他。吕蒙大怒，拿刀把他杀死后逃走了。后来孙策要召见他，对他很感兴趣，令他在左右伺候。几年后，邓当死了，张昭举荐吕蒙替代，任别部司马。孙权主管国家事务，计划把那些兵员少实力也不足的基层将领们的部队合并。吕蒙却暗中借钱，给士兵作绛色军服和绑腿。到了检阅的那天，孙权一看他的士兵军容整齐，操练得法，非常高兴，增加了他的兵力。吕蒙跟随孙权出征攻打黄祖，黄祖命都督陈就率领水军迎战。吕蒙任前锋，亲自斩杀了陈就，将士们乘胜攻城。黄祖听说陈就已被杀，弃城逃跑，被孙权的士兵活捉。孙权说："战争的胜利是因为先杀了陈就。"所以任吕蒙为横野中郎将军。益州将领袭肃带着士兵来投降，周瑜上表请求把袭肃的部队增派给吕蒙。吕蒙称赞袭肃有胆量，况且慕名前来投奔东吴，在道义上讲是该给增派兵力，不该夺他的兵权。孙权认为吕蒙说得对，就把兵权还给袭肃。

周瑜命甘宁进攻夷陵，曹仁分兵出击，包围了甘宁。甘宁被围困很焦急，派出使者求救。吕蒙向周瑜建议派三百人砍伐木柴以堵住险要的道路，这样敌人经过时，就可夺下他们的马匹。周瑜听从了吕蒙。周瑜的部队到达夷陵，当天就同曹仁交战，杀死了一半以上的敌军士兵。敌军趁夜逃跑，路上遇见木柴阻断道路，舍弃马匹改为步行。周瑜的部队火速追来，果然得到三百匹马，用船运回。这样周瑜的兵力增加了一倍，渡江安营，和曹仁的部队交战，逼曹仁退兵。于是周瑜占领了南郡，平定了荆州。

鲁肃接替了周瑜的职务，应当驻在陆口，要先经过吕蒙部队的驻地。那时鲁肃还瞧不起吕蒙，有人向鲁肃说："吕将军功名日益显露，不能故意怠慢，你该拜访他一下。"鲁肃就去拜访吕蒙，酒喝得正在兴头上时，吕蒙问鲁肃："你担当重任，跟关羽相邻，要用什么计策去防备不测呢？"鲁肃急忙回答说："看当时的情形，再做打算。"吕蒙说："如今东西两方虽是一家，但关羽实在是熊虎一般的人物，怎能不早点定好计策呢？"就给鲁肃出了五条计策。鲁肃起身到吕蒙身边，拍着他的肩膀说："吕子明，我不知道你的才能居然有这么高啊。"随即拜见了吕蒙的母亲，与吕蒙结为好友后才告辞。当时，吕蒙和成当、宋定、徐顾的部队驻扎的地方接近，这三位将领死后，他们的后代岁数尚小，实力很弱，孙权要把三人的部队都交给吕蒙。吕蒙坚决推辞，称这三人都为国家大事辛勤操劳，他们的后代虽然年龄尚小，却不能废除他们的兵权。吕蒙三次上书，孙权才听从了他。吕蒙又为三位将领的后代挑选老师辅导他们，吕蒙常常这样用心尽力。后来吕蒙跟随孙权在濡须抵挡曹军，多次提出了出奇的计策。又劝孙权在水口两旁设立防卫用的小堡，防御工事很精巧，曹操因攻打不下而撤退。

曹操派朱光任庐江郡太守，驻在皖城，大规模种植稻田，又命间谍引诱鄱阳贼头，作为内应。吕蒙说："皖城一带田地肥沃，如果稻子一旦成熟收割，他们的人丁必然增多，这样几年后，曹操的优势就显现出来了，应该趁早除掉他。"吕蒙就将详细情况上报孙权，孙权亲自领兵出征攻打皖城，召见将领们询问计策。吕蒙就推荐甘宁担任升城督，督导部队在前线打仗，吕蒙率精锐部队做后续进攻力量。一清早吕蒙的部队就发起进攻，吕蒙亲自打鼓，士兵们均勇猛攀登城墙，到吃饭的时候，便攻破了皖城。不久，张辽到了夹石（今安徽桐城北），听说皖城已被攻下，就撤退了。孙权表彰了吕蒙的功劳，立即任命他为庐江郡太守，将得到的曹军人马都分派给他。庐陵郡贼寇兴起，各将领讨伐攻打，都捉不到贼寇。孙权说："一百只燕子，也不如一只鹰。"又下令吕蒙去讨伐。吕蒙到达庐陵郡，斩杀贼寇头目，其余的人都给释放了，成为平民。

那时，刘备命关羽专门镇守荆州。孙权派吕蒙向西攻打长沙、零陵、桂阳三郡。吕蒙给长沙、零陵二郡发了文书，二郡很快就归服了，只有零陵太守郝普守城拒不投降。而刘备由蜀郡亲自来到公安，派关羽争夺长沙等三郡。孙权当时驻扎在陆口，命鲁肃领一万兵力驻扎益阳（今湖南益阳）抵挡关羽，又用飞书召见吕蒙，让他放弃零陵，回来帮助鲁肃。起先，吕蒙已占了长沙郡，应当去零陵，经过郡县（汉代郡县在今衡阳东）时，随车带上了南阳人邓元之。邓元之是郝普的老朋友，吕蒙想用他引诱郝普。现在接到孙权命令，应当返回，吕蒙保守住这个消息，夜里召集各将领，告诉他们计策，说是早晨要攻城，又跟邓元之说："郝子太（即郝普）知道世间有忠义之事，也愿意去做，只是不知道何时去做罢了。左将军（指刘备）在汉中（陕西西南部）被夏侯渊所围困；关羽在南郡，至尊（指孙权）亲自和他交战。最近（刘备）攻克了樊城（今湖北樊城），救了鄙县，反被孙规所击败。这都是当前发生的事情，你亲眼所见的。刘备那一方，正顾头顾不了脚，救自己的命还来不及，哪里有兵力营救郝普呢？如今我的将士实力强壮，人人都不怕死，至尊派的增援兵力，又不断到达。如今子太凭着危在旦夕的性命，空等那没指望的救兵，好比牛蹄下的鱼，等待江汉的水，明显不可靠。如果子太能凝聚所有士兵的军心，一心保全孤城，还能够拖延一段时间，来等待援兵，这也可以。但现在我估计依我们的实力攻打此城，不需一天的时间，城池必然被攻破。那样死了又有什么好处呢？还要让一百岁满头白发的老母亲遭到诛杀，那样不令人痛心么？我推测这是因为郝普不让城内百姓向外询问消息，对他们说可依赖救兵，所以才有这种情形。你可以去见他，跟他说明祸福的情况。"邓元之去会见郝普，把吕蒙这一套话都说了，郝普害怕，也就听从了他。邓元之先出城报告吕蒙，说郝普不久后就出城。吕蒙预先命四位将领各选一百人，等郝普一出城，这些人立刻进城把守。过了一会儿，郝普出来了，吕蒙上前迎接，拉着他的手，一齐下了船。话说完了，吕蒙才把孙权的信给他看，同时拍掌大笑。郝普看完信，才知道刘备已来到公安，而关羽在益阳，惭愧得恨不能钻进地下去。吕蒙留下孙河，做了吩咐处理后续事务，当天带兵前往益阳。

后来，曹操再次派出大军攻打濡须，孙权命吕蒙亲自督战，把守以前所设立的防御小堡，在上面放置一万张强弩，抵抗曹军。曹军前锋部队还没完成安扎营地，就被吕蒙攻破了。鲁肃死后，吕蒙向西驻扎陆口，鲁肃所统率的一万多人马，都划归吕蒙统领。又受任汉昌太守，和关羽的管辖区域接壤。吕蒙知道关羽是勇猛雄武之士，有吞并别人的野心，但位居高位，这种形势难以持久。本来，鲁肃等人以为曹操还在，祸难刚刚出现，应该和关羽相互辅助，一齐对付曹操，不可错失机会。吕蒙就秘密献计说："现今征虏将军孙皎把守南郡，潘璋驻扎在白帝城（今四川奉节），蒋钦率领一万人的机动兵力，沿长江上下巡逻，攻打敌人所在地，吕蒙为国家前去攻打襄阳，这样，何必忧虑曹操？又何必依赖关羽？而且关羽身为君臣，怕他采用欺诈手段，反复无常，不能对他们推心置腹啊。现在关羽之所以不能向东进军，是因为至尊、吕蒙等人还在。若我们不在兵力强壮时攻打，一旦力量丧失，再要恢复，那还能达到吗？"孙权很赞成吕蒙的计策，予以采纳。吕蒙刚到陆口，表面上跟关羽联络感情，结成好朋友。

　　后来，关羽讨伐樊城，留下大量兵力守备公安、南郡。吕蒙禀奏说："关羽讨伐樊城，却留下许多士兵防备后方，必然是怕吕蒙进攻他的后方，吕蒙经常得病，请求以治病为名义，分派给我一部分士兵回建业（今南京）。关羽听说后，必然把守备兵力，全部调到襄阳去。然后我们派大军沿长江行军，昼夜赶路，偷袭他防备空虚的后方，那么南郡就可攻破，关羽也会被擒拿。"吕蒙就装作病重，孙权就公开发文书征召吕蒙回去，其实却秘密设计。关羽果然相信了，逐渐将兵力调到樊城去了。曹操命令于禁前去救樊城，关羽把于禁等人全部捉拿，人马达几万之多，借粮食不够之名，肆意征收湘关（今湖南湘水上吴蜀分界处）的稻米。孙权听说了，就带兵出发，派吕蒙为前锋。吕蒙到了浔阳，把全部精锐兵力藏在大船里，让摇橹的人穿白衣，装成商人模样，昼夜不停行船，驶向关羽驻在江边的卫兵所，将关羽的士兵通通捆绑起来，这时关羽还不知道此事。然后到达南郡，傅士仁、糜芳都投降了。吕蒙进城占领，把关羽和将士们的家眷都找到了，安慰他们，并命令士兵不许私自进入民宅骚扰作乱，或索要物品。吕蒙手下有个士兵，是汝南郡人，拿了百姓家中的一顶雨帽，用来遮盖官家的铠甲。铠甲虽然是公家的，吕蒙仍然认为这名士兵触犯了军令，不能因为是同乡（吕蒙也是汝南郡人）就不惩罚，于是流着泪将这名士兵斩杀。这样一来，全军将士都害怕了，官兵们在道路上都不捡丢下的东西。吕蒙经常派遣身边的官员问候老人们，问他们都缺少什么，得病的就予以就医拿药，受饥寒的就给予粮食和衣服。关羽府库中的钱财珠宝，都封闭不动，等候孙权来。关羽返回南郡时，在路上多次派人跟吕蒙联络，吕蒙用优厚的待遇对待关羽的使者，又带着使者周游全城，挨家挨户问候，或亲自写信报平安。关羽的使者回去后，暗地里相互交谈，都知道家人平安，吕蒙对待他们的家人比从前还好，所以关羽的官兵就没有心思打仗了。等孙权来到浔阳，关羽知道自己被孤立了，就逃往麦城（在湖北当阳东南五十里），又往西到了漳乡（在当阳东北），关羽手下兵士都逃跑投降了。孙权派朱然、潘璋断绝关羽走的小路，抓获了关羽父子，荆州由此平定。

孙权任吕蒙为南郡太守，封为孱陵（今湖北公安南）侯。吕蒙得病后，孙权当时在公安，把吕蒙迎到内殿，想尽方法给他治疗。吕蒙不久病逝，才四十二岁。吕蒙曾经为了部下之事被江夏太守蔡遗告发，吕蒙并不怀恨在心。豫章太守顾邵去世后，孙权问由谁接替，吕蒙推荐蔡遗是尽职的好官，孙权笑着说："您要作祁奚吗？"结果就命蔡遗担任豫章太守。甘宁是个粗暴喜好杀戮的人，常常不听吕蒙的话，有时还违背孙权的命令，孙权因此感到很生气。吕蒙说："像甘宁这种猛将，实在难得，应该容忍他。"孙权于是厚待甘宁，以后果然派上了用场。孙权曾和陆逊评论周瑜、鲁肃、吕蒙三人，说："周瑜雄才英气、胆识计略远超过一般人，才能打败曹操，开拓了荆州，智虑深远难有人继续，只有您（陆逊）能继续他这功业。周瑜当年邀请鲁肃到东吴来，介绍给我，我和他在宴席上讨论，提到宏图大略和帝王的事业，这是第一件高兴事。以后曹操因为战胜刘琮，夸下海口称带几十万水军和步兵前来攻打。我向各位将领征求意见，该怎么办，他们都说该派使者欢迎曹操。鲁肃立即反对，称不可这样做，劝我快召见周瑜，托付重任，迎战曹操，这是第二件高兴事，而且他制定计策的能力，远超过张、苏二人。后来，鲁肃虽然劝我借给刘备领地，是他不足之处，然而还不能影响他做的两件大事。古代周公不苛求完美的人，所以我就忘记他的不足之处，看重他的长处，常常把他比作邓禹。还有，吕蒙年轻时，我只觉得他不怕困难，勇敢有胆量而已。等到吕蒙长大后，他非常有学问，常有妙计奇策，仅次于周瑜，只是言谈举止上不如周瑜。吕蒙对付关羽，比鲁肃厉害。鲁肃回我的信说：'帝王兴起，都有该铲除的人，关羽不足以为虑。这是鲁肃对内不能分辨，表面上说大话而已。我也原谅了他，不多责备他。'"

孙子说："研究地形的险要远近，准确地判断敌情，才能赢得胜利。"吕蒙知道敌军必然从小路逃跑所以用木柴在险要处阻断道路，从而得到马匹。孙子说："利用敌方人员做间谍，可以利用敌军中的同乡之人。"吕蒙利用邓元之做间谍从而使郝普投降。孙子说："趁敌人还没有防备时进攻，来赢得胜利。"吕蒙让关羽撤走军队，随后偷袭南郡。孙子说："敌我双方哪一方的法令更能严格执行？"吕蒙的同乡之人因偷拿草帽而被斩杀。

【评析】

　　吕蒙，汉末三国时期东吴名将，孙吴四英杰之一。少年时依附姐夫邓当，随孙策为将。吕蒙独具战略眼光，吕蒙接任鲁肃之职，镇守陆口后，其名声之响连向来骄矜的关羽也不敢有所轻忽。吕蒙曾趁名将关羽北伐曹魏、荆州空虚之时，偷袭荆州成功，击败关羽，擒其父子，立下大功。后被封为孱陵侯，受勋殊隆。但在君臣庆功之时，吕蒙却骤然离世，不治而薨，享年四十二岁。

吴·陆逊

【原文】

　　陆逊，字伯言，吴郡吴人也。孙权为将军，逊仕幕府。权数访世务，逊建议曰："方今英雄棋跱，豺狼窥望，克敌宁乱，非众不济，而山寇旧恶，依阻深地。夫腹心未平，难以图远。可大部伍，取其精锐。"权纳其策，以为帐下右部督。会丹阳贼帅费栈受曹公印绶，扇动山越为作内应。权遣逊讨栈。栈支党多而往兵少，逊乃益施牙幢①，分布鼓角，夜潜山谷间，鼓噪而前，应时破散。遂部伍东三郡，强者为兵，羸者补户，得精卒数万人，宿恶荡除，所过肃清。吕蒙称疾，诣建业。逊往见之，谓曰："关羽接境，如何远下？"蒙曰："诚如来言，然我病笃。"逊曰："羽矜其骁气，陵轹②于人。始有大功，意骄志逸，但务北进，未嫌于我。有相闻病，必益无备。今出其不意，自可禽制。下见至尊，宜好为计。"蒙曰："羽素勇猛，既难为敌，且已据荆州，恩信大行，兼始有功，胆势益盛，未易图也。"蒙至都，权问："谁可代卿者？"蒙对曰："陆逊意思深长，才堪负重。观其规虑，终可大任。而未有远名，非羽所忌，无复是过。若用之，当令外自韬隐，内察形便，然后可克。"权乃召逊，拜偏将军右部督代蒙。

　　逊出陆口，书与羽曰："前承观衅而动，以律行师，小举大克，一何巍巍！敌国败绩，利在同盟。闻庆拊节，想遂席卷，共奖王纲。近以不敏，受任来西，延慕光尘，思禀良规。"又曰："于禁等见获，遐迩欣叹，以为将军之勋足以长世。虽昔晋文城濮之师，淮阴拔赵之略，蔑以尚兹。闻徐晃等步骑驻旌，窥望麾葆③。操猾虏也，忿不思难，恐前增众，以逞其心。虽云师老，犹有骁悍。且战捷之后，常苦轻敌，古人杖术，军胜弥警。愿将军广为方计，以全独克。仆书生疏迟，忝所不堪，喜邻威德，乐自倾尽，虽未合策，犹可怀也。"羽览逊书，有谦下自托之意，意大安，无复所嫌。逊具启形状，陈其可禽之要。权乃潜军而上，使逊与吕蒙为前部，至即克公安、南郡。

黄武元年，刘备率大众来向西界，权命逊督五万人拒之。备从巫峡、建平连围至夷陵界，立数十屯，以金锦爵赏诱动诸夷，使将军冯习为大督，张南为前部，赵融、廖淳、傅彤等各为别督。先遣吴班将数千人于平地立营，欲以挑战。诸将皆欲击之，逊曰："此必谲，且观之。"备知其计不可，乃引伏兵八千，从谷中出。逊曰："所以不听诸军击班者，揣之必有巧故也。"逊上疏曰："夷陵要害，国之关限。虽为易得，亦复易失。失之非徒损一郡之地，荆州可忧。今日争之，当令必谐。备干天常，不守窟穴，而敢自送。臣虽不材，凭奉威灵，以顺讨逆，破坏在近。寻备前后行军，多败少成。推此论之，不足为戚。臣初嫌之，水陆俱进，今反舍船就步，处处结营，察其布置，必无他变。伏愿至尊高枕，不以为念也。"诸将并曰："攻备当在初，今乃令入五六百里，相衔持经七八月，其诸要害皆以固守，击之必无利矣。"逊曰："备是猾虏，更尝事多，其军始集，思虑精专，未可干也。今住已久，不得我便，兵疲意沮，计不复生，犄角此寇，正在今日。"乃先攻一营，不利，诸将皆曰："空杀兵耳。"逊曰："吾已晓破之术。"乃敕各持一把茅，以火攻拔之。一尔势成，通率诸军同时俱攻，斩张南、冯习及胡王沙摩柯等首，破其四十余营。备将杜路、刘宁等穷逼请降。

备升马鞍山，陈兵自绕。逊督促诸军四面蹙之，土崩瓦解，死者万数。备因夜遁，驿人自担烧铙铠断后，仅得入白帝城。其舟船器械，水步军资，一时略尽，尸骸漂流，塞江而下。备大惭恚④，曰："吾乃为逊所折辱，岂非天邪！"

初，孙桓别讨备前锋于夷道，为备所围，求救于逊。逊曰："未可。"诸将曰："孙安东公族，见围已困，奈何不救？"逊曰："安东得士众心，城牢粮足，无可忧也。待吾计展，欲不救安东，安东自解。"及方略大施，备果奔溃。桓后见逊曰："前实怨不见救，定至今日，乃知调度自有方耳。"当御备时，诸将军或是孙策时旧将，或公室贵戚，各自矜恃，不相听从。逊案剑曰："刘备天下知名，曹操所惮。今在境界，此强对也。诸君并荷国恩，当相辑睦，共翦此虏，上报所受，而不相顺，非所谓也。仆虽书生，受命主上。国家所以屈诸君使相承望者，以仆有尺寸可称，能忍辱负重故也。各任其事，岂复得辞！军令有常，不可犯也。"及至破备，计多出逊，诸将乃服。权闻之曰："君何以初不启诸将违节度者邪？"逊对曰："受恩深重，任过其才。又此诸将或任腹心，或堪爪牙，或是功臣，皆国家所当与共克定大事者。臣虽驽懦⑤，窃慕相如、寇恂相下之义，以济国事。"权大笑，称善。加拜逊辅国将军，领荆州牧。备寻病亡，子禅袭位，诸葛亮秉政，与权连和。时事所宜，权辄令逊语亮，并刻权印，以置逊所。权每与禅、亮书，常过示逊轻重可否。有所不安，便令改定，以印封行之。

七年，权使鄱阳太守周鲂谲魏大司马曹休，休果举众入皖。乃召逊假黄钺，为大都督，逆休。休既觉知，耻见欺诱，自恃兵马精多，遂交战。逊自为中部，令朱桓、全琮为左右翼，三道俱进，果冲休伏兵，因驱走之，追亡逐北，径至夹石，斩获万余，牛马骡驴车乘万两，军资器械略尽。休还，疽发背死。诸军振旅过武昌，权令左右以御盖覆逊，入出殿门。凡所赐逊，皆御物上珍，于时莫与为比。

嘉禾五年，权北征，使逊与诸葛瑾⑥攻襄阳。逊遣亲人韩扁赍表奉报，还，遇敌于沔中，钞逻得扁。瑾闻之甚惧，书与逊云："大驾已旋，贼得韩扁，具知吾阔狭。且水干，宜当急去。"逊未答，方催人种葑豆，与诸将奕棋射戏如常。瑾曰："伯言多智略，其当有以。"自来见逊，逊曰："贼知大驾已旋，无所复戚，得专力于吾。又已守要害之处，兵将意动，且当自定以安之，施设变术，然后出耳。今便使退，贼当谓吾怖，仍来相蹙，必败之势也。"乃密与瑾立计，令瑾督舟船，逊悉上兵马，以向襄阳城。敌素惮逊，遽还赴城。瑾便引船出，逊徐整部伍，张拓声势，步趋船，敌不敢干。军到白围，托言住猎，潜遣将军周峻、张梁等击江夏新市、安陆、石阳，石阳市盛，峻等奄至，人皆捐物入城。城门噎不得关，敌乃自斫杀己民，然后得阖。斩首获生，凡千余人。其所生得，皆加营护，不令兵士干扰侵侮。将家属来者，使就料视。若亡其妻子者，即给衣粮，厚加慰劳，发遣令还。或有感慕相携而归者，邻境怀之。又魏江夏太守逯式兼领兵马，颇作边害，而与北旧将文聘子休宿不叶。逊闻其然，即假作答式书云："得报恳恻，知与休久结嫌隙，势不两存，欲来归附，辄以密呈来书表闻，撰众相迎。宜潜速严，更示定期。"以书置界上，式兵得书以见式，式惶惧，遂送妻子还洛。由是吏士不复亲附，遂以免罢。赤乌七年，为丞相。卒。次子抗袭爵。

孙子曰："夜战多火鼓，昼战多旌旗。"逊讨费栈，益施牙幢而分布鼓角。又曰："出其不意。"逊以吕蒙称疾而请出羽之不意。又曰："卑而骄之。"逊与羽书有谦下之意，而羽无所嫌。又曰："其所居易者，利也。"逊以吴班营于平地而谓必有巧。又曰："避其锐气，击其堕归。"逊以备军始集，不击而待其疲沮。又曰："爱民可烦。"逊谓孙桓无可忧而不必救。又曰："我不欲战，乖其所之。"逊种豆奕棋而敌不敢蹙。又曰："亲而离之。"逊假作式书是也。

【注释】

① 牙幢：象牙装饰的大将旗子。

② 轹：滚压；碾压。文中意思为欺侮蔑视。

③ 麾葆：大旗与羽盖。借称统帅。

④ 恚：愤怒地，生气地，发怒地。

⑤ 驽懦：驽钝懦弱。

⑥ 诸葛瑾：三国时期吴国大臣，诸葛亮之兄，诸葛恪之父。经鲁肃推荐，为东吴效力。胸怀宽广，温厚诚信，甚得孙权的信赖，努力缓和蜀汉与东吴的关系。

【今译】

陆逊，字伯言，是吴郡吴县（今江苏省吴县）人。孙权做将军时，陆逊开始在将军府中做官。孙权多次来拜访以求经世的办法，陆逊建议说："当今英雄像棋盘上的对峙，相持不下，如豺狼在窥伺探望，要战胜敌人，平定祸乱，非依靠军队不成。而山贼和原有的恶势力，依靠险阻，深入内地。心腹之患没有平定，很难对远方有所图谋啊。可从山贼中获得精锐力量，增加军队实力。"孙权采纳他的计策，任用为帐下右部督。正赶上丹杨贼帅费栈接受曹操的官印，煽动山越作为内应。孙权派陆逊讨伐费栈。费栈的分支党羽很多，而陆逊的兵力很少，陆逊就设立了许多用象牙装饰的大将旗子，分别布置了军鼓号角，夜里让士兵潜藏在山谷间，鸣鼓前进，费栈的贼兵立刻四散而逃。于是将部队带到东面的三个郡，身强体壮的充当士兵，身体羸弱的当百姓，得到好几万精兵，旧有的恶势力被完全除尽，陆逊部队经过的地方将山贼完全肃清。吕蒙声称有病来到建业，陆逊去看望他，对他说："关羽就在接近我国边境的地方，怎么能来这里呢？"吕蒙说："确实是像你所说的那样，但我病得很重。"陆逊说："关羽骄横于他的勇猛之气，对人欺侮蔑视，刚有大的功劳，就骄傲放纵，只专力于向北进攻，没有怀疑我。如今听说你有病，必然更加没有防备。现在趁他大意，自当可以擒拿制服关羽。今后见了主公孙权，应该好好谋划一下。"吕蒙说："关羽一向勇猛，本就不可作为敌人，而且现已占据荆州，广施恩泽信用，加上功勋卓著，胆量气势更为强大，不容易拿下啊。"吕蒙到都城，孙权问他："谁可以替代你呢？"吕蒙回答说："陆逊想问题深刻长远，才干足以负起重任，看他的规划思虑，终究可以委以重任。而且还没有较好的名声，不是关羽避忌的人，没有比他更合适的人了。如果任用他，应当命令他对外隐藏才能，在心中考察形势和有利之处，然后就可以战胜敌人。"孙权于是召见陆逊，任为偏将军右部督，代替吕蒙。

　　陆逊到了陆口（今湖北省嘉鱼县西南之陆溪口镇），写信给关羽说："先前您观察敌人的空隙来发动攻击，按照规律行军，凭较少的兵力也能取得大的胜利，成就的功业多么高呢！敌国战败，有利于同盟。听到这喜庆的事，我就鼓掌击节。想必接下来像卷席子般攻下中原，一同帮助朝廷治国定纲。当前以我这个不聪敏的人，领受任务到西面来，伸长脖子仰望，羡慕您的光彩和行迹，渴望接受您对我的良好教诲。"又说："于禁等人被抓获，周围远近的人都非常赞叹，认为将军的功勋足以长久流传于世。即使是古时晋文公在城濮的用兵，淮阴侯拔除赵国旗帜的战略，也不能比得上这次战功。我听说徐晃带领少数骑兵，竖立军旗，驻扎在附近，窥伺着您竖立旗伞的军营。曹操是狡猾之人，愤怒了就不考虑危难，恐怕他会悄悄增兵，以实现他的心愿。虽然他的军队暮气沉沉，可凶猛强悍尚存。而且作战胜利之后，常有轻敌的心理，古人所倚仗的方法是军队打胜仗后更加警觉，希望将军能多制定一些计策，以确保独自能战胜敌人。我是一个才疏学浅的迟钝书生，惭愧地担任这不能胜任的职务，很喜欢邻国有这样的军威德政，我很高兴能把心意完全说出来，虽然未必适合您的谋划，您也可以想一想的。"关羽看了陆逊的信，认为有谦虚居下以自托的意思，感到非常放心，而不再有所怀疑。陆逊详细向孙权奏明了关羽的情况，陈说捉拿他的要点。孙权就暗中派军沿江而上，派陆逊和吕蒙为前锋，一到就立即攻下公安（今湖北省公安县东北油江口，故一称油口）、南郡。

黄武元年（222年），刘备率大军向吴蜀西部边界挺进，孙权命陆逊为大都督，领兵五万人抗击刘备。刘备从巫峡、建平（吴置建平郡，郡治即今重庆巫山县）接连包围到了夷陵境内，设置数十营垒，用金子、锦缎、官位、赏赐来诱惑动摇各蛮夷首领，任将军冯习为全军大都督，张南为前部都督，赵融、廖淳、傅彤等各为别部的都督，先派遣吴班率领数千人在平地上设立军营，要来挑起战事。吴国各将领都想要攻打他，陆逊说："这其中一定有诈，暂且观望一下。"刘备知道他的计谋无法实现，就带着埋伏的八千名兵士，从山谷中出来。陆逊说："之所以不听从各位去攻打吴班，就是料想其中一定有诈的缘故。"陆逊上奏说："夷陵是险要关键的地方，是国家的关口门槛。虽然很容易得到，也很容易失去。失去了并非只损失一个郡的土地，荆州也就令人担忧了。今日争夺此地，一定要执行命令。刘备违背了天下的常理，不守在他的洞穴里，而敢自己出来送命。我虽无才能，凭借奉持君上的威严神力，以顺势征讨逆势，击败敌军就在眼前了。研究刘备前前后后的用兵情况，多半失败，很少成功。以此推论，不值得忧虑。臣开始时怀疑他会水陆并进，如今却弃船而用步兵，处处结营扎寨，观察他军营的布置，一定没有其他的变化。我愿君王高枕无忧，不要以此为虑。"诸将领一同说："攻打刘备应当在其军队刚入境时，如今让他进入了五六百里，彼此相持了七八个月，他的各要害部位都已坚固防守，去攻打他一定不会取得胜利。"陆逊说："刘备是个狡猾的人，曾经历过许多战事，他军队刚开始集结时，思虑精密专一，难以战胜。如今兵士驻扎已久，得不到便于进攻我军的机会，士兵疲惫，意志沮丧，也没有想出好的计谋，捉拿刘备正是现在呀！"于是诸将领就先攻打刘备的一个营寨，未能攻下。诸将说："白让兵士送死了。"陆逊说："我已经知道攻破他的方法了。"就命令每人各拿一把茅草，用火攻战术攻击军营。一下子胜势显现，陆逊统一率领诸军同时发动进攻，斩杀了张南、冯习及胡人之王沙摩柯等人，攻破刘备大军的四十多个营寨。刘备的大将杜路、刘宁等人无路可逃，被逼请求投降。刘备逃上"马鞍山"，排出环绕自己的兵阵。陆逊督促诸军从四面包围迫逼他，刘备大军像泥土崩落、瓦石碎裂般的整个崩溃了，死了上万名兵士。刘备趁着夜色逃走，命驿人将所担的有木柄的小钲和铠甲堆起来焚烧，以截断后面敌人的追击，如此也仅能逃入白帝城（今重庆奉节县东）。他的船只武器军械，水军步兵的军需物资，一下子全没有了，兵士尸体漂流，塞满长江，往下游流去。刘备非常惭愧愤恨地说："我竟被陆逊所侮辱，这难道不是天意吗？"

夷陵之战开始时，孙桓率领另外一支军队去夷道（今湖北宜都西北）讨伐刘备大军的前锋，被刘备所围困，向陆逊求救。陆逊说："不可救援。"诸将说："孙桓与王同族，被围已很危困，为什么不去救呢？"陆逊说："孙桓得到众兵拥护，城防坚固，粮食充足，没有可担忧的。等我的计谋实施后，不用去救孙桓，围困自己就会解除。"等到陆逊的计谋完全实施后，刘备果然逃跑。孙桓后来见了陆逊说："以前确实怨恨你不发兵救援，到今天大势已定了，才知道你调兵布阵自有方法。"防御刘备时，将军们有的是孙策的旧将，有的是王族的尊贵亲戚，各自骄横自负，互不听从。陆逊按着剑说："刘备是天下有名之人，是曹操所惧怕的人，如今在国境内，这是强大的对手。各位共同承受国家的恩惠，应当彼此齐心和睦，共同消灭刘备，对上报答所受的恩惠，但现今却相互不和，这实在不是所谓的报恩之理。我虽然是个书生，领受主上的命令。国家之所以屈就各位将军，使大家一同指望我，是因为我可称道的是能忍受耻辱，担负重任的缘故。各人要在自己的岗位履行职责，哪里能推卸呢！而军令有日常规定，不可以冒犯啊。"等到打败了刘备，许多计策都出自陆逊，诸将才心服。孙权听说后，就说："你为何刚开始不上奏各将领中不听从指挥调度的人呢？"陆逊说："臣受到的恩惠这么深重，所负的责任超过了才能。并且这些将领中有的可作为心腹，有的可担当武臣，有的是功臣，都是国家应与之一起完成大事的人。我虽然愚笨懦弱，私下却很钦慕司马相如、寇恂互相以身屈居其下的道理，去完成国家大事。"孙权大笑称好，提拔陆逊为辅国将军，任为荆州牧。刘备不久后病逝，儿子刘禅承袭王位，诸葛亮主持大政，和孙权联合通好。凡是时事适宜的，孙权就令陆逊告诉诸葛亮，并刻了孙权的大印，放在陆逊那里。孙权每次写给刘禅、诸葛亮的信，常给陆逊阅读，看言语轻重是否妥当。如有不妥之处，就令陆逊改正，然后用印封口发送出去。

黄武七年（228年），孙权派鄱阳太守周鲂诈骗魏国大司马曹休，曹休果真率军进入皖城，就授予陆逊使用金斧专杀的特权，任为大都督，迎战曹休。曹休已经知道实情，羞于被欺骗，自己仗着兵马精锐众多，就与陆逊交战。陆逊自己在中路出击，令朱桓、全琮在左右两边，三路同时进攻，果然冲破曹休埋伏着的军队，趁势赶跑曹休，追逐逃跑的败兵，一直到了夹石，斩杀俘获曹休兵士一万余人，牛马骡驴车具共一万辆，将曹休军队的物资和器械全掠夺过来。曹休逃回去后，因背上生疽疮而死。诸将领凯旋，经过武昌，孙权命令手下的人用皇帝的伞盖遮护陆逊，进出都走宫殿的大门。凡是赐给陆逊的物品，都是皇帝享用的上等珍品，在当时没有人能与他相比。

嘉禾五年（236年）孙权向北方派兵出征，派陆逊和诸葛瑾攻打襄阳。陆逊派自己的亲信韩扁持表上奏，回来时在沔中遇见敌军巡逻查问，敌军抓获了韩扁。诸葛瑾听说后很害怕，给陆逊写信道："皇上已胜利回朝，敌人得到韩扁，完全知道我军情况如何。而且河水干涸，应当赶快撤离。"陆逊未回信，正在催人去种蔓菁大豆，和诸将领下棋射箭，一如平常。诸葛瑾说："伯言智谋非常多，他这样做应当是有原因。"自己来见陆逊，陆逊说："敌人知道皇上已回朝，没有什么忧虑的了，能够全力对付我。而且已经守住要害之地，我们的兵士、将领心浮气躁，应当自己镇定以便安定将士们，设计出其不意的战术，然后出击迎战。眼下立刻就撤退，敌人会认为我们惧怕他们，仍就会来逼扰，这是必败之势。"就秘密和诸葛瑾定下计策，令诸葛瑾率领舟船部队，陆逊派出所有兵马，攻向襄阳城。敌军一向惧怕陆逊，急忙回到城中。诸葛瑾就带领舟船出发，陆逊慢慢地整理部队，虚张声势，步兵都上了船，敌人不敢干扰。陆逊的部队到了白围，假托说要驻扎下来打猎，暗中派将军周峻、张梁等人攻打江夏、新市、安陆、石阳，石阳的市场生意很好，周峻等人忽然杀到，百姓都丢下东西逃回城内。城门被人塞满而无法关闭，敌人就砍杀自己的百姓，然后才关上城门。被杀头和被俘虏的大约有一千多人。所有被俘虏的士兵，陆逊都加以保护，不准兵士干扰侮辱。有带家属的士兵，就让家属来照料。若有俘虏没有了妻子儿女，就发给衣服粮食，并给予众多慰问，然后遣送他们回去。也有感动钦慕作伴来归服的士兵，相邻地方的人都有归附的意思。魏国江夏太守逯式兼管军队，在边境地区大肆作乱为害，并且和北方旧将文聘的儿子文休向来不和。陆逊听说此事，就假装给逯式写了封回信说："我得到你满怀诚意的答书，知道你和文休长久以来结有怨隙，势不两立，想来归附，就以密函呈上你的来信，上表于皇上，准备派军队前来迎接。你应暗中迅速整理部队，更应给出确定的日期。"陆逊派人将信放在边界上，逯式的士兵拿此信来见逯式，逯式惶恐畏惧，就亲自送妻子儿女回洛阳去了。因此将士们不再亲近附从他了，逯式就被罢免。赤乌七年（244年），陆逊任丞相。死后，次子陆抗承袭爵位。

孙子说："夜战时多用火把和战鼓，白天作战就多用旗帜。"陆逊讨伐费栈时，设立了许多用象牙装饰的大将旗子，分别布置了军鼓号角。孙子说："趁敌人没有防备时攻打敌人。"陆逊以吕蒙患病为掩护，趁关羽没有防备时攻打他。孙子说："我方故意示弱以令敌人骄傲。"陆逊给关羽写信表示谦虚示弱之意，从而令关羽不再怀疑他。孙子说："敌人舍弃险要而驻扎在平缓易攻之地，一定有其企图。"陆逊派吴班在平地上安营扎寨，必定有其计策。孙子说："避开敌人的锐气作战，趁敌人懈怠欲逃跑时攻击敌人。"陆逊因为刘备大军刚刚集结，不出击迎战，而是等待刘备大军将士疲惫沮丧。孙子说："将领过于仁慈，可能带来烦扰。"陆逊对孙桓说没有什么好担忧的所以不去救援。孙子说："我军不想同敌人作战，就要设法调动敌人，使敌人背离所要进攻的方向。"陆逊派人种植大豆，和下属下棋从而使敌人不敢妄动。孙子说："敌人内部团结，则设计使其分裂。"这就是陆逊假装给逯式写信的道理所在。

【评析】

陆逊，三国时期杰出的政治家、军事家。东吴大帝孙权兄长沙桓王孙策之婿，世代为江东大族。陆逊足智多谋，善于用兵，表现出了卓越的军事才能。他利用关羽骄傲自大的弱点，以卑下的言辞写信吹捧关羽，使关羽完全丧失警惕，全力对付曹操。这样吕蒙才得以兵不血刃轻取荆州。吕蒙死后，陆逊成为抗拒魏、蜀二国的主要支柱。章武二年，陆逊在夷陵击败刘备所率蜀汉军，一战成名。此战也成为战争史上著名的积极防御的成功战例，此后陆逊在东吴出将入相。他智勇兼备，武能安邦，文能治国，并且品质高尚，孙权把他比作成汤之伊尹和周初之姜尚，但孙权对陆逊的重用，主要在军事方面，始终没有交给陆逊军政大权，甚至陆逊晚年因卷入立嗣之争，被孙权所忌，忧愤而死，葬于苏州。

吴·陆抗

【原文】

陆抗，字幼节，孙策外孙也。与诸葛恪换屯柴桑。抗临去，皆更缮完城围，葺其墙屋，居庐桑木，不得妄败。恪入屯，俨然若新。而恪柴桑故屯，颇有毁坏，深以为惭。孙皓即位，政令多阙①。抗上疏曰："臣闻德均则众者胜寡，力侔则安者制危，盖六国所以兼并于强秦，齐楚所以北面于汉高也。今敌跨制九报，非徒关右之地，割据九州，岂但鸿沟以西而已。国家外无连国之援，内非西楚之强，庶政陵迟，黎民未义。而议者所恃，徒以长川峻山，限带封域，此乃书传之末事，非智者之所先也。"凤凰元年，西陵督步阐据城以叛，遣使降晋。抗闻之，即部分诸军，令将军左奕、吾彦、蔡贡等径赴西陵，敕诸营更筑严围，自赤溪至故市，内以围阐，外以御寇，昼夜催切，如敌已至，众甚苦之。诸将咸②谏曰："今及三军之锐，亟以攻阐，比晋救至，阐必可拔。何事于围，而以弊士民之力乎？"抗曰："此城处势既固，粮谷又足，且所缮修备御之具，皆抗所宿规。今反身攻之既非可卒克，且北救必至，至而无备，表里受难，何以御之？"诸将咸欲攻阐，抗每不许，宜都太守雷谭言至恳切，抗欲服众，听令一攻。攻果无利，围备始合。晋车骑将军羊祜率师向江陵，诸将咸以抗不宜上，抗曰："江陵城固兵足，无所忧患。假令敌没江陵，必不能守，所损者小。如使西陵盘结，则南山群夷皆当扰动，则所忧虑，难可以言也。吾宁弃江陵而赴西陵，况江陵牢固乎？"初，江陵平衍，道路通利，抗敕江陵督张咸作大堰遏水，渐渍乎中，以绝寇叛。祜欲因所遏水，浮船运粮，扬声将破堰以通步军。抗闻，使咸亟破之。诸将皆惑，屡谏不听。祜至当阳，闻堰破，乃改船以车运，大费损功力。晋巴东监军徐嗣率水军诣建平，荆州刺史杨肇至西陵。抗令张咸固守其城；公安督孙遵巡南岸御祜；水军督留虑、镇西将军朱琬拒嗣；身率三军，凭围对肇。将军朱乔、营都督俞赞亡③诣肇。抗曰："赞军中旧吏，知吾虚实者，吾尝虑夷兵素不简练，若敌攻围，必先此处。"即夜易夷兵，皆以旧将充之。明日，肇果攻故夷兵处，抗命旋军击之，矢石雨下，肇众伤死者相属。肇至经月，计屈夜遁。抗欲追之，而虑阐畜力项领，伺视间隙，兵不足分。于是但鸣鼓戒众，若将追者。肇众凶惧，悉解甲挺走。抗使轻兵蹑之，肇大破败，祜等皆引军还。抗遂陷西陵，诛夷阐族及其将吏，修治城围。东还乐乡，貌无矜色④，谦冲如常，故得将士欢心。拜大司马、荆州牧。遂卒。

【注释】

① 阙：纰漏。

② 咸：全，都。

③ 亡：逃亡。

④ 矜色：骄傲的神情。

【今译】

陆抗，字幼节，是孙策的外孙。和诸葛恪去轮换驻守柴桑（即浔阳郡）。陆抗要离开时，将城防营围又全部修缮一新，修整城墙和房屋,不随意毁坏居民家的桑树果树。诸葛恪进入驻地,如同一切都是新的一样。而诸葛恪在柴桑的旧营地中,有很多损毁的地方,他深感惭愧。孙皓继位后,朝廷政令有很多纰漏,陆抗就上奏说:"我听说,德行不相上下时,人多的一方会战胜人少的一方,力量相同时,安定的一方能制服危乱的一方,这或许就是六国被强秦兼并,齐楚两国臣服于汉高祖的原因吧。如今敌人占据全国的广大地区,不仅仅是像秦国那样只占据关西地区,敌人占据着全国,哪像汉高祖那样只是占有鸿沟以西的地方而已。我国在外没有盟国的援助,内部没有楚国那样强大,各种政务废弛,百姓得不到安定,而参与政事的人所依仗的,只有绵延不断的河流和险峻的高山,限制着范围封锁着疆界,这是守卫国家的下策,不是有智慧的人首先考虑的计策。"凤凰元年,西陵都督步阐依托守城叛乱,派使者投降晋国。陆抗听说此事,马上派出各将领,命令将军左奕、吾彦、蔡贡等人直接赶赴西陵,命令加固各军营营围,从赤溪到故市,对内用来包围步阐,对外用来抵抗敌寇,陆抗日夜催迫手下,就像敌人已来到一般,众将士都很劳苦。众将领都劝陆抗说"如今趁着三军的锐气,火速攻打步阐,等到晋国救兵来到时,必定能拿下步阐。为什么要修筑营围,而令士兵百姓感到疲惫呢?"陆抗说:"这座城池所处地形稳固,粮食又充足,而且城中修缮的守卫防御设施,都是我过去规划的。如今反而去攻打它,难以很快攻下,而北方的援兵必然赶到,援兵来到时如果我们没有准备,内外两面受敌,怎么抵御呢?"众将领都想攻打步阐,陆抗总是不答应。宜都太守雷谭说得很恳切,陆抗想要说服大家,允许让众将领发动一次进攻。进攻果然失利,营围的守备工事才刚刚合拢。晋车骑将军羊祜率军攻向江陵,众将领都认为陆抗不应率军前往江陵,陆抗说:"江陵城池坚固兵力充足,没有什么值得担忧的。假如让敌军攻陷江陵,敌人也必定守不住，我们损失的很小。如果让西陵与敌人勾结，那么南山的众多夷人就都会出来骚扰作乱，那样要忧虑的事，就一言难尽了。我宁愿放弃江陵而赶往西陵，更何况江陵很牢固呢！"刚开始时，江陵地势平坦广阔，道路通畅便利，陆抗命令江陵都督张咸修筑大堤拦水，淹没中心平地，来阻断贼寇叛乱。羊祜想利用大堤拦阻形成的水道行船运粮，扬言准备破坏堤坝来让步兵通过。陆抗听说，就让张咸马上毁坏堤坝。众将领都很疑惑，多次劝说陆抗，陆抗不听从。羊祜到达当阳，听说堤坝破毁，就从船运改为用车辆运输粮食，耗费了士兵的大量体力。晋国巴东监军徐胤率领水军到达建平，荆州刺史杨肇到达西陵。陆抗命令张咸在江陵城原地防守；公安都督孙遵在长江南岸巡逻防卫抵御羊祜；水军都督留虑、镇西将军朱琬抵御徐胤；陆抗自己统率三军，依据营围迎战杨肇。将军朱乔、营都督俞赞逃跑投降杨肇。陆抗说："俞赞是军中资历老的将领，了解我军情况，我曾经担心夷兵不精明干练，如果敌人进攻营围，一定先攻打夷兵把守的地方。"当晚连夜撤换夷兵，都用老兵替补上去。第二天，杨肇果然攻打先前夷兵把守的地方，陆抗命令反击，箭头和石头像雨一样射下，杨肇的兵士死伤累累。杨肇到西陵一个月后，再也没有进攻的办法了，趁夜色逃跑了。陆抗想要追击杨肇，但顾虑步阐在要害之处积蓄力量等待出现漏洞进攻，兵力不够分配。于是仅击鼓警戒杨肇的士兵，像是要追击的样子。杨肇的士兵惊慌恐惧，都抛弃铠甲逃跑，陆抗派轻装部队跟踪追击，大败杨肇，羊祜等人也都撤军回去了。陆抗顺势攻下西陵城，诛灭了步阐的家族及其将领和官员，又修缮了西陵城防。陆抗向东率军回到家乡，脸上没有骄傲的神情，和平常一样谦虚，所以很得将士的拥护。陆抗被任命为大司马、荆州牧。不久去世。

【评析】

陆抗，三国时期吴国名将，陆逊次子，孙策外孙。陆逊于赤乌八年含恨而亡时，陆抗时年二十岁，被孙权拜为建武校尉，领陆逊部众五千人。后迁立节中郎将、镇军将军等。孙权升陆抗为立节中郎将时，与诸葛恪互换防区，屯守柴桑。陆抗临走时，其驻地完好无损，诸葛恪到后，俨然若新。而诸葛恪的柴桑驻地却颇有毁坏，诸葛恪深为惭愧。至孙皓为帝，任镇军大将军，都督西陵、信陵、夷道、乐乡、公安诸军事，驻乐乡（今湖北江陵西南）。凤凰元年（272 年），击退晋将羊祜进攻，并攻杀叛将西陵督步阐。孙皓称帝后，荒淫残暴，胡作非为。陆抗虽远驻西陵，但是听说朝政阙乱，深为忧虑，曾多次上书，甚至去世前还抱病上书陈西陵利害，劝施仁治，重守西陵，以应急变。但进言均不被孙皓采用，陆抗也只好恪尽职守，慎保边围。后拜大司马、荆州牧，终年四十九岁。

晋·羊祜

【原文】

羊祜，字叔子，泰山南城人也。尝游汶水之滨，遇父老谓之曰："孺子有好相，年未六十，必建大功于天下。"既而去，莫知所在。

武帝将有灭吴之志，以祜为都督荆州诸军事，出镇南夏。开设庠序，绥怀远近，甚得江汉之心。与吴人开布大信，降者欲去皆听之。吴石城守去襄阳七百余里，每为边害，祜患之，卒以诡计令吴罢守。于是戍逻减半，分以垦田八百余顷，大获其利。祜之始至也，军无百日之粮，及至季年，有十年之积。诏罢江北都督，置南中郎将，以所统诸军在汉东江夏者，皆以益祜。祜在军常轻裘缓带，身不被甲，铃阁^①之下，侍卫者不过十数人，而颇以畋^②渔废政。尝欲夜出，军司徐嗣执棨^③当营门，曰："将军都督万里，安可轻脱！将军之安危，亦国家之安危也。嗣今日若死，此门乃开耳。"祜改容谢之，此后稀出矣。吴西陵督步阐举城来降。吴将陆抗攻之甚急，诏祜迎阐。祜率五万出江陵，遣荆州刺史杨肇攻抗，不克，阐终为抗所禽。有司奏："祜所统八万余人，贼众不过三万。祜顿兵江陵，使贼备得设。乃遣杨肇偏军入险，兵少粮单，军人挫衄^④。背违诏命，无大臣节。"坐贬为平南将军，而免杨肇为庶人。祜以孟献营武牢而郑人惧，晏弱城东阳而莱子服，乃进据险要，开建五城，收膏腴之地，夺吴人之资，石城以西，尽为晋有。自是前后降者不绝，乃增修德信，以怀柔初附，慨然有吞并之心。每与吴人交兵，克日方战，不为掩袭之计。将帅有欲进谲诈之策者，辄饮以醇酒，使不得言。人有略吴二儿为俘者，祜遣送还其家。后吴将夏详、邵颢等来降，二儿之父亦率其属与俱。吴将陈尚、潘景来寇，祜追斩之，美其死节而厚加殡敛。景、尚子弟迎丧，祜以礼遣还。吴将邓香掠夏口，祜募生缚香，既至，宥之。香感其恩，率部曲而降。

祜出军行吴境，刈谷为粮，皆计所侵，送绢偿之。每会众江沔游猎，常止晋地。若禽兽先为吴人所伤，而为晋兵所得者，皆封还之。于是吴人翕然悦服，称为羊公，不之名也。祜与陆抗相对，使命交通，抗称祜之德量，虽乐毅、诸葛孔明不能过也。抗尝病，祜馈之药，抗服之无疑心。人多谏抗，抗曰："羊祜岂酖⑤人者！"时谈以为华元、子友复见于今。抗每告其戍曰："彼专为德，我专为暴，是不战而自服也。各保分界而已，无求细利。"孙皓闻二境交和，以诘抗。抗曰："一邑一乡，不可以无信义，况大国乎！臣不如此，正是彰其德，于祜无伤也。"

祜以伐吴必藉上流之势。又时吴有童谣，曰："阿童复阿童，衔刀浮渡江。不畏岸上兽，但畏水中龙。"祜闻之曰："此必水军有功，但当思应其名者耳。"会益州刺史王濬召为大司农，祜知其可任，濬又小字阿童，因表留濬监益州诸军事，加龙骧将军，密令修舟楫，为顺流之计。祜缮甲训卒，广为戒备。至是上疏曰："今若引梁益之兵水陆俱下，荆楚之众进临江陵、平南、豫州，直指夏口，徐、杨、青、兖并向秣陵，鼓旆⑥以疑之，多方以误之，以一隅之吴，当天下之众，势分形散，所备皆急。巴汉奇兵出其空虚，一处倾坏，则上下震荡。孙皓恣情任意，与下多忌，名臣重将不复自信。将疑于朝，士困于野。

平常之日，犹怀去就；兵临之际，必有应者。终不能齐力致死，已可知也。其俗急速，不能持久，弓弩戟盾不如中国，唯有水战是其所便。一入其境，则长江非复所固，还保城池，则去长入短。而官军专进，人有致节之志；吴人战于其内，有凭城之心。如此，军不逾时，思可必矣。"帝深纳之。会秦凉屡败，祜复表曰："吴平则胡自定，但当涉齐大功耳。"而议者多不同，祜叹曰："天下不如意事，十居七八。故有当断不断，天与不取，岂非更事者恨于后时哉！"

会吴人寇弋阳、江夏，略户口，诏遣侍臣移书诘祜不追讨之意，并欲移州复旧之宜。祜曰："江夏去襄阳八百里，比知贼问，贼去亦已经日矣。步军方往，安能救之哉！劳师以免责，恐非事宜也。昔魏武置都督，类皆与州相近，兵势好合恶离。疆场之间，一彼一此，慎守而已，古之善教也。若辄徙州，战出无常，亦未知州之所宜据也。"使者不能诘。祜寝疾，求入朝。及侍坐，面陈伐吴之计。帝以其病，不宜数入，遣张华问其筹策。祜曰："吴人虐政已甚，可不战而克。若孙皓不幸而没，吴人更立令主，虽百万之众，长江未可而越也，将为后患乎！"华深赞成其计。祜谓华曰："成吾志者，子也。"帝欲使祜卧护诸将，祜疾笃⑦，乃举杜预自代。寻卒。

南州人征市日闻祜丧，莫不号恸，罢市，巷哭者声相接。吴守边将士亦为之泣。其仁德所感如此。襄阳百姓于岘山祜平生游憩⑧之所，建碑立庙，岁时飨祭焉。望其碑者，莫不流涕。杜预因名为堕泪碑。祜卒一岁，而吴平。群臣上寿，帝执爵流涕曰："此羊太傅之功也。"因以克定之功，策告⑨祜庙。

孙子曰："全国为上。"祜增修德信，而吴人归附。又曰："进而不可御者，冲其虚。"祜料吴人一处倾坏，则上下震荡。又曰："自战其地，为散地。"祜谓吴人有凭城之心是也。

【注释】

①阁（hé）：屋顶层内的房间，全部。

②畋：打猎，古同"田"，耕种。

③棨（qǐ）：古代官吏出行时的一种木制仪仗，形状像戟，外有缯衣。

④衄：出血，挫折。

⑤酖：通"鸩"，毒酒。

⑥旆（pèi）：古代旗边上下垂的装饰品，泛指旗帜。

⑦笃：忠实，一心一意；厚实，结实；也指病沉重。本文中意思为病重。

⑧憩（qì）：休息。

⑨策告：写成策书来宣告某人的功绩。

【今译】

羊祜，字叔子，泰山南城人。羊祜曾在汶水河畔游玩时遇到一个老人，对他说："你这孩子相貌不凡，不到六十岁，必然为天下建立大功。"说完随即离去，不知去向。

武帝有灭吴的打算，任羊祜为主管荆州一切军务的都督，率军镇守南夏。羊祜开办学校，安抚教化周围的人民，深得百姓爱戴。与吴国人开诚布公，互相信任，投降的人想要离开都予以答应。东吴石头城守军距襄阳七百多里，常到晋边境地区作乱，羊祜认为这是祸患，便设计让东吴撤去守军。于是晋戍边巡逻的士兵减少了一半，裁减的士兵被分派去开垦农田，有八百多顷，大获丰收。羊祜初到荆州时，军中存粮不足一百天的用量，等到他在荆州的后期，已储备了可供十年使用的粮草。皇帝下令撤除江北都督，设置南中郎将，将原来江北都督所属在汉东江夏一带的军队都增调给羊祜。羊祜在军中经常穿轻裘，束绶带，不披铠甲，府上的佣人和卫兵不超过十几个人。只是常因出外打猎钓鱼而荒废政事。曾经有一次想夜间出游，军司徐嗣手持长戟挡住营门说："将军管辖万里疆域，哪能这样轻率放纵。将军的安危也就是国家的安危。除非今天我死了，此门才能打开。"羊祜脸色大变，向徐嗣道歉，自此以后就很少出游了。东吴西陵都督步阐率全城军士前来投降，吴国大将陆抗攻打步阐非常紧迫，皇帝下诏命令羊祜援救步阐。羊祜率领五万军队从江陵出发，派遣荆州刺史杨肇攻打陆抗，结果没有取胜，步阐最终被陆抗所俘获。有司向皇帝上奏说："羊祜率军八万多人，吴军不过三万，羊祜在江陵按兵不前，使吴军准备好攻守工事。后才派杨肇率领孤军深入险地，兵员少并且粮草供应不上，致使我军失利。羊祜违反诏书上的命令，没有大将气节。"于是皇帝降羊祜为平南将军，杨肇被贬为庶人。羊祜依据春秋时鲁国的孟献子在武牢筑城而使郑国惧怕，齐国的晏弱在东阳筑城而使莱子臣服的事迹，就占据险要地势，新修建了五座城池，控制了大片肥沃的土地，从吴国人那里得到大量财富，吴国石头城以西的地方，都成了晋的地盘。自此后，吴人来归降的络绎不绝，羊祜便更加注重培养品德，讲求信用，安抚刚刚投降的吴国人，已经很明显地有吞并东吴的雄心了。羊祜每次和吴军交战，总事先约定日期，不进行突然袭击。底下将领们如果有提出狡诈计谋的人，羊祜就以味道醇烈的美酒让他们喝醉，让他们不能提建议。军中有人俘获了两个吴国的小孩，羊祜便把他们遣送回家。后来吴将夏详、邵颉来投降，这两个小孩的父亲率领他们的部属一起来投降。吴将陈尚、潘景侵犯边境，羊祜追击将他们斩杀，羊祜很赞赏二人能为国赴死而给二人厚葬入殓。陈尚、潘景的家人来迎丧时，羊祜以礼相待，送他们回国。吴将邓香到夏口抢掠，羊祜派人将他生擒，押送了回去，羊祜赦免了他。邓香感激羊祜的恩德，便率领自己的军队归降晋国。

羊祜行军到了吴国境内，在田里割谷作军粮，每次都计算割了多少，给田主送绢布作为赔偿。每次和众军士在江汉一带地区打猎，总不越过晋国边界。打猎时如有猎物被吴人射伤逃到晋国后被晋人捕获，都按原样还给吴国人。这样吴国人心悦诚服，称羊祜为羊公，不直接叫他的名字。羊祜与陆抗两军对垒，使者来往不断，陆抗称赞羊祜德高望重，即使乐毅和诸葛亮也不能超过。陆抗曾经患病时，羊祜送了一副药给他，陆抗毫无疑心就吃了。很多人劝陆抗不要吃这药，陆抗说："羊祜怎会用毒药害人呢？"当时人以为是春秋时楚宋两国的华元、子友重现于世了。陆抗常常告诫戍守的将士说："羊祜专以德行感化人，如果我们只用暴力侵夺，那不用交战就会被征服。双方各自维持好边界罢了，不要为小的利益而兴兵打仗。"孙皓听说两国军队在边境和好，便责问陆抗，陆抗回答说："一乡一镇之间，不能不讲信义，何况一个大国呢？若我不讲信义，正好宣扬了羊祜的德行，而且对他毫无损伤啊。"

羊祜认为攻打吴国必须借助长江上游有利地势，加上当时吴国有这样的童谣："阿童复阿童，衔刀浮渡江，不畏岸上兽，但畏水中龙。"羊祜知道了便说："这一定是说水军一定能取得胜利，只要弄明白童谣中的名字指的哪个人即可。"当时正逢益州刺史王濬被征召进京做大司农，羊祜知道王濬能担当灭吴的大任，王濬小名又叫阿童，羊祜因此上表将王濬留在益州主管一切军务，加封为龙骧将军，秘密下令让王濬修造船只，为顺长江出击灭吴做准备。羊祜修缮盔甲兵器，训练士卒，从各方面做好了出击的准备，然后羊祜向皇帝上疏说："如果率领梁、益两州的军队水陆一同进军，率荆楚两地的军队进逼江陵，平南、豫州，直接攻往夏口，令徐、扬、青、兖等州的军队攻打秣陵，击鼓摇旗去疑惑敌方，多路并进，使敌军虚实难辨，以地处东南一角的吴国，抵挡天下大军必然兵力分散，人心慌乱，难以做好各种准备。这时汉中地区的军队趁吴国空虚出击，吴国一处城池陷落就会造成全国震动。孙皓肆意妄为，对下属经常猜忌，名臣重将不再得到信任。将帅遭到朝廷的怀疑，士兵被困在战场。平时官兵就有叛离之意，一旦敌军兵临城下，必然有人响应去投降。可以预见，他们最后不会齐心拼死而战的。吴国人做事着急不能持久，弓弩戟盾等武器装备又比不上中原的军队，只有水战对他们有利。但我军一进入吴国境内，长江就不再如原来那样防守牢固了，吴军掉头来保卫城池，则是抛弃了长处暴露了短处。晋军深入敌国作战，将士抱定必死的信念，吴国军队在本国作战，会有逃跑退守城门的想法。这样看来，我军用不了多久就可赢得战争。"武帝非常同意羊祜的意见。此时，正碰上晋军在秦、凉等地作战遭到多次失败，羊祜又向皇帝上表说："平定了东吴，那么胡人也就自然平定，当前应迅速完成灭吴的大业啊！"而朝中官员议论此事，大多不同意羊祜，羊祜叹道："天下不如意的事十件当中能有七或八件。所以现在该当机立断时却难下决定，上天赐予的机会没有抓住，怎能不让以后的有识之士感到遗憾呢？"

后来，赶上吴军侵犯弋阳、江夏，抢掠百姓，武帝派遣侍臣携带书信责问羊祜为什么不攻打吴军，并想把州府迁回原来的地方。羊祜说："江夏距离襄阳有八百里，等知道吴军侵犯的消息时，吴军已离去好几天了，再派兵前往，怎么能救助百姓呢？为了自己不受责备而让军队来回奔波，这样做恐怕不合适。从前魏武帝安置都督时，大致都和州府所在地相近，因为军队宜集中驻扎而忌讳分散。国境线上一面是敌方，一面是我方，认真守好边界就行了，这是古人有用的教诲啊。

如果总频繁地搬迁州府,敌人行军打仗没有规律,很难确定州府应在哪里选址。"使者也无法责问羊祜了。羊祜重病卧床,请求上朝,侍坐在皇帝旁边,当面向皇上说明攻打吴国的计策。武帝认为羊祜病重,不宜经常进宫朝见,派中书令张华向羊祜询问攻打吴国的计策准备情况。羊祜对张华说:"吴国的暴政已达到极点,此时能不用攻打吴国就取得胜利。如果孙皓不幸死去,吴国另立英明的君主,即使有百万大军,也难以渡过长江啊,这将成为今后的祸患呀。"张华很赞成羊祜的计策。羊祜又对张华说:"能实现我意图的人就是你。"武帝打算让羊祜卧床统领攻打吴国的诸将领,但羊祜的病情逐渐加重,就举荐杜预代替自己。不久羊祜病逝。

南方地区的人们正在赶集,听到羊祜病逝的消息,大家没有不痛哭的,大家举行罢市以示哀悼,大街小巷中人们的哭声连成一片。东吴守卫边界的将士也为他哀泣。羊祜的仁德有这样强的感召力。襄阳的百姓在岘山羊祜生前待过的地方修建庙宇,设立石碑,每年按时祭奠。看到此碑的人没有不流泪的,杜预因而把此碑称为"堕泪碑"。羊祜死后一年,晋平定东吴。群臣给武帝祝寿庆贺,武帝端起酒杯流着泪说:"这是羊祜的功劳啊。"因而将平定东吴的事迹写成策书放到羊祜庙里宣告,以慰其在天之灵。

孙子说:"保全一个完整的、没有被严重破坏的敌国并使其屈服是用兵的上策。"羊祜注重培养品德,讲求信用,从而令吴国百姓归服。孙子说:"进攻时,敌人无法抵御,是因为攻击敌人兵力空虚的地方。"羊祜预想到了吴军的一处城池陷落,就会令吴国全国震动。孙子说:"在自己国境内作战,士兵在危急时容易逃亡离散。"这也就是羊祜说吴国官兵有固守城池的想法。

【评析】

羊祜，西晋著名军事家、政治家，西晋开国元勋。博学多才，清廉正直。曾拒绝曹爽和司马昭的多次征辟，后为朝廷公车征拜。司马昭建五等爵制时以功封为钜平子，与荀勖共掌机密。晋代魏后司马炎有吞吴之心，乃命羊祜坐镇襄阳，都督荆州诸军事。在之后的十年里，羊祜屯田兴学。以德怀柔，深得军民之心；一方面缮甲训卒，广为戎备，做好了伐吴的军事和物质准备，并在吴将陆抗去世后上表奏请伐吴，却遭到众大臣的反对。咸宁四年（278年），羊祜抱病回洛阳，同年十一月病故，并在临终前举荐杜预自代。羊祜死后二年，吴国被平定，群臣向皇帝称贺，皇帝端着酒杯流泪说："这都是羊太傅的功劳啊！"唐朝著名诗人孟浩然在《与诸子登岘山》诗中，也对这位杰出的政治家、军事家进行了热情赞颂。羊祜一生虽身居高位，但立身清俭，他的不朽业绩和高尚的品格将永远受到世人传颂。

晋·杜预

【原文】

杜预，字元凯，京兆杜陵人也。博学多通，明于兴废之道。常言："德不可以企及，立功、立言可庶①几也。"

预损益万机，不可胜数，朝野称美，号曰"杜武库"，言其无所不有也。时帝密有灭吴之计，而朝议多违，唯预、羊祜、张华与帝意合。祜病举预自代。及祜卒，拜镇南大将军、都督荆州诸军事。预既至镇，缮兵甲，耀威武。乃简精锐，袭吴西陵督张政，大破之。政，吴之名将也，据要害之地，耻以无备取败，不以所丧之实告于孙皓。预欲间吴边将，乃表还其所获之众于皓。皓果召政，遣武昌监刘宪代之。故大军临至，使其将帅移易，以成倾荡之势。预处分既定，乃启请伐吴之期。帝报待明年方欲大举，预上表曰："凡事当以利害相校，今此举十有八九利，其一二止于无功耳。其言破败之形亦不可得，直是计不出己，功不在身，各耻其前言，故守之也。昔汉宣帝议赵充国所上，事效之后，诘责诸议者，皆叩头而谢，以塞异端也。自秋以来，讨贼之形颇露。若令中止，孙皓怖而生计，或徙都武昌，更完修江南诸城，远其居人。城不可攻，野无所掠，积大船于夏口，则明年之计或无所及。"时帝与张华围棋，而预表适至。华推枰敛手②曰："陛下圣明神武，国富兵强。吴主淫虐，诛杀贤能，当今讨之，可不劳而定。"帝乃许之。

预陈兵于江陵，遣周旨、伍巢等率奇兵八百，泛舟夜渡，以袭乐乡。多张旗帜，起火巴山，出于要害之地，以夺贼心。吴都督孙歆震恐，与伍延书曰："北来诸军，乃飞渡江也。"旨、巢等伏兵乐乡城外。歆遣军出距王濬，大败而还。旨等发伏兵，随从军而入，歆不觉。直至帐下，虏歆而还。故军中为之谣曰："以计代战，一当万。"于是进逼江陵。吴督将伍延伪请降而列兵登陴，预攻克之。既平上流，于是沅湘以南，至于交广，吴之州郡皆望风归命，奉送印绶。

预仗节称诏而绥抚之。王濬先列上得孙歆头，预后生送歆，洛中以为大笑。时众军会议，或曰："百年之寇，未可尽克。今向暑，水潦方降，疾疫时起，宜俟来冬，更为大举。"预曰："昔乐毅藉济西一战以并强齐，今兵威已振，譬如破竹，数节之后，皆迎刃而解，无复著手处也。"遂指授群帅，径造秣陵③。所过城邑，莫不束手。议者乃以书谢之。孙皓既平，振旅凯入，以功进爵当阳县侯。初攻江陵，吴人知预病瘿，惮其智计，以瓠系狗颈示之。每大木似瘿，辄斫使白，题曰"杜预颈"。及城平，尽捕杀之。

巴丘湖、沅湘之会，表里山川，实为险固，荆蛮之所恃也。预乃开杨口，起夏水，达巴陵千余里，内泻长江之险，外通零桂之漕。南土歌之曰："后日无叛由杜翁，孰识智名与勇功。"

预公家之事，知无不为。凡所兴造，必考度始终，鲜有败事。或讥其意卒者，预曰："禹、稷之功，期于济世，所庶几也。"预身不跨马，射不穿札，而每在大事，辄居将率之列。结交接物，恭而有礼。既立功之后，从容无事，乃耽思经籍，为《春秋左氏经传集解》。时王济解相马，和峤颇聚敛。预常称济有马癖，峤有钱癖。武帝闻之，谓预曰："卿有何癖？"对曰："臣有《左传》癖。"预在镇，数饷遗洛中贵要。或问其故，预曰："吾但恐为害，不求益也。"寻卒。

孙子曰："敌人开阖，必亟入之。"预表还所获而间张政。又曰："善攻者，动于九天之上。"预以奇兵袭乐乡，而孙歆以谓飞渡江。又曰："善战者，求之于势。"预谓兵威已振如破竹是也。

【注释】

① 庶：几乎，将近，差不多。

② 敛手：拱手，表示态度恭敬。

③ 秣陵：秦汉时期今南京的称谓。

【今译】

　　杜预，字元凯，京兆杜陵人。杜预学识渊博，通晓许多知识，明白国家兴亡的道理。他经常说："做人我难以做好，但做事做学问我差不多能做好。"

　　杜预忙于处理国家大事，非常繁忙，事务多得难以数清楚，受到朝臣的赞赏，得到了"杜武库"的称号，意思是说杜预心中无所不有。当时武帝秘密制订了灭吴的计划，而朝臣议论纷纷，多有不同意见，只有杜预、羊祜、张华与武帝意见相合。羊祜病重时推荐杜预代替自己的职务。羊祜死后，杜预被任命为镇南大将军，担任荆州都督，主管一切军务。杜预上任后，修缮士兵的铠甲，炫耀军队的威武。他选拔出一支精锐军队，攻打吴国西陵督张政，大胜张政。张政是吴国名将，把守要害地方，因未加防备导致战败而感到羞耻，没有把战败受损的实情报告孙皓。杜预想离间孙皓与守边将领的关系，于是向朝廷上表，把俘获的吴军归还给孙皓。孙皓果然把张政召回，派武昌监刘宪替代了他。所以晋国大军逼近吴国边境时，吴国由于将领的人事调动，造成了动荡不安的形势。杜预安排妥当以后，就请示攻打吴国的时间。武帝答复等到明年才派大军进攻吴国，杜预上表说："凡事都应该把利与害两方面做比较，如今执行该计划，十之八九有利，十之一二最多是没有功绩而已。那些认为这个计划必然失败的言论也不可听信，因为该计划不是由他们自己制订，成功了也没有他们的功劳，他们都耻于收回不愿开战的意见，所以抱住原来的主张不放。先前，汉宣帝和众人讨论赵充国所上奏的意见，按意见把事情办成以后，宣帝斥责那些反对该意见的人，这些人都叩头谢罪，这样做是为了堵塞异端。自秋天以来，攻打吴国的有利形势已很明显。如果现在中止进攻计划，孙皓因恐惧而想出其他计策，可能将都城迁往武昌，还会全面加固修葺江南各城，将百姓迁往远处。晋军难以攻下城池，也掠夺不到物品，吴军把大船集中在夏口，那么明年攻吴的计划就没法实施了。"当时武帝正与中书令张华下围棋，正好杜预的奏表到了。张华把棋盘推开拱手说："陛下圣明神武，国富兵强。吴国国君荒淫、骄奢、暴虐，杀害贤能人士。现在不用费多少力气就可攻下吴国。"武帝于是答应了杜预的伐吴计划。

  杜预把军队部署在江陵，派遣周旨、伍巢等人，率领八百人的精锐部队，划船在夜里渡过长江，偷袭乐乡。杜预令手下竖起大量旗帜，在巴山上点火，然后攻打要害之地，拿下了吴军的指挥中心。吴都督孙歆感到震惊害怕，给伍延写信说："从北方来的晋军，真的如同飞过长江一样。"周旨、伍巢等人率兵在乐乡城外埋伏，孙歆派兵迎战晋将王濬，战败而回。周旨等人率伏兵跟在孙歆败军后面入城，孙歆没有发觉。周旨等人一直来到军帐下，俘获孙歆回去。所以晋军有歌谣说："用计谋来代替阵前的交战，一个妙计可相当于一万次交战的效果。"晋军于是进逼江陵。吴督将伍延假称投降，而仍在城墙上列兵防守，杜预攻下了江陵城。长江上游已经平定，于是杜预率军前往沅湘以南，一直打到交趾广州，吴国的州郡都赶紧归顺，主动送来印信和系印的丝带。

杜预手执符节宣告皇帝的诏书安抚投降的官兵。王濬先上表说砍了孙歆的头，接着杜预将活着的孙歆送到京师，洛中地区的百姓都把这件事当成大笑话。当时各路军将领聚在一起商量灭吴之事，有人说："已有百年历史的吴国，难以立即攻打下来。当今酷暑即将到来，将有雨涝、瘟疫困扰，应等到冬天再率大军进攻。"杜预说："先前，乐毅借助济西一战吞并了强大的齐国，现在我军军威振奋，如同劈竹竿，劈开数节之后，剩下的就会顺着刀刃而开，用不着手再用力了。"杜预立即指挥授命于众将领，率军直逼秣陵。晋军所经过的城邑，没有不束手投降。原来对此有异议的人，写信向杜预道歉。晋平定孙皓以后，杜预率军队胜利回城，因有功劳被晋封爵位，封为阳县侯。起初晋军进攻江陵时，吴军知道杜预颈上有瘿，又惧怕其高超的计谋，就在狗颈上拴个葫芦给众人看。每棵长有瘿的大树，吴军都在瘿上砍出一块白的树干，写上"杜预颈"字样。等到江陵被攻破以后，杜预把干这些事的人捉起来全杀了。

巴丘一带是洞庭湖、沅水和湘水的交汇之处，有山河天险作为屏障，地势险要，这也是荆蛮之人所依仗的自然天险。杜预于是从杨口开凿运河，疏通夏水，运河直通到巴陵，长一千多里。既可泄减长江洪水，又可作为从汉水南通江陵、东到巴陵的漕运水道。南方民间有歌谣称："后日无叛由杜翁，孰识智名与勇功。"

杜预对于国家的事情，凡是他知道的没有不去做的。凡是他设计建造的工程，一定自始至终都进行周密的考察，很少有失败的。有人讥笑他的意见颇为繁杂琐碎，他说："大禹后稷的功劳，在于经世济民，（我的意见）和这也差不多啊。"杜预不会骑马，射箭不能穿透木札，然而每次碰上出兵征伐的大事，他都位于将领之中。杜预待人接物，与人交友，恭敬有礼。他立功之后，闲暇无事，于是专心钻研经籍，著有《春秋左氏经传集解》。当时王济懂得相马，而和峤喜欢收集财物,杜预常称"王济有爱马的癖好,和峤有爱钱的癖好"。武帝听到后对杜预说:"你有何癖?"杜预回答说:"我有读《左传》的癖好。"杜预镇守荆州时,多次给洛阳的权贵要人送礼。有人问为什么要这样做,杜预说:"我只怕被陷害,不求得到什么好处。"不久后死去。

孙子说:"敌人用兵上出现疏漏,必须趁机加以利用。"杜预上表请求归还所俘获吴兵从而离间了张政和吴主。孙子说:"善于组织进攻作战的,展开自己的兵力就如同神兵自重霄而降。"杜预用精锐部队偷袭乐乡,孙歆却称其为飞一般地渡江而过。孙子说:"打仗的时候,善于作战的人,总是注意利用有利于自己的形势。"杜预说官兵士气正旺,军威振奋,如同劈竹竿一样强大。

【评析】

杜预,西晋时期著名的政治家、军事家、学者,灭吴统一战争的统帅之一。他出生在曹魏政权的高级官僚家庭,祖父杜畿有大功于曹操,父亲杜恕官至幽州刺史,拜以建武将军领护乌丸校尉的职务,但后来由于触犯司马懿屡遭排挤和劾奏,受到牵连,直到三十多岁也未能出仕。后来娶了司马懿的女儿,在司马昭执政后渐受重用,先后参与了伐蜀和《晋律》的修订。晋代魏后,杜预多次被晋武帝启用出镇边矣,在任期间杜预提出了五十多项安边兴国的建议,均被朝廷采纳,并修订出通行于世的历法。咸宁四年杜预继羊祜为镇南大将军都督荆州事,其间兴修水利,有政绩。曾奇袭西陵,三陈平吴之利害。在最后的灭吴战争中担任西线指挥,智取江陵,招降交、广,为西晋的统一做出了卓越的贡献。杜预虽为大将却不擅骑射,自言有"《左传》癖",耽思经籍,博学多通,多有建树,被誉为"杜武库",著有《春秋左氏经传集解》及《春秋释例》等。

晋·王濬

【原文】

　　王濬①，字士治，弘农湖人也。博涉坟典②，恢廓有大志。常起宅，开门前路广数十步。人或谓之何太过，濬曰："吾欲使容长戟幡旗。"众或笑之，濬曰："陈胜有言，燕雀安知鸿鹄之志。"后参征南军，羊祜深知待之。祜兄子暨白祜："濬为人智大，奢侈不节，不可专任，宜有以裁之。"祜曰："濬有大才，将欲济其所欲，必可用也。"识者谓祜可谓能举善焉。除巴郡太守。郡边吴境，兵士苦役，生男多不养。濬乃严其科条，宽其徭课③，其产育者皆与休复，所全活者数千人。迁益州刺史。武帝谋伐吴，诏濬修舟舰。濬乃作大船连舫，方百二十步，受二千余人。以木为城，起楼橹，开四出门，其上皆得驰马来往。又画鹢首怪兽于船首，以惧江神。舟楫之盛，自古未有。濬造船于蜀，其木柿蔽江而下。吴建平太守吴彦取流柿以呈孙皓曰："晋必有攻吴之计，宜增建平兵。建平不下，终不敢渡。"皓不从。寻以谣言拜濬为龙骧将军、监益梁诸军事。

　　时朝议咸谏伐吴，濬乃上疏曰："臣作船七年，日有朽败，又臣年已七十，死亡无日。愿陛下无失事机。"帝深纳焉。又杜预表请，帝乃发诏，分命诸方节度。濬于是统兵。先在巴郡之所全育者，皆堪徭役供军，其父母戒之曰："王府君生尔，尔必勉之，无爱死也！"濬发自成都。吴人于江险碛要害之处，并以铁锁横截之，又作铁锥长丈余，暗置江中，以逆拒船。先是羊祜获吴间谍，具知其状。濬乃作大筏数十，亦方百余步，缚草为人，被甲持杖，令善水者以筏先行，筏遇铁锥，辄著筏去。又作火炬，长十余丈，大数十围，灌以麻油，在船前，遇锁，然炬烧之，须臾，融液断绝，于是船无所碍。

诏进濬为平东将军、督益梁诸军事。濬自发蜀，兵不血刃，攻无坚城。于是顺流鼓棹④，径造三山。皓遣游击将军张象率舟军万人御濬，象军望旗而降。皓闻濬军旌旗器甲，属天满江，威势甚盛，莫不破胆。濬入于石头，皓乃肉袒面缚，造于垒门。濬躬解其缚，送于京师。收其图籍，封其府库，军无私焉。

初，诏书使濬下建平，受杜预节度，至秣陵，受王浑节度。预至江陵，谓将帅曰："濬得下建平，则顺流长驱，威名已著，不宜令受制于我。若不能克，则无缘得施节度。"濬至西陵，预与之书曰："足下既摧其西藩，便当径取秣陵，讨累世之逋寇，释吴人于涂炭，亦旷世一事也。"濬大悦，表呈预书。及濬将至秣陵，王浑要令暂过论事，濬举帆直指，报曰："风利，不得泊也。"王浑又破皓中军，斩张悌等，顿兵不敢进。而濬乘胜纳降，浑耻而且忿，乃表濬违诏不受节度。诏责濬曰："前诏使将军受安东将军浑节度，浑思谋深重，案甲以待将军。云何径前，不从浑命，违制昧利，甚失大义。"濬上书自理曰："前至三山，见浑军在北岸，遣书与臣，可暂来过。臣水军风发，乘势造贼城，无缘得于长流之中回船过浑。伏读严诏，惊怖悚栗，不知驱命当所投厝⑤。岂唯老臣独怀战灼，三军上下咸尽丧气。案春秋大夫出疆，由有专辄。臣虽愚蠢，以为事君之道，惟当竭节尽忠，奋不顾命，量力受任，临事制宜，苟利社稷，死生以之。若其顾护嫌疑，以避咎责，此是人臣不忠之利，实非明主社稷之福也。"浑又腾周浚书，云濬军得吴宝物。濬复表曰："昔乐毅伐齐，下城七十，而卒被谗间，脱身出奔。乐羊既反，谤书满箧。夫犯上干主，其罪可救；濬忤贵臣，则祸在不测。故朱云折槛，婴逆鳞之怒，庆忌救之，成帝不问。望之、周堪违忤石显，虽阖朝嗟叹，而死不旋踵⑥。此臣之所大怖也。臣将军素严，兵人不得妄离部陈间。在秣陵诸军，凡二十万众。臣军先至，为土地之主。百姓之心，皆归仰臣，臣切敕所领，秋毫不犯。有违犯者，凡斩十三人，皆吴人所知也。又闻吴人言，前张悌战时，所杀才有二千人，而浑、浚露布亦以万计。以吴刚子为主簿，而遣刚至洛，欲令刚增斩级之数。若信如所闻，浚等虚诈，尚欺陛下，岂惜于臣！"

濬自以功大而为浑所抑，每进见，陈其攻伐之劳，及见枉之状，或不胜忿愤，径出不辞。帝每容恕之。益州护军范通，濬之外亲也，谓濬曰："卿功则美矣，然恨所以居美者，未尽善也。"濬曰："何谓也？"通曰："卿旋旆之日，角巾私第⑦，口不言平吴之事。若有问者，辄曰：'圣主之德，群帅之力，老夫何力之有焉！'如斯，颜子之不伐，龚遂之雅对，将何以过之。蔺生所以屈廉颇，王浑匪无愧乎！"濬曰："吾始惧邓艾之事，畏祸及不得无言，求不能遣诸胸中，是吾偏⑧也。"卒，时八十。

孙子曰："毁人之国而非久也。"濬径造三山而降孙皓。又曰："上下同欲者胜。"濬下建平而杜预不施节度是也。

【注释】

① 《宋书》作王璿（王璇），也有写为王恺、王浚。

② 坟典：三坟、五典的并称，泛指古书。

③ 徭课：战争徭役。

④ 棹：划船的一种工具，划船。

⑤ 投厝：犹葬身。
⑥ 踵：脚后跟；走到；追随，继承。
⑦ 私第：指旧时官员私人所置的住所。
⑧ 偏：偏激。

【今译】

　　王濬，字士治，弘农湖（今河南灵宝西）人。王濬博览经典，胸襟开阔有大的志向。曾经修建房屋时，在门前修了一条数十步宽的路。有人对他说为什么把路修这么宽，王濬说："我打算使路上能容纳长戟幡旗的仪仗。"众人都笑他，王濬说："陈胜说过，燕雀哪能知道鸿鹄的大志呢？"后加入征南军，羊祜非常了解他，如知己般对待他。羊祜哥哥的儿子羊暨对羊祜说："王濬为人志向太高，挥霍浪费钱财，不注重小节，不可单独担当大事，对他应该有所抑制。"羊祜说："王濬有大才，我将帮助他实现愿望，他肯定可以担当大任。"有见识的人认为羊祜可算是善于荐贤的人了，有伯乐之能。后王濬任巴郡太守，此郡与吴国接壤，兵士因受苦于战争徭役，生了男孩多不愿养育。于是王濬制定了严格的法规条款，减轻徭役赋税，生育孩子的人都可免除徭役进行休养，被保全成活的婴儿有数千名。后王濬改任为益州刺史。武帝谋划伐吴，下诏让王濬修造船只，王濬修造了大型船只连舫，长一百步，宽二十步，每艘可装载二千余人。大船周边以木栅为围挡，修建船楼望台，有四道门供人员出入，船甲板上可以骑马行进。又在船头画上怪兽图案，以恐吓江神。王濬建造的船只规模之大数量之多，自古未有。王濬在蜀地造船时，削下的碎木片浮满江面，顺流漂下。吴国建平太守吴彦将木片拿给孙皓看，说："晋必有攻吴的计划，应在建平增兵防守。不攻下建平城，晋军始终不敢渡江而下。"孙皓没有听从。不久后因为那首童谣，王濬被任命为龙骧将军，负责梁、益两州的一切军务。

当时朝中大臣对伐吴一事议论纷纷，均上谏阻止，王濬给皇帝上书说："我造船已经七年了，船舶日渐腐朽损坏，此外我已经七十岁了，就快死去了。诚恳希望陛下不要失去攻打吴国的良机。"武帝非常同意王濬的意见。又赶上杜预上表请求伐吴，武帝这才下诏，分别命令众将部署伐吴兵力。王濬于是统领晋军。王濬先前在巴郡所保全的男婴，现在都到了服兵役供徭役的年龄，他们的父母都劝勉从军的儿子说："是王将军给了你生命，你要勤勉效力，不要贪生怕死啊！"王濬率军从成都出发。吴军在长江险滩要害之处用铁链横锁江上，又做一丈多长的铁锥，悄悄放于江中，用来阻止船只通过。在此之前，羊祜抓获吴军间谍，得知全部情况。王濬就做了几十个大木筏，每个都有一百多步长，筏上扎放草人，身披铠甲手拿武器，令会游泳的士兵乘筏先行，铁锥刺到筏上都被筏带走了。又做火炬，长十余丈，周长有数十围，往里面灌上麻油，放在船前，遇到铁锁，就点燃火炬，将铁锁熔化烧断，于是战船便通行无阻。

皇帝下诏封王濬为平东将军，负责梁、益两州的一切军务。王濬从蜀郡出兵，未经战斗就轻易取得了胜利，攻城没有碰上什么像样的抵抗。于是率军打着鼓乘船顺流而下，直抵吴国都城附近的三山。孙皓派遣游击将军张象率水军万人抵御王濬，张象望见晋军旗帜就投降了。孙皓听说王濬军队的旗帜、武器和铠甲，连天蔽江，威势非常大，吴军官兵没有不胆破魂飞。王濬军队进入石头城。孙皓于是袒露肢体，缚住双手，来到军营门前。王濬亲自为孙皓松绑，将孙皓送往京都。王濬没收了吴国的图簿、地图和户口册，封藏了官府的仓库，军中官兵没有私藏战利品的。

当初，武帝下诏书令王濬攻下建平以后受杜预指挥，到秭陵后受王浑指挥。杜预到江陵，对诸将说："如果王濬能攻下建平，则可顺流长驱东下，威名显赫，不应受我的制约。如果不能攻下建平，则也无理由去指挥他了。"王濬到了西陵，杜预给他写信说："你能摧毁吴国西边的屏障，便应该直接攻打秭陵，讨伐数世为患的敌人，解救吴国百姓于艰难困苦之中。这也是当今世上的一大盛事啊！"王濬大喜，向皇帝上表并呈上杜预的书信。等王濬快到秭陵时，王浑遣使者令王濬停止前进，到自己军中商量事情，王濬张起船帆向前航行，回报说："风大，船不能停泊。"王浑打败了孙皓的中路军队，斩杀了张悌等人，按兵不敢前进。而王濬乘胜接受了孙皓的投降，王浑感到又羞耻又愤怒，于是向朝廷上表，说王濬违背诏命，不受自己指挥。武帝下诏斥责王濬说："先前我下诏令你接受安东将军王浑的指挥，王浑有深谋远虑，按兵不动等待你。为何径直前行，不听王浑的命令，违背制度，不明利害，甚至丧失了大义。"王濬上疏解释说："我率军到三山时，见王浑的军队驻在北岸，王浑派使者给我送信，要我停下来去拜访他。我的水军部队气势正足，迅猛如风，欲乘势直接攻打敌军城池，无法在长长的江流中掉转船头靠岸拜访王浑。我读完严厉的诏书，感到惊恐战栗，不知道听从命令，罪当该死。岂止老臣我感到恐惧焦急，三军上下都很丧气。考查《春秋》中所记载的事例，大夫出使于他国，还可以独自决定事情。我虽然愚蠢，也认为辅佐服侍君王的方法，只应竭尽智慧和忠诚，奋不顾身，根据自己的能力接受任务，遇到事情视情形处理，如果有利于国家，则亦不顾及个人的生死。如果为了逃避责任而瞻前顾后犹豫猜疑，这是臣子不忠于国家只顾个人利益的表现，实非开明的君主治理国家的福气啊。"王浑又向皇帝呈报周浚的书信，说是王濬的军队拿到了吴国的宝物，王濬又向皇帝上表说："战国时乐毅讨伐齐国，攻下七十余座城池，但最终遭受谗言离间，为摆脱险境逃跑了。魏将乐羊得胜归来时，毁谤他的书表已积攒了整整一筐。触犯君主，其罪尚可挽救，触犯显贵的大臣，则有不测之祸。所以汉代的朱云直言犯上，拉断殿上的栏杆，触怒君主，后来辛庆忌救下了他，最终成帝不再过问此事。萧望之、周堪触犯石显，虽然满朝官员叹气惋惜，但最终难逃一死，这是臣所最害怕的。我带兵治军向来严谨，士兵不得擅自离开部队。在秭陵的各路军人数，共有二十万。我带领军队率先赶到后，主持当地事务。百姓都归附并寄望于我，臣严令部属军队，丝毫不能侵犯百姓的利益。买卖东西，都有同伍人同行作证，以券契公平交易，有违犯此禁令的士兵，我已斩了十三人，这都是吴国百姓知道的。又听吴国有人说，张悌和晋军交战时，被晋军杀死的士兵才两千人，而王浑、周浚却在布告上说所杀敌人以万人计算。把吴刚的儿子升为主簿（各级主官属下掌管文书的佐吏），派吴刚到洛阳，想让吴刚虚报所斩首级的数目。如果确实像传闻的那样，那么周浚等人如此虚报欺诈，连陛下都要欺骗，又怎会顾惜臣呢。"

　　王濬自以为功绩很高，而遭到王浑的压制，每次见武帝时，总要陈说自己征伐的劳苦，及被诬告冤屈的情状，有时显出愤愤不平的样子，离开时不向武帝告辞。武帝每次都宽恕他。益州护军范通，是王濬的外亲，对王濬说："你的功业非常大，可惜有如此大功业的人未能做到完美。"王濬说："这话什么意思？"范通说："你胜利归来之日，就应该戴上隐士的角巾，回到私宅，嘴上不再提及平定吴国之事，若有人问及此事，你就说：'平定吴国全凭圣主的德行，众将领的力量，老夫有什么本事呢。'如能这样做，那么颜回之不夸其德，汉龚遂'皆圣主之德，非小臣之功'的雅对，又怎能胜过您呢。这就是蔺相如能让廉颇屈服的原因，王浑对此能不感到惭愧吗？"王濬说："我开始害怕会发生类似邓艾灭蜀而被杀的事情,怕引来灾祸,不得不说,也不能把话藏在心中,这是我过于偏激了。"后死去,终年八十岁。

　　孙子说:"善于用兵打仗的人,消灭敌人的国家而无须用很长时间。"王濬直接攻打三山而使孙皓投降。孙子说:"将领和士兵目标一致时可取得胜利。"王濬攻下建平后杜预没有按诏书对其进行指挥。

【评析】

　　王濬,西晋时期著名将领,曾指挥灭吴战役。他博通典籍,姿容修美,但由于不求名望,不谨细行,因而不为乡里人所称赞。后来,王濬改变原来的性格志节,变得疏通亮达起来。曾修造宅院,把门前的路开得有几十步宽。人们问其故,王濬说:"吾欲使容长戟幡旗。"众人都笑他自不量力。王濬却说:"陈胜有言,燕雀安知鸿鹄之志。"泰始八年(272年),王濬承受诏命,修造战船,为实现"水陆并进"灭吴提供了重要的军事力量。而晋灭吴之战则是中国战争史上第一次大规模突破长江天堑的江河进攻战。此役创造了水陆俱进、多路并发、顺流直下的大江河进攻方略,结束了东汉以来数十年的分裂局面,亦为后世用兵长江提供了借鉴。在作战中,王濬率领的水军始终作为主力,对这场战争的胜利起了十分重要的作用,迫使吴主孙皓投降,灭了吴国。

晋·马隆

【原文】

马隆，字孝兴，东平平陆人。少而智勇。泰始中，将兴伐吴之役，下诏曰："吴会未平，宜得猛士以济武功。虽旧有荐举之法，未足以尽殊才。其普告州郡，有壮勇秀异才力杰出者，皆以名闻，将简其尤异，擢而用之。"兖州举隆才堪良将。稍迁司马督①。

初，凉州刺史杨欣失羌戎之和，隆陈其必败。俄而欣为虏所没，河西断绝，帝每有西顾之忧，临朝而叹曰："谁能为我讨此虏通凉州者乎？"朝臣莫对，隆进曰："陛下若能任臣，臣能平之。"帝曰："必能灭贼，何为不任？顾卿方略何如耳？"隆曰："陛下若能任臣，当听臣自任。"帝曰："云何？"隆曰："臣请募勇士三千人，无问所从来，率之鼓行而西，禀陛下威德，丑虏何足灭哉！"帝许之，乃以隆为武威太守。公卿佥曰："六军既众，州郡兵多，但当用之，不宜横设赏募以乱常典。隆小将妄说，不可从也。"帝弗纳。隆募限腰引弩三十六钧、弓四钧，立标简试。自旦至申，得三千五百人。隆曰："足矣。"因请自至武库选仗。武库令与隆忿争②，御史劾隆，隆曰："臣当亡命战场，以报所受，武库令乃以魏时朽仗见给，不可复用，非陛下使臣灭贼意也。"帝从之，又给其三年军资。隆于是西渡温水。虏③树机能等以众万计，或乘险以遏隆前，或设伏以截隆后。隆依八阵图作扁箱车④，地广则鹿角车营，路狭则为木屋施于车上，且战且前，弓矢所及，应弦而倒。奇谋间发，出敌不意。或夹道累磁石，贼负铁铠，行不得前，隆卒悉被犀甲，无所留碍，贼咸以为神。转战千里，杀伤以千数。自隆之西，音问断绝，朝廷忧之，或谓已没。后隆使夜到，帝抚赏欢笑。诘⑤朝，召群臣谓曰："若从诸卿言，是无秦凉也。"乃诏曰："隆以偏师寡众，奋不顾难，冒险能济，其假节、宣威将军。"隆到武威，虏大人猝拔韩、且万能等率万余落归降，前后诛杀及降附者以万计。又率善戎没骨能等与树机能大战，斩之，凉州遂平。朝议将加隆将士勋赏，有司奏隆将士皆先加显爵，不应更授。卫将军杨珧驳曰："前精募将士，少加爵命者，此适所以为诱引。今隆全军独克，西土获安，不得便以前授塞⑥此后功。"乃从珧议，赐爵加秩各有差。

太康初，以隆为平虏护军、西平太守，将所领精兵，又给牙门一军，屯据西平。时南虏成奚每为边患，隆至，帅军讨之。虏据险距守，隆令军士皆负农器，将若田者。虏以隆无征讨意，御众稍怠。隆因其无备，进兵击破之。毕⑦隆之政，不敢为寇。太熙初，授东羌校尉。积十余年，威信振于陇右。时洛阳太守冯翊严舒与杨骏通亲，密图代隆，毁隆年老谬耄，不宜服戎。于是召隆，以舒代镇。氐羌聚结，百姓惊惧。朝廷恐关陇复扰，乃免舒，遣隆复职，卒于官。

孙子曰："兵无选锋曰北。"隆募勇士三千而平凉州。又曰："践墨随敌以决战事。"隆依八阵法，且战且前。又曰："兵以诈立，以利动。"隆令士卒诈为田者，因其无备而破之是也。

【注释】

① 司马督：晋代军事职官名称。
② 忿争：因为不合而争吵起来。

③ 虏：即鲜卑。

④ 扁箱车：一种能阻击敌人骑兵冲锋的战车。

⑤ 诘：追问。

⑥ 授塞：搪塞。

⑦ 毕：完全。

【今译】

马隆，字孝兴，是东平平陆（今山西省内）人。年轻时智勇双全，泰始年间，朝廷将要进行伐吴的战役，下诏说："吴国没有平定，应该得到勇猛之士来充实武力。虽然原先有举荐的办法，但是未必完全涵盖天下的特殊人才。诏令在全国各州郡广泛宣传，有强壮、勇武、优异、才能突出的人，都可以上报姓名给朝廷，朝廷将会选拔他们当中的优秀者，加以提拔任用。"兖州举荐马隆的才能足以胜任良将。过了段时间，他被提拔为司马督。

刚开始，凉州刺史杨欣跟羌族、戎族失和，马隆上奏称杨欣必然失败。不久杨欣即被俘虏杀害，中原失去了跟河西地区的联系，晋武帝常表露出对西部边境的忧虑，在朝堂上叹息道："谁能为我讨伐平定这乱贼来打通中原同凉州的联系？"朝堂上的众臣没有回答的，马隆进朝上奏道："陛下如果能任用我，我能够平定这些作乱的异族。"晋武帝说："若你一定能消灭逆贼的话，为什么不任用呢？只不过担心你的平定计划罢了。"马隆说："陛下如果能任用我，应当听凭我自己安排。"晋武帝问："什么安排？"马隆说："我请求招募三千名勇士，不要问他们从哪里来的，率领他们打着鼓向西进军，秉承陛下的威德，异贼又怎能不被消灭呢？"晋武帝答应了他，于是任命马隆为武威太守。公卿都说："朝廷的官军已经很多了，州郡自己的军队人数也很多，应该用他们去打仗，不应该随意设置赏钱招募士兵来混乱国家的常规制度。马隆这个小将领是在吹牛，不可以听信啊。"晋武帝不采纳他的建议。马隆招募的限制条件是能够拉动三十六钧的弩和四钧的弓，并且当场立靶测试。从早上到中午，选出了三千五百人，马隆说："足够了。"接着他奏请亲自到武器仓库选择武器。武器库的长官跟马隆争吵起来，御史还上奏弹劾马隆。马隆说："我应该死在战场上来报答自己受到的特殊待遇，武器库的长官将魏国时期朽烂的武器给我，不能使用，这不是陛下令我消灭异贼的本意。"晋武帝答应了，又下令给他可够三年使用的军饷。马隆于是率部向西渡过温水。胡虏（即鲜卑）树机能等人有数万人的兵马，他们有的凭借地形险要来遏止马隆前进，有的设置埋伏来截断马隆的退路。马隆按照八阵图来制作战车，在开阔地带则以车结营，车与车相连，前后相接，连成方阵，插鹿角于车的外围，遇山路狭窄时，则将木屋置于车上，一边战斗一边前进，被弓箭射中的人，全都应声倒地。他时不时想出奇谋，趁敌人没有防备时攻打他们。他有时在山道两旁堆积大量磁石，身着铁铠的鲜卑士兵没法抗拒磁石的吸引力，行动极为不便；而穿着犀牛皮或藤条制成的盔甲的晋军却进退自如。鲜卑士兵们都以为马隆率领的晋军是神兵。一路转战上千里，杀死杀伤敌人上千人。自从马隆向西进军后，消息断绝，朝廷为他们担忧，有人说他们已经被消灭了。后来马隆的使者连夜赶到，晋武帝给予赏银，非常高兴。到了朝堂上，他召集群臣说："如果听从你们的建议，就会失去秦、凉之地。"于是下诏道："马隆凭借人数较少的孤军，不顾艰难险阻，奋勇杀敌，冒着危险有所作为，加封他为假节、宣威将军。"马隆到达武威，胡虏的首领猝跋韩、且万能等人率领上万人部落投降，前后被杀死和投降的胡虏士兵人数有上万人。马隆又带领戎族首领没骨能等人与树机能大战，斩杀了树机能，于是平定了凉州。朝廷商议给马隆的将士功勋和奖赏，有司上奏说马隆的将士先前都已经被授予了显要的爵位，不应该再增加赏赐，卫将军杨珧反驳道："先前精选招募的将士，都给授予了较低的爵位，这是用来引诱他们作战的。现在马隆的军队独自打败敌人，西方的土地安全了，不应该用以前的奖励来搪塞这后来的功劳。"于是武帝听从杨珧的提议，给马隆的将士赐予爵位、增加俸禄，各有差别。

太康初年，武帝任命马隆为平虏将军、西平太守，率领他部下的精兵，加上增调的一支牙门军，屯兵把守西平。当时南边的胡虏成奚常常侵犯边界，马隆到了后，率军征讨他。成奚占据险要地带防守，马隆命令士兵们都背着农具，装作在田间劳作的样子。成奚以为马隆没有了要攻打他的意思，他部队的防御稍有松懈。马隆乘着他没有防备时，率军击败了他们。在马隆担任西平太守期间，成奚再不敢入侵。太熙初年，朝廷授予马隆为东羌校尉。经过十多年，马隆的威信威震陇西地区。当时洛阳冯翊郡太守严舒和杨骏通婚结为亲家，秘密打算取代马隆，诋毁马隆岁数已高，年老昏惑，不再适合在军中服役。于是朝廷召回马隆，令严舒替代马隆镇守西平。羌族军队又进行集结，百姓感到震惊恐惧。朝廷害怕关中、陇西地区再遭到异族骚扰，就免去了严舒的职务。后朝廷派马隆恢复原职，最后死于任上。

孙子说："用兵打仗如果没有敢死队，就要遭到失败。"马隆招募三千名勇士从而平定了凉州。孙子说："执行作战计划一定要随敌情变化而灵活处置，来争取战争的胜利。"马隆摆出入阵图，边战边前进。孙子说："用兵打仗要用谋略来诱骗敌人而取得成功，要根据是否有利来决定自己的行动。"马隆令士兵假扮为耕田的百姓，趁敌人没有防备时击败了他们。

【评析】

　　马隆，西晋名将，兵器革新家。因率兵攻灭祸乱多年的鲜卑秃发树机能而一举成名。西晋咸宁五年正月，河西鲜卑人秃发树机能率众反晋，攻占凉州（今甘肃武威），晋廷大震。时马隆任司马督，自请招募勇士三千人前往收复。武帝准其所请，授他为讨房护军、武威太守，允其至武库任选兵器，并领三年军资而后出发。十一月，马隆率军西渡温水（今武威东），秃发树机能领部众数万据险阻遏。马隆改革兵器，作扁箱车。在广阔地带，依八阵图联车为营，插鹿角于车的外围；遇道路狭窄，则将扁箱为木屋置于车上，以挡矢石。据《晋书·马隆传》记载，他还令晋军着皮甲，于道旁累磁石干扰身裹铁甲的鲜卑人行动。如此且战且进，不断获胜。武帝在久未闻马隆军音讯后获得捷报，甚喜，诏授马隆假节、宣威将军。十二月，经大战，斩秃发树机能，克凉州。太康初年，晋廷因西平（今西宁）荒毁，任马隆为平房护军、西平太守，率兵南下将其兴复。此后，马隆戍边十余年，战守尽力，声威大震。后死于任上。

晋·周访

【原文】

周访，字士达，汝南安城人也。元帝①渡江，命参镇东军事。寻以为扬烈将军，领兵一千二百，屯浔阳、鄂陵，与甘卓、赵诱讨华轶。所统厉武将军丁乾与轶所统武昌太守冯逸交通，访收斩之。逸来攻访，访率众击破之。逸遁保柴桑，访乘胜进讨。轶遣其党王约、傅礼等万余人助逸，大战于涢口，约等又败。访与甘卓等会于彭泽，与轶水军将朱矩等战，又败之。轶将周广烧城以应访，轶众溃，访执轶，斩之，遂平江州。帝以访为振武将军，复命访与诸军共征杜弢。弢作桔槔打官军船舰，访作长岐枨以拒之，桔槔不得为害。而贼从青草湖密抄官军，又遣其将张彦陷豫章，焚烧城邑。王敦时镇涢口，遣督护缪蕤、李常受访节度，共击彦。蕤于豫章石头，与彦交战，彦军退走。访率帐下将李午等追彦，破之，临阵斩彦。时访为流矢所中，折前两齿，形色不变。及暮，访与贼隔水，贼众数倍，自知力不能敌，乃密遣人如樵采者而出。于是结阵鸣鼓而来，大呼曰："左军②至！"士卒皆称万岁。至夜，令军中多布火而食，贼谓官军益至，未晓而退。访谓诸将曰："贼必引退，然终知我无救军，当还掩人，宜促渡水北。"既渡，断桥讫，而贼果至，隔水不得进，于是遂归。弢遣杜弘保庐陵，访追击败之，贼婴城自守。寻而军粮为贼所掠，退住巴丘。粮廪既至，复围弘于庐陵。弘大掷宝物于城外，军人竞拾之，弘因阵乱突围而出。访率军追之，获鞍马铠仗不可胜数。帝又进访龙骧将军，王敦表为豫章太守，加征讨都督。

时梁州刺史张光卒，愍帝以侍中第五猗为征南大将军，监荆、梁、益、宁四州，出自武关。贼帅杜曾、挚瞻、胡混等并迎猗，奉之，聚兵数万，破陶侃于石城，攻平南将军荀崧于宛，不克，引兵向江陵。王敦以从弟廙为荆州刺史，令督护征虏将军赵诱、襄阳太守朱轨、陵江将军黄峻等讨曾，而大败于女观湖，诱、轨并遇害。曾遂逐廙，径造沔口，大为寇害，威震江沔。元帝命访击之。访有众八千，进至沌阳。曾等锐气甚盛，访曰："先人有夺人之心，军之善谋也。"使将军李常督左甄，许朝督右甄，访自领中军，高张旗帜。曾果畏访，先攻左右甄。曾勇冠三军，访甚恶之，自于阵后射雉③以安众心。令其众曰："一甄④败，鸣三鼓；两甄败，鸣六鼓。"赵嗣领其父余兵属左甄，力战，败而复合。嗣驰马告访，访怒，叱令更进。嗣号哭还战，自旦至申，两甄皆败。访闻鼓音，选精锐八百人，自行酒饮之，敕不得妄动，闻鼓音乃进。贼未至三十步，访亲鸣鼓，将士皆腾跃奔赴，曾遂大溃，杀千余人。访夜追之，诸将请待明日。访曰："曾骁勇能战，向之败也，彼劳我逸，是以克之。宜及其衰乘之，可灭。"鼓行而进，遂定汉沔。曾等走固武当。访以功迁南中郎将、督梁州诸军、梁州刺史，屯襄阳。访谓其僚佐曰："昔城濮之役，晋文以得臣不死而有忧色。今不斩曾，祸难未已。"于是出其不意，又击破之，曾遁走。访部将苏温收曾诣⑤军，并获第五猗、胡混、挚瞻等，送于王敦。又白敦，说猗逼于曾，不宜杀。敦不从而斩之。进位安南将军，持节、都督、刺史如故。初，王敦惧杜曾之难，谓访曰："禽曾，当相论为荆州刺史。"及是而敦不用，访大怒。敦手书⑥譬释，并遗玉环玉碗以申厚意。访投碗于地曰："吾岂贾孺,可以宝悦乎?"阴欲图之⑦。既在襄阳,务农训卒,勤于采纳,守宰有缺辄补,然后言上。敦患之,而惮其强,不敢有异。

访威风既著,远近悦服,智勇过人,为中兴名将。性谦虚,未尝论功伐。或问访曰:"人有小善,鲜不自称。公勋如此,初无一言何也?"访曰:"朝廷威灵,将士用命,访何功之有!"士以此重之。

访练兵简卒,欲宣力中原,与李矩、郭默相结,慨然有平河洛之志。善于抚纳,士众皆为致死。闻敦有不臣之心,访常切齿。敦虽怀逆谋,故终访之世未敢为非。太兴三年卒。

孙子曰:"形之,敌必从之。"访扬言左军至而走杜弢。又曰:"饵兵勿食。"访军竞拾宝物而杜弘得出。又曰:"以佚待劳。"访纵杜曾破其两甄而后出。又曰:"善战者,其节短。"访击敌于三十步是也。

【注释】

① 元帝:东晋元帝司马睿。

② 左军:左将军王敦。

③ 射雉:在城墙上射箭。

④ 甄:军队的左右翼。

⑤ 诣:所拥有的。

⑥ 手书:亲自写信。

⑦ 图之:图谋不轨,这里指代暗自计划推翻王敦。

【今译】

周访,字士达,是汝南安城人。等到元帝渡江后(东晋),周访被任命辅助镇东将军管理军务。不久元帝把周访任命为扬烈将军,派他和甘卓、赵诱去讨伐华轶。周访麾下的厉武将军丁乾和华轶麾下的武昌太守冯逸互相勾结，周访就把丁乾抓起来并杀了他。冯逸带领部队来攻打周访，周访带领部队打败了冯逸的部队。冯逸逃往柴桑，周访乘胜追击。华轶派他的手下王约、傅礼等人率一万余军士增援冯逸，两军在浥口激战，王约、傅礼等人再次战败。周访和甘卓等人的军队在彭泽会师，和华轶麾下的水军将领朱矩等人交战，又击败了他。华轶麾下的将领周广烧毁城池以抵挡防御周访，华轶的军队纷纷溃败，周访抓住了华轶，斩杀了他，于是江州得以平定。元帝任命周访为振武将军，又命令周访和其他将领一起出兵讨伐杜弢。杜弢制作抛石机来攻打晋军的船只，周访就用带钩的长杆来抵御杜弢的攻击，抛石机就不能伤害到船只。杜弢派兵秘密从青草湖包抄晋军，又派出将领张彦攻下豫章，焚烧城池。王敦当时在把守浥口，就派出督护缪蕤、李常接受周访的调度指挥，一起攻打张彦。缪蕤在豫章石头城和张彦的军队交战，张彦军队败退逃跑。周访率领部下将领李午等人追击张彦，击败了他，当场斩杀了张彦。当时周访被飞来的乱箭射中，被打下两颗牙齿，周访面色没有变化。到了傍晚，周访和敌军隔水相望，敌军人数是自己的数倍，周访知道自己难以打赢，就悄悄派官兵假装成樵夫离开。然后排兵布阵打着鼓前来攻打敌军，大声呼喊："左将军到！"士兵都大喊万岁。等到了夜晚周访又特意命人多点火堆做饭，令对岸的敌军以为增援大军已经到来，天还没亮敌军就撤退了。周访对诸将领说："敌军一定撤退，但终究会知道我们没有援军到达，定会悄悄回来，我们应尽快渡水北上。"周访率军完成渡水后，将桥梁毁坏，而敌军果然回来追击，但因不能渡水无法进军，于是撤退。后来杜弢派杜弘守卫庐陵，周访追击而来，击败他的军队，杜弘只能在城中据守。不久，周访军队的粮草被敌军劫掠，周访率军退守巴丘。等到粮草再次运来，周访率军再次把杜弘包围在庐陵城中。杜弘把大量宝物抛到城外。周访的士兵争抢着来捡这些宝物，杜弘就趁乱突围逃跑了。周访带领部队追击敌军，缴获了难以计算数量的马鞍、马匹、铠甲和兵器。周访被提升为龙骧将军，王敦又上表，元帝任命周访为豫章太守，另外封为征讨都督。

当时的梁州刺史张光死去，晋愍帝任命侍中第五猗为征南大将军，管辖荆、梁、益、宁四州，出兵据守武关（今陕西省丹凤县东南三十五公里处，位武关河畔，与函谷关、萧关、大散关称为"秦之四塞"）。敌军将领杜曾、挚瞻、胡混等人一起前来迎接第五猗，奉他为主，集结数万人的部队，在石城击败陶侃，又前往宛城攻打平南将军荀崧，未获胜利，于是杜曾便率军前往江陵。王敦任命他的弟弟王廙为荆州刺史，命令督护征虏将军赵诱、襄阳太守朱轨、陵江将军黄峻等人出兵讨伐杜曾，在女观湖遭到大败，赵诱和朱轨一同战死。杜曾于是追击王廙，直接攻打沔口，当地遭受贼寇侵害严重，杜曾得以在江、沔两地威震天下。元帝命令周访率兵攻打他。周访带领八千名士兵，进军到沌阳。杜曾等人气焰非常嚣张，周访说："先于敌人去争取民心军心，这是打仗时应采取的计谋。"周访派将军李恒统领左翼军，许朝统领右翼军，周访自己统领中路军，高举旗帜，杜曾果然惧怕周访，首先攻打左右两路军。杜曾作战勇猛可谓全军第一，周访对此很担心，亲自在军阵后面向城墙上射箭安定将士军心。对众军士下令说："两翼任何一路军战败，要敲三下鼓；两翼军都战败，要敲六下鼓。"赵嗣率领他父亲留下的兵力加入左翼军，奋勇作战，战败后重新集结部队。赵嗣骑马告知周访，周访大怒，下令继续作战。赵嗣痛哭，回去继续作战，战斗从早晨一直打到下午，两翼军均战败。周访听到鼓声，挑选八百名精锐士兵，亲自拿酒和士兵们一起喝了，下令不许擅自行动，听到鼓声再出击。敌军还没靠近到三十步距离的地方，周访亲自击鼓，将士们都奔腾跳跃而出，上阵杀敌，杜曾的手下纷纷溃败，周访率军杀死了一千多名敌军。周访要趁夜进行追击，众将领请求等到明天再追击。周访说："杜曾矫健勇猛，善于打仗，之所以战败，是敌军疲劳我军正有精力，所以我军才能战胜他。应当趁其力量衰弱时乘胜出击，可将其消灭。"周访率军击鼓前进，于是平定了汉、沔两地。杜曾等人逃往武当据守。周访因作战有功升任南中郎将，兼任梁州诸军和梁州刺史，率军驻扎在襄阳。周访对其身边的幕僚说："先前的城濮之战中，晋文帝因为楚将得臣没有战死而显露忧虑。现在不斩杀杜曾的话，祸患是不会消除的。"于是趁杜曾没有防备时，又出兵击败了他，杜曾逃跑。周访的手下苏温接收了杜曾的军队，并俘获了第五猗、胡混、挚瞻等人，押送给了王敦。又报告王敦，说第五猗是受杜曾逼迫，不应当杀害。王敦不同意，把第五猗斩杀了。周访升为安南将军，和以前一样兼任持节、都督、刺史。起初，王敦害怕攻打杜曾有困难，便对周访说："要是你抓住了杜曾，我就让你当荆州刺史。"等到周访杀了杜曾后王敦没有兑现承诺，周访非常生气。王敦写信向周访解释，并赠予玉环、玉碗以表明情意深厚。周访把玉碗扔到地上说："我岂如商人和小孩一般，可以拿宝物来取悦。"周访暗自计划推翻他。周访在襄阳时，督促农耕训练士卒，勤于听取他人意见，地方官员位置有空缺的就马上予以补充，任命后再上报朝廷。王敦认为周访是隐患，但是忌惮周访力量强大，不敢有异常举动。

周访威名远播，周围的百姓都乐于归附，有超出常人的智谋和勇气，是东晋的中兴名将。周访为人谦虚，从来没有谈论过自己的功劳。有人问周访说："别人有了一些优点，很少有不称赞自己的。你有像这样大的功劳，却没有说一句称赞自己的话，这是为什么呢？"周访说：

"这是朝廷威望显灵,将士们努力拼命作战的结果,我周访又有什么功劳呢!"那些官员们因此更加敬重他了。

周访操练士兵挑选精兵,打算尽力收复中原,和李矩、郭默联合,慷慨激扬有平定河洛之地的志向。周访擅长安抚招纳百姓,人们都愿意为他而死。周访听说王敦有叛乱的想法,常常恨得咬牙切齿。王敦虽然有谋反的打算,但是在周访在世的时候不敢起兵造反。太兴三年,周访去世。

孙子说:"以伪装诱敌,使其中计。"周访宣称左将军到了而使杜弘撤军。孙子说:"用作诱饵的敌兵不要去消灭,敌人以利益诱惑我,不要上当。"周访的军士竞相捡拾宝物使杜弘能够突围出去。孙子说:"作战时采取守势,养精蓄锐,让敌人来攻,然后乘其疲劳,战而胜之。"周访放任杜曾击败了两翼的部队后率军从后方出击。孙子说:"善于作战的军队,其行动节奏,往往急切短促。"周访在距敌军三十步的地方出击攻打。

【评析】

周访,晋朝名将,曾讨平江州刺史华轶及荆州的杜曾叛乱,又协助平定杜弢的流民叛乱,对东晋能于南方建立甚有功劳。官至安南将军、梁州刺史。周访年轻时就沉着刚毅,谦虚礼让,性格果断而且慷慨施予,因此家无余财。司马睿拜周访为振武将军、浔阳太守,后又命周访与王敦所率领的诸军讨平杜弢叛乱。当时杜弢的部众以桔橰去击打周访的船,而周访就用分叉的木棒去阻止对方桔橰破坏己方的船。于天凤二年(15年)击杀杜弢部将张彦,后来又率水军进攻湘城,并击溃杜驭将杜弘。由于平定叛乱有功,周访获进为龙骧将军。王敦又表周访为豫章太守。周访又获加征讨都督,爵浔阳县侯。

晋·陶侃

【原文】

陶侃，字士行，鄱阳人也。刘弘为荆州刺史，将之官，辟侃为南蛮长史，遣先向襄阳讨贼张昌，破之。弘既至，谓侃曰："吾昔为羊公参军①，谓吾其后当居身处。今相观察，必继老夫矣。"

陈敏之乱，弘以侃为江夏太守，加鹰扬将军。敏遣其弟恢来寇武昌，侃出兵御之。随郡内史扈瑰间侃于弘曰："侃与敏有乡里之旧，居大郡，统强兵，脱有异志，则荆州无东门矣。"弘曰："侃之忠能，吾得之久矣，岂有是乎！"侃潜闻之，遽遣子洪及兄子臻诣弘以自固。弘引为参军，资而遣之。又加侃为督护，使与诸军并力距恢。侃乃以运船为战舰，或言不可，侃曰："用官物讨官贼，但须列上有本末②耳。"于是击恢，所向必破。侃戎政齐肃，凡有虏获，皆分士卒，身无私焉。

迁龙骧将军、武昌太守。时天下饥荒，山夷多断江劫掠。侃令诸将诈作商船以诱之劫，果至，生获数人，是西阳王羕③之左右。侃即遣兵逼羕，令出向贼，侃整阵于钓台为后继。羕缚送帐下二十人，侃斩之。自是水陆肃清，流亡者归之盈路，侃竭资振给焉。又立夷市④于郡东，大收其利。而帝使侃击杜弢。时周顗为荆州刺史，先镇浔水城，贼掠其良口。侃使部将朱伺救之，贼退保泠口。侃谓诸将曰：

"此贼必更步向武昌，吾宜还城，昼夜三日行可至。卿等谁能忍饥斗耶？"部将吴寄曰："要欲十日忍饥，昼当击贼，夜分捕鱼，足以相济。"侃曰："卿健将也。"贼果增兵来攻，侃使朱伺等逆击，大破之。遣参军王贡告捷于王敦，敦曰："若无陶侯，便失荆州矣。"即表拜侃荆州刺史。

贼王冲据江陵。王贡还，至竟陵，矫侃命，以杜曾为前锋大督护，进军斩冲，悉降其众。侃召曾不到，贡又恐矫命获罪，遂与曾举兵反，击侃督护郑攀于沌阳，破之，又败朱伺于沔口。侃欲退入郪中，部将张奕将贰于侃，诡说曰："贼至而动，众必不可。"侃惑之而不进。无何，贼至，果为所败。贼钩侃所乘舰，侃窘急，走入小船。朱伺力战，仅而获免。张奕遂奔于贼。侃坐免官。王敦表以侃白衣领职，复率众击杜弢，破之。敦于是奏复侃官。

弢将王贡精卒三千，出武陵江，诱五溪夷，以舟师断官运，径向武昌。侃使郑攀及伏波将军陶延夜趣巴陵，潜师掩其不备，大破之。贡遁还湘城，弢遂疑张奕而杀之。王贡复挑战，侃遥谓之曰："杜弢为益州吏，盗用库钱，父死不奔丧。卿本佳人，何为随之也？天下宁有白头贼乎！"贡初横脚马上，侃言讫，贡敛容下脚，辞色甚顺。侃知其可动，复令谕之，截发为信，贡遂来降，而弢败走。

王敦深忌侃功，左转广州刺史、平越中郎将，以王廙为荆州。侃将郑攀等不欲南行，遂西迎杜曾以距廙。敦意攀承侃风旨，被甲持矛，将杀侃者数四。侃正色曰："使君⑤雄断，当裁天下，何此不决乎！"因起如厕。谘议参军梅陶言于敦曰："周访与侃亲姻，如左右手，安有断人左手而右手不应者乎！"敦意遂解，侃便夜发。既达豫章，见周访，流涕曰："非卿外援，我殆不免！"侃因进至始兴。先是，广州人背刺史郭讷，迎长沙人王机为刺史。机复遣使诣王敦，乞为交州。敦从之，而机未发。会杜弘据临贺，因机乞降，劝弘取广州，弘遂与温邵谋反。或劝侃且住始兴观察形势，侃不听，直至广州。弘遣使伪降。侃知其诈，先于封口起发石车。俄而弘率轻兵而至，知侃有备，乃退。侃追击破之。又遣部将许高讨机，斩之，传首京都。将皆请乘势击温邵，侃笑曰："吾威名已著，何事遣兵？但一函纸自定耳。"于是下书谕之，邵惧而走，追获于始兴。侃在州无事，辄朝运百甓于斋外，暮运于斋内。人问其故，答曰："吾方致力中原，过尔优逸，恐不堪事。"其励志勤力，皆此类也。

　　侃性聪敏，勤于吏职，常语人曰："大禹圣者，乃惜寸阴，至于众人，当惜分阴。生无益于时，死无闻于后，是自弃也。"时造船，木屑及竹头悉令举掌之，咸不解所以。后正会，积雪始晴，厅事前余雪犹湿，于是以屑布地。及桓温伐蜀，又以侃所贮竹头作丁装船。其综理微密皆此类也。

　　既苏峻作逆，与温峤、庾亮等俱会石头。诸军即欲决战，侃以贼盛不可争锋，当以岁月智计禽之。累战无功，诸将请于查浦筑垒。监军部将李根建议，请立白石垒。侃不从，曰："若垒不成，卿当坐之。"根曰："查浦地下，又在水南，唯白石峻极险固，可容数千人。贼来攻不便，灭贼之术也。"侃笑曰："卿良将也。"乃从根谋，夜修晓讫。贼见垒大惊。贼攻大业垒，侃将救之，长史殷羡曰："若遣救大业，步战不如峻，则大事去矣。但当急攻石头，峻必救之，而大业自解。"侃又从羡言，峻果弃大业而救石头。诸军与峻战陈陵东，侃督护景陵太守李阳部将彭世斩峻于阵，贼众大溃。属后将军郭默矫诏袭杀平南将军刘胤，辄领江州。侃闻之曰："此必诈也。"遣将军宋夏、陈修率兵据湓口，侃以大军继进。默遣使写中诏呈侃。参佐多谏曰："默不被诏，岂敢为此事？若进军，宜待诏报。"侃厉色曰："国家年小，不出胸怀。

且刘胤为朝廷所礼，虽方任非才，何缘猥加极刑！郭默虓⑥勇，所在暴掠，以大难新除，威纲宽简，欲因隙会⑦骋其从横耳。"侃既至，默将宗侯⑧缚默诣侃降，侃斩之。默在中原，数与石勒等战，贼畏其勇。闻侃讨之，兵不血刃而禽也，益畏侃。

侃薨，时年七十六。苏峻之役，庾亮轻进失利。亮司马殷融诣侃，谢曰："将军为此，非融等所裁。"将军王章至，曰："章自为之，将军不知也。"侃曰："昔殷融为君子，王章为小人。今王章为君子，殷融为小人。"初，议者以武昌北岸有邾城，宜分兵镇之。侃每不答，而言者不已，侃乃渡水猎，引将佐语之曰："我所以设险而御寇，正以长江耳。邾城隔在江北，内无所倚，外接群夷。夷中利深，晋人贪利，夷不堪命，必引寇虏。乃致祸之由，非御寇也。且吴时此城乃三万兵守，今纵有兵守，亦无益于江南。若羯虏有可乘之会，此又非所资也。"后庾亮戍之，果大败。梅陶与亲人曹识书曰："陶公机神明鉴似魏武，忠顺勤劳似孔明，陆抗诸人不能及也。"谢安每言："陶公虽用法，而恒得法外意。"其为世所重如此。

孙子曰："因利而制权。"侃因山夷劫掠而诈作商船。又曰："守其所不攻。"侃以贼保浛口而先备武昌。又曰："无约而请和者，谋也。"侃知贼伪降而为之备。又曰："屈人之兵而非战。"侃威名已著，谕之以书而贼遁。又曰："攻其所必救。"侃攻石头而解大业之围。又曰："地有所不争。"侃不守邾城是也。

【注释】

①参军：军事参谋。

②本末：整个过程，来龙去脉。

③羕：西阳王司马羕。

④夷市：集贸市场。

⑤使君：汉代称呼太守刺史，汉以后用作对州郡长官的尊称，可以通俗地理解为先生，最早应出自汉乐府《陌上桑》。

⑥虓（xiāo）：勇猛。

⑦隙会：机会。

⑧宗侯：不是古人常用的官名别称，可能是指某位姓宗的地方官。侯，君侯，百里侯，在宋朝可指代知某县事、知某州事、知某府事、转运使等级别的地方官。也可能是宗伯的借代语，指某位现任或做过礼部尚书的官员。

【今译】

陶侃，字士行，原是鄱阳郡（今江西鄱阳）人，刘弘当荆州刺史时，让他做官，任命他为南蛮长史，派他为先锋向襄阳进军讨伐张昌，取得胜利。刘弘来到襄阳对他说："我过去辅佐羊祜，担任他的军事参谋时，羊祜对我说我以后必定可以担当他的职位。现在我看你也一定可以继任我的职位。"

陈敏造反叛乱时，刘弘任命陶侃为江夏太守，封为鹰扬将军。陈敏派他的弟弟陈恢前往攻占武昌，陶侃出兵抵御。随郡内史扈瑰便到刘弘那里挑拨他和陶侃的关系，他对刘弘说："陶侃与陈敏有同乡的旧情，并且陶侃地处地盘广阔的郡县，统领着强大的军队，若有叛变的想法，那么就会失去荆州这个东大门。"刘弘则说："陶侃的忠心和能力，我很早就了解了，怎么能有这样的事情呢！"陶侃暗中闻知此事，立即派儿子陶洪和侄子陶臻去见刘弘，以消除刘弘的疑虑。刘弘任他们为参军，给了他们许多赏赐，送他们回去。刘弘又让陶侃兼任前锋督护，和众将领一同率军抵御陈恢。陶侃用货运船只作为战船，有的人不同意，陶侃说："使用官家资产讨伐叛军，必须说明使用的整个过程。"陶侃于是发兵攻打陈恢，所到之处均取得胜利。陶侃管理军务政事严格分明，凡是缴获的物品，都分给士兵们，自己没有私藏。

陶侃升任龙骧将军兼武昌太守。当时天下闹饥荒，夷州发生许多过往船只被强盗打劫的事情。陶侃命令众将领假称商船来引诱强盗打劫，强盗果然上当前来，活捉了几个人。经过审问，这些人都是西阳王司马羕的随从。陶侃立即调遣军队进攻西阳王，命令其交出以往参与打劫的那些人，陶侃在钓台休整军队，作为后续支援。西阳王将属下二十人捆起来送交陶侃，陶侃斩杀了他们。从此以后，水路陆路上打劫的强盗全被清除，流亡在外的人纷纷返回家乡，陶侃都尽力给予他们资助。他又在郡东部设立集贸市场，官府赚得了不少钱财。晋帝命令陶侃攻打杜弢。当时，周顗担任荆州刺史，起初镇守浔水城，敌军劫掠走了许多百姓。陶侃派部下将领朱伺援救他，令敌军退守泠口。陶侃对众将领说："杜弢必定改道率军攻向武昌，我们应该返回武昌城，昼夜兼程三天就可以到达。你们谁能忍受饥饿进行战斗呢？"部将吴寄说："若要忍受十天的饥饿的话，可白天杀敌，夜间捕鱼，就完全能够救济自己。"陶侃说："你真是一位英勇善战的将领啊。"敌人果然增援军队前来进攻，陶侃派朱伺等人迎头反击，把敌人打得大败。陶侃派参军王贡向王敦汇报胜利的消息，王敦说："如果没有陶侃的话，就会丢掉荆州。"王敦随即上表，任命陶侃为荆州刺史。

敌将王冲占据着江陵。王贡归来，抵达竟陵后，假借陶侃的命令，任杜曾为前锋大督护，出兵攻打斩杀王冲，王冲的士兵们全都投降。陶侃给杜曾发诏令，杜曾没来，王贡又害怕假借军令会被治罪，所以和杜曾起兵造反，在沌阳进攻陶侃手下的督护郑攀，打败了他，又在泂口打败了朱伺。陶侃想撤军回到郢中，部将张奕想背叛陶侃，骗陶侃说："敌军来临时调动部队，众将士军心一定不能安定。"陶侃对此感到疑惑但没有发兵前进。没有办法，叛军来到，陶军果然被打败。叛军钩住陶侃乘坐的战船，陶侃处境窘迫紧急，逃上小船。朱伺拼命杀敌，幸存下来从而免于被俘获。张奕趁此投奔了叛军。陶侃被革除了官职。王敦上表给予陶侃"白衣领职"的处罚，陶侃再次率领众将士攻打杜弢，取得胜利。王敦于是上奏恢复了陶侃的官职。

杜弢手下的将领王贡率领三千精兵，从武陵江而出，诱请五溪夷出兵支持，用水军切断了官府的船运，直接攻向武昌。陶侃派郑攀和伏波将军陶延夜间前往巴陵，埋伏下部队趁其没有防备时发动进攻，大胜。王贡逃回湘城，杜弢于是怀疑张奕并且将他杀死。王贡再次前来应战，陶侃远远地对他说："杜弢当益州吏的时候，盗用官府银库里的钱，他父亲死了也不回去奔丧。你本是品德好的人，为什么跟随他呢？天下怎么会有白头贼呢？"王贡刚开始把脚横放在马上，陶侃说完，王贡收回脸上的怒气，把脚放下来，言辞面容都变得非常恭顺。陶侃知道他被说动了，又再次给王贡传话，并用剪下来的头发作为信用，王贡于是前来投降，杜弢战败逃跑。

王敦非常嫉妒陶侃的功劳，令陶侃改任广州刺史、平越中郎将，任王廙为荆州刺史。陶侃部下将领郑攀等人不想向南前进，于是向西行进迎击杜曾以防王廙。王敦认为这是郑攀按着陶侃的意图行事，所以穿上铠甲，拿起武器，要去杀掉陶侃，出去回来一共四次。陶侃说："先生你有雄心，能够裁决天下的事务，为何如此犹豫不决呢！"王敦借机起身上厕所。谘议参军梅陶对王敦说："周访和陶侃是亲家，关系如同左右手一般，怎么会有人被打断左手而右手不回击的呢！"王敦于是改变了主意，陶侃便在晚上出发离去。陶侃到达豫章时，见到周访，流着泪说："若不是你在外援助，我难逃一死啊！"陶侃因此来到始兴（今广东北部浈江中游）。在此之前，广州百姓避开刺史郭讷，迎接长沙人王机任刺史。王机又派出使者告诉王敦，请求攻打交州。王敦答应了他，但王机没有出兵前往交州。正赶上杜弘把守临贺，因为王机投降，王机劝杜弘攻下广州，杜弘于是和温邵密谋造反。有人劝陶侃暂且在始兴观察事情发展形势，陶侃不听从，径直去了广州。杜弘派出使者假装投降。陶侃知道其中有诈，事先不明说，布置了投石车。不久，杜弘率领轻装部队前来，知道陶侃有所戒备，于是退兵。陶侃出兵追击，战胜了他。陶侃又派出部将许高讨伐王机，将其斩杀，把首级送到了京都。陶侃手下将领都要求乘胜攻打温邵，陶侃笑着说："我的威名已经形成，还有什么事用得着派遣军队的呢？只需要一封信函即可搞定。"于是陶侃写信告诉温邵，温邵感到害怕便逃跑，陶侃追击，在始兴抓获了他。陶侃在州府无政事时，总是早上将上百块砖搬到书房外，晚上再运到书房内。别人问他原因，他回答说："我正在致力收复中原，过分的优游安逸，恐怕不能承受大事。"他磨励志向勤勉努力，都像这类事情。

陶侃生性聪慧敏捷，为官勤恳称职。他常对人说："大禹是圣人，还十分珍惜时间，至于普通人则更应该珍惜分分秒秒的时间了。活着的时候对他人没有益处，死了也不被后人记起，这是自己毁灭自己啊！"当时造船，剩余的木屑和竹头陶侃让人收起来放好，人们都不理解这样做的原因。后来正月初一，雪下了很久后才刚刚天晴，大厅前还有雪，地面还很湿，于是陶侃把木屑撒到地上方便行走。等到桓温攻打蜀时，又用陶侃贮存的竹头做竹钉组装船只。他总揽事务细微缜密，向来这样。

当时苏峻发动叛乱，陶侃和温峤、庾亮等人在石头城会合。各将领想要立即发动决战，陶侃认为叛军气势正盛，不可以与之争抢强拼，应当用智谋设计将其擒拿。陶侃部下发动多次进攻没有取得效果，各将领要求在查浦（秦淮河口南面）构筑营垒。监军部将李根建议在白石设置营垒。陶侃不同意，说："如果营垒被攻破，那我来守卫它。"李根说："查浦地势低洼，又位于河水南面，只有白石地势非常险峻，易于防御，可容纳数千人，不便于敌人前来攻打，这是消灭敌人的办法。"陶侃笑着说："你真是我的得意部将啊。"于是陶侃听从了李根的计策，晚上在白石修筑营垒，第二天早晨便修好了。敌军看见营垒大为吃惊。敌军攻打大业的营垒，陶侃将要出兵救援，长史殷羡说："如果出兵前往大业救援，步兵作战能力上比不上苏峻的军队，那样就无法胜利了。只要加紧攻打石头城，苏峻必然前往营救，大业也就解围了。"陶侃又听从殷羡的意见，苏峻果然放弃大业前往救援石头城。陶侃各将领和苏峻的军队在陈陵以东大战，陶侃手下督护景陵太守李阳的部将彭世在战场上斩杀苏峻，敌军大败。以后将军郭默假传皇帝诏书袭击杀害平南将军刘胤，占领了江州。陶侃听说后说道："这必定有诈。"陶侃派将军宋夏、陈修率军把守湓口，陶侃率大批部队后续增援。郭默派使者拿着皇帝发出的亲笔诏令呈见陶侃。陶侃的部下大多建议说："郭默如果没有奉诏，怎么敢这样做呢？如果出兵的话，应当等待朝廷下诏批准。"陶侃表情严厉，说道："国家建立时间短，力量尚弱。况且刘胤受到朝廷的礼待，虽然才能不堪任用，但为什么对其处以极刑呢！郭默作战勇猛，所过之处烧杀抢掠，因为大难刚刚过去，纲领宽宏威严，我才趁机放任他的恣意妄为。"陶侃到达后，郭默的手下将领宗侯捆了郭默上书陶侃投降，陶侃将郭默斩杀。郭默在中原时，多次和石勒等人交战，敌军畏惧他的勇猛。敌军听说陶侃讨伐郭默，未经战斗就轻易将其抓获，更加畏惧陶侃了。

陶侃在七十六岁时去世。攻打苏峻的战役中，庾亮轻敌冒进而战败。司马商融拜访陶侃，说："是庾将军要这么做，不是我们决定的。"后来将军王章也去拜访陶侃，却说："是我自己要这么做的，庾将军并不知情。"陶侃说："先前司马商融是君子，王章是小人。现在王章是君子，司马商融是小人了。"起初，参加讨论的将领认为武昌位于长江以北的邾城应当将兵力分散部署防御。陶侃每次都不回答，但是大家都说个不停，陶侃于是渡江打猎，率领诸将领察看形势，对他们说："我正是依赖长江为天险来防御敌军的。邾城以长江为隔，位于江北，城内没有依靠，城外和众多夷族相接壤。夷人富有，晋人贪利，抵抗不住诱惑就会去役使他们。夷人不堪忍受时必定招来外敌。这是招致祸难的原因，而不是御敌的方法。况且东吴时，这座城池曾用三万士兵把守。如今纵然有士兵把守，对长江以南的防御也没有什么用处。倘若羯人有可乘之机，这座城池也没有什么利用的价值。"后来，庾亮派人防守邾城，果然大败而归。梅陶在给亲信曹识的书信中说："陶侃机灵神武，明察秋毫，如同魏武帝一般，忠顺勤劳如同诸葛孔明一般，陆抗等人远远比不上他。"谢安经常说："陶公虽然使用兵法，总能在兵法之外获得真义精髓。"陶侃深受世人的敬重，由此可见一斑。

　　孙子说："根据有利我军的情况，而采取相应的军事行动。"陶侃知道山中夷人劫掠商船，就命部将伪装商船引诱山中夷人上钩。孙子说："扼守住敌人不敢攻击或不易攻破的地方。"陶侃认为敌军退守冷口，于是事先在武昌做好了防御准备。孙子说："敌人未经事先约定就突然求和，必定有阴谋。"陶侃知道敌军是在诈降从而积极防备。孙子说："不战就能使敌人屈服。"陶侃威名远播，一封书信就吓跑了敌军。孙子说："攻打敌人必须救援的地方。"陶侃攻打石头城而令大业解围。孙子说："有的地方不必强行占领。"故陶侃不守百害而无一利的邾城。

【评析】

　　陶侃，江西鄱阳人，东晋时期名将，大司马，是晋代著名诗人陶渊明的曾祖父。陶侃出身寒门，初为县吏，自讨平张昌叛乱开始，以战功擢升，终掌太尉之权，掌握重兵，都督八州军事，并任荆、江两州刺史；其权力之煊赫，在东晋一朝屈指可数，这在士族垄断高位的东晋当是一个例外。他不仅对东晋的建立在军事上做出了贡献，本身亦甚有治迹。他精勤吏职，深受人民爱戴。其治下的荆州，太平安定，路不拾遗，为人称道。咸和九年（334年）六月，陶侃在病中上表逊位，遣人将官印节传等送还朝廷。他在离开荆州任所前，"军资器仗牛马舟船皆有定簿，封印仓库，自加管钥"，亲交专人保管，然后才登船赴长沙；第二天，竟死在途中的樊溪，时年七十六。陶侃是颇具传奇色彩的人物，也是个有争议的人物。

晋·谢玄

【原文】

谢玄,字幼度,陈郡阳夏①人。少颖悟,为叔父安所器重。及长,有经国才略,屡辟②不起。后与王珣俱被桓温辟为掾,并礼重之。

苻坚强盛,边境数被侵寇,朝廷求文武良将可以镇御北方者,安乃以玄应举。中书郎郗超虽素与玄不善,闻而叹之曰:"安违众举亲,明也。玄必不负举,才也。"时咸以为不然,超曰:"吾尝与玄共在桓公府,见其使才,虽履屐间亦得其任,所以知之。"于是召还,拜建武将军、兖州刺史、领广陵相、监江北诸军事。

时苻坚遣军围襄阳,车骑将军桓冲御之。诏玄发三州人丁,遣彭城内史何谦游军淮、泗,以为形援。襄阳既没,坚将彭超攻龙骧将军戴逯于彭城。玄率东莞太守高衡、后军将军何谦次于泗口,欲遣间使报逯,令知救至,其道无由。小将田泓请行,乃没水潜行,将趣城,为贼所获。贼厚赂泓,使云:"南军已败。"泓伪许之,既而告城中曰:"南军垂至,我单行来报,为贼所得,勉之!"遂遇害。时彭超置辎重于留城,玄乃扬声遣谦等向留城。超闻之,还保辎重。谦驰进,解彭城围。

及苻坚自率兵次于项城,众号百万,而凉州之师始达咸阳,蜀、汉顺流,幽、并系至。先遣苻融、慕容暐、张蚝、符方等至颍口,梁成、王先等屯洛涧。诏以玄为前锋,都督徐兖青三州、扬州之晋陵、幽州之燕国诸军事,与叔父征虏将军石、从弟辅国将军琰、西中郎将桓伊、龙骧将军檀元、建威将军戴熙、扬武将军陶隐等拒之,众凡八万。玄先遣广陵相刘牢之五千人直指洛涧,即斩梁成及成弟云,步骑崩溃,争赴淮水。牢之纵兵追之,生禽坚伪将梁佗、王显、梁悌、慕容屈氏等,收其军实。坚进屯寿阳,列阵临淝水,玄军不得渡。玄使谓苻融曰:"君远涉吾境而临水为阵,是不欲速战。诸君稍却,令将士得周旋,仆与诸君缓辔而观之,不亦乐乎!"坚众皆曰:"宜阻淝水,莫令得上。我众彼寡,势必万全。"坚曰:"但却军,令得过,而我以铁骑数十万向水,逼而杀之。"融亦以为然,遂麾使却阵,众因乱不能止。于是玄与琰、伊等以精锐八千涉渡淝水。石军拒张蚝,小退。玄、琰仍进,决战淝水南。坚中流矢,临阵斩融。坚众奔溃,自相蹈藉投水死者不可胜计,淝水为之不流。余众弃甲宵遁,闻风声鹤唳,皆以为王师已至,草行露宿,重以饥冻,死者十七八。诏遣殿中将军慰劳,进号前将军,固辞不受。赐钱百万,彩千匹。既而安奏苻坚丧败,宜乘其衅会,以玄为前锋都督,率冠军将军桓石虔径造涡颍,经略旧都。玄复率众次于彭城,遣参军刘袭攻坚兖州刺史张崇于鄄城,走之,使刘牢之守鄄城。兖州既平,玄患水道险涩,粮运艰难,用督护闻人爽谋,堰吕梁水,树栅,立七埭为派,拥二岸之流,以利运漕。自此公私利便。又进伐青州,故谓之青州派。遣淮陵太守高素以三千人向广固,降坚青州刺史苻朗。又进伐冀州,遣龙骧将军刘牢之据碻磝,济阳太守郭满据滑台,奋武将军颜雄渡河立营。坚子丕遣将桑据屯黎阳。玄命刘袭夜袭据,走之。丕惶遽欲降,玄许之。丕告饥,玄馈丕米二千斛。又遣晋陵太守滕恬之渡河守黎阳,三魏皆降。以兖、青、司、豫平,加玄都督徐、兖、青、司、冀、幽、并七州军事,卒于官。

孙子曰:"择人而任之[③]。"玄之使才,各当其任。又曰:"夺其所爱则听。"玄向留城而解彭城之围。又曰："乱而取之。"玄因苻坚阵乱而决战破之是也。

【注释】

① 阳夏：今河南太康。

② 辟：征辟，征集有才能的人做官。

③ 任之：《孙子兵法》的原文是"择人而任势"，要选择合适的人才去利用形成的势。

【今译】

谢玄，字幼度，陈郡阳夏人。年少之时聪慧过人，被叔父谢安器重。年长之后，显示出有治国安邦的雄才大略，东晋朝廷多次征召他为官，他均推辞不受。后来谢玄与王珣被大将军桓温征辟为掾属，深受桓温赏识。

当时北方的苻坚统治下的前秦国势强盛，多次进犯袭扰东晋边境，朝廷征召能够镇守边境、抵御北患、文武全才的良将，谢安就推荐谢玄。中书郎郗超虽然一向与谢玄不和，但听说谢安举荐谢玄之后，就感叹说："谢安犯众怒举荐其亲属，是谢玄明智啊。他必不辜负谢安的举荐，因为他有才啊。"那时人们多不赞同郗超所论，郗超就说："我曾经与谢玄在桓温将军的幕府共事，亲眼见他用人能各尽其才，即使是一些细小事务，人事安排也非常恰当。所以知道他一定能胜任。"于是朝廷就召谢玄回朝，任命他为建武将军、兖州刺史、领广陵相，管理长江以北的军事。

当时苻坚派军围困襄阳，车骑将军桓冲在襄阳抵御。朝廷下诏命令谢玄征发三个州的民夫兵丁，并派彭城内史何谦率军队在淮水、泗水一带游弋，让他们形成救援襄阳的态势。襄阳陷落后，苻坚的部将彭超开始进攻镇守彭城（今江苏徐州）的龙骧将军戴逯。谢玄率领东莞太守高衡、后军将军何谦驻扎在泗口（今江苏清江西南，即古泗水入淮水之口），想要偷偷地派遣使者告诉戴逯，让他知道救兵已到，却找不到前往的路。小将田泓请求前往，于是他就潜在水中偷偷地游过去，快到城下的时候，不幸被秦军抓获。秦军用丰厚的赏赐收买田泓，让他对彭城守军说："南来的援军已被打垮了。"田泓假意应允。但到了城下时，却大声告诉城中说："南来的援军很快就要到了，我一个人前来报信，被敌人抓住，诸君当努力守城。"说完就被敌军杀害了。当时彭超的辎重粮草屯放在留城（今江苏沛县东南），谢玄就扬言要派遣何谦等人去攻打留城。彭超听说之后就率军回留城去保护辎重。何谦趁机率军快速行军将戴逯等人救出，遂解彭城之围。

等到苻坚亲率大军南来伐晋，驻军于项城，号称有雄兵百万，但此时凉州的兵马才刚到咸阳，蜀、汉两地的兵马顺流而下，幽、并两州的兵马也才陆续到达。苻坚就先派苻融、慕容晔、张蚝、符方等进军至颍口（今安徽颍河入淮河口），而梁成、王先等人屯驻于洛涧（即洛河，流经今安徽淮南市东）。晋孝武帝下诏命令谢玄为先锋，统领徐州、兖州、青州以及扬州的晋陵、幽州的燕国各路军队，和他的叔父征虏将军谢石、堂弟辅国将军谢琰、西中郎将桓伊、龙骧将军檀元、建威将军戴熙、扬武将军陶隐等率军抗击，各路人马总数不过八万人。谢玄先派广陵相刘牢之率五千人奔袭洛涧，斩杀了敌将梁成和其弟梁云，敌人的步兵、骑兵崩溃散乱，争着渡过淮水逃跑。刘牢之纵兵追击，活捉敌将梁佗、王显、梁悌、慕容屈氏等，缴获了敌军的军用物资。苻坚进军驻扎在寿阳（今安徽寿县），在淝水沿岸排兵布阵，谢玄的军队无法渡河。谢玄派人对秦将苻融说："君等远来我们的疆土，却在淝水边上列阵，是不想速战速决。请诸君稍微退后一点，也好使我军渡河,有地方同你们决一死战。我和诸君在马上从容观看,不亦乐乎?"苻坚的部下都说:"我们应该凭借淝水把他们堵在河对岸,不让他们渡河,我众敌寡,这才是万全之策。"苻坚却说:"只管让军队退后,让他们渡河,之后我们再用数十万铁骑把他们全部逼进河里去,彻底消灭他们。"苻融也这么认为,于是就指挥秦军向后退却,谁知后退的命令一发出,人数众多,大军一下就乱了阵脚,再也无法控制。谢玄与谢琰、桓伊等人趁机带领八千精兵渡过淝水。谢石的军队与秦军张蚝对阵,稍稍不利退却。而谢玄、谢琰继续进军,决战于淝水南。苻坚被箭所伤,苻融被临阵斩杀。苻坚的军队溃败奔逃,自相践踏,投水而死的不计其数,淝水因而都堵塞得不流动了。其余人马丢盔弃甲,连夜逃走,听到风声鹤唳,都以为是东晋军队已经来到,草行露宿,再加上挨饿受冻,死去的有十之七八。晋帝下诏派殿中将军慰劳谢玄军队。给谢玄加授前将军、假节的称号,但谢玄却坚决推辞不接受。朝廷赐给上百万钱,上千匹彩绸。不久谢安上奏朝廷称前秦苻坚已经丧败,应当趁其丧乱有机可乘之时,以谢玄为前锋都督,率冠军将军桓石虔直赴涡水和颍水,经略旧都(洛阳)。谢玄就又率领部队驻扎在彭城,并派参军刘袭进攻苻坚任命的兖州刺史张崇于鄄城,张崇兵败逃走,谢玄派刘牢之镇守鄄城。兖州平定之后,谢玄苦于水路险阻不顺畅,粮草转运困难,用督护闻人爽的建议,堵塞吕梁河水,树立栅栏,建立起七道堤坝,分段控制彭城东南六十里的吕梁河等泗水支流,以利运漕。自此之后公私交通便利。又以此来保障漕运进伐青州,因此称此工程为青州派。谢玄派淮陵太守高素率三千人向广固进军,迫降苻坚任命的青州刺史苻良。又进伐冀州,派遣龙骧将军刘牢之占据碻磝(黄河渡口,故址在今山东平西南古黄河南岸),派济阳太守郭满占据滑台,派奋武将军颜雄渡过黄河扎营。苻坚的儿子苻丕派遣将领桑据镇守黎阳。谢玄命刘袭夜袭黎阳并占领该城，桑据逃跑。苻丕惶恐想要投降，谢玄同意。苻丕向谢玄报告说缺粮，谢玄就送给苻丕两千斛米。又派遣晋陵太守滕恬之渡河镇守黎阳，至此三魏之地全部归降。因兖、青、司、豫数州已平定，就加封谢玄为都督，负责徐、兖、青、司、冀、幽、并七州的军事，谢玄最后死在任上。

孙子说："要选择合适的人才去任职。"谢玄择人而善任，每个人都才尽其用。孙子说："先夺取敌人最关心的，这样敌人就会听从我们的摆布了。"谢玄向留城佯动，就解除了彭城的包围。孙子还说："要趁敌方混乱而去攻取它。"谢玄趁苻坚阵脚大乱而与之决战最终大败苻坚就是如此。

【评析】

谢玄，晋朝廷衣冠南渡之后最重要的将领，为稳定东晋朝廷，抵御北方侵略立下了汗马功劳。他出身东晋名门，少时聪慧过人，有"谢家宝树"之誉，长大后显示出经国才略，特别是善于治军。他招募北来民众中的骁勇之士，组建训练出一支精锐部队，号为"北府兵"。谢玄知人善任，所挑选的将领很多日后都成为名将。这支部队能征善战，特别能吃苦耐劳，成为东晋最为精锐的武装力量，也是使东晋朝廷能够偏安一隅的军事保证。虽然谢玄忠于朝廷，但东晋复杂的政治斗争却使这支强大的军队成为政治斗争最重要的工具，后来"北府兵"的将领甚至能够左右朝廷的政局。谢玄一生的军事高峰是在"淝水之战"中大败前秦苻坚。此役中，谢玄用兵灵活，善于利用敌军的矛盾并能抓住转瞬即逝的战机，利用前秦军队的混乱，突然出击，以少胜多，成就了中国军事史上的一段传奇。"淝水之战"不仅解除了北方前秦对东晋的军事威胁，还促成了北方长期的混战，客观上形成了南北分治的局面。

燕·慕容恪

【原文】

慕容恪,字元恭,皝之子也。沉深有大度。年十五,身长八尺七寸,容貌魁杰,雄毅严重,每所言及,辄经纶世务,皝始器焉,乃授之以兵。数从皝征伐,临机多奇策。使镇辽东,甚有威惠,高句丽惮之,不敢为寇。皝将终,谓儁①曰:"今中原未一,方建大事,恪智勇俱济,汝其委之。"及儁嗣位,弥加亲任。累战有大功,封太原王。儁寝疾,引恪与慕容评属以后事。及㻱之世,总摄朝权。初,建邺②闻儁死曰:"中原可图矣。"桓温曰:"慕容恪尚存,所忧方为大耳。"

慕容根③之就诛也,内外危惧。恪容止如常,神色自若,出入往还,一人步从。或有谏之者,恪曰:"人情怀惧,且当自安以靖之。吾复不安,则众何瞻仰哉!"于是人心稍定。恪虚襟待物,谘询善道,量才处任,使人不逾位。虽执权政事,必谘之于评。罢朝归第,则尽心色养④,手不释卷。

恪之围洛阳也,秦中大震,苻坚亲将以备潼关,军回乃定。恪为将不尚威严,专以恩信御物,务于大略,不以小令劳众。军士有犯法,密纵舍之,捕斩贼首以令军。营内不整似可犯,而防御甚严,终无丧败。临终,㻱亲临问以后事,恪曰:"臣闻报恩莫大荐士,板筑犹可,而况国之懿藩乎!吴王文武兼才,管萧之亚,陛下若任之以政，国其少安。不然，臣恐二寇必有窥觎⑤之计。"言终而死。

孙子曰："辅周则国必强。"恪在中原，桓温以谓所忧方大。又曰："卒未亲附而罚之，则不服。"恪之为将，专以恩信而不尚威严是也。

【注释】

① 隽：通"俊"。

② 建邺：即今南京，为东晋都城，此代指东晋。

③ 慕容根：多数史书记为慕舆根。

④ 色养：指侍奉父母。

⑤ 觎：通"觊"，窥觎即觊觎，非分之所想。

【今译】

慕容恪，字元恭，是燕王慕容皝的第四子。慕容恪年幼之时就沉稳谨慎而有大度，十五岁时就身高八尺七寸（约折合现在两米一），容貌英俊魁梧，勇武刚毅，严肃庄重。每当和他讨论事情的时候就开始讨论国家大事，慕容皝这才开始器重他，并将一些军队交给他指挥。慕容恪多次跟随慕容皝外出征战，临机之时多献奇策破敌。慕容皝派慕容恪镇守辽东，他在辽东很有威望且多施恩于百姓，高句丽对其十分忌惮，不敢进犯燕国的边境。慕容皝将去世之时，对太子慕容隽说："如今中原尚未统一，正是建功立业的好时机，慕容恪智勇全才，你要好好倚重于他。"等到慕容隽继位之后，对慕容恪更加信任。慕容恪多次征战，有大功，被封为太原王。慕容隽病重卧床不起，召见慕容恪与慕容评嘱托后事。慕容暐（太子慕容暐即位是为前燕幽帝）一朝，慕容恪为太宰总揽朝政。最初，南朝东晋听说慕容隽去世的消息认为燕国无人，就说："中原可图矣。"桓温却说："慕容恪尚存，他才是我们最为忧虑的人啊！"

太师慕容根因为谋反而被处死，前燕朝廷内外人人自危。慕容恪却形容举止一如往常，神色自若，每天出入往来，都只有一个随从走路跟从。有人劝谏慕容恪说应当加强戒备，慕容恪说："现在人人自危，我更应该自安来平息众人心中的恐惧。如果连我都不自安，那其他人又当以谁为榜样呢？"于是人心稍微安定下来。慕容恪待人谦虚，常咨询他人意见，量才用人，不使人做超越其职位的事情。虽然执掌前燕朝政，但每件事也必定咨询慕容评（慕容评为太傅，与慕容恪一道为托孤重臣）的意见。退朝回家之后，则尽心侍养双亲，并且好读书，手不释卷。

慕容恪围攻洛阳之时（365年），关中前秦政权大为震动，秦王苻坚亲自率军以防备潼关，等到慕容恪撤兵之后秦国才安定下来。慕容恪为将不以威严治军，而喜好以恩宠信任来统率将士，而且只关心大略，不因为细微的事情就劳烦众人。军士当中有人犯了法，就私下里偷偷将其放走，之后用所捕杀盗贼的首级来号令三军。慕容恪的军营貌似松散不整可以进犯，而实际上防御却非常严密，所以一直也没有打过败仗。慕容恪临终之时，燕帝慕容暐亲临府上看望并问以后事，慕容恪说："臣听说报恩莫大于推荐贤士，筑墙盖房子尚且如此，更何况是国家的辅国重臣！吴王慕容垂文武全才，仅次于管仲、萧何，陛下如果让其主持朝政，国家就可安定下来。不然的话，臣恐劲秦（前秦）与强吴（东晋）有觊觎图谋我大燕之计。"说完，慕容恪就去世了。

孙子说："辅佐者考虑得缜密周详，国家就会强大。"慕容恪在中原，桓温以其为最大的担忧对象。孙子还说："士卒还没有亲近依附就惩罚他们，那么他们就会不服。"慕容恪为将，专以恩宠信义带兵而不尚威严就是如此。

【评析】

　　慕容恪，十六国时期前燕政权中杰出的军事家和政治家。在军事上他战功卓著，创造了大量以少胜多的著名战例，曾率军大破后赵石虎，威震高句丽。慕容恪用兵以果敢有勇力而闻名，经常出其不意率精锐骑兵向敌优势兵力发起进攻。慕容恪对战场形势把握准确，身经百战却鲜有败绩。在治军上慕容恪强调人性化管理，强调士兵生活的便利与军队管理之间的平衡。《晋书》称其"营内不整似可犯，而防御甚严"。慕容恪凭借一人之威就使敌国不敢轻易进攻，成为前燕朝廷军事上的重要支柱。政治上慕容恪和辅义将军阳骛、辅弼将军慕容评，号称"三辅"，又与阳骛、慕容评同为托孤重臣。在慕容𬀪一朝，面对着复杂的政治斗争，慕容恪善于处置各种政治力量之间的关系。在铲除慕容根的事件上顾全大局，对稳定前燕政局起到了重要作用，可以说慕容恪在一个乱世中做到了贤臣与良将的统一。后来北魏崔浩对其评价说："慕容恪之辅少主，慕容𬀪之霍光也。"慕容恪功勋卓著而又品德高尚，堪称十六国第一名将。

秦·王猛

【原文】

　　王猛，字景略，北海剧人，家于魏郡。少贫贱。以鬻①畚为业。尝货畚于洛阳，有一人贵买其畚，而云无直，自言："家去此无远，可随我取直。"猛利其贵而从之，行不觉远，忽至深山，见一老父，须发皓然，踞胡床而坐，左右十许人，有一人引猛进拜之。老父曰："王公何缘拜！"乃十倍偿畚直，遣人送之。猛既出，顾视，乃嵩高山也。

　　猛博学好兵书，气度雄远。隐华山，怀佐世之志，候风云而后动。桓温入关，猛被褐②诣之，一面谈当世之事，扪虱而言，旁若无人。温察而异之。温之将还，赐猛车马，拜高官督护，请与俱南。猛还山谘师，师曰："卿与桓温岂并世哉！在此可富贵，何为远乎！"猛乃止。

　　苻坚将有大志，闻猛名，遣吕婆楼招之。一见便若平生，语及废兴大事，异符同契，若玄德之遇孔明也。岁中五迁，权倾内外。后率诸军讨慕容昧，军禁严明，师无私犯。猛之未至邺，劫盗公行，及猛至，远近帖然，燕人安之。既留镇冀州，遣猛于六州之内听以便宜从事，简召英隽，以补关东守宰，授讫，言台除正。俄入为丞相，稍加都督中外诸军事。猛表让久之。坚曰："卿昔螭蟠布衣，朕龙潜弱冠。朕奇卿于暂见，拟卿于卧龙，卿亦异朕于一言，回《考槃》③之雅志，岂不精契神交，千载之会！虽傅岩入梦，姜公悟兆，今古一时，亦不殊也。朕且欲从容于上，望卿劳心于下，弘济之务，非卿而谁！"遂不许。猛乃受命。军国内外万机之务，事无巨细，莫不归之。猛宰政公平，流放尸素，拔幽滞，显贤才，外修兵革，内崇儒学，劝课农桑，教以廉耻，无罪而不刑，无才而不任，庶绩咸熙，百揆④时序。于是兵强国富，垂及升平，猛之力也。

坚从容常谓猛曰："卿夙夜匪懈，忧勤万机，若文王得太公，吾将优游以卒岁。"猛曰："不图陛下知臣之过，臣何足以拟古人！"坚曰："以吾观之，太公岂能过也！"尝敕其太子宏、长乐公丕等曰："汝事王公，如事我也。"其见重如此。

性刚明清肃，于善恶尤分。微时一餐之惠，睚眦之忿，靡不报焉，时论颇以此少之。寝疾，坚亲临省病，问以后事。猛曰："晋虽僻处吴越，乃正朔相承。亲仁善邻，国之宝也。臣没之后，愿不以晋为图。鲜卑、羌虏，我之仇敌，终为人患，宜渐除之，以便社稷。"言终而死。

孙子曰："知彼知己。"猛谏苻坚不以晋为图是也。

【注释】

① 鬻：卖，出售。

② 褐：粗布衣服。

③《考槃》：亦称为考磐、考盘，是《诗经》当中的一篇，有隐居避世之意。

④ 揆（kuí）：政事。

【今译】

王猛，字景略，北海郡剧县（今山东潍坊寿光县东南，一说今山东昌乐县西）人，后因战乱搬家至魏郡（今河南北部与河北南部地区）。王猛年少之时家境贫寒，以卖畚箕为生。有一次，王猛到洛阳去卖畚箕，有个人出高价要买王猛的畚箕，但却说身上没带钱，说："家中距此不远，可随我回家取钱。"王猛因其出价高便跟从他前去取钱，路上不知走了多久，忽然来到深山之中，见一老者，须发尽白，坐在胡床（交椅）之上，左右有十几个人在侍奉，有一人引王猛上前拜见老者。老者说："王公怎能拜我。"就给了王猛十倍于畚箕价钱的钱，并派人送王猛离开。王猛出来之后，回头一看，原来是嵩高山（即今河南嵩山）。

王猛学识广博，好读兵书，气度雄壮高远。王猛隐居华山，胸怀辅佐天下之志，静候风云变幻，待机而动。桓温北伐入关，王猛身穿麻布衣衫径直到桓温大营求见。王猛一边捉掐虱子，一边纵谈天下大事，旁若无人。桓温观察之后不禁称奇。桓温撤军临行前，赐给王猛车马，又授予他高官督护（掌管边地军政和少数民族事务的长官），请王猛一起随其南归。王猛回到华山向老师请教，老师说："卿与桓温岂能共事！你在此地也可富贵，为什么要远行呢？"于是王猛就没有随桓温南下。

苻坚志向远大，将要杀死苻生自己称王之前，听闻王猛的名声，就派遣尚书吕婆楼去请王猛出山。苻坚与王猛一见如故，在谈及王朝兴衰、天下治乱之类的大事之时，极为投机，如同刘备遇上诸葛亮一般。王猛跟随苻坚后，其中有一年之中竟五次升迁，权倾朝野。后来王猛率各路兵马讨伐前燕慕容㬒，大军军纪严明，没有敢私自违犯军令的。王猛未到邺城之前，当地劫匪公然横行，等到王猛到达之后，远近都俯首贴耳,燕人才安定下来。到达燕地之后,苻坚命王猛留守冀州,并授权他在六州(关东六州)之内可便宜从事,可自行征辟任用英雄才俊,以补充关东地区的官员空缺,之后这些人全部获得正式任命。不久,王猛被任命为丞相,后又加都督中外诸军事。王猛推辞了很久。苻坚说:"爱卿当年与朕都胸怀大志而隐于江湖与朝野之中。朕一见爱卿便惊为奇才,将爱卿比为卧龙。爱卿也惊异与朕的一席之言,放弃隐居的雅志,你我君臣岂不是默契无比,此乃是千载的机缘!即便是与商王做梦在傅岩得到贤相傅说,周文王占卜得到姜太公相比也不为过。朕想在朝堂之上从容应对,那就希望爱卿在下面多多费心,救助苍生之事,除了爱卿还有谁呢!"苻坚就不许王猛再推辞。王猛才接受任命。自此之后,前秦朝廷军政内外各种事项,事无巨细,都由王猛处理。王猛执政公平,放逐那些尸位素餐的人,提拔那些被埋没和闲置的人才。对外整修军备,对内提倡儒学,劝导百姓从事生产,教化百姓礼义廉耻。在国内做到了对所有有罪之人进行惩处,对各种人才也做到人尽其才,政绩非常突出,各项事务井井有条。秦国因此而国富兵强,政治修明,这都是王猛的功劳。

苻坚对王猛说:"爱卿日理万机,操劳国事。我得到爱卿就像周文王得到姜太公一样,我日后可以悠闲度日了。"王猛说:"没想到陛下如此器重臣,臣不敢与姜太公相提并论。"苻坚说:"以我来看,姜太公也比不上你呀!"苻坚对太子苻宏、长乐公苻丕等人说:"你们要像对待我一样对待王公。"王猛被器重就是到了这样的地步。

王猛性格刚正,善恶分明。其贫贱之时他人对他一点点的恩惠或是仇怨,他都要报恩或是报仇,因此当时有很多人非议他。王猛病重,苻坚亲临探望,并问他后事有什么要交代的。王猛说:"晋朝虽然偏居吴越之地,但是却是正统继承的王朝。应当亲善睦邻,这对国家有利。

臣死之后，希望陛下不要去讨伐晋朝。鲜卑、羌虏，才是国家的仇敌，终究会成为祸患，应当将他们消灭，以稳固社稷。"说完之后王猛就去世了。

孙子说："知彼知己。"王猛劝谏苻坚不要去讨伐晋朝就是如此。

【评析】

王猛，南北朝时期前秦丞相、大将军，著名政治家和军事家，是一位文武全才的贤相良将。他辅佐苻坚扫平群雄，统一北方，被称作"功盖诸葛第一人"，与谢安分别成为安定北南朝廷的重臣，史称"关中良相惟王猛，天下苍生望谢安"。王猛没有谢安政治世家的资本，虽出身寒门，但靠自己的雄才大略和机遇在乱世之中实现了政治理想。王猛在拜谒北伐的桓温时"扪虱而谈"，成为千古佳话。王猛辅佐前秦苻坚治国安邦，使前秦成为北方最强大的国家，为统一北方奠定了基础。在军事上他确立了正确的战略方针，采取先西北，后东南的战略，率大军击破西北各民族武装，还率军进攻东晋、前燕，均取得了重大胜利。王猛文能安邦，武能定国，是后世公认的杰出政治家、军事家。历史学家范文澜曾说："苻坚在皇帝群中是个优秀的皇帝。他最亲信的辅佐之臣王猛，在将相群中也是第一流的。"

宋·檀道济

【原文】

檀道济，高平金乡人也。宋武帝北伐，道济为前锋，所至望风降服。径进洛阳，议者谓所获俘囚应悉戮以为京观。道济曰："伐罪吊人，正在今日。"皆释而遣之。于是中原感悦，归者甚众。

文帝即位，使道济与中领军刘彦之①前驱西伐。上问策于道济，对曰："臣昔与谢晦同从北征，入关十策，晦有其九，才略明练，殆难与敌。然未尝孤军决胜，戎事恐非其长。臣悉晦智，晦悉臣勇。今奉王命外讨，必未阵而禽。"时晦本谓道济与徐羡之同诛，忽闻来上，遂不战自溃。事平，迁征南大将军。

元嘉八年，刘彦之侵魏，已平河南，复失之。道济都督征讨诸军事，北略地，转战至济上。魏军盛，遂克滑台。道济时与魏军三十余战，多捷。军至历城，以资运竭乃还。时人降魏者具说粮食已罄，于是士卒忧惧，莫有斗志。道济夜唱筹量沙②，以所余少米散其上。及旦，魏军谓资粮有余，故不复追，以降者妄斩以徇。时道济兵寡弱，军中大惧。道济乃命军士悉甲，身白服乘舆，徐出外围。魏军惧有伏，不敢逼，乃归。道济虽不克定河南，全军而反，雄名大振，魏甚惮之。

道济立功前朝，威名甚重，左右腹心，并经百战，诸子又有才气，朝廷疑畏之。时人或目之曰："安知非司马仲达也？"文帝寝疾，彭城王义康虑宫车晏驾，道济不复可制，召道济入朝，其妻向氏曰："夫高世之勋，道家所忌。今无事相召，祸其至矣。"道济见收，愤怒气盛，目光如炬。俄尔间引饮一斛，乃脱帻投地曰："乃坏汝万里长城！"魏人闻之，皆曰："道济已死，吴子辈不足复惮。"自是频岁南伐，有饮马长江之志。文帝问殷景仁曰："谁可继道济？"答曰："道济以累有战功，故致威名，余未任耳。"帝曰："不然。昔李广在朝，匈奴不敢南望，后继者复有几人？"魏至瓜步，文帝登石头城望，甚有忧色，叹曰："若道济在，岂至此。"

孙子曰："将军可夺心。"道济谓晦悉臣勇，果不战而自溃。又曰："强弱形也。"道济唱筹量沙而却魏军是也。

【注释】

① 刘彦之：也称为"到彦之"。

② 唱筹量沙：把沙当米计量，并高呼所测量的数字来迷惑敌人。

【今译】

南朝宋将领檀道济，高平金乡（今山东高平金乡）人。宋武帝刘裕北伐后秦（羌人姚苌建立的秦政权，史称后秦），檀道济为前锋，一路之上敌军望风而降。大军逼降洛阳守将姚洸之后，有人提议将所俘获的后秦军俘虏全部杀死做成"京观"。檀道济不同意，说："讨伐有罪之人，抚慰受苦的百姓，正是今日我等要做之事。"檀道济就将俘虏全部释放。于是中原百姓都对檀道济感恩戴德，很多人前来归附。

宋文帝刘义隆即位之后，派遣檀道济与中领军刘彦之为前锋，西征拥兵自重的顾命大臣谢晦。出征之前宋文帝召见檀道济向他咨询此次讨伐的策略，檀道济回答说："臣当年与谢晦共同追随先帝北伐，攻入关中的十条计策，九条出自谢晦，此人才能胆略出众，臣实难与之匹敌。但谢晦却从未独当一面，孤军决胜，带兵打仗恐非其所长。臣知晓谢晦的智谋，谢晦也尽知臣的勇猛。如今臣奉王命出征讨伐谢晦，必能不战而将其擒获。"当时谢晦本以为檀道济也参与了废杀少帝和庐陵王一事，必与徐羡之等一同被诛杀（宋文帝登基之后诛杀了少帝和庐陵王的顾命大臣徐羡之、傅亮以及谢晦之子谢世休、谢嚼等。因檀道济并非主谋，且未直接参与杀害之事，宋文帝未对其做处罚），突然听说檀道济统兵至此，就不战自溃。谢晦被平定之后，檀道济被升迁为征南大将军。

元嘉八年（431年），刘彦之率军北伐北魏，本来他已经平定了河南地，后遭魏军反攻失利，又失去了河南之地。宋文帝加封檀道济为都督征讨诸军事，率军北上增援。檀道济等转战进军至济上（今山东济南附近）。当时魏军气势正盛，攻克了重镇滑台（今河南滑县）。其间，檀道济与魏军交战三十余次，多次取胜。大军进至历城（今山东济南东北），因为粮草物资匮乏而被迫撤军。当时宋军投降北魏之人对魏军说宋军军粮匮乏，魏军乘势追击，此时宋军士卒极为担忧恐惧，兵无斗志。檀道济命人于夜间把沙子当作米计量，并高呼所量的数字来迷惑他人，并把剩下的米覆盖在沙子上面。等到清晨，魏军见到之后误以为宋军军粮尚足，就不再追击，并将投降者以谎报军情的罪名斩首以警示三军。当时檀道济的兵少而弱，被魏军包围后都十分恐惧。檀道济就命令军士们全部顶盔掼甲，而他自己却白服乘车，引兵缓缓出城。魏军恐有伏兵，不敢逼近，檀道济全军得以安全撤回。此战，檀道济虽未攻下河南，但却能在魏军的重围之下，全军而还，一时威名大振。北魏对他非常忌惮。

檀道济在前朝就已立下赫赫功绩，威名甚重，左右的心腹也都身经百战，而他的几个儿子也都是贤才，所以朝廷对他有疑惧之心。当时有人指点着他说："安知檀道济不是另一个司马懿！"宋文帝重病卧床不起，彭城王刘义康担心文帝死后，无人可制约檀道济，就召檀道济入朝。檀道济的妻子向氏对他说："夫君荣耀极高，功高震主，此为道家之大忌。如今天下无事却召你入朝，恐大祸将至。"檀道济被收捕之时，怒气冲天，目光如炬。片刻间便饮光一斛酒，取下头巾扔在地上说："你们这是自毁长城！"北魏听说之后都说："檀道济已死，南朝再也无人值得忧虑了。"自此之后，北魏频繁南征，有饮马长江之志。宋文帝问殷景仁："谁能接替檀道济？"殷景仁回答："檀道济因多次参战，战功累积所以有赫赫威名，他人只是没有机会而已。"宋文帝说："不然。当年李广在朝，匈奴才不敢南下，继任者又有谁有这样的能力？"后来魏军大举攻宋，至江北瓜步（今江苏六合东南），宋文帝登石头城（南京）远望，面有忧色。叹息道："若檀道济仍在，敌军何至于此！"

孙子说："可以动摇敌军将帅的决心。"檀道济说谢晦知道他的勇猛，果然谢晦不战而自溃。孙子还说："强弱是可以示形的。"檀道济利用唱筹量沙的计谋骗得魏军退却就是如此。

【评析】

檀道济，南朝宋的著名将领。他出身贫寒，从士兵一路凭军功晋升至征南大将军，是"猛将必发于卒伍"的代表性人物。东晋末年，檀道济跟随刘裕北伐进军关中，大败后秦军，立下赫赫战功。檀道济不仅作战勇猛，而且善用巧计，他"唱筹量沙"智退魏军不仅胆略过人，而且出奇制胜，据说"三十六计"就是由其所总结。檀道济具有良将的品格，深谙政治在军事斗争中的作用，在攻陷洛阳后拒绝了部下提出的杀降筑"京观"的要求,体现出晋军北伐"吊民伐罪"的正义性。檀道济功高震主,还参与过废立皇帝这样不为皇室所容的大事,因此被皇帝和宗室猜忌,落得父子被杀的下场;死前怒斥刘义康等人"乃复坏汝万里之长城",道出了一代名将心中的不平。"自毁长城"的刘宋王朝自此之后便面临着北魏的军事威胁,这时的宋文帝才感叹说:"若道济在,岂至此!"

宋·王镇恶

【原文】

王镇恶，北海剧人也。祖猛，仕苻坚，任兼将相。镇恶以五月①生，家人以俗忌，欲令出继疏宗。猛曰："此非常儿，昔孟尝君恶月生而相齐，是儿亦将兴吾门矣。"故名为镇恶。颇读诸子兵书，喜论军国大事，骑射非常②而从③横善果断。

宋武帝伐广固，人或荐之武帝。召与语，异焉，因留宿。旦谓诸佐曰："镇恶，王猛孙，所谓将门有将。"

武帝谋讨刘毅，镇恶曰："公若有事西楚，请给百舸为前驱。"及西讨，转镇恶参军事，使率龙骧将军蒯恩百舸前发。镇恶受命，便昼夜兼行，扬声上兖州，刘毅谓为信，不知见袭。镇恶去江陵城二十里，舍船步上，蒯恩军在前，镇恶次之。舸留三人，对舸岸上立旗安鼓，语所留人曰："计我将至城，便长鼓，若后有大军状。"又分队在后，令烧江津船。镇恶径前袭城，津戍及百姓皆言刘藩实上，晏然不疑。将至城，逢毅要将朱显之，驰前问藩所在。军人答曰："在后。"及至军后不见藩，又望见江津船舰被烧而鼓声甚盛，知非藩上，便跃马告毅，令闭城门。镇恶亦驰进，得入城，便因风放火，烧大城南门及东门，又遣人以诏及赦并武帝手书凡三函示毅，毅皆烧不视。金城内亦未信帝自来。及短兵接战，镇恶军人与毅下将，或是父兄子弟中表亲亲，且斗且语，知武帝在后，人情离懈。毅从大城东门出奔牛牧佛寺，自缢。镇恶身被五箭，手所执矟，手中破折。江陵平后二十日，大军方至。

武帝北伐，与镇恶谘议，行龙骧将军，领前锋。将发，前将军刘穆之谓曰："昔晋文王委蜀于邓艾，今亦委卿以关中，卿其勉之。"镇恶曰："吾等因托风云并蒙抽擢，今咸阳不克，誓不济江。三秦若定而公九锡④不至，亦卿之责矣。"镇恶入贼境，战无不捷，大军次潼关，谋进取计。镇恶请率水军自河入渭，直至渭桥。镇恶所乘皆蒙冲小舰，行船者悉在舰内，溯渭而进，舰外不见有行船人。北土素无舟楫，莫不惊以为神。镇恶既至，令将士食毕，便弃船登岸。渭水流急，诸舰悉逐流去。镇恶抚士卒曰："此是长安城北门外，去家万里，而舫乘衣粮，并已逐流，唯宜死战，可立大功。"乃身先士卒，即陷长安城。城内六万余户，镇恶抚慰初附，号令严肃，于灞上奉迎，武帝劳之曰："成吾霸业者，贞⑤卿也。"谢曰："此明公之威，诸将之力。"帝笑曰："卿欲学冯异邪。"帝留第二子义真为安西将军。镇恶以征虏将军领安西司马，委以扞御之任。

王猛之相苻坚也，北人以方诸葛亮。入关之功，又镇恶为首，时论者深惮之。沈田子与镇恶争功。武帝将归，留田子与镇恶，私谓田子曰："钟会不得遂其乱者，为有卫瓘等也。语曰：猛兽不如群狐。卿等十余人，何惧镇恶？"故二人常有猜心。时镇恶与田子俱会傅弘之垒，田子求屏人因斩之。弘之奔告义真，义真率王修被甲登横门以察其变。俄而田子至，言镇恶反。修执田子，以专戮斩焉。

孙子曰："兵以诈立。"镇恶扬声刘藩来上而谲刘毅。又曰："死地示之以不活。"镇恶弃衣粮而励士卒是也。

【注释】

① 五月：古人认为农历五月为恶月。

② 常：应为长，擅长之意。

③ 从：通"纵"。

④ 九锡：加九锡是古代皇帝赐给大臣九种礼器，是给臣子的最高礼遇，因是篡权之前所能得到的最高荣誉，所以也有篡权代名词的意思。

⑤ 贞：通"真"。

【今译】

王镇恶，北海剧（今山东昌乐）人。王镇恶的祖父是前秦名臣王猛，辅佐秦王苻坚，兼任将相。因王镇恶出生在农历五月，家人依据习俗认为不祥，想将其过继给远房的宗族抚养。王猛看到之后却说："此儿非比寻常，昔日孟尝君出生在恶月却为齐相，辅佐有功，此儿也将振兴我家门庭。"所以就给他取名为王镇恶。王镇恶好读诸子百家的著作，特别是兵书，喜好谈论军国大事。王镇恶并不精于骑射之术，但论及纵横大略，却果敢而能决断。

宋武帝刘裕（当时尚未称帝）将要进攻广固（今山东青州）时，有人向刘裕推荐王镇恶。刘裕和王镇恶交谈之后，惊异于其才华，就留他在府中过夜。第二天对诸将说："王镇恶乃是名将王猛之孙，正所谓是将门有将啊！"

刘裕想要攻伐割据江陵（今湖北荆州）的另一位北府军重要将领刘毅。王镇恶请战说："公若打算攻取西楚的刘毅，臣愿率百艘战船为前锋。"等到大军西征刘毅之时，刘裕转任王镇恶为参军事，和龙骧将军蒯恩率百艘战船为前锋。王镇恶受命之后，率军昼夜兼程，并伪称是刘毅堂弟兖州刺史刘藩的军队西上（刘毅请调刘藩至江陵为其副手，而刘裕趁刘藩入建康之机以皇命称刘藩与刘毅共同图谋不轨，逼其自杀），刘毅信以为真，不知自己将被袭击。王镇恶行船至江陵城外二十里处，弃船登岸，开始由陆路进发。蒯恩率军在前，王镇恶率军紧随其后。每艘船上留下两三个人，并且对着船岸上竖立旗帜，安放战鼓，对留守的人讲："估计我快到城下之时，便擂鼓助威，假装后方有大批援军在此。"之后又向后方派出一队人马，命令他们将刘毅驻扎在江津（今湖北沙市东南）的战船全部烧毁，断其退路。王镇恶则率军直扑江陵城并对问者说是刘藩的军队，就连渡口的戍卒及百姓也都认为这是刘藩的军队，丝毫没有怀疑。将要到达江陵城时，遇上刘毅的大将朱显之，他纵马向前问刘藩在哪里。军士们都说："在后面。"朱显之到后面一看没有发现刘藩，又望见江津的战船被烧，烟火冲天，而鼓声震天。朱显之知道此绝非刘藩率军而来，便纵马回报刘毅，急令关闭城门。但王镇恶已飞马奔驰突进江陵城，就借助风势放火，烧毁大城的南门及东门。王镇恶派人送晋帝的诏书、赦免文书和刘裕的手书给刘毅，刘毅皆烧掉不看。金城（内城）中的士兵也不信刘裕亲自统兵而来，仍拼死抵抗。大军攻入内城，与刘毅军短兵相接。王镇恶的士兵和刘毅的将士很多都是父兄子弟中表亲等亲戚。王镇恶令士兵一边战斗一边宣传，刘毅的士兵得知刘裕亲自统兵而来之后，军无斗志，人心涣散，最终散溃。刘毅从大城东门突围逃脱，逃到牛牧佛寺，并在此自缢身亡。此战之中，王镇恶身先士卒，身中五箭，手中所执的长矛也被射中，在手中折断。直到江陵平定后二十天，大部队才到达。

刘裕出兵北伐后秦，出兵前与王镇恶商议谋划，任命其为龙骧将军，为前锋。大军将要出发之时，前将军刘穆之对他说："昔日晋文王命邓艾伐蜀，主公今日命卿伐取关中，卿当努力建功啊。"王镇恶回答说："我等只因托风云变幻之福，并蒙主公提拔方才有今日，今若不克咸阳，镇恶便誓不过江。可如果三秦之地平定，而主公却未加九锡，恐怕是卿等之过呀！"王镇恶进入前秦境内之后，攻无不胜，战无不克，大军进驻潼关，商议攻取关中的策略。王镇恶献计请求率水军逆黄河而上，之后经渭河直指渭水桥（长安以北），直扑长安。王镇恶军队所乘的都是蒙冲小舰，行船之人全部在船内，逆渭水而上之时，从外面看不到行船之人。北方一向没有此类船只，看到之后皆惊以为神。王镇恶率军由水路抵达渭水桥之后，令将士们饱餐，之后弃船登岸。由于渭水水流湍急，战船全部被水冲走。王镇恶激励士卒们说："我们已至长安北门外，去家万里，而舟楫衣服粮食已全部被水冲走，唯有死战方有一线生机，还可立下大功。"攻城之时，王镇恶身先士卒，率众奋勇冲杀，一举攻克长安，灭亡后秦。大战之后，长安城中还剩下六万多户，王镇恶抚慰这些新归附之人，军纪严明。王镇恶率军于灞上奉迎刘裕。刘裕慰劳他说："成吾霸业者，正是卿你啊！"王镇恶谦虚地说："此次成功全赖明公之威，诸将之力，镇恶何功之有！"刘裕笑着说："卿也打算学东汉冯异不居功吗？"刘裕留下第二个儿子刘义真为安西将军镇守关中。任命王镇恶为征虏将军并兼任安西司马，委以守卫关中的重任。

　　王猛在前秦辅佐苻坚之时，北方之人皆将他与诸葛亮相提并论。而入关之功，又以王镇恶为头功，当时有人恐王镇恶利用当地民心对其亲近而有割据之意，对此深为忌惮。另一位大将中兵参军沈田子与王镇恶争功。刘裕将南归之时，留下沈田子与王镇恶镇守关中，私下里却对沈田子说："钟会作乱没有得逞，是因为有卫瓘等人在。俗话说：'猛兽不如群狐。'卿等有十几人在此，为什么要害怕王镇恶呢？"

因此二人常互相猜忌，互有消灭对方之意。沈田子请王镇恶一起到傅弘之的军营商讨军情，沈田子用借口将左右支走，之后趁机将王镇恶杀死。傅弘之赶紧将此事报告刘义真，刘义真就带着王修穿上铠甲登上城门观察情况。不久沈田子来见刘义真，称王镇恶图谋造反已被其杀死。王修将沈田子擒获，以擅杀大将的罪名将其处斩。

　　孙子说："兵以诈立。"王镇恶让部队伪装成刘藩的部队进发从而骗过了刘毅。孙子还说："置之死地而后生。"王镇恶丢弃粮草衣服辎重等物而激励士卒们拼死力战就是如此。

【评析】

　　王镇恶，东晋名将。虽然家世显赫，祖父是前秦名相王猛，但他却是凭借自己的努力在刘裕手下不断晋升。王镇恶本人并非是那种弓马娴熟、武艺高强的猛将，他的长处在于"意略纵横，果决能断"，但他又不是那种"羽扇纶巾"般的儒将，作战时仍然身先士卒，带头冲锋陷阵，平定刘毅时，身负五处箭伤。王镇恶随刘裕北伐平定关中，居功甚伟，连刘裕也称赞他："成吾霸业者，真卿也。"但王镇恶是从北方南下投奔东晋之人，本非刘裕心腹，他自己又个性贪婪，缺乏君子之风，难以取得刘裕的信任。因此刘裕没有任命其镇守关中，而是以自己年幼的儿子刘义真镇守关中。王镇恶与其他留下的几位将领关系并不好，而其先祖王猛在关中具有极高的声誉，引起猜忌在所难免，终于在内讧中被杀身亡。王镇恶用兵，敢于出奇制胜，胆大而心细，不论是讨伐刘毅还是进攻长安，都敢于直冲对手核心要害。王镇恶死后，刘裕给予其很高的荣誉和评价。

梁·韦睿

【原文】

韦睿，字怀文，京兆杜陵人也。自结于梁武。及兵起檄至，睿率郡人伐竹为筏，倍道来赴，有众二千，马二百匹。帝见睿甚悦，抚几曰："他日见君之面，今日见君之心，吾事就矣。"大军发郢，谋留守将，上难其人。久之，顾睿曰："弃骐骥而不乘，焉遑遑而更索？"即日以为江夏太守。

天监二年，迁豫州刺史，领历阳太守。魏遣众来伐，睿率州兵击走之。四年，侵魏，诏睿都督众军。睿遣长史王超宗、梁郡太守冯道根攻魏小岘城，未能拔。睿巡行围栅，魏城中忽出数百人陈于门外，睿欲击之，诸将皆曰："向本轻来，请还授甲而后战。"睿曰："魏城中二千余人，闭门坚守，足以自保。今无故出人于外，必其骁勇，若能挫之，其城自拔。"众犹迟疑，睿指其节曰："朝廷授此，非以为饰。韦睿之法，不可犯也。"乃进兵。魏军败，因急攻之，中宿而城拔。遂进讨合肥。先是，右军司马胡景略至合肥，久未能下。睿案行山川，曰："吾闻汾水可以灌平阳，即此是也。"乃堰淝水，顷之，堰城水通，舟舰继至。魏初分筑东西小城夹淝，睿先攻二城。既而魏援将杨灵嗣帅军五万奄至，众惧不敌，请表益兵。睿曰："贼已至城下，方复求军，且吾求济师，彼亦召众。师克在和，古人之义也。"因战，破之，军人少安。初，淝水堰立，使军主王怀①筑城于岸守之。魏攻陷城，乘胜至睿城下。军监潘灵佑劝睿退还巢湖，诸将又请走保三丈②。睿怒曰："将军死绥，有前无却。"因令取伞扇麾幢，立之堤下，示无动志。睿素羸，每战未尝骑马，以板舆自载，督励众军。魏兵凿堤，睿亲与争，魏军却，因筑垒于堤以自固。起斗舰，高与合肥城等，四面临之。城溃，俘获万余。所获军实，无所私焉。初，胡景略与前军赵祖悦同军交恶，志相陷害。景略一怒，自啮其齿，齿皆流血。睿以将帅不和，将致患祸，酌酒自劝景略曰："且愿两虎勿复私斗。"故终于此役，得无害焉。睿每昼接客旅，夜算军书，三更起张灯达旦，抚循其众，常如不及，故投募之士争归之。

所至顿舍修立，馆宇藩篱墉壁，皆应准绳。合肥既平，有诏班师。去魏军既近，惧为所蹑。睿悉遣辎重居前，身乘小舆殿后，魏人服睿威名，望之不敢逼，全军而还。于是迁豫州于合肥。

五年，魏中山王元英攻北徐州，围刺史昌义之于钟离，众兵百万，连城四十余。武帝遣征北将军曹景宗拒之。次邵阳洲，筑垒相守，未敢进。帝怒，诏睿会焉，赐以龙环御刀，曰："诸将有不用命者，斩之。"

睿自合肥经阴陵大泽，过涧谷，辄飞桥以济。师人畏魏军，多劝睿缓行。睿曰："钟离今凿穴而处，负户而汲，车驰卒奔，犹恐其后，而况缓乎！"旬日而至邵阳。初，帝敕景宗曰："韦睿，卿乡望，宜善奉之。"景宗见睿，甚谨。帝闻曰："二将和，师必济矣。"睿于景宗营前二十里，夜掘长堑，立鹿角，截洲为城，比晓而营立。元英大惊，以杖击地曰："是何神也！"景宗虑城中危惧，乃募军士言文达、洪骐麟等赍敕入城，使固城守。潜行水底，得达东城。城中战守日苦，始知有援，于是人百其勇。魏将杨大眼将万余骑来战。大眼以勇冠三军，所向皆靡。睿结车为阵，大眼聚骑围之。睿以强弩二千，一时俱发，洞甲穿中，杀伤者众。矢贯大眼右臂，亡魂而走。明旦，元英自率众来战。睿乘素木舆，执白角如意以麾军，一日数合，元英甚惮其强。魏军又夜来攻城，飞矢雨集，睿子黯请下城以避箭，睿不许。军中惊，睿于城上厉声呵之，乃定。

魏军先于邵阳洲两岸为两桥，立栅数百步，跨淮通道。睿装大舰，使梁郡太守冯道根、庐江太守裴邃、秦郡太守李文钊等为水军。会淮水暴涨，睿即遣之，斗舰竞发，皆监贼垒，以小船载草，灌之以膏，从而焚其桥。风怒火盛，敢死之士拔栅斫桥，水又漂疾，倏忽之间，桥栅尽坏。道根等皆身自搏战，军人奋勇，呼声动天地，无不一当百，魏人大溃，元英脱身遁走。魏军趋水死者十余万，斩首亦如之。其余释甲稽颡③，乞为囚奴，犹数十万。睿遣报昌义之，义之且悲且喜，不暇答，但叫曰："更生！更生！"以功进爵为侯。

会司州刺史马仙琕④自此还军，为魏人所蹑，三关扰动，诏睿督众军援焉。睿至安陆，增筑城二丈余，更开大堑，起高楼，众颇讥其示弱。睿曰："不然，为将当有怯时。"是时元英复追仙琕，将复邵阳之耻，闻睿至，乃退。帝亦诏罢军。

普通元年，迁侍中、车骑将军，未拜，卒于家。睿雅有旷世之度，莅人以爱惠为本，所居必有政绩。将兵仁爱士卒，营幕未立，终不肯就舍；井灶未成，亦不先食。被服必于儒者，虽临阵交锋，常缓服乘舆，执竹如意以麾进止。

孙子曰："兵之情主速。"睿军旬日而至邵阳。又曰："神乎神乎，至于无声。"睿比晓立营而元英大惊。又曰："不若则能避之。"睿谓为将当有怯时。又曰："视卒如爱子。"睿营幕未立，不肯就舍是也。

【注释】

① 王怀：应为"王怀静"。

② 丈：应为"叉"。

③ 稽颡：叩头。颡，额头。

④ 马仙理：应为"马仙琕"。

【今译】

韦睿，字怀文，原籍京兆杜陵（今陕西西安东南）人，时北魏大军经常南下，萧衍（后为梁武帝，当时为雍州刺史）在雍州（今湖北襄阳）之时，他就派两个儿子去结识萧衍。等到萧衍起事，兴义军征发部队的文书传来之后，韦睿便率领郡中之人伐竹为筏，昼夜兼程前去投奔，当时韦睿带领的部属有两千多人，马两百匹。萧衍见到韦睿之后大喜，抚摸着桌子说："他日见君之面，今日见君之心，我的大事就要成功了。"萧衍大军从郢州（今湖北江陵）出发，需要有人留守，萧衍苦于没有合适人选。过了很长时间，对韦睿说："舍弃眼前的骏马不去骑乘，奈何要心神不定四下求索呢？"当日就任命韦睿为江夏太守，留守处理郢州事务。

梁武帝天监二年（503年），韦睿改任豫州刺史，领历阳太守。北魏出兵攻打韦睿的辖区，韦睿率领本州的兵马将魏军击退。天监四年（505年），梁军北伐北魏，梁武帝下诏命韦睿统率各路军马。韦睿派长史王超宗、梁郡太守冯道根攻打北魏的小岘城（今安徽合肥东），未能攻下。韦睿巡视围城的营寨时，发现魏城中忽然有数百人走出城门列阵。韦睿想攻打他们，诸将都说："我等皆是轻装而来，未曾做准备，等我们回去披甲之后再来进攻。"韦睿不同意，说："魏城中共有两千多人，如今闭门坚守，足以自保。如今却无故出城而战，此必是其骁勇之士，如果能挫败他们，此城必可攻下。"众将仍然犹豫不决，韦睿指着自己的符节说："朝廷授给我此物，不是用来做装饰的，我韦睿的军法，也不是可以违抗的。"于是向魏军发起进攻，魏军战败，韦睿趁势猛攻城池，到半夜就把小岘城攻了下来。之后大军随即进军合肥。在此之前，右军司马胡景略已率军到达合肥，久攻不克。韦睿巡视合肥周边的山川地形，说："我听说当年曾用汾水灌平阳城，我们也可用这种方法。"于是韦睿下令堵塞淝水，之后水淹合肥，不久，水坝修成，水路直通合肥城下，梁军的战船也得以驶近城池进行攻击。北魏起初在淝水东西两岸各筑了一座小城用以守卫合肥，韦睿就先进攻这两座小城。不久魏军杨灵嗣率领五万兵马前来救援、诸将恐难以抵挡，请求韦睿上表请求朝廷发兵增援。韦睿说："敌军已至城下，我们这时才请求增兵，又有何用？况且我们要求增援，敌军也会增援。大军能够取胜在于齐心协力，而不在于人数多寡，古人早就懂得这个道理。"韦睿率军同魏军交战，击败魏军，将士们才稍稍安定下来。起初，梁军筑成淝水的拦河坝后，韦睿派王怀静在岸上筑城守卫。魏军攻陷了王怀静的小城，乘胜攻击至韦睿的城池之下。军监潘灵佑劝韦睿退还巢湖，诸将又请求退保三叉。韦睿大怒："将军只有战死沙场，今日只许前进，不许后退。"韦睿命人取来将军的伞扇麾幢之类的仪仗之物，树立在大堤之下，向士卒们显示没有退却之意。韦睿身体柔弱，作战之时不能骑马，就坐在木板车上指挥和监督激励各路军马作战。魏军派人来凿大堤，韦睿亲自率军和敌人争斗，魏军退却，韦睿就趁机筑起壁垒用以加固大堤的防护。韦睿率战船临城，船高与合肥城高相差不大，四面逼近合肥。大军攻入合肥，俘虏一万余人。对于缴获的物资，韦睿没有据为己有，全部充公。起初，胡景略和前军的赵祖悦交恶，两人都想谋害对方。一次胡景略被赵祖悦激怒，咬牙切齿到牙齿流血的地步。韦睿认为大将不和，必致祸患。就自己备酒劝说胡景略说："希望两位虎将不要再私斗了。"因此在攻打合肥期间，两个人都没有生出祸端。韦睿每天白天接待访客，晚上整理军用文书，三更至清晨都灯火不断地办公，抚慰和巡视部下，常常像是怕赶不上什么事情一样，所以争相有人来投奔归附。

韦睿在合肥进行建设，所修筑馆宇、藩篱、城墙都合乎规制。合肥平定之后，梁帝下诏命韦睿班师。由于梁军距魏军较近，众将害怕被魏军追击。韦睿就命辎重车辆先走，自己坐小车殿后，魏军慑于韦睿的威名，只敢远远地望着梁军后撤，不敢进军威逼，梁军得以全军而还，并将豫州的治所迁到了合肥。

天监五年（506年），北魏中山王元英攻打北徐州，将徐州刺史昌义之包围于钟离（今安徽凤阳东北），当时魏军号称百万大军南下，扫清了钟离北部的四十余座城池。梁武帝萧衍派遣征北将军曹景宗率军前往抵挡。大军进至邵阳洲（今安徽凤阳东北淮水之上）后便驻军不前，修壁垒与魏军对峙，不敢进军。梁武帝大怒，下诏韦睿来见，亲赐以龙环御，对他说："诸将有不听你军令者，可用此刀就地正法。"

韦睿领命之后率军自合肥经阴陵大泽（位于钟离城西南的大湖），遇到涧谷，就迅速架桥通过。众将士畏惧魏军，多劝韦睿慢慢行军。韦睿说："双方正在激战，钟离城中现在凿地洞居住，出门打水都要带盾牌。我们坐车跑步飞奔前往，还恐怕赶不及，更何况是缓慢行军呢。"旬日之后大军就前进至邵阳。起初，梁武帝对曹景宗说："韦睿在爱卿州郡之中名重乡里，你要敬重于他。"曹景宗见到韦睿后，对他非常尊敬客气。梁武帝听后说："两位主将和睦，此次出兵必可成功。"韦睿到达后，前出曹景宗军营二十里，连夜挖掘出长堑，设置鹿角等障碍物，截邵阳洲作为城池，等到天明之时，营垒已经筑造完成。魏军统帅元英见后大惊，以杖击地，说："这是何方神圣所为啊！"曹景宗忧虑钟离城中之人恐惧，不知外界援军情况，就招募军士言文达、洪骐麟等背负敕书潜入城中，要城中军民固守城池。言文达等人从水底潜入，到达东城。城中坚守困难，此时才知道援军已到，城中军民勇气倍增，坚定了守城的决心。魏军将军杨大眼率领一万多骑兵前来与韦睿交战，杨大眼素有威名，勇冠三军，所向披靡。韦睿将战车相连，结为战阵进行防御，杨大眼用骑兵将车阵包围。韦睿派出两千使用强弩的士兵，向外射箭，射出的箭可以贯穿魏军的铠甲杀伤骑兵，魏军伤亡惨重。杨大眼本人也被箭射中了右臂，吓得魂飞魄散，仓皇逃走。第二天清晨，元英亲率大军前来交战。韦睿乘坐木车，手拿白角的如意指挥军队作战，一日之中多次交战，元英对其非常忌惮。魏军又在夜间攻城，箭如雨下，韦睿的儿子韦黯请求到城下去避箭，韦睿不同意。军中惊乱，韦睿在城头之上厉声呵斥，大军才安定下来。

魏军在邵阳洲两岸造了两座桥，又建造了几百步的栅栏，这样建成了连通淮水南北两岸的通道。韦睿修造了大舰，准备水战，任命梁郡太守冯道根、庐江太守裴邃、秦郡太守李文钊等统领水军作战。恰巧遇上淮水暴涨，韦睿立刻下令水军出动，战船直抵魏军营垒，之后用小船载上柴草，浇上油脂等易燃之物，以火攻的方式去烧毁魏军连通南北的两座桥。风助火势，敢死队趁机拆毁栅栏，砍断桥身，此时水流湍急，很快桥和栅栏就被毁坏。冯道根等人全都身先士卒，军士们也都奋勇争先，杀声震天，以一当百，魏军溃败，元英脱身逃走。魏军掉在水里被淹死的有十几万人，被斩杀的也有十几万人。其余的魏军也脱甲叩头乞求饶命，向梁军投降的魏军有几十万人。韦睿派人向城中的昌义之报告获胜的消息，昌义之听到消息后既悲又喜，已经无暇答复使者,只是大叫:"重获新生啊,重获新生。"韦睿因功被封为侯。

后来,司州刺史马仙理北伐还师,被魏军追击,三关扰动,皇帝下诏命韦睿率各路军马前往救援。韦睿统率大军来到安陆(今湖北安陆),将城墙加高了两丈多,还开挖了深沟堑壕,高筑敌楼,众将多讥笑其胆小示弱。韦睿则说:"不然,为将者应当有畏惧的时候。"当时魏军元英追击马仙理,想要一雪邵阳兵败之耻,听说韦睿率援军赶到,就退兵了。梁武帝也下诏让韦睿班师。

普通元年(520年),韦睿升迁做了侍中、车骑将军,未及赴任,就在家中去世。韦睿高雅,有绝世之风,爱护百姓,惠及民生,他为官之地必有政绩。带兵打仗关心士卒,帐篷未立好,自己绝不肯先休息,士兵们的并灶饮食没有安排好,也不肯先吃饭。韦睿穿戴像是个儒生,即便是临阵交锋,也常穿儒服,乘小车,手持一把竹如意指挥军队。

孙子说:"用兵作战贵在神速。"韦睿率军旬日之间就赶到了邵阳。孙子说:"玄妙啊!玄妙啊!竟然没有走漏一点儿消息。"韦睿在天明之前扎起大营而使元英大惊。孙子说:"实力不如敌军就要想办法避免与敌决战。"韦睿说为将应当有示弱的时候。孙子还说:"要爱护士卒如同爱护自己的儿子一般。"韦睿在宿营的帐篷没有设立好之前不肯休息就是如此。

【评析】

韦睿,南朝梁武帝时的名将。他祖籍京兆杜陵,曾祖时迁至襄阳。他的家族是三辅地区有名的大姓,出身士家大族,在乱世当中率族人投奔萧衍,终成南梁一代元勋。韦睿是历史上著名的儒将,身体羸弱,甚至不能骑马，但却指挥果断，谋略过人，韦睿用兵以果敢、奇谋而闻名。为破北魏骑兵优势，他要求军队挖堑壕，构筑工事，"先为不可胜，以待敌之可胜"。在困难情况下，他更是出奇计，以水攻破合肥，因而被称为"韦虎"。韦睿常以少胜众，以弱击强，他指挥的军队军纪严明，令行禁止，因为多次击败北魏，使北魏对他十分忌惮，甚至后来竟在得胜之后也不敢追击韦睿的军队。韦睿临战总是儒者衣冠，乘白板小车，手持竹如意，颇有诸葛亮之风。韦睿具有良好的个人修养和人格魅力，他关心士卒，体贴将士，深受将士爱戴。为人处事上，韦睿从不居功自傲，而是为人大度，推功让贤，因而能在乱世相互倾轧的权力之争中得以保全自身。韦睿谦虚谨慎，生活朴素，廉洁克己的作风在后世受到好评，毛泽东在评论时认为"我党干部应学韦睿作风"。

梁·王僧辩

【原文】

王僧辩，字君才。学涉该博，尤明《左氏春秋》。虽射不穿札，而有凌云之气。时有安城望族刘敬躬者，田间得白蛆，化为金龟，将销之，龟生光照室。敬躬以为神而祷之，所请多验，遂谋作乱，远近响应。元帝命曹子郢讨之，使僧辩袭安城。子郢既破其军，敬躬走安城，僧辩禽之。由是以勇略称。

侯景反，浮江西寇，军次夏首。僧辩为大都督，军次巴陵。景既陷郢城，将进寇荆州，于是沿江屯戍望风请服。僧辩并沉公私船于水，分命众军乘城固守，偃旗卧鼓，安若无人。翌日，贼众济江，轻骑至城下，谓城中曰："梁王领军，何不早降？"僧辩使答曰："大军但向荆州，此城自当非碍。僧辩百口在人掌握，岂得便降？"顷之，景军来攻，城内同时鼓噪，矢石雨下，贼乃引退。贼攻城不克，又为火舰烧栅，风不便，自焚而退。有流星坠其营中，贼徒大骇，相顾失色。贼帅任约又为陆法和所禽，景乃烧营夜遁。元帝以僧辩为征东将军、开府仪同三司，率巴陵诸军沿流讨景。攻拔鲁山，仍攻郢，即入罗城。又有大星如车轮坠贼营，去地十丈变成火，一时破散，有龙自城出，五色光耀，入城前鹦鹉洲水中。景闻之，倍道归建邺。贼帅宋子仙等困蹙，求输郢城，身还就景。僧辩伪许之。子仙谓为信然，浮舟将发。僧辩命杜龛鼓噪奄至，大破之，禽子仙、丁和等送江陵。郢州既平，僧辩进师浔阳。军人多梦周何二庙神言，云：吾以助天子讨贼。自称征讨大将军，并乘朱航，俄而反曰：已杀景。同梦者数十百焉。元帝加僧辩侍中尚书令、征东大将军。僧辩频表劝进，并蒙优答。于是发江州，直指建邺。乃先命南兖州刺史侯玩填袭南陆、鹊头等戍，并克之。及发鹊头中江而风浪，师人咸惧。僧辩再拜告天曰："僧辩忠臣，奉辞伐罪，社稷中兴，当便风息，若鼎①中沦，请从此逝。"言讫风止，自此遂泛安流，有群鱼跃水飞空引导。贼望官军上有五色云，双龙夹舰行甚迅疾。景自出战于石头城北，僧辩等大破之。卢晖略②闻景战败，以石头城降，僧辩引军入据之。景走朱方，僧辩命众将入据台城。其夜，军失火，烧太极殿及东西堂。僧辩虽有灭贼之功，而驭下无法，军人卤掠，驱逼居人，都下百姓缘淮号叫，翻思景焉。

元帝即位，授镇卫将军。天监中，沙门释宝志为谶云："太岁龙将无理，萧经霜草应死，余人散十八子。"时言萧氏当灭，李氏代兴。及湘州贼陆纳等攻破衡州刺史丁道贵，而李洪雅又自零陵称助讨纳。既而朝廷未达其心，诏召僧辩就宜丰侯循南征，为都督东上诸军事，以陈武辟③为都督西下诸军事④。先是，陈武辟（让）⑤都督于僧辩，僧辩不受，故元帝分为东西都督，而俱南讨焉。寻而洪雅降纳，纳以为应符，于是共议拜洪雅为大将军，尊事为主。洪雅乘平肩大舆，盖鼓吹羽仪悉备，翼从入长沙城。纳等据车轮，夹岸为城，士卒皆百战之余，器甲精严，徒党勇锐，蒙冲斗舰至水陵山。时天日晴明，初无云雾，军发之际忽然风雨，时人谓之泣军。百姓窃言，知其败也。有两龙自城西江中腾跃升天，五色分明，遥映江水。百姓咸仰面目之，父老或聚众而悲，窃相谓曰："地龙已去，国其亡乎！"初，纳造大舰一，名曰三王舰者，邵陵王、河东王、桂阳嗣王三人并为元帝所害，故立其像于舰，祭以太牢⑥，每战辄祭之，以求福。又造二舰，一曰青龙舰，二曰白虎舰。皆衣以牛皮，并高十五丈，选其中尤勇健者乘之。僧辩惮之，稍作连城以逼焉。贼不敢交锋，并怀懈怠。僧辩因其无备，亲旗鼓以诫进止。群贼大败，归保长沙。僧辩乃命多垒围之，而自出临视。贼知不设备，其党吴藏、李贤明等蒙盾直进，僧辩尚据胡床，不为之动，指麾勇敢，遂斩贤明，贼乃退归。

初，陆纳作逆，以王琳为辞，云："若放琳，则自服。"时众军未之许，而武陵王纪拥众上流，内外骇惧，元帝乃遣琳和解之。湘州乃平。因被诏会众军西讨，寻武陵败绩。僧辩后为陈武帝所杀。

孙子曰："天地孰得？"僧辩因贼有星坠龙去之异而成功。又曰："法令孰行？"僧辩虽能灭贼而御下无法。又曰："军扰者，将不重也。"僧辩能据胡床而不动是也。

【注释】

① 鼎命：国运。鼎在古代是王器，故以此代指国家政权。
② 卢晖略：也作卢晕略。
③ 陈武辟：指陈武帝陈霸先。（按："辟"有天子、君主之义。）
④ 都督西下诸军事：史书中应都督西上诸军事，下应为上之误。
⑤ 此处缺"让"字。
⑥ 太牢：祭祀时猪、牛、羊三牲齐全称之为太牢。

【今译】

王僧辩，字君才，原是太原祁（今山西祁县）人。王僧辩学识渊博，特别是精通《左氏春秋》。王僧辩非弓马娴熟之辈，虽然射箭无法洞穿铠甲，但却有凌云之志。安城有一望族刘躬，在田间偶获一白蛆，却变化为金龟，要将其销毁，却发出金光，可以照亮整间屋子。刘躬以为这是神灵，就向其祷告，所提出的请求多有灵验，就图谋作乱，远近之人多有响应。梁元帝命曹子郢率军前去征讨，曹子郢派王僧辩去偷袭安城。曹子郢击败刘躬的军队之后，刘躬败走安城，被王僧辩所擒。王僧辩因此也以勇猛有谋略而著名。

　　侯景叛乱，叛军沿江西进，驻扎在夏首（今湖北武汉附近）。王僧辩为梁军大都督，驻扎巴陵（今湖南岳阳）与侯景对峙。侯景攻陷郢州（今湖北武汉）之后，将进攻荆州，沿江各地戍守的军队望风而降。王僧辩下令将公私船只凿沉在水中，堵塞水路，并命各路兵马据城固守，之后偃旗息鼓，旁若无人。第二天，叛军渡江，轻骑兵直抵城下，对城中喊话："王将军何不早降？"王僧辩派人回答说："大军只管去进攻荆州，此城自然不是障碍。王僧辩一家上百口的性命在人家手中握着，我怎敢轻易投降？"不久，侯景的军队前来进攻，城中一时杀声四起，矢石俱下，敌军败退。叛军攻城不克，又想用火船烧毁王僧辩所立的栅栏，但风向又不对，烧了自己的战船，只得退兵。当夜有流星坠落到叛军营中，叛军士卒大惊，相顾失色。叛军统帅任约又被陆法和擒获，侯景就在夜间烧营撤走。梁元帝任命王僧辩为征东将军、开府仪同三司，率巴陵诸军沿江而下东征讨伐侯景。攻克了鲁山（今湖北汉阳东北），继续向郢州进攻，攻入外城时，又有和车轮一样大的流星坠入叛军营中，离地十丈之时化为火球，四下破散，还有一条龙从城中飞出，发出五色光芒，飞到了城前鹦鹉洲的水中。侯景听说之后，就加紧赶路撤回建邺（今江苏南京）。叛军统帅宋子仙等人困顿没有办法，请求以郢城向王僧辩投降，但自己要带人撤回侯景处。王僧辩假意应允。宋子仙等人率战船即将出发之时，王僧辩命令杜龛突然发动袭击，大败叛军，生擒宋子仙、丁和等敌将送至江陵。郢州平定之后，王僧辩进军至浔阳（今江西九江）。军士们做梦都梦到了周、何两位庙神说："我将助天子讨伐叛军。"神仙自称为征讨大将军，共同乘坐红色大船，不久回来说："已杀侯景。"做同一个梦的有上百人。后来梁元帝加封王僧辩为侍中尚书令、征东大将军。王僧辩也频繁上表请求萧绎（当时尚为湘东王，称帝后为梁元帝）称帝，萧绎也给予优待。大军从江州（今江西九江）出发，直指建邺。王僧辩先派南兖州刺史侯瑱突袭南陆、鹊头等外围要点，将其攻克。大军船行至鹊头（今安徽铜陵）江心之时遇到风浪，军士们十分恐惧。王僧辩向天祷告："僧辩乃是忠臣，今奉王命讨伐罪人，如社稷中兴，请止大风，若梁朝命运自此沉沦，就让我等自此逝去。"言毕风停，一路顺风顺水，还有群鱼引导航向。叛军望见官军船只上空有五色祥云，并且双龙夹船快速飞行。侯景亲自率军与王镇恶在石头城北交战，被王僧辩等人击败。卢晕略听闻侯景战败，就打开石头城的城门投降，王僧辩率军占据石头城。侯景败走朱方，王僧辩命部将占据台城。当夜，大军失火，烧毁太极殿及东西堂。王僧辩虽灭贼有功，但驭下无法，军人在建邺附近烧杀抢掠，祸害百姓，建邺百姓沿淮哀号，反而思念侯景。

元帝即位之后，授王镇恶镇卫将军。梁元帝天监年间，有一僧人释宝志作了一谶，说："太岁龙将无理，萧经霜草应死，余人散十八子。"当时人都说萧氏当灭，李氏将要取而代之。湘州陆纳等人叛乱，攻破衡州刺史丁道贵，李洪雅等人又率兵自零陵起兵，声称是要帮助征讨陆纳。梁朝廷不知李洪雅的真实意图，深以这为虑。梁元帝下诏封王僧辩为宜丰侯，率军南征，梁元帝以王僧辩为都督统帅东路军，陈霸先为都督统帅西路军。最初，陈霸先让贤，让王僧辩为都督，但王僧辩坚辞不受，所以梁元帝就分设东西两位都督，各自领兵南征。

不久李洪雅降服了陆纳，陆纳认为这应验了民间的传说，于是就推举李洪雅为大将军，尊为主公。李洪雅准备了皇帝的仪仗车马率众进入长沙城。陆纳占据车轮，夹江岸修筑城垒，手下士卒皆百战余生之人，兵精将猛，器甲精良，蒙冲斗舰可直达水陵山。当日天气晴朗，最初万里无云，叛军出发之时突然风雨突下，当时人们认为这是上天在哭师。百姓也私下传言此次作战必败。又有两条龙从城西江中跃出升天，五色分明，倒映在江水中，百姓们都看到了此景，父老都聚集在一起，私下里说："地龙已去，国家要灭亡了！"起初，陆纳造了一艘大舰，称为"三王舰"，将被梁元帝所害的邵陵王、河东王、桂阳嗣王三人的画像放置在战舰之上，并以太牢进行祭祀，以此来祈福。陆纳还建造了名为青龙舰和白虎舰的两艘舰，这两艘舰高十五丈，外面包裹牛皮，选了一些骁勇的士卒搭乘。王僧辩对叛军颇为忌惮，不敢轻进，只是连接城池步步进逼。叛军也不敢与王僧辩交锋，时间一长，便有懈怠。王僧辩趁其无备，亲自指挥水路各军向敌发起进攻，大败敌军，敌军退守长沙。王僧辩命人筑起壁垒将长沙包围，自己出营观察敌情，敌军发现王僧辩没有戒备，吴藏、李贤明等人以盾牌遮挡，直扑王僧辩，王僧辩还坐在胡床上面，却镇定自若，不为所动，指挥部下反击，斩杀李贤明，敌军就退回城去。

起初陆纳叛乱之时，就以王琳作托辞，说："如果放了王琳，就投降朝廷。"朝廷当时各路大军正在进剿，就没有同意，而当武陵王萧纪也在上游割据作乱之后，朝廷内外震惊，梁元帝就派王琳去和陆纳和解。湘州之乱终于平定下来。梁元帝就下诏命王僧辩指挥各路军马向西讨伐武陵王萧纪，不久就在武陵击败了萧纪。王僧辩后来被陈霸先所杀。

孙子说："哪一方占有天时地利？"王僧辩趁有流星坠入敌军军营

且出现飞龙升天这样的异象时进攻而获得成功。孙子说："看哪一方的军队执行法令更加严格？"王僧辩虽然剿灭了叛军但却没有约束部下。孙子还说"军队扰乱纷纷，是统军大将没有威严的表现。"王僧辩安坐胡床，泰然自若就是如此。

【评析】

　　王僧辩，南朝梁著名将领，在南朝梁武帝时随父从北魏投奔南梁，以智勇双全而闻名。平定侯景之乱是王僧辩一生军事上的高峰，他采取防守反击的战法，先在巴陵防御，大量消耗敌人的实力，之后顺江东下，攻克建康。萧绎也因此登上帝位，成为梁元帝，王僧辩也进入了梁朝的权力中心。在梁元帝被西魏所杀之后，王僧辩又拥立梁敬帝，只不过后来迫于北齐的压力，又拥立萧渊明为帝，这种为了个人利益而屈服北齐的做法引起江南很多人的不满，王僧辩也因此被陈霸先所袭杀。史书称："僧辩位当将相，义存伊霍，乃受胁齐师，傍立支庶。苟欲行夫忠义，何忠义之远矣？树国之道既亏，谋身之计不足，自致歼灭，悲矣！"王僧辩个人的悲剧也是一个时代的悲剧。南北朝的乱世之中，众多名将死于非命。王僧辩用兵求稳，少用奇险之法，在政治上表现出缺乏治国安邦的雄才大略，个人谋略又不足，而身处高位，最终招致了祸端。

陈·吴明彻

【原文】

吴明彻,字通炤①,秦郡人也。幼孤,性至孝,年十四,感坟茔未修,家贫无以取给,乃勤力耕种。时天下亢旱,苗稼焦枯,明彻哀愤,每之田中号泣,仰天自诉。居数日,有自田还者,云苗已更生,明彻疑其绐②己。及往,如言。秋而大获,足充葬用。时有伊氏者,善占墓,谓其兄曰:"君葬日,必有乘白马逐鹿者经坟,此是最小孝子大贵之兆。"至时,果有应。

及侯景寇郡,明彻有粟麦三千余斛,而邻里饥馁,乃白诸兄曰:"今人不图久,奈何不与邻里共此?"于是计口平分,同其丰俭。群盗闻而避焉,赖以存者甚众。

陈武帝镇京口,深相要结,明彻乃诣武帝,帝为之降阶,执手即席。明彻亦微涉书史经传,就汝南周弘正学天文、孤虚③、遁甲,略通其术,颇以英雄自许。武帝亦甚奇之。及受禅,授安南将军。

文帝即位,以明彻为江州刺史,领豫章太守,总众军讨周迪。明彻雅性刚直,统内不甚和。文帝闻之,遣安成王顼代明彻,还朝。

宣帝初,朝议北征,公卿互有异同,明彻决策请行。诏加侍中,都督征讨诸军事,总众军十余万,发都,缘江城镇相续降款。进逼寿阳,齐遣王琳拒守。明彻乘夜攻之,中宵而溃,齐兵退据相国城及金城。明彻令军中益修攻具,又遏淝水灌城。城中苦湿,多复④疾,手足皆肿,死者十六七。会齐遣大将皮景和率兵数十万来援,去寿春三十里,顿军不进。诸将咸曰:"计将安出?"明彻曰:"兵贵在速,而彼结营不进,自挫其锋,吾知其不敢战明矣。"于是躬擐甲胄,四面疾攻,夸⑤中震恐,一鼓而禽王琳等,送建邺。景和惧而遁走。诏以为车骑大将军、豫州刺史,遣谒者萧淳就寿阳,授策明彻,于城南设坛,士卒二十万,陈旗鼓戈甲,登坛拜受,成礼而退。

及周灭齐,宣帝将事徐、兖,诏明彻北侵。军至吕梁,周徐州总管梁士彦率众拒战,明彻频破之,仍遏清水以灌其城,攻之甚急,环列舟舰于城下。周遣大将军王轨救之,轨轻行自清水入淮口,横流立木,以铁锁贯车轮,遏断船路。诸将闻之,甚恐,议欲破堰拔军,以舫载马。裴子烈曰:"君若决堰下船,船必倾倒,岂可得乎?不如前遣马出。"适会明彻疾笃,知事不济,遂从之,乃遣萧摩诃帅马军数千前还。明彻仍自决其堰,乘水力以退军。及至清口,水力微,舟舰并不得渡,众军皆溃。明彻穷蹙,乃就执,周封怀德郡公,以忧遘⑥疾卒。

孙子曰:"上下同欲者,胜。"明彻统内不和,而文帝遽令代之。又曰:"出其不意。"明彻乘夜攻王琳。又曰:"兵之情主速。"明彻因敌结营不进,一鼓而禽之是也。

【注释】

① 炤:通"昭"。

② 绐(dài):欺诈,哄骗之意。

③ 孤虚:古代方术用语。计日时,以十个天干与十二个地支相配为一句,还剩下的两个地支就称为"孤",与孤相对者为"虚",古时常以此来推算吉凶。

④ 复：通"腹"。

⑤ 夸：应为"城"。

⑥ 遘（gòu）：遭遇。

【今译】

吴明彻，字通炤（昭），秦郡（今江苏六合）人。吴明彻年幼之时父母双亡，而他又非常孝顺。十四岁时，看见自家坟茔因家境贫寒而无法修整，就努力耕种以积累资财。时值天下大旱，庄稼的禾苗焦枯，吴明彻痛心不已，常到田间放声痛哭，仰天自诉其不幸。数日后，有人从田间回来，告诉吴明彻枯死的禾苗已经复活。吴明彻认为是对方在和自己开玩笑，自己到田地一看，庄稼果然复活。秋天，吴明彻大获丰收，解决了修坟的费用。当时有位姓伊之人，善于看坟墓的风水，看了吴明彻所修坟墓后，对吴明彻的兄长说："君为父母下葬之日，必有乘白马追逐鹿的人经过此坟，这是最小的孝子日后大贵的兆头。"等到下葬之时，果然如其所言。

侯景作乱，进逼吴明彻所在的郡，梁朝一时天下大乱。当时吴明彻家中存储有粮食三千余斛，看到他的邻居们在忍饥挨饿，吴明彻就对他兄长们说："逢此乱世，人不图久远，为何不与乡邻共分粮食？"于是就将家里的存粮按人口平分，与乡邻同甘共苦。当地的盗贼闻知此事，也不来侵扰吴明彻，此举存活了许多人。

陈霸先（后为陈武帝）当时镇守京口。听闻吴明彻之名，便想与其结交。吴明彻就去拜见陈霸先。陈霸先亲自走下台阶相迎，拉着他的手就席。吴明彻读过一点书，而且还跟汝南人周弘正学过天文、孤虚、遁甲等奇门异术，所以颇以英雄自许。陈霸先也深奇之。后陈霸先受禅代梁称帝，国号陈，是为陈武帝。

陈文帝即位后（562年），江州（今江西九江）刺史周迪反叛。陈文帝遂任命吴明彻为江州刺史，领豫章太守，统率各路兵马征讨周迪。但因为吴明彻性格儒雅刚直，在骄兵悍将聚集的地方难免有所不便，致使内部人心不和。陈文帝听闻之后，便派安成王陈顼去代替吴明彻，令他还朝。

陈宣帝陈顼即位初（573年），陈宣帝在朝堂上商议讨伐北齐，公卿大臣对此意见不一，吴明彻坚决支持并自请率军北伐。陈宣帝下诏加吴明彻侍中之职，总管征讨的各项军事事务，统率十余万兵马北伐北齐，从都城出发之后，沿江的城镇相继投降归附。北齐派王琳领兵拒守寿阳（亦称为寿春）。吴明彻夜袭王琳，至半夜击溃齐军，齐军退守相国城及金城。吴明彻就下令加紧修造攻城的器械，并堵塞淝水引水灌城。守城的齐军苦于潮湿，士卒们上吐下泄，手脚肿胀，死者十之六七。北齐派遣大将行台右仆射皮景和等率军数十万救援寿阳，距寿阳三十里外扎营，驻军不敢进逼。陈军诸将问吴明彻该如何是好。吴明彻说："兵贵神速，而敌军却扎营不前，自挫锐气，我已经知道敌军胆怯不敢交战了。"吴明彻于是就亲披铠甲，率军从四面猛攻寿阳，城中震惊，陈军一鼓作气攻克寿阳，俘虏了王琳等，送往建邺。皮景和恐惧，率军逃走。陈宣帝下诏封吴明彻为车骑大将军、豫州刺史，并派使者萧淳去寿阳宣布诏令，授予吴明彻诏书，吴明彻于城南设坛，大军二十万列阵相迎，陈列旗鼓戈甲，登坛拜受，成礼而退。

北周灭北齐之后，陈宣帝意图攻占徐、兖等州（淮北地区），下诏命吴明彻向北进攻。吴明彻行军至吕梁（今江苏徐州东南），北周徐州总管梁士彦率众据城固守，吴明彻多次打败他，仍决定沿用水攻的方法，堵塞清水灌城，同时绕城布列战船，加紧攻城。北周派大将军王轨率军疾驰救援，王轨轻装自清水（即泗水，在今江苏淮阴及其西北）进占淮口（今江苏淮阴西南清水入淮之口），修筑木栅栏立于江中，并以铁锁贯连车轮数百沉入清水，封锁航道，阻断陈水军退路。陈军诸将听闻之后极为惶恐，众将提议拆毁拦河围堰，以船载马撤军。裴子烈说："若拆毁水坝顺水而下，船只必将倾倒，怎可如此？不如派遣骑兵前出突围。"恰巧吴明彻当时病重，知道此次作战难以取胜，就同意了。吴明彻派遣萧摩诃统领数千骑兵为先头突围。吴明彻自己率大军决堰断后，乘水势撤军。船行至清口，水势消退，战船为周军所设置的障碍所阻，无法前行，陈军大败。吴明彻困顿无法，被周军俘虏后投降，周封其为怀德郡公，而吴明彻不久即因忧愤而死于长安。

孙子说："上下意见一致者，可以获胜。"吴明彻统率大军内部却不和，陈文帝赶紧命人去替代他。孙子说："出其不意。"吴明彻夜袭王琳。孙子还说："兵贵神速。"吴明彻趁敌人结营不前，一鼓作气攻陷寿阳即是如此。

【评析】

吴明彻，南朝陈的名将，以智勇而闻名。吴明彻在投奔陈霸先之后，击败过北齐、北周的进攻，立下赫赫战功，后来在北伐之中更是擒杀王琳，立下大功。吴明彻用兵，不拘一格，或出兵奇袭敌军，或水淹破城。在陈朝整体军事实力衰微的环境下，仍然取得了一系列的胜利。吴明彻也多次失败，甚至还有仅以身免的败绩。他并非是起于卒伍的大将，少有冲锋陷阵之举，而且有时也表现出其固执的一面。在最后一次北伐北周的过程，不听部将萧摩诃的建议，战败被俘，投降了北周，之后忧愤而死。但他在撤退过程中，亲自率军断后，表现出了一名主帅应有的品质。在他死后，其故吏将其灵柩盗回陈朝，陈朝廷下诏追封其为侯爵，并在诏书中称赞他有"百战百胜之奇，决机决死之勇"。

魏·崔浩

【原文】

崔浩，字伯深①。少好学，博览经史，玄象阴阳，百家之言，无不该览。明元初，拜学士祭酒②。晋将刘裕伐姚泓，欲溯河西上，求假道。诏群臣议之，咸曰："函谷天险，裕何能西？今扬言伐姚，意或难测，宜先发军断河上流，勿令西过。"帝将从之。浩曰："此非上策也。今兴死子幼，乘其危亡而伐之，臣观其意，必自入关。劲躁③之人，不顾后患。今若塞其西路，裕必上岸北侵。如此，则姚无事而我受敌矣。蠕蠕④内寇，人食又乏。发军赴南则北寇进击，若其救北则南州复危。未若假之水道，纵裕西入，然后兴兵塞其东归之路，所谓卞庄刺虎，两得之势也。使裕胜也，必德我假道之惠；令姚氏胜也，亦不失救邻之名。纵裕得关中，遥远难守。彼不能守，终为我物。今不劳兵马，坐观成败，斗两虎而收长久之利，上策也。"议者犹曰："裕西入函谷则进退路穷，腹背受敌，北上岸则姚军必不出关助我。扬声西行，意在北进，其势然也。"帝遂从群议，遣长孙嵩拒之，战于畔城，为晋将朱超石所败。帝恨不用浩言，问浩曰："裕西伐已至潼关，卿观事得济否？"浩曰："姚兴好养虚名而无实用，子泓又病，众叛亲离。乘其危亡，兵精将勇，克之必矣。"帝曰："裕已入关，不能进不能退，我遣精骑南袭彭城、寿春，裕亦何能自立？"浩曰："今西北二寇未殄，陛下不可亲御六师。长孙嵩有经国之用，无进取之能，非刘裕敌也。臣谓待之不晚。"帝笑曰："卿量之已审矣。"浩曰："臣尝私论近世人物，不敢不上闻。若王猛之经国，苻坚之管仲也；慕容恪之辅少主，慕容暐之霍光也；刘裕之平逆乱，司马德宗之曹操也。"帝常有微疾，使浩奉策告宗庙，令太武为国副，主会。

闻宋武帝殂，帝欲取洛阳、武牢、滑台。浩曰："《春秋》：晋士匄⑤侵齐，闻齐侯卒，乃还。君子大其不伐丧，以为恩足以感孝子，义足以动诸侯。今国家不能一举而定江南，宜遣人吊祭，恤其凶灾，布义风于天下，令德之事也。且裕新死，党与未离，不如缓之，待其恶稔。如其强臣争权，变难必起，然后命将扬威，可不劳士卒而收淮北之地。"帝锐意南伐，语浩曰："刘裕因姚兴死而灭其国，裕死我伐之，何为不可？"遂遣奚斤等南伐，议于监国之前曰："先攻城？先略地？"斤："请先攻城。"浩曰："南人长于固守，苻氏攻襄阳，经年不拔。今以大国之力攻其小城，若不时克，挫损军势，危道也。不如分军略地，至淮为限，列置守宰，收敛租谷。滑台、武牢反在军北，绝望南救，必沿河东走。若或不然，即为囿中之物。"公孙表请先图其城。斤等济河，先攻滑台，经时不拔。太武左右忌浩正直，共排毁之。帝虽知其能，不免群议，故浩以公归第。及有疑议，召问焉。浩性敏达，长于谋计，自此⑥张良，谓己稽古过之。

时议伐赫连昌，群臣皆以为难，唯浩曰："往年以来，荧惑再守羽林，越钩陈，其占秦亡。又今年五星并出东方，利于西伐。天应人和，时会并集，不可不进。"帝乃使奚斤等击蒲坂，而亲率轻骑掠其都城，大获而还。后复讨昌，次其城下，收众伪退。昌鼓噪而前，舒阵为两翼。会有风雨从东南来，扬沙昏暝。宦者赵倪进曰："今风雨从贼后来，我向彼背，天不助人。又将士饥渴，愿陛下摄骑避之，更待后日。"浩叱之曰:"是何言欤?千里制胜,一日之中岂得变易?贼前行不止,后以离绝,宜分军隐山,掩击不意。风道在人,岂有常也!"帝曰:"善。"分骑奋击,昌军大溃。

议击蠕蠕,朝臣内外尽不欲行,唯浩赞成之。赫连昌太史张深⑦、徐辩说帝曰:"今年己巳,三阴之岁。岁星袭月,太白在西方,不可举兵。北伐必败,虽克,不利于上。"又群臣共赞深等,云深少符⑧谏苻坚不可南征,坚不从而败。今天时人事都不和协,如何举动!帝意不决,乃召浩与深等辩之。浩难深曰:"阳者,德也;阴者,刑也。故月蚀修刑。夫王者之用刑,大则陈之原野,小则肆之市朝。战伐者,用刑之大者也。以此言之,三阴用兵,盖得其类,修刑之义也。岁星袭月,年饥人流,应在他国。太白行苍龙宿,于天文为东,不妨北伐。深等俗生,志意浅近,牵于术数,不达大体,难与远图。臣观天文,比年以来,月行掩昴,至今犹然。其占:三年,天子大破旄头之国。蠕蠕、高车,旄头之众也。愿陛下勿疑。"帝大悦,谓公卿曰:"吾意决矣。亡国之臣不可与谋,信哉。"或有尤浩曰:"吴贼侵南,舍之北伐,师行千里,其谁不知?蠕蠕远遁,前无所获,后有南侵之患,此危道也。"浩曰:"今年不摧蠕蠕,则无以御南贼。自国家并西国已来,南人恐惧,扬声动众以卫淮北。彼北我南,彼征我息,其势然矣。且蠕蠕恃远,谓国家力不能至,自宽来久,故夏则散众放牧,秋肥乃聚,背寒向温,南来寇抄。今掩其不备,大军卒至,必惊骇望尘奔走,可一举而灭。暂劳永逸,时不可失也。唯患上无此意,今圣虑已决,如何止之?"遂行。及军到入其境,蠕蠕先不设备。于是分军搜讨,东西五千里,南北三千里,所虏获数百万。高车杀蠕蠕种类,归降者三十余万。大军既还,南军卒不能动,如浩所料。

太武召新降高车渠帅数百人,赐酒食于前,指浩以示之曰:"汝曹视此人，纤旭懦弱，手不能弯弓持矛，其胸中所怀，乃逾于兵甲。朕始时虽有征讨之志，而虑不自决，前后克捷，皆此人导吾令至此矣。"俄而南藩诸将表宋师欲犯河南，请兵三万，先其未发逆击之，因诛河北流人在界上者，绝其乡导，足以挫其锐气，使不敢深入。言宜许，浩曰："此不可从也。往年国家大破蠕蠕，马力有余，南贼丧精，常恐轻兵奄至，故扬声动众以备不虞，非敢先发。又南土下湿，夏月蒸暑，非行师之时。且彼先严有备，必坚城固守。屯军攻之，则粮食不给；分兵肆讨，则无以应敌。未见其利。就使能来，待其劳倦，秋凉马肥，因敌取食，徐往击之，万全之计。"帝从浩议。南镇诸将表贼至，而自陈兵少，求简幽州以南戍兵佐守，就漳水造船，严以为备。公卿议者佥然，浩曰："非上策也。彼闻幽州以南精兵悉发，大造舟船，轻骑在后，欲存立司马，诛除宋族，必举国骇扰，惧于灭亡，当悉发精锐，来备此境。后审知官军有声无实，持其先聚，必喜而前行，径来至河，肆其侵暴，则我守将无以御之。今公卿欲以威力攘贼，乃所以招令速至也。夫张虚声而召实害，此之谓矣。"浩又陈天时不利于彼，曰："今兹害气在扬州，不宜先举兵，一也；午岁自刑，先发者伤，二也；日蚀灭光，昼昏星见，飞鸟坠落，宿当斗牛，忧在危亡，三也；荧惑伏匿于翼轸，戎乱及丧，四也；太白未出，进兵者败，五也。夫兴国之君，先修人事，次尽地利，后观天时，故万举而万全，国安而身盛。今宋新国，是人事未周也；灾变屡见，是天时不协也；舟行水涸，是地利不尽也。三事无一成，自守犹或不安，何得先发而攻人哉？"帝不能违众，乃从公卿议。遂遣阳平王杜超镇邺，琅琊王司马楚之等屯颍川。于是寇来遂疾。

又将讨蠕蠕，刘洁复致异议。帝愈欲讨之，乃召问浩。浩对曰："北土多积雪，至冬时常避寒南徙。若其因时，潜军而出，必与之遇。

既与之遇，则可禽获。"帝以为然，乃分军四道，诸将俱会鹿浑海。期日有定，而洁恨计不用，沮误诸将，无功而还。

帝西巡，至东雍，亲临汾曲，观叛贼薛永宗垒，进军围永宗。出兵欲战，帝问浩曰："今日可击否？"浩曰："永宗未知陛下自来，人心安固，北风迅疾，宜急击之，须臾必破。若待明日，恐见官军盛大，必夜遁走。"帝从之，永宗溃灭。车驾济河，前驱告贼在渭北。帝至洛水桥，贼已夜遁，诏问浩曰："盖吴在长安北九十里渭北，地空谷草不备，欲渡渭南西行，何如？"浩曰："盖吴营去此六十里，贼魁所在。击蛇之法，当先破头，头破则尾岂能动？宜乘胜先击吴。今军往，一日便到。吴平之后，回向长安，亦一日而至。一日之乏，未便损伤。愚谓宜从北道。若从南道，则盖吴徐入北山，卒未可平。"帝不从，乃渡渭南。吴闻帝至，尽散入北山，果如浩言，军无所克。帝悔之。后人诬浩于帝，帝怒诛浩。

孙子曰："乘其弊而起。"浩谓斗两虎而收长久之利。又曰："城有所不攻。"浩谓若攻小城，必损军势。又曰："知天知地。"浩谓五星出东方，利以西伐。又曰："禁祥去疑。"浩谓风道在人。又曰："攻其无备。"浩请掩蠕蠕之不备。又曰："乱军引胜。"浩谓张虚声而招实害。又曰："神乎神乎，至于无声。"浩以永宗未知帝来，请急击之。又曰："其势险，其节短。"浩谓击蛇之法，当先头破是也。

【注释】

① 伯深：即"伯渊"，唐代避。

② 学士祭酒：应为博士祭酒。

③ 劲躁：刚强而急躁。

④ 蠕蠕：指柔然，蠕蠕是北魏对其的蔑称。

⑤ 勾：同"丐"。

⑥ 此：应为"比"。

⑦ 张深：即张渊。

⑧ 符：可能是时。

【今译】

崔浩，字伯深（一说为伯渊）。年幼好学，博览群书，玄象阴阳之类的奇书，诸子百家之言，无所不读。北魏明元帝（拓跋嗣）初年，拜崔浩为博士祭酒。东晋大将太尉刘裕北伐后秦姚泓，刘裕想要逆黄河西上，向魏借道。明元帝下诏让大臣们商议此事，大臣们都说："秦有函谷关这样的天险阻隔，刘裕恐难以将其攻克西征。如今扬言西去讨伐姚泓，其真实意图难料，我们应当先发兵镇守黄河上游，不使其通过西去。"明元帝想要听从这个意见。崔浩却说："这不是上策。如今后秦姚兴新死，他的儿子年幼。刘裕是趁其危亡之时出兵北伐，臣观刘裕之意，必西入关中。而满朝文武所议过于急躁，不顾我朝后患。如今我们若阻碍刘裕西去，刘裕必上岸向北攻伐。如此一来，姚泓无事，而我朝则将遭刘裕进攻。况且柔然不断侵扰我国边境，国内又缺粮。我发兵南下则北方柔然进击，我若回师北救则南方数州又再次面临危险。不如将水道借给刘裕，让其西去，之后我们再兴兵堵塞其东归之路。这正所谓是卞庄刺虎，等其两虎相争之后，我们再相机而动，方可两相获利。假使刘裕获胜，必对我借道之惠感恩戴德；假如后秦姚氏获胜，我们也可获得救援邻国的名声。即便是刘裕得到了关中，路途遥远，难以长期坚守。他无法坚守，那最终就是我国囊中之物。如今我们应当不劳动兵马，坐观两虎相斗，之后坐收渔利，这才是上策。"还是有人说："刘裕一旦西入函谷关则进退无路，腹背受敌，而如果此时他率军登岸北进向我国进攻，后秦姚军必不会出关助我。我看刘裕扬言西去是假，意图北进是真，形势发展必是如此。"明元帝就听从了群臣的建议，派遣司徒长孙嵩率兵阻挡刘裕西去，双方在畔城（一说在今山东聊城附近）交战，魏军被晋将朱超石击败。明元帝听闻魏军惨败，后悔不迭，恨不用崔浩之计。等到刘裕兵临潼关时，明元帝又问计于崔浩："刘裕西伐已至潼关，爱卿看其能成功否？"崔浩回复说："后秦皇帝姚兴好虚名，国中并无太强的实力，死后其子姚泓即位，身体多病，并且由于姚兴的两个儿子交战导致内乱，现在是众叛亲离。刘裕兵精将猛，趁其危亡之时前去攻打，必胜无疑。"明元帝又问："刘裕已经西入函谷关，进退困难，此时我若派遣精锐骑兵南袭彭城、寿春，刘裕又怎么立足呢？"崔浩说："如今我国西有夏国、北有柔然，这两个强邻均未灭亡，陛下不能御驾亲征。派大将出征的话，长孙嵩虽有经国治世、处理政务之才，但却无领兵打仗、进取夺地之能，必非刘裕对手。臣以为我们应当继续等待，静观其变。"明元帝笑着说："爱卿你的考虑非常周详。"崔浩说："臣经常私下评论近世的一些著名人物，不敢不把自己的想法向皇帝禀告。王猛治理朝政，如同苻坚的管仲一般；慕容恪辅佐少主，如同慕容晖的霍光；而刘裕去替晋朝讨伐叛逆作乱之人，就像是司马懿对于曹操一般，日后必篡权。"明元帝经常生病，就派崔浩带着文书去告知宗庙，由拓跋焘（后为北魏太武帝）为国副来监国，主持朝会。

太武帝拓跋焘听闻宋武帝刘裕去世，就意欲趁此机会攻取洛阳、武牢（即虎牢关，在今河南荥阳）、滑台（今河南滑县）。崔浩说："《春秋》有云：'晋国的匄率军讨伐齐国，听说齐侯死了，于是就班师回国。'君子不趁敌人服丧之际前去攻伐，认为此举恩德足以感动孝子，义足以感动诸侯。如今我们不能一举平定江南，那就应该派使者前去吊唁，抚恤其凶灾，布道义之风于天下，这是一件有德的好事。况且刘裕刚刚死去，手下精兵强将尚未离心离德，不如暂缓用兵，静观其变，待其生变。如果其国内权臣争权，则必起祸乱，然后我们再派良将张扬军威，此计可不劳士卒而收淮北之地。"然而魏太武帝锐意南征，对崔浩说："刘裕趁姚兴死而灭亡了后秦，现在刘裕死了，我为什么不能去讨伐宋？"太武帝派遣奚斤等率军南征，在商议此次出征的策略时，太武帝问："此次出击是先攻城，还是先略地？"奚斤说："应当以攻城为先。"崔浩说："南人擅长守城，前秦苻氏攻襄阳，经年未拔。如今我以大国之力去进攻南朝的小城，如果不能速胜，将挫折军势，这是险招。不如分兵略地，以淮河为限，设置地方官员，收取租谷。而滑台、武牢反而在我军以北，驻守的敌军对南方的援军感到绝望，必会沿黄河东走。如果他们不这么做，那将成为我们的囊中之物。"公孙表也主张先攻城。奚斤等人渡过黄河后，先攻滑台，久攻不克。太武帝左右之人妒忌崔浩为人正直，就一同诋毁他。太武帝虽然知道崔浩有才能，但不便拂逆群臣之议，因此崔浩就以公卿的身份赋闲家中。等到朝中有疑难问题之时，皇帝就召其前来咨询。崔浩机敏聪明，长于谋略，以张良自比，认为自己在考察古事方面还略胜一筹。

太武帝时，商议讨伐赫连昌的夏国，群臣都认为难度过大，只有崔浩说："往年以来，荧惑（火星）再守羽林，越钩陈（荧惑守心，环绕成钩己，此为大凶之星相），占星相得秦国灭亡。今年则五星一起出现在东方，利于向西攻伐。如今天应人和，机不可失。"于是太武帝就命奚斤等人击蒲坂，而自己则亲率轻骑兵劫掠夏国都城统万城，俘虏大量人口物资而还。后太武帝再次讨伐赫连昌，大军埋伏在其城下，而后命令诱敌部队假装后退。赫连昌中计，率大军出城追击，将兵马分为两路，钳击魏军。两军决战，恰巧此时暴风雨从东南至，黄沙漫天，天昏地暗。宦官赵倪建议：“如今风雨从敌军背后而来，敌军顺风，而我军逆风，天不助我，且将士饥渴，希望陛下暂且避其锋芒，改日再寻机与之决战。”崔浩大声斥责说：“这是什么话！我们千里而来，制胜策略已定。大战在即，一日之内怎能变更，敌人贪图眼前的胜利，必不会停止追击，其后方孤绝而无援军。我们应该将军队埋伏于山中，而后出其不意突然从背后攻击他们。风道是否顺利全在于人的决定，没有常态。”太武帝说：“好。”就派遣骑兵奋勇出击，赫连昌大败。

太武帝召集君臣商议北伐柔然，内外群臣都不愿出兵，只有崔浩赞同出兵攻打。赫连昌的太史张深（渊）、徐辩劝说太武帝：“今年是己巳年，乃是三阴之岁。岁星（木星）袭月，太白（金星）在西方，不可兴兵。北伐必败，即便成功，于主上也不利。”群臣也都附和张深等人，都说张深当年曾劝谏苻坚不可南征，而苻坚不从，结果大败。而如今天时人事都不和，不可举兵北伐！太武帝犹豫不决，就召崔浩与张深两人辩论。崔浩向张深发难说：“阳者，德也；阴者，刑也。因此月蚀则应当修用刑法。王者用刑，大则可吊民伐罪，兴兵交战于原野，小则开刀问斩，陈尸于市朝。征战之事，为用刑之大者也。以此而言，三阴用兵，正合修刑之意。岁星袭月，出现饥荒，百姓流离，应该是在他国。太白行到苍龙宿（东方苍龙宿），于天文而言为东，并不妨碍北伐。张深等都是俗人，志向浅薄，见识只局限于术数，未知其大体，不可与之远图。臣观天文，近年来，月行掩昴（西方白虎七宿的第四宿），到现在仍是如此。占卜得：三年，天子大破旄头之国。柔然、高车都是旄头之众。希望陛下不要犹豫。”太武帝非常高兴，对公卿们说：“我意已决，出师北伐。亡国之臣不可与之谋，果然如此。”有人对崔浩说：“南朝的刘宋时刻准备进犯我国南部，如今舍弃南方的敌人却要去北伐，何况师行千里，无法隐藏，柔然远逃，一旦前出却没有收获，而后面又有南方入侵之患，这样将使我们陷入危险的境地。"崔浩说："今年不去讨伐柔然，那就无法抵御南方的刘宋。自从我国灭亡夏国之后，南人震惊恐惧，扬言要调动大军保卫淮北一带。他们如果向北，我便向南，他们若出征，我则休养生息，形势就是如此。何况柔然倚仗其地处偏远，以为我们力所不及，长久以来戒备松弛，如今是夏天，柔然分散放牧，等到秋高马肥之后就会聚集起来，背寒向温，之后南下抢掠。如今我们出其不意，大军突然到达，其必惊慌失措，望风而逃，可将其一举歼灭，这是一劳永逸的方法，机不可失啊。只是担心陛下并无此意，如今陛下圣意已决，怎能停止。"大军于是出发北伐柔然。大军进入柔然境内之后，柔然正分散放牧，没有戒备。魏军就分兵搜剿，东西五千里，南北三千里，俘获牛羊牲畜数百万。附属于柔然的高车等部也趁机攻杀柔然部落，归降北魏的有三十余万众。魏军后来南归，正如崔浩所预言的一般，南朝军队始终未有所举动。

太武帝一次宴请新归降的高车首领数百人，席间指着崔浩对他们说："你们看此人，虽面貌柔弱，手无缚鸡之力，不能弯弓持矛，但胸中所怀，远超兵甲。朕起初有征讨柔然之意，但犹豫不决，后来全仗此人才有后来的大捷。"不久，南部边境诸将上表称南朝刘宋意欲进犯河南，因此请求发兵三万，趁宋军未出发之时抢先发动攻击，并趁机诛杀流落在边界上来自河北地区的流民，以免其为宋军作向导，要挫败宋军的锐气，使其不敢深入。太武帝想同意，崔浩说："不可听从。往年国家大败柔然，国内军力有余，刘宋丧失精锐，害怕我们轻兵前往偷袭，所以扬言要攻伐我国用以防备意外，而实际上却并不敢真向我发动进攻。更何况南方潮湿，如今又是盛夏，不利于行军作战。而且宋军现在已经有所戒备。我们如果屯兵进攻,则军粮难以保障;若分兵征讨,又无法应敌。不如等其前来,待到敌军疲劳倦怠之时,而我们正好秋凉马肥,还可利用敌人的军粮,再前往攻击,这才是万全之计。"太武帝听从了崔浩的意见。南部边境的诸位将领又上表称宋军已至,而自己的兵少,请求调派幽州以南的戍卒前来增援,并在漳河造船,严加戒备。商议此事的公卿大臣都表示同意。崔浩说:"此非上策。南朝若是听闻幽州以南的精兵全部被征调到南方,而且我国又大造舟船,轻骑在后,想要南征,诛灭刘宋,必定举国震惊,为避免灭亡,会调动全国的精锐部队来戒备边境。日后再发现我军只是虚张声势并无意攻打,已经集中起来的军队必会大喜而前行,直抵黄河。一旦敌军侵扰,我军守将难以抵挡。如今公卿大臣想要凭军威震慑敌军,只怕会使敌军速至。虚张声势却招致祸患说的就是此举。"崔浩又从天时星相的角度阐释了为什么不宜出兵的道理,说:"如今害气在扬州,我们不宜先举兵,一也;午岁自刑,先发者伤,二也;日蚀灭光,昼昏星见,飞鸟坠落,宿当斗牛,忧在危亡,三也;荧惑伏匿于翼轸,戎乱及丧,四也;太白未出,进兵者败,五也。能够振兴国家的君主,都是先整修人事政治,第二利用地利,最后才观天时,因此才能万举而万全,国家安定而国君平安。如今南朝宋刚刚立国,是人事尚未周全;而灾祸变乱屡见,是天时不协调;想要行船水却干涸,是地利不方便。三件事没有一件有利的,自我守卫保全尚且困难,怎么能抢先发兵去进攻别人呢?"但是太武帝不便拂逆众人意见,就听从了公卿的意见,派遣阳平王杜超镇守邺城,琅琊王司马楚之等人屯驻颍川。结果宋军果然迅速来备。

太武帝又打算征讨柔然,刘洁提出异议。太武帝就召见崔浩咨询意见。崔浩说:"北方多雪,一到冬天柔然常南迁躲避风雪。我们若利用时机,派军悄悄潜出,必可与柔然相遇。既可与敌军相遇,还可俘获大批牛羊。"太武帝同意,就分兵四路,命诸将率军在鹿浑海会合。约定的日期已定,而刘洁怨恨自己的计策没有被采用,就故意阻挠延误诸将,致使大军无功而返。

太武帝西巡,到达东雍(今山西新绛县),亲临汾水,观察敌军薛永宗(反魏起义的首领)的营垒,进军将薛永宗包围。太武帝想出兵攻打薛永宗,就问崔浩:"今日是否利于出击?"崔浩说:"薛永宗不知陛下亲征,人心安固,现在北风猛烈,我们应当趁此猛攻,很快就可将其击破。如果等到明天,敌军见我军势大,必会在夜间逃走。"太武帝听从了建议,薛永宗被消灭。太武帝车驾渡过黄河,前锋禀报说敌军在渭北。太武帝率军至洛水桥,敌军已连夜逃亡,就召见崔浩问:"盖吴(北魏关中农民起义军首领)在长安以北九十里的渭北,当地空无一物,粮草不备,朕打算渡渭水至渭南而向西行,如何?"崔浩说:"盖吴的军营距此六十里,那里是敌军首领的所在。击蛇之法,应当先击其头,头破则尾不能动。我们应当先乘胜追击盖吴。大军一日即可赶到盖吴的营垒。平定盖吴之后,再回师长安,也不过再费一日的功夫。一天的劳顿,对我军损伤不大。我认为应当走北道。如果从南道,盖吴可慢慢退入北山,难以平定。"太武帝不从,就率军渡过渭河至渭南。盖吴听闻太武帝到来,就分散部众退入北山。正如崔浩所预料的那样,大军没有什么收获。太武帝后悔不用崔浩的建议。后来有人向太武帝诬告崔浩,太武帝大怒而杀崔浩。

孙子说:"应当趁火打劫。"崔浩认为要等两虎相斗之后再坐收渔利。孙子说:"有些城池不应当进攻。"崔浩认为如果攻打小城,将有损于军势。孙子说:"要通晓天文地理。"崔浩认为五星出东方,有利于西征。孙子说:"禁止迷信。"崔浩认为风道在于人。孙子说:"攻其不备。"崔浩请求趁柔然没有戒备而派兵突袭。孙子说："自乱其军，坐失良机。"崔浩认为虚张声势却会招来祸患。孙子说："精妙啊，竟然没有走漏一点消息。"崔浩认为应当趁薛永宗不知太武帝到来而突袭其军。孙子还说："势险节短。"崔浩认为击蛇之法，应当先击破其头就是如此。

【评析】

  崔浩，河南杞县人，出身著名的清河崔氏，北魏著名的军事谋略家。显赫的家世再加上他自己治国安邦的才能使崔浩很快就成为北魏朝廷重臣，历仕北魏道武、明元、太武帝三朝，参与谋划各种军国大事，为北魏统一北方立下大功。崔浩少年时就聪慧过人，史载他"博览经史，玄象阴阳，百家之言，无不关综，研精义理，时人莫及"。崔浩对战略把握精准，而又精通阴阳数术，善于将天道与人事相结合，为皇帝出谋划策，很受喜好阴阳之术的明元帝的器重。崔浩虽多谋善断、算无遗策，参与了众多战争的谋划，被后世称之为南北朝第一流军事谋略家。但因其出身世家大族，没有基层艰苦生活的历练，其孤傲的性格使其未能认清当时的社会形势。他在对待佛教和鲜卑贵族态度的问题上都表现得过于极端，在宗教矛盾和民族矛盾问题上过于自负，终于因"国书"而惹下大祸，最终遭到灭族的厄运。

魏·于谨

【原文】

　　于谨，字思恭①，河南洛阳人。性沉深，有识量，略窥经史，尤好孙子兵书。屏居闾里②，未有进仕之志。或劝之者，谨曰："州郡之职，昔人所鄙；台鼎之位，须待时来。吾所以优游乡邑，聊以卒岁耳。"

　　及破六韩拔陵首乱北境，引蠕蠕为援，大行台仆射元纂讨之。宿闻谨名，辟为铠曹从事。纂令谨率二千骑追蠕蠕，前后十七战，尽降其众。尝为贼所围，谨乘骏马一紫一骝，贼所先识，乃使二人各乘马突陈而出。贼以为谨也，皆争逐之。谨乃得入塞。时魏末丧乱，群盗蜂起。谨亦解诸国语，乃单骑入贼中，示以恩信。于是西部铁勒酋长乜列河等三万余户并款附魏。帝嘉之，除积射将军。

　　又随广阳王元深讨鲜于修礼，停军中山。侍中元晏③言于灵太后曰："广阳王以宗室至亲受律专征，今乃盘桓不进，坐图非望。又有于谨者，知略过人，为其谋主。风尘之隙，恐非陛下纯臣。"灵太后诏于尚书省门外立榜，募获谨者，许重赏。谨闻之，乃谓广阳曰："今女主临朝，取信谗佞，苟不明白殿下素心，便恐祸至。谨请束身诣阙，归罪有司，披露心胆。"元深遂许之。谨遂到榜下曰："吾知此人。"众共诘之，谨曰："我即是矣。"有司以闻，灵太后引见之，大怒。谨备述广阳忠款，无陈停军之状。灵后意解，舍之。

及贺拔岳被害，太祖赴平凉。谨乃言于太祖曰："魏祚凌迟，权臣擅命。明公挟超世之资，怀济世之略，四方远近咸所归心。愿早建良图，以副众望。"太祖曰："何以言之？"对曰："关中秦汉旧都，昔称天府，将士骁勇，厥壤膏腴。今若据其要害，招集英雄，养卒劝农，足观时变。且天子在洛，逼迫群凶，若明公请都关右，帝必喜而迁。然后挟天子而令诸侯，奉王命以讨暴乱，桓、文之业，千载一时也。"太祖大悦。会有敕追谨为关内大都督，谨因进都关中之策，魏帝纳之。

寻而齐神武逼洛阳，谨从魏帝西迁。从太祖攻邙山，邙山之役，大军不利，谨率其麾下伪降，立路左。齐神武乘胜逐北，不以为虞。追骑过尽，谨乃自后击之，齐军乱，以此大军得全。进位柱国大将军。

初，梁元帝平侯景之后，于江陵嗣位，密与齐氏通使，将谋侵轶。其兄子岳阳王詧④时为雍州刺史，以梁元帝杀其兄誉，遂结仇隙。据襄阳来附，乃请王师。乃令谨率众出讨。长孙俭问谨曰"为萧绎之计，将欲如何？"谨曰："耀兵汉、沔⑤，席卷渡江，南据丹阳，是其上策。移郭内居人，退保子城，峻其陴堞，以待缓⑥至，是其中策。若难于移动，据守罗郭，是其下策。"俭曰："揣绎定出何策？"谨曰："必用其下策。"俭曰："彼弃上而用下，何也？"对曰："萧氏保据江南，绵历数纪。属中原多故，未遑外略。又以我有齐氏之患，谓力不能分。且绎懦而无谋，多疑少断。愚民难与虑始，皆恋邑居，既恶移动，当保罗郭，所以用其下策。"谨乃令中山王护及大将军杨忠等率精骑先据江津，断其走路。梁人立木栅于外城，广轮六十里。寻而谨悉众围之。梁主属遣兵出战，为谨所破。旬有六日，外城遂陷。梁主退保子城，翌日率其太子以下面缚而降，寻杀之，立萧詧为梁王，振旅而旋。太祖亲至其第，宴语极欢。

谨自以久当权，望隆位重，功名既立，愿保优闲，乃上先所乘骏马及所著铠甲等。太祖识其意，乃曰："巨猾未平，公岂得便尔独善。"遂不受。以疾薨。

谨有智谋，善于事上。名位虽重，愈存谦挹。每朝参往来，从者不过三两骑而已。朝廷凡有军国之务，多与谨决之。谨亦竭其智能。功臣之中，特见委信，终始若一，人无间言。

孙子曰："退而不可追。"谨令人乘己马而误敌之追。又曰："佯北勿从。"谨伪降而破神武。又曰："策之而知得失之计。"谨料萧绎必出下策。又曰："内间者，因其官人而用之。"谨因萧督与梁主结隙而听其来附是也。

【注释】

① 思恭：史书多做字思敬。
② 屏居闾里：屏（bǐng），隐居乡里。
③ 元晏：一说应为"元晏宣"。
④ 詧：梁昭明太子第三子。
⑤ 汉、沔：汉水、沔水，均指今汉江。
⑥ 缓：应为"援"。

【今译】

北魏大将于谨，字思恭，河南洛阳人。他个性沉稳，见识不凡，喜欢读经史一类的书，尤其是喜好《孙子兵法》。于谨曾隐居乡里，不愿出来做官。有人劝他出山，于谨说："州郡一级的官职，为前人所鄙视；而三公一类的宰辅之职，尚须等待时机。而我闲居乡里，只不过是为了度日而已。"

等到匈奴人破六韩拔陵首先开始率众起义反叛北魏，而且请求柔然的援助，北魏政府派遣大行台仆射元纂率军前往征讨柔然。元纂久闻于谨的大名，就征辟他为铠曹从事。元纂命令于谨率领两千骑兵追击柔然，前后与柔然大小十七战，迫使敌人全部投降。一次，于谨被敌人包围。于谨经常骑乘的有两匹骏马，一匹是紫马，一匹是騧马（黑嘴黄马），敌人都认识这两匹马，于谨就命令两个人分别骑着这两匹马突围。敌人都以为马上之人是于谨，就争先恐后地追击，于谨因此才得以脱身平安入塞。北魏末年，天下大乱，各族人民纷纷起义。因为于谨会说多国各族的语言，就只身单骑到各处起义队伍当中，见其首领，宣扬朝廷恩信。于是西部边境的铁勒部酋长乜列河就率领三万多户归顺北魏朝廷。北魏孝明帝听说之后嘉奖于谨，任命他为积射将军。

于谨随广阳王元深征讨鲜于修礼，驻军中山。侍中元晏对执掌朝政的灵太后说："广阳王以宗室的身份受命全权负责征讨之事，现在却驻军不前，想图谋非分的妄想，似有所图。身旁又有于谨，谋略过人，给广阳王出谋划策。有关他的各种流言多有传说，恐怕不是陛下的忠臣。"灵太后听信谗言就下诏在尚书省门外立下榜文，称如果有人抓到于谨，就给予重赏。于谨听说之后，就对广阳王说："现在朝中是女主当政，听信奸佞小人的谗言，不明白殿下您的忠心，恐怕灾祸马上就要到来。臣请自缚入朝，向有司陈述，以表白我们的赤胆忠心，免除灾祸。"元深同意。于谨就到榜文下面说："我知道于谨在哪里。"众人就赶紧追问，于谨回答说："我就是于谨。"有司听说后，就押解他去见灵太后，灵太后看见于谨大怒。于谨就向灵太后详细陈述了广阳王的忠心，并对驻军不前的情况进行了解释。灵太后方才息怒，就放了于谨。

于谨后来追随大将贺拔岳至关中，等到贺拔岳被害后，宇文泰

（后为北周太祖）奔赴平凉。于谨向宇文泰献策说："北魏政权极度衰败，朝中权臣当政。明公你有非凡之才，胸怀济时之略，四方归心。愿明公早建伟业，以孚众望。"宇文泰说："如何才能建立伟业？"于谨回答说："关中系秦汉旧都，以前被称为天府，将士骁勇善战，土壤肥沃。如果我们现在占据关中的要害地区，招揽天下的英雄豪杰，训养士卒，劝农耕桑，就可以待机而动。况且现在皇帝在洛阳，为各种势力所逼迫，如果明公请皇帝迁都关右，皇帝一定非常高兴迁都。之后明公就可以挟天子以令诸侯，奉王命以讨暴乱，这是建立皇帝大业千载难逢的机会啊。"宇文泰听后非常高兴。正巧皇帝下诏加封于谨为关内大都督，于谨就趁机劝皇帝迁都关中，魏帝采纳了这个建议。

不久，高欢（后为北齐神武帝）进逼洛阳，于谨随魏帝迁都长安（此为西魏）。于谨随宇文泰与东魏高欢战于邙山（今河南洛阳北之邙山）。邙山战役，起初宇文泰所率西魏军失利，于谨就率领他的部队诈降，立于道路左侧。高欢正率军乘胜追击溃败的宇文泰，并未防备于谨。等到高欢率领的追兵过去之后，于谨突然率军从背后向高欢发起攻击，北齐军大乱，宇文泰才得以没有全军覆没。于谨后来被加封为柱国大将军。

起初，南朝梁元帝萧绎在平定侯景叛乱之后，就在江陵（今湖北荆州）称帝，并且暗中和北齐联合，密谋攻打北周。而梁元帝之侄岳阳王萧詧为雍州（今湖北襄阳）刺史，因为梁元帝杀害其兄萧誉，和梁元帝结下仇怨。萧詧占据襄阳投降了北周，并请北周派遣援军。宇文泰就派遣于谨领兵前往。荆州刺史长孙俭向于谨问计："您觉得梁元帝萧绎会如何应对这种情况呢？"于谨说："出兵汉水、沔水、席卷渡江，而后向南占据丹阳，此为其上策；迁移外城中的百姓，退守内城，整修城池，等待援军，是其中策；若百姓无法迁移，据守外城，是其下策。"长孙俭又问："公猜测萧绎会用何策？"于谨说："必用下策。"长孙俭问："萧绎弃上策，而用下策，为什么？"于谨回答："萧氏据有江南，已经经历数朝，只因中原多变，才不用担忧外部的侵略。又认为我国有北齐这样的外患，肯定无法分兵来袭。况且萧绎为人懦弱而无谋，疑心重而又缺乏决断。普通百姓没有远虑，安土重迁，不愿迁移，那他就只有保外城。这就是其必用下策的原因。"于谨命中山王宇文护和大将军杨忠等人率精锐骑兵抢先占领江津（今江苏江陵南渡口），切断梁军下游退路。梁军在外城之外又筑栅栏防御，方圆六十里。不久，于谨率军赶到将江陵团团包围。梁帝萧绎屡次遣兵出城作战，皆为于谨所败。到第十六天的时候，西魏军攻陷外城。萧绎退守内城。第二天，西魏军攻克城池，梁元帝率太子以下归降，后元帝为萧詧所杀，西魏立萧詧为梁王，之后西魏军还师。宇文泰亲自到于谨的府上去祝贺，君臣把酒言欢。

此时于谨认为自己久掌大权，位高权重，加上功名已立，想辞去官职，颐养天年。便将自己先前所骑乘的骏马、穿着的铠甲等交还宇文泰。宇文泰知其心意，便说："今强敌未平，公岂能独享清福。"宇文泰没有接受于谨的辞呈。后来于谨因病去世。

于谨多智谋，善于和皇帝共事。虽位高权重，但谦虚谨慎。每次入朝参拜，随从不过两三人而已。朝廷凡有军国大事，多要于谨参与决策。于谨也竭尽所能辅佐帝室。故在功臣之中，尤为皇帝信任，始终如一，没有人能够进离间之言。

孙子说："撤退时让敌人无法追击。"于谨命人骑自己的马而引诱敌人追击。孙子说："对于假装败逃之敌，不要追击。"于谨假装投降而击破高欢。孙子说："通过分析可知敌人用兵之法的优劣得失。"于谨料定萧绎必用下策。孙子还说："所谓内间，就是利用敌方的官吏做间谍。"于谨利用萧詧与梁主结仇而接受其归附便是如此。

【评析】

　　于谨,南北朝著名将领,历仕北魏、西魏和北周,立下汗马功劳。如同当时许多将领一样,于谨也出身于官吏世家,年轻时胸怀大志,因此学习兵法,在乱世之中等待时机,再加上本人"性沉深,有识量",很受人看重,北魏太宰元穆曾称赞他"王佐材也"。于谨从军之后,屡立战功,很快就表现出高明的军事才能。同时,于谨善于以政治手段来劝降敌军,实现了"不战而屈人之兵"的境界。在北魏末年的混乱政局当中,于谨以勇气和政治技巧保全自身。在遇到明主宇文泰之后,于谨显示出了很高的战略眼光,向宇文泰建议夺取关中作为自己的根据地掌控大局。平萧绎之时,他料敌如神,对战略形势和对手特点的把握非常准确。于谨用兵,讲究诡道。被铁勒骑兵包围时,他巧施调虎离山之计;邙山之战,他又诈降,而后从后方突袭敌军。于谨被史书誉为西魏朝廷"拟巨川之舟楫,为大厦之栋梁"。乱世名将很多难以自保,不得善终,而于谨却不仅有智谋,而且"善于事上",每次上朝都是轻装简从,为人处事也非常谦虚谨慎。史书称赞他"常以满盈为戒,覆折是忧。不有君子,何以能国"。

齐·斛律光

【原文】

斛律光，字明月，金①之子也。马面彪身，神爽雄杰，少言笑，工骑射。初以库直事文襄，从出野，见雁双飞来。文襄②使光驰射之，以二矢俱落焉。后从金西征，文帝长史莫孝晖在行间，光年十七，驰马射中之，因禽于阵。神武③即擢授都督。又尝从文襄于洹桥校猎，云表见一大鸟，射之，正中其颈。形如车轮，旋转而下，乃雕也。丞相属邢子高叹曰："此射雕手也。"当时号落雕都督。齐受禅，进爵钜鹿郡公。周大司马尉迟迥、齐公宪、庸公王雄等，众十万，攻洛阳。光率骑五万驰往，战于邙山，迥等大败。光亲射雄杀之，迥、宪仅而获免。初，文宣④时周人常惧齐兵之西渡，常以冬月守河椎冰。及帝⑤即位，朝政渐紊，齐人椎冰，惧周兵之逼。光忧曰："国家常有吞关陇之志，今日至此而惟玩声色。"周军围洛阳，壅绝粮道。诏光率步骑三万御之。锋刃才交，周众大溃。诏加右丞相。光又率众筑平陇等镇戍⑥十三所。韦孝宽等来逼平陇，光与战于汾水，大破之。周遣将围宜阳，光率步骑五万赴之，战于城下，取周建安等四戍，捕千余人而还。军未至邺，敕令便放兵散。光以有功者未得慰劳，若散恩泽不施，乃密表请使宣旨，军仍且进。朝廷发使迟留，军还，将至紫陌，光驻营待使。帝闻光军营已逼，心甚恶之，急令舍人⑦追光入见，然后宣劳散兵。拜左丞相。光尝在朝堂垂帘而坐。祖珽⑧不知，乘马过其前。光怒，谓人曰："此人乃敢尔！"后珽在内省，言声高慢，光过闻之，又怒。褚士达梦人绮⑨户，授其诗曰："九升八合粟，角斗定非真。堰其津中水，将留何处人。"以告珽，珽占之曰："角斗，斛字。津却水，何留人，合成律字。非真者，解斛律于我不实。"士达又言所梦状，乃其父形也。珽由是惧。又穆提婆求娶光庶女⑩，不肯。帝赐提婆晋阳田，光言于朝曰："此田，神武已来常种禾，饲马以拟寇难。今赐，无乃阙军务也？"帝又以邺清风园赐提婆租贷之，于是官无菜，赊买于人，直钱三百万。其人诉焉。光曰："此菜园赐提婆，是一家足。若不赐提婆，便百官足。"由是祖、穆积怨。

周将韦孝宽惧光，乃作谣言，令间谍传之于邺曰："百升飞上天，明月照长安。"又曰："高山不推自崩，槲木不扶自举。"珽续之曰："盲老公背上下大斧，饶舌老母不得语。"令小儿歌之于路。提婆闻，以告其母令萱。萱以饶舌为斥己，盲老公谓祖珽也。遂协谋，以谣言启帝。珽又令颜元告光谋为不轨。又令曹魏祖奏言："上将星盛，不诛恐有灾祸。"又丞相府佐⑪封士逊密启云："光前西讨还，敕令便放兵散，光令军逼帝京，将为不轨，不果而止。不早图，恐事不可测。"帝遂杀之，血流于地，铲之迹终不灭。光居家严肃，见子弟若君臣。不营财利，杜绝馈饷，门无宾客，罕与朝士交言，不肯预政事。每会议，常独后言，言辄合理。将有表疏，令人执笔，口占之，务从省实。行兵用匈奴卜法，吉凶无不中。军营未定，终不入幕。或终日不坐，身不脱介胄，常为士卒先。有罪者唯大杖挝⑫背，未尝妄杀，众皆争为之死。拓地五百里，而未尝伐功。自结发从戎，未尝失律，深为邻敌慑惮。罪既不彰，一旦屠灭，朝野惜之。周武帝闻光死，赦其境内。后入邺，追赠上柱国，指诏书曰："此人若在，朕岂得至邺！"

孙子曰："天者，阴阳寒暑时制也。"光用匈奴卜法，而吉凶无不中。又曰："视卒如爱子。"光军营未定，终不入幕。又曰："辅隙则国必弱。"光既诛死，周武遂得至邺是也。

【注释】

① 金：斛律金，北齐左丞相、封为咸阳郡王。

② 文襄：高澄（521—549 年），字子惠，北齐高祖神武帝高欢长子，祖籍渤海郡蓨县（今河北景县南），世居怀朔镇（今内蒙古固阳县，近包头市达茂旗）出生，东魏权臣，北齐世宗文襄帝。

③ 神武：高欢（496—547 年），北齐神武帝，鲜卑名为贺六浑，祖籍渤海郡蓨县，世居怀朔镇，成为鲜卑化的汉人。他是东魏王朝的建立者之一，也是北齐王朝的奠基人。

④ 文宣：高洋，南北朝时期北齐政权的开国皇帝，550—559 年在位。他是东魏权臣、北齐神武皇帝高欢次子、文襄皇帝高澄的同母弟。

⑤ 指武成帝高湛。

⑥ 镇戍：指驻防军的营垒、城堡。

⑦ 舍人：本指宫内人之意，后世认为是亲近左右之官。

⑧ 祖珽：字孝征，范阳（今河北容城）人。聚敛贪财，骄纵淫逸。

⑨ 绮：雕花的门窗，指月光所照之处。

⑩ 庶女：侧室、妾所生的女儿。

⑪ 府佐：高级官署中的佐治官吏。

⑫ 挝：打，敲打。

【今译】

斛律光，字明月，是斛律金的儿子，面容威猛，身材魁梧，是神勇爽朗的英雄豪杰，不苟言笑，擅长骑马射箭。起初跟随文襄帝担任库直。一次随文襄帝到野外去，看见两只大雁飞过。文襄帝命斛律光骑马将其射下，斛律光连发两箭将大雁射落。随后跟从其父斛律金西征，看到宇文泰长史莫孝晖正在行进的队伍中，斛律光当时才十七岁，上马发箭将其射中，趁机将莫孝晖抓获。神武帝立即升任斛律光为都督。斛律光还曾经跟从文襄帝在洹桥打猎，看到一只大鸟在云中飞翔，斛律光提弓射之，正中其颈，大鸟如车轮旋转落地，原来是一只大雕。丞相属邢子高感叹道："这是能够射落大雕的高手啊。"当时被人们称为"落雕都督"。齐接受禅让，斛律光受封为钜鹿郡公爵位。北周大司马尉迟迥、齐公宪、庸公王雄等人率领十万大军，进攻洛阳。斛律光率五万骑兵火速前往，在邙山交战，尉迟迥等人大败。斛律光亲自将王雄射杀，尉迟迥、齐公宪仅仅免于被俘获。当初，文宣帝在位时，北周常常惧怕北齐发兵西渡黄河，冬天经常派兵据守在黄河边上砸开河冰。等到武成帝高湛即位，朝政逐渐混乱，北齐害怕北周发兵，也派人凿开河冰。斛律光担忧地说道："国家常有吞并关、陇两地的意愿，到如今却只能享乐游玩。"北周派兵围困洛阳，阻断齐军粮道，北齐皇帝下诏命斛律光率领步骑兵三万人防御。两军刚刚交锋，北周军即溃败。北齐皇帝下诏任斛律光为右丞相。571年，斛律光又率军修筑了平陇等十三座驻有军队的城池。北周的韦孝宽等人率军进攻平陇，与斛律光在汾水交战，北周军大败。接着北周又派将领围攻宜阳，斛律光率五万步骑兵前往，两军在城下大战，斛律光夺取了北周的建安等四座城池，俘获北周士兵千余人，凯旋而归。斛律光的军队还未到达邺城，皇帝便下令遣散部队。斛律光觉得军中有功的人还没有得到奖赏犒劳，如果遣散部队的话便难以施撒皇帝的恩泽，于是便秘密上表让皇上下旨，令部队继续前进。朝廷派出的使者在路上有所逗留，斛律光的部队行进至紫陌，斛律光安营驻扎等到使者前来。皇帝听说斛律光的军队已经逼近，心中非常厌恶，急忙命令手下追上斛律光，召为入见，随后犒劳部队，将士兵遣散。斛律光被任命为左丞相。斛律光曾经在朝堂中坐在帘幕后面。祖珽不知道，骑马从前面经过。斛律光大怒，说道："这个人竟敢如此无礼！"后来祖珽在宫中大声喧哗，语气傲慢，斛律光刚好经过听到，又大为愤怒。褚士达梦到有人在窗外对他念了这样一首诗："九升八合粟，角斗定非真，堰其津中水，将留何处人。"褚士达将此事告诉了祖珽，祖珽分析后说道："角斗，是个'斛'字；津缺水，何留人，合成个'律'字；'九升八合粟'，像是说个'光'字。'非真'者，斛律光对我不老实，于我是个祸害。"褚士达又描述了梦中之人的模样，是斛律光的父亲。祖珽由此感到非常害怕。穆提婆（北齐佞臣）想要娶斛律光的女儿为妻，斛律光不答应。皇帝要将晋阳的田地赐封给穆提婆，斛律光在朝上说道："这块田地，自神武帝时便被用来耕种水稻，饲养马匹，供养抵御外敌的军队。如今若赐封给穆提婆，难道不会影响军中事务么？"皇帝（即北齐后主高纬）又将邺城清风园赐给穆提婆，让其用来出租放贷。于是众官员难以买到蔬菜，只好向他人赊购，花费了三百万贯钱。官员们向皇帝申诉。斛律光说："这个菜园赐给穆提婆，只能满足一家的需求。如果不赐给他的话，便可满足众官员的需求。"由此祖珽、穆提婆和斛律光积下怨恨。

北周名将韦孝宽惧怕斛律光，便捏造谣言，命间谍在邺城传播，内容有："百升飞上天，明月照长安。"还有："高山不推自崩，槲木不扶自举。"祖珽补充道："盲老公背上下大斧，饶舌老母不得语。"韦孝宽让小孩子在城中传唱。穆提婆听说后，将儿歌告诉了高纬的奶娘陆令萱。陆令萱认为饶舌是在斥责自己，盲老公就是在说祖珽。于是与穆提婆合谋，用谣言蛊惑高纬。祖珽又命颜元诬告斛律光密谋造反。又命曹魏祖上奏皇上说："皇上将要兴盛，不杀斛律光的话，恐怕会有灾祸。"同时，丞相府佐封士逊，密奏高纬说："先前斛律光西征归来，皇上下令立即遣散部队，斛律光命军队进逼长安，欲行不轨，未得逞而停止。若不尽早图谋，恐怕斛律光谋反之事难以掌握啊。"高纬于是命人将斛律光杀害，血流了一地，血迹用铲子都难以除净。斛律光治家严谨，对待子弟如同君臣之间一样。不谋求钱财私利，谢绝他人馈赠行贿，家门外没有宾客，很少和朝廷上的官员说话议论，不干预朝廷政事。每次和众人商议，经常独自最后一个发言，言之有理。有表要上奏皇上时，斛律光命人代为书写，用口述，要求务必属实。（斛律光不识字）行军打仗采用匈奴的占卜方法，常能准确预测吉凶。只要部队没有扎好营垒，他就始终不进入军帐中。有时甚至一天都没有坐下过，身上一直不脱下铠甲，他还经常身先士卒，杀敌当先。军中犯有罪行的人只是用大杖击打背部，从来没有过肆意诛杀将士的行为，众将士都争着为他拼死而战。斛律光为北齐开拓疆土方圆五百里，但从未领受过战功。自二十岁从军报国，从未违反过纪律，深为北齐周围敌国所忌惮。斛律光并未犯什么大的罪过，却被灭族，朝廷上下都感到惋惜。周武帝得到斛律光被害消息极为高兴，在境内下令大赦，后攻入邺城，灭了北齐。他下诏追封斛律光为上柱国、崇国公，并指着诏令对众人说："若此人健在，我还怎能攻下邺城呢。"

孙子说："所谓'天'，就是气候的阴晴、寒暑、四季节令的更替规律等。"斛律光行军打仗采用匈奴的占卜方法，常能准确预测吉凶。孙子说："对待士兵要像疼爱自己的孩子一样。"只要部队没有扎好营垒，他就始终不进入军帐中。孙子说："将帅辅佐有疏漏，国家必然衰弱。"斛律光被诛杀，北周周武帝才能攻下邺城。

【评析】

　　斛律光,高车族,出身将门,斛律金之子。初任都督,善骑射,号称"落雕都督"。后拜大将军,封咸阳王。他骁勇善战,在与北周近二十年的争战中,多次指挥作战,均获胜利。他治军严明,身先士卒,不营私利,为部下所敬重。斛律光刚直不阿,治军严整,身先士卒,因此他的部队战斗力很强。在北齐和北周的频繁战争中,从未打过败仗,令敌军闻风丧胆。北周名将韦孝宽屡次与斛律光交战皆不能获胜,他知道高纬昏庸,又听说斛律光与祖珽等权臣有隙,便制造了斛律光篡位的谣言,祖珽等谗臣趁机向高纬进谗言,又指使人诬告斛律光谋反。齐后主高纬信以为真,将其诱到宫中杀害,时年五十八岁。并以谋反罪尽灭其族,还派人抄家,结果只得到一些宴射用的弓箭刀鞘,并无余财。齐后主高纬自毁栋梁,朝野为之痛惜。而周武帝得到斛律光被害消息极为高兴,下令大赦境内,于577年发兵长驱攻入邺城,灭了北齐。他下诏追封斛律光为上柱国、崇国公,拜指着诏令对众人说:"此人若在,朕岂能至邺。"[①](摘自《北齐书·斛律光传》)

周·宇文宪

【原文】

　　宇文宪，性通敏，有度量。文帝尝赐诸色良马，唯其所择，宪独取纯者。帝问之，对曰："马色类既殊，或多骏逸。若从军征伐，牧圉①易分。"帝喜曰："此儿智识不凡，当成重器。"明帝即位，授益州总管。初，平蜀之后，以其形胜②之地，不欲使宿将③居之。诸子中，欲有推择④。遍问武帝已下，谁欲此行。并未及对，而宪先请。文帝曰："刺史当抚众临人⑤，非尔所及。以年授者，当归尔兄。"宪曰："才用殊，不关大小。试而无效，甘受面欺。"文帝以宪年尚幼，未之遣。明帝追遵先旨，故有此授。宪时年十六，善于抚绥，留心政术，辞讼辐凑⑥，听受不疲。蜀人悦之。齐将独孤永业来寇，诏宪与柱国⑦李穆出宜阳，筑崇德等城，绝其粮道。齐将斛律明月筑垒洛南，宪涉洛邀之，明月遁走。明月又于汾北筑城，西至龙门。晋公护问计于宪，宪曰："兄宜暂出同州，为威容，宪请以精兵居前，随机攻取。"宪率众出白龙门，齐军宵遁，宪乃渡河攻其伏龙等四城，二日尽拔。时汾州见围日久，宪遣柱国宇文盛运粟馈之。宪自入两乳谷，袭克齐伯杜城，使柱国谭公会筑石殿城，以为汾州之援。齐段孝先、高长恭引兵大至，大将军韩欢为齐人所乘，遂退。宪身自督战，齐众稍却。会日暮，乃各收军。后进爵为齐王。

宪尝以兵书繁广，自刊为《要略》五篇，表陈之。帝览而称善。帝⑧寝疾，卫王直于京师举兵。帝召宪谓曰："招倶汝为前军，吾亦续发。"直寻败走。帝至京师，宪与赵王入拜谢。帝曰："管、蔡为戮，周公⑨作辅，人心不同，有如其面。但愧兄弟亲寻干戈，于我为不能耳。"帝将东讨，独与内史王谊谋之，余人莫知。后以诸弟才略无出宪右，遂告之。宪即赞成其事。及大军将出，宪表上金宝等一十六件以助军资，诏不纳，以宪表示公卿曰："人臣当如此，朕贵其心耳，宁资此物。"乃诏宪为前军，趋黎阳。帝亲围河阴，未克。宪攻拔武济，进围洛口，拔其东西二城。以帝疾，班师。

时初置上柱国官，以宪为之。大举东讨，宪复为前锋，守鼠谷。帝亲围晋州。宪进克洪洞、永安二城，更图进取。齐主闻晋州见围，自来援之。时陈王纯屯千里径，大将军、永昌公椿屯鸡栖原，大将军宇文盛守汾水，并受宪节度。宪密谓椿曰："兵者诡道。汝今为营，不须张幕，可伐柏为庵，示有处所。令兵去之后，贼犹致疑。"时齐主分军万人向千里径，又令其众出汾水关，自率大兵与椿对。宇文盛驰告急，宪自救之，齐人遽退。盛与柱国侯莫陈芮逐之，多有斩获。俄而椿告齐众稍逼，宪又救之。会被敕追还，率兵夜反。齐人果谓柏庵为帐幕，不疑军退，翊日始悟。时帝已去晋州，留宪后拒。宪阻水为阵。齐领军段畅至桥，宪隔水问畅姓名，畅曰："领军段畅也，公复为谁？"宪曰："我虞侯大都督耳。"畅曰："观公言语，不是凡人，何用隐名位？"宪乃曰："我齐王也。"遍指陈王纯已下，并以告之。畅鞭马去，宪即命还军。齐人遽追之，戈甲甚锐。宪与开府⑩宇文欣为殿拒之，斩其骁将，齐乃退。

帝又命宪攻晋州。诸军总集，稍逼城下。齐人大阵于营南，帝召宪驰往观之。宪反命曰："请破之而后食。"帝悦。既而诸军倶进，应时大溃，齐王遁走。齐人复据高壁及洛女。帝命宪攻洛女，破之。齐主已走邺，留其安德王延宗据并州。帝进围其城，宪攻其西面，克之。延宗遁走，追而获之。仍诏宪趋邺，进克邺城。

宪善兵谋，长于抚驭，摧锋陷阵，为士卒先。齐人闻风，惮其勇略。齐任城王浩、广宁王孝珩等守信都。复诏宪讨之，仍令齐主手书招湝，湝不纳。宪军过赵州，湝令间谍二人觇⑪之。候骑⑫执以白宪，宪乃集齐旧将，遍示之。曰："吾所争者大，不在汝等。"即放还，令充使，乃与湝书。宪至信都，禽湝及孝珩等。

孙子曰："众草多障者，疑也。"宪伐柏为庵，齐人不知其遁。又曰："将军可夺心。"宪以名位告敌，而段畅去。又曰："反间者，因敌间而用之。"宪获齐间而反令充使是也。

【注释】

① 牧圉：牛马。

② 形胜：指地理位置优越，地势险要。

③ 宿将：久经战争的将领。

④ 推择：推举选拔。

⑤ 临人：选拔人才。

⑥ 辞讼：诉讼，打官司。辐凑：形容人或物聚集像车辐集中于车毂一样。

⑦ 柱国：大将军省称。是西魏的最高官职，后北周除授渐多，成了没有具体职掌的勋官。

⑧ 北周武帝宇文邕（543—578年），汉化鲜卑人，小字弥罗突，560—578年在位。宇文泰第四子。

⑨ 周公：姓姬名旦（约前1100年），亦称叔旦，周文王姬昌第四

子。因封地在周（今陕西岐山北），故称周公或周公旦。

⑩ 开府：西魏、北周府兵共二十四军，每军设一开府将军，简称开府。

⑪ 觇：看，偷偷地察看。

⑫ 候骑：骑马的侦察兵或担任侦察巡逻任务的骑兵。

【今译】

宇文宪，自幼聪敏，性格豁达，有气度。北周文帝曾经赏赐给他各种毛色的良马，令其随意挑选，宇文宪单单选中纯色的马匹。文帝问他缘由，他说："这匹马的颜色和品种相对于其他的马来说都很不同，应当有很出众的本领。如果用它随从军队去征战，马的优劣很快就会辨别出来了。"文帝大为高兴，说道："这个孩子智力见识非凡，当能成为栋梁之材。"北周明帝即位，任命宇文宪为益州总管。当初，北周平定蜀地后，因为是地势险要之地，明帝不想派久经战阵的将领前去驻扎。明帝又想在各将领间有所推举选拔。于是问手下各将领谁想去赴任。还没等到大家回答，宇文宪率先要求受任。文帝说："刺史既要安抚百姓又要选拔人才，不是你的才能所能达到的。从年龄上考虑，当令你的兄长受任。"宇文宪说："才能的差异和年龄的大小没有关系，若试用没有效果，我甘愿当面接受惩罚。"文帝因为宇文宪年龄尚小，没有派他去。明帝遵循先帝的旨意，所以才有此任命。宇文宪当时才十六岁，擅长安抚百姓和官兵，注意积累从政技巧，用心处理各种诉讼，听取他人的意见不感到厌烦。蜀地的百姓都很高兴。北齐将领独孤永业率军来进攻，皇帝下诏命宇文宪和柱国大将军李穆从宜阳出兵，加强崇德等城池的防守，断绝北齐军的粮道。北齐将领斛律明月在洛水以南修建营垒，宇文宪率军渡过洛河攻打北齐军，斛律明月逃跑。斛律明月又在汾北（今山西乡宁以北）修筑城池，向西一直绵延到龙门。晋公宇文护询问宇文宪有何计策，宇文宪说："你应当率军从同州出发，为展示军威，我率精兵在前面打前阵，相机发起进攻。"宇文宪率军从龙门出发，北齐军在夜里逃跑，宇文宪于是渡河进攻伏龙等四座城池，两天时间便全部拿下。当时汾州被围困渐久，宇文宪派遣柱国宇文盛向城中运送粮食。宇文宪亲自率军从两乳谷进发，袭击北齐伯杜城，又派柱国谭公会修筑石殿城，以支援汾州。北齐段孝先、高长恭两人率领大军前来，北周大将军韩欢遭到北齐军的偷袭，北周军于是后退。宇文宪亲自上阵督战，北齐军才有所退却。日落时分，双方各自收兵。后来，宇文宪晋爵为齐王。

宇文宪认为历代兵书太过繁杂，自己摘录为《要略》五篇，上表献给皇帝，皇帝看了后称很好。武帝卧病在床，卫王宇文直在京师举兵作乱。皇帝召见宇文宪，说："现在命你为前锋，我后续还将发兵增援你。"不久，宇文直败退。武帝回到长安，宇文宪与赵王进宫拜见。武帝说："周文王的几个儿子中，管叔、蔡叔叛乱被杀，而周公是辅助平叛的主将。人心各异，有如人的面孔一样。但是兄弟亲人之间刀刃相见，对我来说实在无法接受。"武帝打算东征，独自与内史王谊暗中谋划，其他人都不知道。后来，他认为所有兄弟中，没有谁的才略能超过宇文宪，便告诉了他东征的事宜。宇文宪非常赞成这件事。在大军将要出发时，宇文宪捐出金宝等十六件珍贵物品去充抵军费。武帝下诏不予接纳，但还是把宇文宪的奏折拿给公卿们看，说道："当大臣的，就应当这样。我看重的是他的心意，怎么可以拿这些珍品去补充军费呢？"于是下诏让宇文宪为前锋奔赴黎阳。武帝则亲率大军围困河阴，但久久不能攻克。宇文宪攻克武济后，接着包围了洛口，攻陷了洛口的东西两城。后来，因为武帝患病，这才班师回朝。

武帝设置上柱国官职位，任命宇文宪担当。武帝再次大举东征时，宇文宪再次为先锋，据守鼠谷，武帝则亲自率军围困晋州。宇文宪攻克了洪洞、永安两城，更想要进一步攻城略地。北齐皇帝见晋州被围，就亲率大军前来救援。当时，陈王宇文纯在千里径屯兵，大将军、永昌公宇文椿驻扎在鸡栖原，大将军宇文盛据守在汾水，他们都受宇文宪的调度指挥。宇文宪暗中告诉宇文椿："打仗要用诡诈之术。现在你不要用帷帐扎营，可以砍伐柏树修筑草屋，显示出有人驻扎。即使率军离开后，贼兵仍会蒙在鼓里，半信半疑。"此时，北齐皇帝率领万余人的军队，分兵扑向千里径；并令北齐军自汾水关出击，又亲率大军和宇文椿对峙。宇文盛连称告急，宇文宪率军前去救援，齐军急忙撤退。宇文盛与柱国侯莫陈芮追歼逃敌，大有斩获。不久宇文椿又报告北齐军有所进逼，宇文宪亲自率军前去救援。这时朝廷下令班师回撤，宇文宪便趁夜撤军。北齐果然把柏树枝建的草屋当成了幕帷营帐，一直没有怀疑北周已经撤军，直到第二天才明白过来。此时，北周武帝已经离开晋州，留下宇文宪殿后。宇文宪临水布阵。齐军将领段畅来到桥边，宇文宪隔着河水问他姓名，段畅回答："我是领军段畅，你又是谁？"宇文宪说："我是虞侯大都督。"段畅说："我观察将军的言语，并不是一般人，何必隐去名号职位呢？"宇文宪说："我是齐王。"宇文宪又将陈王宇文纯等人一一指给段畅。段畅听后扬鞭策马离去，宇文宪当即命令撤兵。这时齐军追杀过来，武器装备十分精锐。宇文宪与开府宇文欣率军在后面拼死抵抗，斩杀北齐军将领，齐军方才退兵。

后来，北周武帝再次命宇文宪攻打晋州。大军集结，逼近城下，北齐军在北周军营的南面布阵。武帝让宇文宪火速前去观察敌情。宇文宪向武帝请命："请求陛下允许我破敌后再吃饭。"武帝非常高兴，于是北周各路大军发起进攻,北齐军溃败下去,北齐皇帝逃跑。之后,北齐重新占据了高壁和洛女两地。北周武帝命宇文宪攻打洛女,宇文宪率兵将其攻占。北齐安德王延宗闻风逃跑,宇文宪率军追赶将其抓获。后来,武帝又下诏命宇文宪率军前往邺城,将其攻克。

宇文宪擅长运用兵法谋略和安抚统帅士兵,冲锋陷阵时总是身先士卒。齐军听到他的名字,都忌惮他的勇猛和谋略。北齐朝廷命城王高浩、广宁王高孝珩等人据守信都,武帝再次下诏命宇文宪率军征讨,宇文宪让受俘的北齐幼主高恒写信招降高湝,但高湝不予接受。宇文宪的军队路过赵州,高湝派了两个间谍前来侦察。北周巡逻侦察的骑兵将两人抓获,押解到宇文宪那里。宇文宪于是召集北齐旧将,把间谍展示给他们看。宇文宪说道:"我所争取到的都是大人物,而不是你们这样的小人。"说完就释放了他们,并给高湝写了一封书信,让这些人充当使者带回去。宇文宪到信都后,一举擒获了高湝和高孝珩等人。

孙子说:"如果在杂草丛中设置很多遮蔽物,那可能是敌军企图在迷惑我们。"宇文宪砍伐柏树修筑草屋营房,使北齐军不知北周军队早已撤退。孙子说:"动摇将帅的决心可以达到制胜的目的。"宇文宪说出自己的官职名位,令段畅不战先逃。孙子说:"所谓反间,就是把敌方的间谍为我所用。"宇文宪将抓获的北齐间谍释放,并让他们做自己的信使。

【评析】

宇文宪,汉化鲜卑人,字毗贺突,北周重要将领,北周太祖宇文泰第五子。宇文宪自幼聪慧,性格豁达,长于谋划,富于筹算,尤其擅长抚慰和统帅部属,善于用兵,身先士卒,令属下心悦诚服,都乐意为其效命。宇文宪一生中参与多次对北齐的战争,随周武帝平齐,立下大功。宇文宪还亲自裁定《要略》五篇，可谓是文武全才。而且宇文宪侍奉母亲十分孝顺，有美名传播在外。其母曾患风热病，时常发作，宇文宪衣不解带在她身边侍奉；外出公干，每次感到心惊之时，必是他母亲生病了，于是派人前往问候，结果正如他所担心的那样。周武帝死后，周宣帝宇文赟继位，忌惮宇文宪功劳和才略，于是诬陷宇文宪谋反并将其杀害。

周·韦孝宽

【原文】

韦叔裕，字孝宽，京兆杜陵人也，以字行①。沈敏和正，涉猎经史。弱冠，属萧宝寅作乱关右，乃诣关，请为军前驱。朝廷嘉之，即拜统军。随长孙承业西征，每战有功，拜国子博士②。

周文帝自原州赴雍州，命孝宽随军。及克潼关，即授弘农郡守。从禽窦泰，兼左丞，节度宜阳兵马事。又从战于河桥。

时大军不利，边境骚然，乃令孝宽行宜阳郡事。寻迁南兖州刺史。

是岁，东魏将段琛、尧杰复据宜阳，遣其杨州刺史牛道恒扇诱边人。孝宽深患之，乃遣谍人访获道恒手迹，令善作书者伪作道恒与孝宽书，论归款意。又为落烬烧迹，若火下书者，还令谍人送于琛营。琛得书，果疑道恒，有所欲经略，皆不见用。孝宽知其离阻，因出奇兵掩袭，禽道恒及琛等，崤、渑遂清。

寻移镇玉壁，兼摄南汾州事。先是，山胡负险，累为劫盗。孝宽示以威信，州境肃然。进授大都督。

齐神武倾山东之众，志图西入，以玉壁冲要，先命攻之。连营数十里，至于城下，乃于城南起土山，欲乘之以入。当其山处，城上先有两高楼。孝宽更缚木接之，令极高峻，多积战具以御之。

齐神武使谓城中曰："纵尔缚楼至天，我会穿城取尔。"遂于城南凿地道，又于城北起土山，攻具，昼夜不息。孝宽复掘长堑，要其地道，仍简战士屯堑。城外每穿至堑，战士即禽杀之。又于堑外积柴贮火，敌人有在地道内者，便下柴火以皮排③吹之。火气一冲，咸即灼烂。

城外又造攻车，车之所及，莫不摧毁。虽有排楯④，莫之能抗。孝宽乃缝布为缦⑤，随其所向则张设之。布垂于空中，其车终不能坏。

城外又缚松于竿，灌油加火，规以烧布，并欲焚楼。孝宽复长作铁钩，利其锋刃，火竿亦来，以钩遥割之，松麻俱落。

外又于城四面穿地，作二十一道，分为四路，于其中各施梁柱，作讫，以油灌柱，放火烧之，柱折，城并崩坏。孝宽又随崩虚立木栅捍之，敌不得入。城外尽其攻击之术，孝宽咸拒破之。神武无如之何，乃遣仓曹参军祖孝征谓曰："未闻救兵，何不降也？"孝宽报云："我城池严固，兵食有余，攻者自劳，守者常逸。岂有旬朔之间，已须救援。适忧尔众有不反之危。孝宽关西男子，必不为降将军也。"俄而孝征复谓城中人曰："韦城主受彼荣禄，或复可尔，自外军士，何事相随入汤火中邪？"乃射募格⑥于城中云："能斩城主降者，拜太尉，封开国郡公，邑万户，偿帛万疋。"孝宽手题书背，反射城外云："若有斩高欢者，亦依此赏。"

孝宽弟子迁，先在山东，又锁至城下，临以白刃，云若不早降，便行大戮。孝宽慷慨激扬，略无顾意。士卒莫不感励，人有死难之心。

神武苦战六旬，伤及死病者十四五，智力俱困，因而发疾，其夜遁去。后因此忿恚，遂殂。

周文帝嘉孝宽功，令殿中尚书长孙绍远至玉璧劳问，授骠骑大将军、开府仪同三司，赐姓宇文氏。

周文北巡，命孝宽还镇玉璧。孝宽善于抚御，能得人心。所遣间谍入齐者，皆为尽力。亦有齐人得孝宽金货，遥通书疏。故齐人动静，朝廷皆先知。时有主帅许盆，孝宽托以心膂，令守城。盆乃以城东反。孝宽怒，遣谍取之，俄而斩首而还。其能致物情如此。

汾州之北，离石以南，悉是生胡，抄掠居人，阻断河路。孝宽深患之。而地入于齐，无方诛翦。欲当其要处，置一大城。乃于河西征役徒十万，甲士百人，遣开府姚岳监筑之。岳色惧，以兵少为难。孝宽曰："计成此城，十日即毕。既去晋州四百余里，一日创手，二日伪境始知。设令晋州召兵，三日方集。谋议之间，自稽三日。计其军行，二日不到。我之城隍，足以办矣。"

乃令筑之。齐人果至南首，疑有大军，乃停留不进。其夜，又令汾水以南，傍介山、稷山诸村，所在纵火。齐人谓是军营，遂收兵自固。版筑克就，卒如其言。进位柱国。

时晋公护将东讨，孝宽遣长史辛道献启陈不可，护不纳。既而大军果不利。后孔城遂陷，宜阳被围。孝宽乃谓其将帅曰："宜阳一城之地，未能损益。然两国争之，劳师数载。彼多君子，宁乏谋猷。若弃崤东，来围汾北，我之疆界必见侵扰。今宜于华谷及长秋速筑城，以杜贼志。脱其先我，图之实难。"于是画地形，具陈其状。事不行。

齐人果解宜阳之围，经略汾北，遂筑城守之。其丞相斛律明月至汾东，请与孝宽相见。明月云："宜阳小城，久劳争战。今既入彼，欲于汾北取偿，幸勿怪也。"答曰："宜阳彼之要冲，汾北我之所弃。我弃彼图，取偿安在？且君辅翼幼主，位重望隆，理宜调阴阳，抚百姓，焉用极武穷兵，构怨连祸！苟贪寻常之地，涂炭疲弊之人，窃为君不取。"

孝宽参军曲严颇知卜筮，谓孝宽曰："来年东朝必大相杀戮。"孝宽因令严作谣歌曰："百升飞上天，明月照长安。"百升，斛也。又言："高山不摧自崩，槲木不扶自举。"令谍人多传此文，遗之邺。祖孝徵既闻，更润色之，明月卒以此诛。

建德⑦之后，武帝志在平齐，孝宽乃上疏陈三策。

其第一策曰："臣在边积年，颇见间隙，不因际会，难以成功。今大军若出轵关，方轨⑧而进，兼与陈氏共为犄角。并令广州义旅出自三鵶，又募山南骁锐沿河而下，复遣北山稽胡绝其并、晋之路。凡此诸军，仍令各募关河之外劲勇之士，厚其爵赏，使为前驱。岳动川移，雷骇电激，百道俱进，并趋虏庭。必当望旗奔溃，所向摧殄。一戎大定，实在此机。"

其第二策曰："若国家更为后图，未即大举，宜与陈人分其兵势。三鵶以北，万春以南，广事屯田，预为贮积。募其勇悍，立为部伍。彼既东南有敌，戎马相持，我出奇兵，破其疆场。彼若兴师赴援，我则坚壁清野⑨，待其去远，还复出师。常以边外之军，引其腹心之众。我无宿舂⑩之费，彼有奔命之劳。一二年中，必自离散。乘间电扫，事等摧枯。"

其第三策曰："昔勾践亡吴，尚期十载；武王取乱，犹烦再举。若今更存遵养⑪，且复相时，臣谓宜还崇邻好，申其盟约，安人和众，通商惠工⑫，蓄锐养威，观衅而动。斯则长策远驭，坐自兼并也。"

书奏，武帝遣淮南公元卫、开府伊娄谦等重币聘齐。尔后遂大举，再驾而定山东，卒如孝宽之策。

孝宽每以年迫悬车⑬，屡请致仕。帝以海内未平，优诏弗许。

帝东伐，过幸玉壁，观御敌之所，深叹美之，移时乃去。孝宽自以习练齐人虚实，请为先驱。帝以玉壁要冲，非孝宽无以镇之，乃不许。

及赵王招率兵出稽胡，与大军犄角，乃敕孝宽为行军总管，围守华谷以应接之。孝宽克其四城。

武帝平晋州，复令孝宽还旧镇。及帝凯还，复幸玉壁，从容谓孝宽曰："世称老人多智，善为军谋。然朕惟共少年，一举平贼。公以谓如何？"孝宽对曰："臣今衰耄，唯有诚心而已。然昔在少壮，亦曾输力先朝，以定关右。"帝大笑曰："实如公言。"乃请孝宽随驾还京，进位上柱国。

大业元年，为行军元帅，徇地淮南，所在皆密送诚款。然彼五门，尤为险要，陈人若开塘放水，即津济路绝。孝宽遽令分兵据守之。陈刺史吴文立果遣决堰，已无及。于是陈人退走，江北悉平。

及宣帝崩，隋文帝辅政。时尉迟迥先为相州总管，诏孝宽代之。又以小司徒叱列长文为相州刺史，先令赴邺。

孝宽续进，至朝歌，迥遣其大都督贺兰贵赍书候孝宽。留贵与语，以察之，疑其有变，遂称疾徐行。又使人至相州求医药，密以伺之。既到汤阴，逢长文奔还。孝宽审知其状，乃驰还。所经桥道，皆令毁撤，驿马悉拥以自随。又劝驿将曰："蜀公将至，可多备肴酒刍粟⑭以待之。"迥果遣仪同梁子康将数百骑追孝宽，驿司供设丰厚，所经之处，皆辄停留，由是不及。

诏发关中兵，以孝宽为元帅东伐。军次河阳。迥所置仪同薛公礼等围逼怀州，孝宽遣兵击破之。进次怀县永桥城之东南。其城既在要冲，雉堞⑮牢固，迥已遣兵据之。诸将皆曰："此城当路，请先攻取。"孝宽曰："城小而固，若攻而不拔，损我军威。令破其大军，此亦何能为也。"于是引军次于武陟，入破迥子惇，惇轻骑奔邺。军次于邺西门豹祠之南。迥自出战，又破之。迥穷迫自杀。关东悉平，凯还京，薨。孝宽在边多载，屡抗强敌。所有经略，布置之初，人莫之解。见其成事，方乃惊服。

孙子曰："亲而离之。"孝宽诈为手书而间段琛，伪作谣言而诛明月。又曰："守而必固。"孝宽守玉壁而高欢不能拔。又曰："因间者，因其乡人而用之。"孝宽以金货啖齐人而知其动静。又曰："动如雷震。"孝宽谓雷骇电激,所向摧殄。又曰:"佚而劳之。"孝宽欲使齐人有奔命之劳。又曰:"城有所不攻。"孝宽不攻永桥是也。

【注释】

① 以字行:中国古人为防重名现象,发明了字和号。故许多名人并非留"名"千古,而是留"字"千古或留"号"千古。其中字显扬而名几为人所忘者曰"以字行显世"。

② 国子博士:即国子学博士。国子学即国子监,为古代我国最高学府。国子监下设国子、太学、四门、律算、书等六学,各学皆立博士,设祭酒一员,掌监学之政,并为皇太子讲经。

③ 皮排:古代以皮革制作的鼓风器具。

④ 楯:栏杆的横木。

⑤ 缦:本义为无花纹的丝织品,引申为帷幔、帷幕。

⑥ 募格:为招募人才而先立下的赏格。

⑦ 建德:北周武帝宇文邕的年号,572 年至 578 年,历时 6 年。

⑧ 方轨:车辆并行。指平坦的大道。

⑨ 坚壁清野:壁:城墙,堡垒;坚壁:原指加固营垒,现在多指撤退前收藏物资,使敌人一无所获;清野:将四野的财物,主要是已成熟的粮食作物,清理收藏起来。加固防御工事,把四野的居民和物资全部转移,叫敌人既打不进来,又抢不到一点东西,因而站不住脚。这是对付优势之敌的一种作战方法。

⑩ 宿舂:指少量的粮食。

⑪ 遵养:顺应时势或环境而积蓄力量。

⑫ 通商惠工:通商,方便各地货物交流;惠,给人以好处。使贸易畅通,给工商业者带来好处。

⑬悬车：致仕。古人一般至七十岁辞官家居，废车不用。

⑭刍粟：粮草。多指供军队用的饲料和粮食。

⑮雉：城墙。堞：城墙上齿状的矮墙。又称垛墙，上有垛口，可射箭和瞭望。内侧矮墙称为女墙，无垛口，以防兵士往来行走时跌下。

【今译】

韦叔裕，字孝宽，是京兆杜陵（今陕西西安）人，世人常知其字，不知其名。韦孝宽为人沉着聪敏，平和中正，阅读了大量的经史书籍。二十岁时，萧宝寅在关右作乱，韦孝宽便前往潼关，请求参加先锋部队讨伐叛军。北周朝廷为嘉奖韦孝宽的义举，当即任命他为统军。韦孝宽随长孙承业西征，每场战斗都立有功劳，受封为国子博士。

北周文帝宇文泰从原州前往雍州，命韦孝宽随军前行。攻克潼关后，任命韦孝宽为弘农郡守。韦孝宽随大军擒获窦泰，开始兼任左丞相，掌管宜阳一切军务，后跟随宇文泰征战河桥。

当时，大军出师不利，边境地区出现骚动，宇文泰便令韦孝宽治理宜阳郡，后来韦孝宽升任为南兖州刺史。

这一年，东魏将领段琛、尧杰再次占据了宜阳，他们派遣扬州刺史牛道恒煽动边民作乱。韦孝宽十分忧虑，就派遣间谍暗中调查获得了牛道恒的笔迹，并令书法好的人模仿牛道恒的笔迹给自己写信，内容为讨论归降的事情。而后在书信边弄出残余的燃烧痕迹，如同用火烧过一般，派间谍送到段琛的军营中。段琛得到书信后，果然开始怀疑牛道恒，牛道恒想要提出一些建议，段琛一概不予采用。韦孝宽得知自己的离间计奏效后，就出奇兵偷袭敌军，一举擒获了牛道恒和段琛等人。崤山、渑池一带也随之安定下来。

不久后，韦孝宽前去镇守玉壁，兼管南汾州的事务。刚开始，山中胡人倚仗险要地形，大多从事拦路抢劫之类的强盗勾当。韦孝宽到任后，以威信治民，南汾州境内秩序井然。后来，韦孝宽又升为大都督。

北齐神武帝高欢率领全部山东大军，从西面进攻北周。高欢认为玉壁是要冲之地，命人先行猛攻。大军扎营连着数十里，一直到城下，并在城南垒起土山，打算让人翻过土山杀入城中。正对着土山的城墙上有两座高楼，韦孝宽命人捆绑木头加高楼层，同时在里面储存了大量军械准备迎敌。

高欢让人对城中喊道："纵然你们把楼层加高到天上，我们也会穿破城墙杀死你们的。"北齐军又在城南挖凿地道，并在城北垒起土山，两面进攻，日夜不停。韦孝宽又让人挖掘防御用的深沟，截断地道，挑选出士兵专门屯守。只要城外的北齐军把地道挖到城内的深沟处，将士立即将来敌擒杀。又在深沟外储存木柴，用来点火，地道内有北齐军的话，便让人用鼓风机将烟火吹进地道。火气灌入地道中，里边的人都会被烧死或烧伤。

北齐军又在城外造出攻城车，车辆经过的地方，没有不被摧毁的。即便北周军有排栅，也不能抵挡住车辆前进。韦孝宽就命人将布缝成帷幕，顺着攻城车行驶的方向张挂起来，帷幕悬在空中，攻城车终究不能将其毁坏。

北齐军在城外将长竿上绑上松枝、破布，灌油点燃，用来烧毁帷幕，还想灼烧高楼。韦孝宽命人制作出长的铁钩，将钩尖打磨锋利。火竿伸过来时，就远远地用铁钩割断，松枝、破布就都掉了下去。

北齐军在城的四面掘出二十一条地道，分为四路；在里边都插进梁柱，再往柱里灌上油，纵火焚烧，梁柱折断后，城池也跟着损坏。韦孝宽赶忙命人在崩塌处立上木栅栏阻挡，北齐军还是攻不进去。

北齐军用尽了他们的攻城之术，都被韦孝宽一一破解。神武帝高欢无计可施，便派遣仓曹参军祖孝征去城边劝降。祖孝征说："到现在都没有听说有救兵前来，何不早早投降？"韦孝宽回答道："我的城池牢固，粮食绰绰有余，你们攻城疲惫劳累。哪有刚过去十几天，就需要什么救援的道理。我倒还担心你们的将士这样下去，会有造反的危险。我韦孝宽堂堂关西汉子，定不会投降将军你的。"不久祖孝征又对城里人说："韦孝宽接受朝廷俸禄，他死守玉壁，或许可以理解；除他之外的将士，何必跟着他一起赴汤蹈火、自寻死路呢？"说完，将悬赏的布告射到城中，上面写着："能斩杀韦孝宽，出城投降的，任命为太尉，封开国郡公，封地万户，赏帛万匹。"韦孝宽在布告背面也写上字，又射到城外去，上面写道："倘若谁能斩杀高欢，也按这个来行赏。"

  韦孝宽的侄子韦迁，先前在山东被抓住。如今被戴着枷锁押到城下，脖子上架着利刃。北齐军扬言倘若韦孝宽不早早投降，便杀死韦迁。韦孝宽慷慨激昂，对此毫不心动。北周士兵都感动万分，人人有誓死决战的信念。

  神武帝高欢苦战六十天，军中死、伤、病的人占十分之四到十分之五，况且他再也想不出什么破城招数了。因而突发疾病，连忙趁夜撤军而逃。后来高欢对这场战争一直心怀怨恨，没多久就病死了。

  北周文帝宇文泰嘉奖韦孝宽，令殿中尚书长孙绍不辞遥远，亲自到玉壁慰劳将士，又任命韦孝宽为骠骑大将军、开府仪同三司，赐姓宇文氏。

  后来，北周文帝宇文泰北巡，命韦孝宽仍旧镇守玉壁。韦孝宽善于安抚军心，深得人心。他派遣到北齐的间谍，也都尽心尽力。也有北齐人收了韦孝宽的金钱，在暗中向他通风报信。所以北齐的任何事情，北周朝廷都会事先知悉。当时有个主帅叫许盆，韦孝宽认为他是亲信得力之人，令他守城；不料，许盆竟据城造反。韦孝宽怒不可遏，派遣间谍前去刺杀。不久，派出去的间谍便将许盆的头颅带了回来。

汾州以北，离石以南的地区居住的都是胡人，他们经常劫掠居住在这一带的汉人，并时常截断河道。韦孝宽对此十分担忧，但胡人居住的地方属于齐国，无法前去歼灭。他便打算在要道上建造一座大城。于是，韦孝宽在河西征集十万服劳役的人，甲士上百人，由开府姚岳负责监督修建。姚岳面露惧色，认为兵力过少。韦孝宽说："要建成此城，十天就可以了。这里距离晋州大概四百里。第一天动手修建，第二天北齐军才能发觉，他们在晋州召集兵力，要花费三天时间，还要用三天的时间谋划。估计他们最后行军至此，还需要两天多的时间。到那时，我们的城池已经修建好了。"

于是韦孝宽下令修筑城池。北齐军队果然到南首后，怀疑有北周大军，驻足不前。当夜，韦孝宽又令人在汾水以南，靠近介山、稷山的几个村子里四处点火。北齐人以为那是北周的军营，便收兵自保。新城果然按期建成，应验了韦孝宽的推算。不久，韦孝宽又晋升为柱国。

晋公宇文护打算东征北齐，韦孝宽派遣长史辛道献告诉他这一计划不可行。宇文护不听劝告，最后果然出师不利。后来，孔城陷落，宜阳被北齐军围困。韦孝宽对部将说："一个宜阳城的得失，不会损害什么根本利益。然而两国为了它，兴兵打仗多年。北齐国不乏足智多谋的人，倘若他们舍弃崤山东部地区，来围困汾北，我国疆土必定受到侵扰。如今最好在华谷和长秋地区迅速修筑城池，以杜绝北齐的念头。一旦他们抢在我们前面，再要做就困难了。"于是描摹地形，把具体情况上报给朝廷，但没有得到采纳。

不久，北齐果然解了宜阳之围，攻下汾北，并筑城据守。北齐丞相斛律光来到汾东，要求与韦孝宽相见。斛律光说："宜阳不过是个小城,却使得两国长期争战。如今我方攻入贵国境内,打算用汾北作为补偿,希望您不要见怪。"韦孝宽答道:"宜阳是贵国的要塞,而汾北是我们舍弃的地方。我们舍弃而贵国取得,哪里存在什么补偿?况且先生辅佐幼主,位高权重,理应调和阴阳,安抚百姓,何必非要穷兵黩武,连闯祸端。倘若贪图一片普通地方而最终导致生灵涂炭,我私下认为这样做不值得。"

韦孝宽的参军曲严通晓占卜方面的知识。一天,他对韦孝宽说:"明年北齐必定要大开杀戮。"韦孝宽便令曲严制作歌谣:"百升飞上天,明月照长安。"百升是一斛,斛律光字明月与歌谣后一句相应。又有:"高山不推自崩,槲木不扶自举。"令间谍传抄,在北齐都城邺城内四处散发。祖孝征听说后,又对歌谣予以加工。斛律光最终因为这些谣言而被诛。

建德之后,北周武帝志在平定北齐,韦孝宽于是上表提出灭除北齐的三条计策:

第一策:"臣已经守护边关多年,对敌情颇为了解。臣认为没有好的时机而贸然东征,难以取得成功。如今大军如果从轵关出发,沿大道行进,与江南陈氏共为犄角。再令广州义旅从三鸦地区发兵,招募山南勇士沿河而下,并派遣北山胡人切断北齐境通向并、晋两州的道路。除了这几股部队外,再令各处招募函谷关和黄河之外的骁勇善战之士,给予丰厚的赏赐,让他们充任我们的先头部队。到那时,岳动川移,雷骇电击,百路大军并进,直捣北齐都城。北齐军必定望旗奔溃,我军所到之处无坚不摧。平定天下,就在此时。"

第二策:"若国家作长远打算,不必立即大举东征。最好与陈国分散北齐的兵力。三鸦以北,万春以南地区,要大力屯田,预先贮积粮食。招募勇悍之士,组建部队。北齐东南方向有敌,出兵对峙,我国可出奇兵，破其疆场。他们倘若兴师救援，我们则加固防御，转移粮草。等他们走远了，我们再出师骚扰。经常用边防部队来吸引敌国的精锐部队。我们没有消耗什么粮食，他们却疲于奔命。过了一到两年，他们必定军心涣散，我们再趁机横扫，他们只有等待被摧毁。"

第三策："当年勾践灭吴，尚且用了十年时间；武王伐纣，几次兴兵。我们应当顺应时势，积聚力量，最好还要与邻国友好，签订盟约；再安抚百姓，互通商务贸易往来，给百姓带来好处，养精蓄锐，待机而动。这才是御敌的长久之计，我们无须动武便可兼并他国。"

表上奏后，武帝派遣淮南公元卫、开府伊娄谦等人携带重礼出访北齐。之后，大举兴兵，武帝再次御驾亲征而平定北齐。这些大都像韦孝宽所谋划的那样。

韦孝宽一直以年老体弱为由，请求辞官，告老还乡。武帝认为天下还没有统一，便颁布特诏拒绝他的请求。

武帝率军东征，路过玉壁，还前去察看了韦孝宽的防御敌军的设施，甚为赞叹，待了好久才离去。韦孝宽认为自己熟悉北齐的虚实，请求充任先头部队。武帝认为玉壁是要害之地，除了韦孝宽没人能镇守得了，不予准许。

后来，等到赵王宇文招率兵从稽胡出发，与武帝率领的主力部队形成掎角之势。北周武帝才下诏任命韦孝宽担任行军总管，围守华谷以接应大军。韦孝宽接连攻克四座城池。

武帝平定晋州后，又下令韦孝宽返回镇守玉壁。等到武帝率领大军凯旋后，武帝再次来到玉壁，他对韦孝宽说："世人都说老人多智，擅长为军务出谋划策。然而朕年纪轻轻，就一举平定北齐。你认为该作何解释呢？"韦孝宽说："臣如今老态龙钟，唯有诚心而已。然而当年也曾效力先朝，平定关右。"武帝大笑道："确实是你说的这样。"于是让韦孝宽随驾回到京城，晋升为上柱国。

大业元年（605年），韦孝宽担任行军元帅，攻取淮南，"所在皆密送诚款"。韦孝宽意识到陈朝的五门尤为险要，因为若陈国人开塘放水，洪水将阻断道路，北周军队将会无路可走，韦孝宽于是急令分兵据守。陈国刺史吴文立果然派人去开决堤堰，但这已经无济于事。之后，陈国军队南撤，长江以北尽归北周。

等到北周宣帝驾崩后，杨坚辅政。当时，尉迟迥是相州总管，朝廷下诏韦孝宽接替他。朝廷又命小司徒叱列长文担任相州刺史，并让他先赶往邺城。

韦孝宽随后前往，等到朝歌时，尉迟迥派遣大都督贺兰贵携带书信等待韦孝宽。韦孝宽将贺兰贵留下谈话，以打探消息，怀疑事情有变，便称病在途中迟缓不前。他派人以寻求医药为名到相州去，暗中勘察局势。等赶到汤阴时，韦孝宽正好遇到疾驰而归的叱列长文，通过询问知道了尉迟迥叛变的消息，韦孝宽赶忙掉头返回，并让人烧掉或破坏途经的桥梁道路，且带走所有驿站的马匹。韦孝宽对驿站的士兵说："尉迟迥大人就要来了，你们一定要多备些好酒好菜招待他。"尉迟迥果然派遣梁子康率数百骑兵追杀韦孝宽，经过驿站时，驿官都会设宴款待，十分丰盛，梁子康处处停留，最终没能追上韦孝宽。

朝廷下诏集结关中地区军队，以韦孝宽为元帅东征讨伐尉迟迥，大军驻扎在河阳。尉迟迥的部下薛公礼率军包围了怀州，韦孝宽派兵把他击败，北周大军推进到怀县永桥城的东南。永桥城地处要冲，城墙牢固，而且尉迟迥早已派兵在那里据守。诸将都说："这座城挡住了我们的去路，请元帅下令攻取。"韦孝宽说："城池虽小，却很坚固。若攻打而没有攻下它，则有损我军军威。只要我们击败敌军主力，永桥城的敌军还能有什么作为么？"于是，韦孝宽率军前往武陟，击败了尉迟迥的儿子尉迟惇的部队，尉迟惇只身骑马逃往邺城，韦孝宽率军推进到邺城西门豹祠的南面。尉迟迥亲自迎战，结果再次被打败。尉迟迥走投无路，于是自杀。关东得以全部平定，韦孝宽凯旋回到京城，后去世。韦孝宽在边关多年，多次战胜强敌。他的计策谋略在刚刚布置的时候，没有人能猜透有何用意，等事成之后，众人方才大为惊叹佩服。

孙子说："内部团结稳固的敌人，一定要想办法离间他们。"韦孝宽伪造书信离间了段琛，后又传播谣言诛杀了斛律光。孙子说："防守时必定要巩固阵地。"韦孝宽坚守玉壁，让高欢久攻不克。孙子说："所谓离间，就是利用敌国的普通人当自己的间谍。"韦孝宽用金银利诱北齐人从而知悉北齐的事情。孙子说："军队行动起来应当有雷霆万钧之势。"韦孝宽认为攻打北齐的阵势有如雷鸣电击，所向披靡。孙子说："敌军休整充分，就要想办法使其劳顿。"韦孝宽使用计策让北齐士兵疲于奔命。孙子说："有些没价值的城池不要攻打。"韦孝宽不攻打没有价值的永桥城。

【评析】

韦孝宽，南北朝时期西魏、北周杰出的军事家、战略家。永安二年，拜右将军、南幽州刺史。他广读经史，足智多谋，攻守兼备，善于用间。在战胜东魏、攻灭北齐的战争中起了重要作用，因功授骠骑大将军。北周建德年间，他数次上疏周武帝宇文邕，献灭北齐之策，多被采纳。韦孝宽在边关多年，屡抗强敌。所有经略，在布置之初，人莫能解，待事情办成后，人们才恍然大悟，惊叹折服。韦孝宽晚年患眼病，却仍让学士给他读书，可谓孜孜不倦。韦孝宽早年即丧父母，所以侍奉兄嫂特别谨慎，所得俸禄，也不入私房。亲族中若有孤儿，他一定全力救济，朝野上下对他都十分尊重。

隋[①]·杨素

【原文】

　　杨素，字处道，弘农华阴人也。少落拓，有大志，不拘小节。好学，善属文[②]，颇留意于风角[③]。美须髯，有英杰之表。素以其父守节陷齐，未蒙朝命，上表申理，帝不许。至于再三，帝大怒，命左右斩之。素乃大言曰："臣事无道天子，死其分也。"帝壮其言，渐见礼遇。帝命素为诏书，下笔立成，词义兼美。帝嘉之，顾谓素曰："善自勉之，勿忧不富贵。"素应声答曰："臣但恐富贵来逼臣，臣无心图富贵。"及平齐之役，素请率父麾下先驱。帝从之，赐以竹策，曰："朕方欲大相驱策，故用此物赐卿。"及高祖为丞相，素深自结纳，高祖甚器之。高祖受禅初，即图江表[④]。先是，素数进取陈之计，未几，拜信州总管而遣之。素造大舰，名曰五牙。上起楼五层，高百余尺，左右前后置六柏竿[⑤]，并高五十尺，容战士八百人，旗帜加于上。次曰黄龙，置兵百人。自余平乘、舴艋各有差。及大举伐陈，以素为行军元帅，引舟师趣三峡。军至流头滩，陈将戚欣以青龙百余艘，屯兵数千人守狼尾滩，以遏军路。其地险峭，诸将患之。素曰："胜负大计，在此一举。昼日下船，彼则见我，滩流迅激，制不由人，则吾失其便。"乃以夜掩之，素亲率黄龙数千艘，衔枚[⑥]而下，遣开府王长袭引步卒从南岸击欣别栅，令大将军刘仁恩率甲骑趣白沙北岸，迟明而至，击之。欣败走，悉虏其众，劳而遣之，秋毫不犯。陈人大悦。素率水军东下，舟舻蔽江，旗甲耀日。素坐平乘大船，容貌雄伟，陈人望之惧曰："清河公即江神也。"陈南康内史吕仲肃屯岐亭，正据江峡，于北岸凿岩，缀铁锁三条，横绝上流，以遏战船。素与仁恩登陆俱发，先攻其栅。仲肃军夜溃，素徐去其锁。仲肃复据荆门之延州。素遣巴蜒率千人乘五牙四艘，以拍樯碎贼十余舰，遂大破之，俘甲士二千余人，仲肃仅以身免。

突厥达头可汗犯塞，以素为灵州道行军总管，出塞讨之。先是，诸将与虏战，每虑胡骑奔突，皆以戎车步骑相参，舆鹿角为方阵，骑在其内。素谓人曰："此乃自固之道，非取胜之方也。"于是悉除旧法，令诸军为骑阵。达头闻之大喜，曰："此天赐我也。"因下马仰天而拜，率精骑十余万而至。素奋击，大破之，达头被重创而遁，杀伤不可胜计，群虏号哭而去。

素多权略，乘机赴敌，应变无方，然大抵驭戎严整，有犯军令者立斩之，无所宽贷。每将临寇，辄求人过失而斩之，多者百余人，少不下十数。流血盈前，言笑自若。及其对阵，先令一二百人赴敌，陷阵⑦则已，如不能陷阵而还者，无问多少悉斩之。又令二三百人复进，还如向法。将士股栗，有必死之心，由是战无不胜，称为名将。素时贵幸，言无不从，其从素征伐者，微功必录。至于他将，虽有大功，多为文吏所谴却⑧。故素虽严忍，士亦以此愿从焉。

素为行军元帅，出云州击突厥，连破之。突厥退走，率骑追蹑，至夜而及之。将复战，恐贼越逸⑨，令其骑稍后。于是亲将两骑，并降突厥二人，与虏并行，不之觉也。候其顿舍⑩未定，趣⑪后骑掩击，大破之。自是突厥远遁，碛南⑫无复虏庭。

汉王谅反，遣茹茹天保来据蒲州，烧断河桥，又遣王聃子率数万人并力拒守。素将轻骑五千人袭之，潜于渭口宵济⑬，迟明击之，天保败走，聃子惧而以城降。有诏召还。初，素将行也，计日破贼，皆如所量。帝于是以素为并州道行军总管、河北道安抚大使，率众数万讨谅。时晋、绛、吕三州并为谅城守，素各以二千人縻⑭之而去。谅遣赵子开拥众十余万，栅绝径路，屯据高壁，布阵五十里。素令诸将以兵临之，自引奇兵潜入霍山，缘崖谷而进，直指其营，一战破之，杀伤数万。谅所置介州刺史梁修罗屯介休，闻素至，惧，弃城而走。进至清原，去并州三十里，谅率其将王世宗、赵子开、萧摩诃等，众且十万，来拒战。又击破之，禽萧摩诃。退保并州，素进兵围之，谅穷蹙而降，余党悉平。大业元年迁尚书令。卒。

　　孙子曰："能使敌人自至者，利之也。"素除去鹿角而至突厥。又曰："法令孰行？"素求人过失而斩之。又曰："胜兵先胜而后战。"素计日破贼，皆如所量。又曰："由不虞之道，攻其所不戒。"素缘崖谷而进，直指其营是也。

【注释】

①隋朝（581—618年）是中国历史之中最短命的朝代之一，上承南北朝、下启唐朝的朝代。581年隋文帝杨坚代北周称帝，改国号为隋。589年灭南朝陈，结束了中国自魏晋以来的长期分裂局面。隋朝在政治上确立了三省六部制，创建了影响深远的科举制度；在军事上继续推行和改革府兵制度，在经济上，实行均田制和租庸调制，以增加政府收入。隋朝还兴修了举世闻名的大运河，巩固了中央对东南地区（会稽）的统治，加强了南北经济、文化的联系。

②属文：撰写文章。落拓：豪放不羁。

③风角：古代占卜之法。

④ 江表：长江以南地区，从中原看，地处长江之外，故称江表。

⑤ 柏竿：可用来锤击战船的柏树枝。

⑥ 枚：古代行军时防止士卒喧哗的用具，状如箸，衔在口中。

⑦ 陷阵：攻破敌人的阵地。

⑧ 谴却：斥退。

⑨ 越逸：逃跑，逃窜。

⑩ 顿舍：停留休息。

⑪ 趣：催促。

⑫ 碛南：阴山北、大漠南。

⑬ 宵济：夜间渡水。

⑭ 縻：牵制，束缚。

【今译】

杨素，字处道，是弘农郡华阴县（今陕西华阴）人。年少时豪放不羁，胸有大志，不拘小节。喜爱学习，擅长写文章，对占卜还颇有研究。有着漂亮的胡须和英俊的外貌。杨素因其父杨敷守节死于北齐，但未受朝廷追封，便上表申诉，北周武帝没有准许。杨素再三上表，周武帝大怒，下令左右斩杀杨素。杨素高声地说："作为臣子，如果侍奉的是没有王道作风、昏庸暴戾的皇帝的话，那么死亡就是他人生注定的事情。"北周武帝听了后，赞叹他很勇敢，逐渐给予他礼遇，对其有了好感。武帝又令杨素起草诏书，杨素下笔成章，文词华丽，周武帝赞扬道："你要自己鼓励自己，不用担心不会享受荣华富贵。"而杨素却回答说："臣只恐怕富贵会来逼迫我，臣无心贪图荣华富贵。"等到参加平定北齐的战役时，杨素请求率领其父亲曾经率领过的部队，武帝答应了，并赐给他竹杖，说："朕方欲大相驱策，所以将此竹杖赐予你。"等到杨坚担任丞相时，杨素和他交情很深，杨坚非常器重他。杨坚受禅让即位之初，就对长江以南地区有所图谋。起初，杨素多次进献攻取陈国的计策，没过多久，杨素被任命为信州总管前去攻打陈国。杨素制造出大型战舰，名为"五牙舰"。舰上楼高五层，高度有一百余尺，战舰左右前后设置有六个柏竿（可用来锤击战船），并排高度有五十尺，战舰可容纳八百名士兵，上悬有旗帜。小一号的战舰称为"黄龙舰"，可容纳上百名士兵。原有的平乘、舴艋等船运兵量各有不同。等到隋军大举起兵讨伐陈国时，朝廷任命杨素为行军元帅，率领水师渡过长江三峡。大军行至流头滩（今湖北宜昌西北），陈国将领戚昕率青龙战船百余艘、数千名士兵坚守在狼尾滩（今湖北宜昌西北长江中），以阻止隋军前进。狼尾滩地势险峻，隋军众将领都感到忧虑。杨素认为："灭陈的胜负大计，在此一战。如果白天下船，敌军就会看到我们，加上滩头水流湍急，人在其中难以控制，那我们就丧失了水攻的优势。"于是利用夜暗，杨素亲率黄龙战船数千艘，令将士衔枚开进，又令开府仪同三司王长袭率步兵由长江南岸攻击戚昕军队的别营，令大将军刘仁恩率铁甲骑兵沿长江北岸进击驻在白沙（今宜昌东）的陈军，于次日拂晓抵达，对陈军发起攻击。戚昕逃走，部属全部被俘，杨素对俘虏慰劳后全部释放，秋毫不犯，陈国百姓大悦。杨素率水军继续顺江东下，一时间，长江上到处是各种战船，遍布旗帜铠甲。杨素乘坐平乘大船，容貌雄伟，陈国百姓看到都有所惧怕，说："清河公是长江之神啊。"陈南康内史吕仲肃率军驻守歧亭（今长江西陵峡口），在正面据守峡口，他在长江北岸岩石上凿孔，系三条铁索横截江面，阻遏隋军战船。杨素与大将军刘仁恩从水陆两路齐攻，首先攻打陈军岸上栅障营垒。吕仲肃的部队在夜里溃散，杨素从容地令士兵去除江上铁索。吕仲肃又占据了荆门地区的延州（今湖北枝江附近长江中）。杨素派巴蜒率领士兵一千人，分乘四艘"五牙舰"，用舰上拍竿击碎陈军十余艘战船，于是大破吕仲肃的军队，俘虏了两千多名陈军士兵，吕仲肃只身逃走。

突厥达头可汗率军侵犯边塞，朝廷任杨素为灵州道行军总管，从边塞出兵讨伐突厥。在此之前，隋军将领在与突厥交战时，因担心突厥彪悍的骑兵来往冲杀，都采用战车、骑兵和步兵相互交叉配合的阵形，战车上装载有鹿角等尖锐物，骑兵留在最里面。杨素认为："这只是自保的方法，并非克敌制胜的办法。"于是抛弃这种落后阵法，下令各军摆开骑兵阵势。达头可汗听到后大喜道："这是上天赐予我的机会啊。"并下马仰天作拜，立即率领十余万精锐骑兵攻击隋军。杨素指挥隋军殊死迎战，大败突厥，达头可汗身负重伤逃跑，突厥军死伤不计其数，突厥士兵都哭着逃了回去。

杨素善于权谋，有谋略，能利用机会击败敌军，随机应变没有固定的方法，但是治军严整，其部下如有违犯军令者，立斩不赦，绝不宽容。每次作战前都寻找士兵的过失，然后斩杀，每次多则有百余人，少则不下十几人。血流满地，而杨素却谈笑自若。等到两军对阵时，杨素先令一二百人前去迎敌，若取胜也就罢了，如不胜而败逃回来的人，无论多少，全部斩首。然后再令二三百人迎敌，照例采用先前的方法。所以杨素的部下对他极其敬畏，作战时都抱定必死之心，所以杨素才战无不胜，称为名将。杨素当时正受宠幸，隋文帝对他言听计从，所以跟随杨素征战的将士，立下任何功劳都会被记录下来。而其他将领虽然立下大功，大多都遭到文官斥退。所以杨素虽然严厉凶狠，但将士也都愿意随其征战。

杨素被任命为行军元帅，率军从云州出发进攻突厥，接连击败突厥军。突厥军撤退逃跑，杨素率骑兵追击，到了晚上追上了突厥军。

将要再次交战时,杨素担心突厥军逃跑,命骑兵在后面待命。自己亲率两名骑兵,降服了两名突厥军士兵,和突厥士兵并排行进,突厥军没有发觉。等到突厥军尚未安顿休息之时,杨素急忙命骑兵掩护出击,大败突厥军。从此之后,突厥人远迁,碛南地区(阴山北、大漠南)再也没有了突厥人的王庭。

汉王杨谅造反,派茹茹天保在蒲州据守,焚毁河流上的桥梁,又派王聃子率领数万士兵一同防守。杨素率领五千轻骑兵出击,先潜伏于渭口,趁夜晚渡河,待到次日拂晓时分发起进攻,茹茹天保逃跑,王聃子因为害怕而献城投降。朝廷下诏命杨素撤军。最初,杨素将要率军平叛时,计算着击败敌军的日期,都如同他所预料的那样。隋文帝于是任命杨素为并州道行军总管和河北道安抚大使,率领数万人的军队讨伐杨谅。当时,晋、绛、吕三州都由杨谅派人把守,杨素各派两千士兵前往三州牵制敌军兵力,后率大军离去。杨谅又派赵子开率领十余万士兵,用栅栏将道路阻断,在高高的崖壁上驻军,排阵长达五十里。杨素命各将领在阵前按兵不动,自己率领一支奇兵潜入霍山,沿着悬崖山谷行进,直接攻向杨谅军的营地,一战将其击败,杨谅军中士兵死伤有数万人。杨谅手下的介州刺史梁修罗驻兵于介休,听说杨素率军赶到,甚为惧怕,于是弃城逃跑。杨素率军前进到清原,距并州有三十里,杨谅率领手下王世宗、赵子开、萧摩诃等人,领兵十万,前来迎战。杨素再次击败他们,擒获了萧摩诃。杨谅率军撤退以保并州,杨素率军进逼包围了并州,杨谅走投无路只好投降,其余叛军将领也都归降。大业元年,杨素升任为尚书令。后去世。

孙子说:"能使敌人主动来上钩的,是诱敌以利。"杨素主动去除鹿角来诱使突厥出击。孙子说:"看哪一方军中法令执行得好?"杨素寻找士兵过失错误,并下令斩杀。孙子说:"胜利之师是先具备必胜条件然后再去交战。"杨素计算着日子击败敌军,一切都如同他预料的那样。孙子说:"经由敌人料想不到的道路,攻击敌人未加戒备的地方。"杨素率军沿悬崖山谷行进,径直攻向敌军营地。

【评析】

杨素,隋朝权臣、诗人、军事家。他出身北朝士族,后与安定人牛弘(后任隋朝礼部、吏部尚书)同窗共读,知识渊博,在文学、书法上均有造诣,史书称其"研精不倦,多所通涉。善属文,工草隶,颇留意于风角。美须髯,有英杰之表"(《隋书·杨素列传》)。北周时任车骑将军,曾参加平定北齐之役。杨素"多权略,乘机赴敌,应变无方"(《隋书·杨素列传》)。同时治军严整,其部如有违犯军令者,立斩不赦,而绝不宽容。两军对阵时,杨素先令一二百人前去迎敌,若取胜也就罢了,如不胜而败逃者,无论多少,全部斩首。然后再令二三百人迎敌,不胜则照杀不误。所以杨素的部下对他极其敬畏,作战时皆抱必死之心,但由于他能够恩威并施,将士皆愿随其征战,所以战无不胜。他与隋文帝杨坚深相结纳。杨坚为帝,任杨素为御史大夫,后以行军元帅率水军东下攻陈。灭陈后,进爵为越国公,任内史令。杨广即位,拜司徒,改封楚国公。辛谥景武。

隋·长孙晟

【原文】

　　长孙晟，字季晟。性通敏，略涉书，善弹工射，趣捷过人。初未知名，人弗之识也。唯高祖一见，谓人曰："长孙郎武艺逸群，适与其言，又多奇略。后之名将，非此子邪？"

　　宣帝时，突厥摄图请婚于周，以赵王招女妻之。遣晟送千金公主至其牙。前后使人数十辈，摄图多不礼，见晟而独爱焉，每共游猎，留之终岁。尝有二雕，飞而争肉，因以两箭与晟曰："请射取之。"晟乃弯弓驰往，遇雕相攫①，遂一发而双贯焉。摄图喜，命诸子弟贵人皆相亲友，冀昵近之，以学弹射。其弟处罗侯号突利设，尤得众心，而为摄图所忌，密托心腹，阴与晟盟。晟与之游猎，因察山川形势，部众强弱，皆尽知之。

　　时高祖作相，晟以状白高祖。高祖大喜。开皇元年，摄图曰："我周家亲也，今隋公自立而不能制，复何面目见可贺敦②乎？"因攻陷临渝镇，约诸面部落谋共南侵。高祖新立，由是大惧，修筑长城，发兵屯北境，以为之备。晟先知摄图、玷厥、阿波、突利等叔侄兄弟各统强兵，俱号可汗，分居四面，内怀猜忌，外示和同，难以力征，易可离间。因上疏曰："诸夏虽安，戎场尚梗。兴师致讨，未是其时；弃于度外，又相侵扰。故宜密运筹策，渐以攘之。臣于周末，忝充外使，匈奴倚伏，实所具知。玷厥之于摄图，兵强而位下，外名相属，内隙已彰，鼓动其情，必将自战。又处罗侯者，摄图之弟，奸多而势弱，曲取于众心，国人爱之，因为摄图所忌，其心殊不自安，迹示弥缝，实怀疑惧。又阿波首鼠，介在其间，颇畏摄图，受其牵率，唯强是与，未有定心。今宜远交而近攻，离强而合弱，通使玷厥，说合阿波，则摄图回兵，自防右地。又引处罗，遣连奚、霫③，则摄图分众，还备左方。首尾猜嫌，腹心离阻，十数年后，承衅讨之，必可一举而空其国矣。"上省表大悦，因召与语。晟复口陈形势，手画山川，写其虚实，皆如指掌。上深嗟异，皆纳用焉。

因遣太仆元晖出伊吾道，使诣玷厥，赐以狼头纛④，谬为钦恭，礼数甚优。玷厥使来，引居摄图使上。反间既行，果相猜贰。授晟车骑将军，出黄龙道，赍币赐奚、霫、契丹等，遣为乡导，得至处罗侯所，深布心腹，诱领内附。

二年，摄图四十万骑白兰州入，至于周盘，破达奚长儒军，更欲南入。玷厥不从，引兵而去。时晟又说染干诈告摄图曰："铁勒等反，欲袭其牙⑤。"摄图乃惧，回兵出塞。

后数年，突厥大入，发八道元帅分出拒之。阿波至凉州，与窦荣定战，贼帅累北。时晟为偏将，使谓之曰："摄图每来战，皆大胜。阿波才入，便即致败，此乃突厥之耻，岂不内愧于心乎？且摄图之与阿波，兵势本敌。今摄图日胜，为众所崇，阿波不利，为国生辱。摄图必当因以罪归于阿波，成其夙计，灭北牙矣。愿自量度，能御之乎？"阿波使至，晟又谓之曰："今达头与隋连和，而摄图不能制。可汗何不依附天子，连结达头，相合为强？此万全之计，岂若丧兵负罪，归就摄图，受其戮辱邪？"阿波纳之，因留塞上，使人随晟入朝。

摄图死，遣晟持节拜其弟处罗侯为莫何可汗，以其子雍闾为叶护可汗。染干者，处罗侯之子也，乞通婚，许之，以宗女封安义公主以妻之。晟说染干率众南徙，居度斤旧镇。雍闾疾之，亟来抄略。染干伺知动静，辄遣奏闻，是以贼来每先有备。

晟遣降虏觇候雍闾，知其牙内屡有灾变，夜见赤红，光照数百里，天狗陨，雨血三日，流星坠其营内，有声如雷。每夜自惊，言隋师且至。并遣奏知，仍请出讨突厥。都速等归染干，前后至者男女万余口，晟安置之。由是突厥悦附。寻以染干为启民可汗，赐射于武安殿。选善射者十二人，分为两朋。启民曰："臣由长孙大使得见天子，今日赐射，愿入其朋。"许之，给晟箭六弓，发皆入鹿，启民之朋卒胜。时有鸢群飞，上曰："公善弹，为我取之。"十发俱中，并应丸而落。是日百官获赉，晟独居多。

寻遣领五万人，于朔州筑大利城，以处染干。诏晟部领降人，为秦川行军总管，取晋王节度出讨达头。晟进策曰："突厥饮泉，易可行毒。"因取诸药毒水上流，达头人马饮之多死。于是大惊曰："天雨恶水，其亡我乎？"因夜遁。晟追之，斩首千余级。王大喜，引晟入内，同宴极欢。有突厥达官来降，时亦预坐，说言突厥之内大畏长孙总管，闻其弓声，谓为霹雳；见其走马，称为闪电。王笑曰："将军震怒，威行域外，遂与雷霆为比，一何壮哉！"复遣还大利城，安抚新附。

仁寿元年，晟表奏曰："臣夜登城楼，望见碛⑥北有赤气，长百余里，皆如两足下垂彼地。谨验兵书，此名洒血。其下之国，必且破亡。欲灭匈奴，宜在今日。"诏杨素为行军元帅，晟为受降使者，送⑦染干北伐。达头众大溃，西奔吐谷浑。晟以病卒。后突厥围雁门，帝叹曰："向使长孙晟在，不令匈奴至此。"

孙子曰："亲而离之。"晟离间摄图，因以破之。又曰："饵兵勿食。"晟以毒药置上流，而达头饮之多死是也。

【注释】

① 攫：鸟用爪迅速抓取。
② 可贺敦：回纥、蒙古等民族对可汗妻的称呼。
③ 霫：中国古族名。
④ 狼头纛：用狼头做标志的大旗
⑤ 牙：王庭。封建社会少数民族的统治中心。
⑥ 碛：沙漠。
⑦ 送：协同。

【今译】

长孙晟，字季晟，生性通达聪慧，略微涉猎书籍，擅长射箭，矫健敏捷超出常人。起初，长孙晟没有什么名气，也没有人赏识他。只有隋文帝杨坚一看到长孙晟，就对人说："长孙晟武艺超群，刚才和他交谈，发现他很有谋略。将来的名将，莫非就是此人？"

北周宣帝年间，突厥首领摄图向北周朝廷求婚，朝廷便将赵王宇文招的女儿嫁给他，并派长孙晟护送千金公主。前往护送的有几十个人，摄图都不加理睬，但对长孙晟则是独加喜爱，经常和他一起出去打猎，并留他住了一年。曾经有两只大雕在空中争食，摄图拿出两支箭，递给长孙晟，说："你来把它们射下来。"长孙晟弯弓搭箭，等到两雕因争食而纠缠在一起时，一箭射杀了两只大雕。摄图大喜，招呼来众子弟和贵宾，让他们和长孙晟成为朋友，希望他们跟着长孙晟学习射箭之术。摄图的弟弟处罗侯（号突利设）深得众人之心，为摄图所忌惮。摄图秘密托付心腹暗中与长孙晟结盟。长孙晟和摄图在各处游猎时，趁机观察山川地势，知晓了突厥各部落的强弱虚实。

当时，杨坚还是丞相，长孙晟将详情告诉杨坚，杨坚大喜。隋朝开皇元年，摄图说："我是北周的女婿，如今隋国公杨坚自立为帝。我坐视不管，那怎么面对妻子？"便发兵攻陷临渝镇，联络各部落一同谋划举兵南侵。杨坚新近称帝，尚有些畏惧，只好修筑长城，发兵驻扎在北部边境，以为防备。长孙晟事先了解到突厥首领摄图、玷厥、阿波、突利等叔侄兄弟各自统率强兵，都号称可汗，分居四处。他们内部互相猜忌，对外敌则团结一致，若以武力则难以攻克，但易于采用离间之计。长孙晟上疏道："中原各地虽然安定下来，但还有征战。若兴师讨伐突厥，时机不佳；但置之不理，又要受到他们的侵扰。所以，宜于密谋筹划，慢慢应对。臣在周朝末期，担当过外交使臣，对突厥的情况较为了解。玷厥和摄图相比，兵力强盛但屈居其下，对外名义上受摄图制约，其实两人之间有猜忌和矛盾。倘若我们善加挑引，他们必起内讧。处罗侯，是摄图的弟弟，有谋略但势力较弱。他深得民心，威望甚高，摄图对他嫉恨不已，处罗侯本人也是坐卧不安，表面上设法遮掩以免暴露，实际上内心充满了猜疑和恐惧。阿波这个人首鼠两端，夹在两人中间。他既畏惧摄图，又受他牵制，但也只是慑于摄图的实力，并不忠诚。我们应当远交而近攻，离间强者，联合弱者，通使玷厥，说服阿波。那么，摄图必定回撤部队，防守右路。我们再与处罗侯结盟，利诱奚族和霫族，则摄图必然分出兵力，防备左路。如果他们自相猜忌，相互失信，十几年后，我们抓住机会便可一举灭掉突厥。"隋文帝看过奏折后大加赞赏，便召见长孙晟。长孙晟又口述了突厥各地的形势，用手描摹山川地理，指出各地的虚实，都十分清楚。隋文帝嗟叹不已，对长孙晟的建议都一一采纳。

朝廷于是派遣太仆元晖出使伊吾道，拜谒玷厥，赐给他帝王才可使用的狼头纛，让他误以为是钦赐的物品，因此给予了很高的礼遇。之后，玷厥遣使来到隋朝，隋文帝故意引出摄图派来的使节。离间计奏效后，玷厥与摄图开始相互猜忌。不久，隋文帝又加封长孙晟为车骑将军，让他自黄龙道出发，送给奚族、霫族、契丹等大量财物。在他们引导下，长孙晟来到了处罗侯的住所，长孙晟安插下大量的心腹，并引诱处罗侯归附朝廷。

开皇二年，摄图率四十万骑兵从兰州发动进攻，直捣周盘。在击败达奚长儒的军队后，打算进一步南下。玷厥不支持他，带兵离开。这时，长孙晟说服染干欺骗摄图道："铁勒等人谋反，将要攻打可汗的王庭。"摄图有所畏惧，急忙撤兵出塞而去。

过了几年，突厥再次大举发兵入侵，朝廷调遣八道元帅分兵进行抵御。阿波抵达凉州后，与窦荣定交战，结果屡屡失利。当时，长孙晟是偏将，他遣使对阿波说："摄图每次都会大获全胜。你刚入塞，就遭遇失败，这是突厥人的耻辱。你难道内心不羞愧吗？况且你和摄图相比，原本势均力敌。如今摄图捷报频传，被众人所推崇，你却屡屡战败，增加了突厥的耻辱。摄图必定以此为借口怪罪你，还要顺势灭掉你。这可是他的夙愿呀！希望你自己掂量一下，你能抵御他么？"阿波的使臣回访时，长孙晟又说："如今达头可汗与隋朝联合，而摄图对此无能为力。阿波可汗何不依附大隋天子，联合达头，结合为强兵？这是万全之计。哪里用得着因为战败负罪，受制于摄图，忍受其侮辱呢？"阿波采纳了长孙晟的建议，就留在了塞上，并派人随长孙晟入朝。

摄图死后，隋朝派遣长孙晟持节封摄图的弟弟处罗侯为莫何可汗，封他的儿子雍闾为叶护可汗。处罗侯的儿子染干，向隋朝提出通婚。朝廷便封宗室之女为安义公主，嫁给染干。长孙晟说服染干率领众人南迁到度斤旧镇居住。雍闾厌恶他，多次率军前来劫掠。染干一发现雍闾有什么异动，就立刻上报朝廷。因此每次雍闾率军前来劫掠，隋朝都会事先做好防备。

长孙晟派遣突厥降将监视雍闾的动向，得知他的王庭屡屡发生灾变：晚上能看见赤红色的光，光照数百里，出现月食，血雨连续下了三天；流星坠入军营，声响如雷。每到晚上，雍闾的士卒都会惊慌不定，传言隋军即将攻入。长孙晟上奏朝廷，请求出讨突厥。不久，都速（突厥都蓝可汗之弟）等率万余人归附染干，长孙晟都给予了安置。由此，突厥的精锐力量归附了隋朝。隋文帝封染干为启民可汗，在武安殿赐射。共挑选出十二个善于射箭的人，分为两组。启民可汗说："臣是通过长孙大人才得以见到天子的。今天赐射，希望能够和他一组。"隋文帝准许了这一请求，并分给长孙晟六支箭。长孙晟发发中靶，启民可汗那组最终获胜。这时，空中飞过一群鸟，隋文帝对长孙晟说："你擅长射箭，为我射下来。"长孙晟发箭十发皆中，鸟中箭而落。当天百官获得赏赐，唯独长孙晟得到的最多。

不久后，隋朝派遣五万人在朔州修筑大利城，提供给染干居住。又下诏让长孙晟率领突厥受降士兵，担任秦川行军总管，受晋王杨广调度，讨伐突厥达头可汗。长孙晟献计说："突厥人饮用泉水，我们可以在里边下毒。"隋军便在河流上游将各种毒药放入水中，达头可汗的人马喝下后死伤过半。达头大惊，说道："天降毒水，难道是要灭掉我吗？"于是趁夜率军逃跑。长孙晟趁机追击，斩敌千余人。晋王大喜，拉着长孙晟到屋里，设宴一起喝酒庆祝。当时，突厥的降将也在座，谈及突厥人十分畏惧长孙晟，都说听到他的弓声，都称为霹雳；见到他的战马，都认为是闪电。晋王笑道："将军威震四海，威名远扬域外。能够比作雷霆，这是多么的勇猛啊！"后来，又派遣长孙晟回到大利城，安抚刚刚归附的突厥人。

仁寿元年（601年），长孙晟上奏道："臣夜登城楼，望见漠北有赤气，长约百余里，像两只脚下垂到地上。臣详查兵书，得知这叫作洒血。赤气之下的国家，必定破亡。消灭匈奴，就在今日。"朝廷下诏任杨素为行军元帅，长孙晟为受降使者，协同染干北伐。这一次，达头可汗惨败，向西逃往吐谷浑。后来，长孙晟病死，突厥则进兵围困雁门关。隋文帝叹道："假使长孙晟在世，绝不会让匈奴进攻到这个地方。"

孙子说："要想办法离间内部团结的敌人。"长孙晟离间摄图，抓住机会将他打败。孙子说："敌军用诱饵来引诱，不可上当。"长孙晟在河流上游撒下毒药，这让达头可汗的部众马匹大量死伤。

【评析】

长孙晟，隋朝著名军事将领。北周时崇尚武功，贵族子弟交游皆以武艺相夸相敬，每次共同驰射，同辈之人都在长孙晟之下。长孙晟十八岁时为司卫上士。起初没有名气，别人也不知其才能，唯杨坚一见，深赞其异才，携其手并对人说："长孙郎武艺逸群，适与其言，又多奇略。后之名将，非此子邪？"（《隋书·长孙晟列传》）长孙晟的女儿嫁于李世民。李世民登基后，立其为皇后，她就是历史上著名的长孙皇后。少子长孙无忌为唐朝贞观名臣。长孙晟在其一生中，同突厥交往达二十余年，虽未指挥过大的作战，但凭其出众的谋略，为分化瓦解突厥，保持隋北境安宁，促进民族融合做出了重大贡献。可以说一个强大的突厥帝国，从根本上就是毁于长孙晟之手，此功非常人所能及也！

隋·韩擒

【原文】

韩擒①，字子通，河东垣人也。少慷慨，以胆略见称，容貌魁奇，有雄杰之表。尤好经史百家，皆略知大旨。太祖见而异之。

武帝伐齐，齐将独孤永业守金墉城，擒说下之。陈将甄庆、任蛮奴、萧摩诃等共为声援，频寇江北，前后入界。擒屡挫其锋，陈人夺气。

开皇初，高祖潜有吞并江南之志，以擒有文武才用，夙著威名，于是拜为庐州总管，委以平陈之任，甚为敌人所惮。及大举伐陈，以擒为先锋。擒率五百人宵济，袭采石，守者皆醉，擒遂取之。进攻姑孰，半日而拔，次于新林。

江南父老素闻其威信，来谒军门，昼夜不绝。陈人大骇，陈叔宝遣领军蔡征②守朱雀航，闻擒将至，众惧而溃。任蛮奴为贺若弼所败，弃军降于擒。擒以精骑五百，直入朱雀门。陈人欲战，蛮奴捻之曰："老夫尚降，诸君何事！"众皆散走。遂平金陵，执陈主叔宝。贺若弼与擒争功于上前，弼曰："臣在蒋山死战，破其锐卒，禽其骁将，震扬威武，遂平陈国。韩擒略不交阵，岂臣之比！"擒曰："本奉明旨，令臣与弼同时合势，以取伪都。弼乃敢先期，逢贼遂战，令将士伤死甚多。臣以轻骑五百，兵不血刃，直取金陵，降任蛮奴，执陈叔宝，据其府库③，顿其巢穴。弼至夕方扣北掖门，臣启关而纳之。斯乃救罪不暇，安得与臣相比！"上曰："二将俱合上勋。"

先是，江东有谣歌曰："黄斑青骢马，发自寿阳涘。来时冬气末，去日春风始。"皆不知所谓。擒本名虎，平陈之际，又乘青骢马，往反时节与歌相应，至是方悟。

其后，突厥来朝，上谓之曰："汝闻江南有陈国天子乎？"对曰："闻之。"上命左右引突厥诣擒前，曰："此是执得陈国天子者。"擒厉然顾之，突厥惶恐，不敢仰视。其有威容如此。

无何，其邻母见擒门下甚盛，有同王者。母异而问之，其人曰："我来迎王。"忽然不见。又有人疾笃，忽惊走至擒家曰："我欲谒王。"左右问曰："何王也？"答曰："阎罗王。"擒子弟欲挞，擒止之曰："生为上柱国④，死作阎罗王，斯亦足矣。"因寝疾，数日卒。

孙子曰："攻其无备。"擒宵济袭采石。又曰："拔人之城而非攻也。"擒兵不血刃而直取金陵是也。

【注释】

① 韩擒：韩擒虎，因他在十三岁时打过猛虎，故取名叫擒虎，又因唐人讳虎字，故文中省略虎字。

② 即为蔡征（征的另一写法为徵）。

③ 府库：收藏钱财和兵器的地方。

④ 上柱国：官名，凡立下全军覆没、斩杀名将之功者，官封上柱国，位极尊宠。

【今译】

韩擒虎，字子通，河南东垣（今河南新安）人。韩擒虎年少时为人慷慨，以具有胆略雄威见称。而且容貌魁梧英俊，有英雄般的气概。好读书，尤其喜爱经史百家，了解他们的主体思想。北周太祖一见韩擒虎就觉得他与其他人不同。

北周武帝宇文邕伐齐，齐国将领独孤永业据守金墉城，韩擒虎通过游说成功让他投降周朝。陈将甄庆、任蛮奴、萧摩诃等人互为声援，频频侵犯江北，几次越过边境挑衅。韩擒虎屡屡击败他们，极大地挫伤了陈军的锐气。

开皇初年，隋文帝暗藏吞并江南之志。隋文帝认为韩擒虎既有文武才能，又素有威名。特拜韩擒虎为庐州总管，委以平陈之任。甚为陈军所忌惮。大举攻陈时，韩擒虎领军为先锋，率领五百锐卒夜渡长江，迅速袭占采石（今安徽马鞍山市西南），当时守城的将士都喝醉了，所以韩擒虎顺利地将他们全部擒获。半日之内又攻克了姑孰（今安徽当涂），然后进军并屯兵在新林（今南京西南）。

江南百姓久闻韩擒虎威名，不分昼夜络绎不绝地纷纷前来拜见。陈国听此消息满朝都大为震惊。陈叔宝派遣领军蔡征镇守朱雀航（在今南京秦淮河上），陈军将士听说韩擒虎的部队将至，因惧怕而溃散。任蛮奴被贺若弼打败，他抛下军队投降了韩擒虎。随后，韩擒虎率军直入朱雀门，守城的陈军还想要抵抗，任蛮奴说："老夫都投降了，诸君还要再战吗？"众人见任蛮奴已降，都逃跑了。韩擒虎迅速占领金陵建康，生擒陈叔宝，陈朝灭亡。当时另一名将贺若弼也立了大功，因愤恨未能俘获陈叔宝，耻于功在韩擒虎之后，于是与韩擒虎在隋文帝面前争功。贺若弼说："臣在蒋山拼死作战，击破陈军的精锐部队，擒获他们的骁将，震扬了我朝的威武，也平定了陈国。韩擒虎从未经历过大战，他的功劳怎可和臣相比！"韩擒虎也说："本奉明旨，令臣与贺若弼同时出击，联合作战，攻取伪都（金陵）。可贺若弼却先行发兵，遇到陈军就与之作战，令将士伤死甚多。臣率领轻骑五百，兵不血刃，直取金陵，招降了任蛮奴，生擒了陈叔宝，据守府库，摧毁了陈军的巢穴。贺若弼到晚上才抵达北掖门，是臣开门让他的部队进城的。他现在检讨赎罪都来不及，岂能与臣相比！"隋文帝无奈，只好说："不要争了，两位将军都立了头功。"

起初，江东有首传唱的歌谣为："黄斑青骢马，发自寿阳呀，来时冬气末，去时春风始。"但当时的人们都不知是什么意思。韩擒虎，名叫虎；韩擒虎率军平陈，骑的是青骢马；往返的时节正好与歌谣唱的内容相应。

后来，突厥使者来朝见，隋文帝为树威扬武，便问突厥使者："你可听说过江南有陈国天子吗？"使者答："听过。"隋文帝命左右侍从引突厥使者到韩擒虎面前，说："此人就是擒获陈国天子的人。"韩擒虎凶狠地瞪了突厥使者一眼，使者十分惶恐，竟不敢仰视韩擒虎了。由此可见，韩擒虎的气势有多威武呀！

不久，韩擒虎邻居的母亲看到韩擒虎门前聚集了许多人，如同王者之家，感到奇怪，便上前询问，那些人说："我们来迎接大王。"说完就消失得无影无踪。又有人病重后突然受惊跑到韩擒虎家，大喊："我要拜见大王。"周围的人问他："什么王？"那人答："阎罗王。"韩擒虎的家人听后想要打他，韩擒虎制止道："生前为上柱国，死后为阎罗王，这也就足够了。"不久后，韩擒虎就患病死去了。

孙子说："要在敌人没有准备的情况下进攻。"所以韩擒虎晚上暗渡长江，偷袭采石。孙子说："不能靠硬攻来夺取城池。"韩擒虎就是兵不血刃地夺取了金陵。

【评析】

韩擒虎，原名擒豹，字子通，河南东垣（今河南新安县东）人，隋朝名将。容仪魁伟，有胆略，好读书。仕北周，袭父爵，以军功升迁为和州刺史。后入隋，隋文帝欲图江南，特拜以具有胆略雄威见称的韩擒虎为庐州总管，委以平陈之任。伐陈为先锋，封寿光县公。隋开皇元年（581年），韩擒虎任庐州总管，镇守江北要地庐江（今安徽合肥），做灭陈准备。八年冬至九年春，隋大举攻陈时，领军为先锋，从右翼进攻陈都建康（今江苏南京），直捣金陵。韩擒虎率五百锐卒夜渡长江，迅速袭占采石（今安徽马鞍山市西南），半日内攻克姑孰（今安徽当涂），然后进军新林（今南京西南），陈军畏惧。镇东大将军任忠等相继投降。韩擒虎率五百精骑，由任忠直引入朱雀门，占领建康城，活捉陈后主。因功进位上柱国大将军。后以行军总管屯金城（今甘肃兰州），旋任凉州总管。十二年，还京后韩擒虎病卒。《隋书·韩擒虎列传》对二人的才能评价如下："贺若弼慷慨，申必取之长策，韩擒奋发，贾余勇以争先，势甚疾雷，锋逾骇电。隋氏自此一戎，咸加四海。稽诸天道，或时有废兴，考之人谋，实二臣之力。其倜傥英略，贺若居多，武毅威雄。韩擒称重。方于晋之王、杜，勋庸绰有余地。然贺若功成名立，矜伐不已，竟颠殒于非命，亦不密以失身。若念父临终之言，必不及于斯祸矣。韩擒累世将家，威声动俗，敌国既破，名遂身全，幸也。"

隋·贺若弼

【原文】

贺若弼，字辅伯，河南洛阳人也。少慷慨，有大志，骁勇便弓马，解属文，博涉书记，有重名于当世。

高祖受禅，阴有并江南之志，访可任者。高颎曰："朝臣之内，文武才干，无出贺若弼者。"高祖曰："公得之矣。"于是拜①弼为吴州总管，委以平陈之事。弼忻然②以为己任，与寿州总管源雄并为重镇。弼遗雄诗曰："交河骠骑幕，合浦伏波营。勿使麒麟上，无我二人名。"献取陈十策，上称善。

开皇九年，大举伐陈，以弼为行军总管。将渡江，酹酒而咒曰："弼亲承庙略，远振国威，伐罪吊民，除凶剪暴。上天长江，鉴其若此。如使福善祸淫，大军利涉。如事有乖违，葬江鱼之腹中，死且不恨。"先是，弼请缘江防人每交代之际，必集历阳。于是大列旗帜，营幕被野。陈人以为大军至，悉发国中士马。既知防人交代，其众复散。后以为常，不复设备。及此，弼以大军济江，陈人弗之觉也。袭南徐州，拔之。军令严肃，秋毫不犯，有军士于民间酤酒者，弼立斩之。

进屯蒋山，陈将鲁广达、任蛮奴、田端、萧摩诃等以劲兵拒战。田端先犯弼军，弼击走之。广达等相继递进，弼军屡却。弼揣知其骄，士卒且惰，于是督厉将士，殊死战，遂大破之。麾下开府员明擒摩诃至,弼命左右牵斩之。摩诃颜色自若,弼释而礼之。

从北掖门而入。时韩擒已执陈叔宝,弼至,呼叔宝视之。叔宝股栗再拜,弼谓之曰:"小国之君,当大国卿。拜,礼也。入朝不失作归命侯,无劳恐惧。"

弼自以功名出朝臣之右,每以宰相自许。既而杨素为仆射,弼仍为将军,甚不平,形于言色,由是免官。弼怨望愈甚。后数年,下弼狱,除名为民。岁余,复其爵位。上亦忌之,不复任使。

尝遇突厥入朝,上赐之射,突厥一发中的。上曰:"非贺若弼,无能当此。"于是命弼。弼再拜而咒曰:"臣若赤诚奉国者,当一发破的。如其不然,发不中也。"既射,一发而中。上大悦,顾谓突厥曰:"此人,天赐我也!"

炀帝之在东宫,尝谓弼曰:"杨素、韩擒虎、史万岁三人,俱称良将,其间优劣何如?"弼曰:"杨素是猛将,非谋将;韩擒是斗将,非领将;史万岁是骑将,非大将。"太子曰:"然则大将谁也?"弼拜曰:"唯殿下所择。"弼意自许为大将。炀帝嗣位,尤疏忌。大业三年,终坐诛。

孙子曰:"用而示之不用。"弼因防人更代而令敌不设备。又曰:"将孰有能?"弼论杨、韩、史三将优劣是也。

【注释】

①拜:任命。

②忻然:喜悦,高兴。

【今译】

贺若弼,字辅伯,河南㶇阳(今河南洛阳)人,隋朝著名将领。贺若弼年少时慷慨激昂,怀有大志,骁勇善战,熟悉弓马,又懂得撰写文章，广泛地涉猎各种书籍，在当时有很大的名声。

隋开皇元年（581年），杨坚受禅登基，改国号隋，称隋文帝。称帝后，隋文帝就有吞并江南、统一国家之志。他便寻访可以担此重任的人。尚书左仆射高颎推荐说："朝臣当中，论文武才干，没有比得上贺若弼的。"隋文帝说："你说得太对了。"于是拜贺若弼为吴州（今扬州一带）总管，委以他平陈之事，经略一方，做灭陈准备。贺若弼欣然从命，并给予其一起镇守重镇的寿州总管源雄赋诗一首："交河骠骑幕，合浦伏波营，勿使麒麟上，无我二人名。"随后贺若弼又献上取陈十策，获隋文帝称赞。

开皇九年（589年），隋军大举伐陈。任贺若弼为行军总管。将要渡江时，贺若弼举酒祭奠、祈祷说："我贺若弼从宗庙里领受了祖宗的指示，将要征讨远方，以振国威，讨伐有罪的人，安抚受苦的百姓，剪除凶恶残暴之徒。上天长江，请看着我做这些事，如果能赐福给善人，降祸给恶人，大军就能渡江顺利；如果有悖天意，就让我们被江水吞没死在鱼腹之中，那我死了也没有什么遗憾的。"在这之前，贺若弼先请命让沿长江布防的军队在换防交接的时候，聚集在历阳。每次换防时都是旗帜飘扬，声势浩大，营幕铺天盖地。陈军先前都以为是隋朝大军将至，就调集全国最精锐的军队来长江防线。当得知不过是贺若弼在给戍卒交代任务时，各部队不再戒备，各自回自己的防区了。以后陈军更习以为常，不再多加防范了。贺若弼看这时时机成熟，遂挥军渡过长江南下，打得陈军猝不及防，慌溃而逃。贺若弼突袭了南徐州，顺利告捷。贺若弼的军队军令严明，秋毫无犯，有一军士违反军令私自买酒喝，贺若弼马上将其立斩不赦。

大军前进驻扎在蒋山，陈将鲁广达、任蛮奴、田瑞、萧摩诃等人率领劲旅抗拒，田端率先进攻贺若弼，被贺若弼击败。随后鲁广达等人相继连续进攻，贺若弼则引军屡屡退却。贺若弼等到敌军将领开始骄横，士卒开始疲惫懈怠时，督促激励将士拼死战斗，结果大破陈军。手下将领生俘了陈军大将萧摩诃。贺若弼令左右随从将萧摩诃推出去斩首，萧摩诃却神色自若，于是贺若弼下令免其罪，亲自为其松绑，对其礼遇有加。

等到贺若弼从北掖门进入金陵城。此时，西路军总管韩擒虎已率五百骑兵于朱雀门先期入城俘获了陈后主陈叔宝，占据了府库。贺若弼令将陈后主带来看看，陈后主两腿发抖地给贺若弼行礼。贺若弼对陈后主说："小国之君遇到大国之卿时，按照礼节应该拜见。你入朝后至少会被封作归命侯，不要再担心恐慌了。"

贺若弼骄傲自满，自以为功劳在群臣之上，常以宰相自许。后来杨素出任右仆射（宰相），贺若弼却仍为将军，贺若弼心中甚是不平，形于言色，不停抱怨，因而于开皇十二年（592年）遭罢官。而贺若弼的怨气愈甚，数年后，被朝廷关进了监狱，除名为民。一年后，又恢复了他的爵位，但隋文帝忌惮其为人，所以不再委以任用。

开皇十九年（599年），正好有突厥使者来朝拜，隋文帝让使者在朝中射箭，使者一发即中，隋文帝说："除了贺若弼，没人能应付得了。"于是命贺若弼引弓射箭，贺若弼拜见后赌咒说："臣若是个精诚报国的人，就让臣一发射中。如若不是，就让我一发不中。"果然是一发即中，隋文帝见了非常高兴，回头对突厥使者说："此人是老天赐于我的！"

隋炀帝杨广为太子时，曾经问过贺若弼："杨素、韩擒虎、史万岁三人，都被称为良将，他们的优劣是什么？"贺若弼说："杨素是猛将，并非谋将；韩擒虎是斗将，并非领将；史万岁是骑将，并非大将。"太子又说："那谁是大将？"贺若弼俯首在地回答道："那就要殿下来选择了。"言下之意，只有他贺若弼一人才能称得上大将。杨广即位为帝后，对贺若弼更加疏远了。大业三年（607年）七月，（贺若弼随炀帝北巡至榆林。杨广命人制一可容纳数千人的大帐篷,以招待突厥启民可汗及其部众。贺若弼以为太奢侈,与高颎、宇文弼等人私下议论,被人所奏。杨广认为是诽谤朝政。)隋炀帝就将贺若弼与高颎、宇文弼等人一起诛杀了。

孙子说:"攻打前要假装出一种不打的状态。"贺若弼通过频繁给士卒交代防御任务来迷惑敌人,使之放松戒备。孙子说:"将帅有才能才是克敌制胜的必要条件。"贺若弼认为杨素、韩擒虎、史万岁三将各有长短优劣,却认不清自己的优劣。

【评析】

贺若弼,隋朝著名将领。贺若弼出身将门。其父贺若敦为北周将领,以武猛而闻名,任金州(今陕西安康)刺史。北周保定五年,贺若敦因口出怨言,为北周晋王宇文护所不容,逼令自杀。临死前,曾用锥子把贺若弼的舌头刺出血,告诫他慎言。隋开皇七年,杨坚多次谋议灭陈之策,贺若弼献取陈十策,获文帝称赞,赠赐宝刀,以示殊荣。隋开皇九年,贺若弼在与陈将交战不利时,迅速摆脱被动,趁敌骄惰懈怠之机,猛攻敌之薄弱部,大败敌军主力,对攻占建康具有重要意义。但因贺若弼愤恨没有先抓获陈叔宝,其功在韩擒虎之后,就与韩擒虎争功相骂,甚至挺剑而出。韩擒虎与贺若弼拜为灭陈名将,却先后两次争功,有失大将风度,也从侧面反映了贺若弼的嫉妒心很强。灭陈以后,贺若弼更加贵盛,位望隆重,生活奢侈。贺若弼骄傲自满,自以为功名在群臣之上,常以宰相自许。因而于开皇十二年遭致罢官。隋文帝惜其功劳,免他一死,除名为民。年余,复爵位,但隋文帝忌其为人,所以不再被任用。然每宴赐,遇之甚厚。杨广即位为帝后,贺若弼更加被疏远了。大业三年因诽谤朝政,与高颎、宇文弼等人一起被诛杀,时年六十四岁。

隋·史万岁

【原文】

史万岁，京兆杜陵人也。少英武，善骑射，骁捷若飞，好读兵书，兼精占候①。尉迟迥之乱也，万岁从梁士彦击之。军次冯翊，见群雁飞来，万岁谓士彦曰："请射行中第三者。"既射之，应弦而落，三军悦服。及与迥军相遇，每战先登。邺城之阵，官军稍却，万岁谓左右曰："事急矣，吾当破之。"于是驰马奋击，杀数十人，众亦齐力，官军乃振。尔朱勋②以谋反伏诛，万岁颇相关涉，坐除名，配敦煌为戍卒。其戍主甚骁武，每单骑深入突厥中，掠取羊马，辄大克获。突厥无众寡，莫之敢当。其人深自矜负，数骂辱万岁。万岁患之，自言亦有武勇。戍主试令驰射而工，戍主笑曰："小人定可。"万岁请弓马，复掠突厥中，大得六畜而归。戍主始善之，每与同行，辄入突厥数百里，名詟③北夷。

窦荣定之击突厥也，万岁诣辕门④请自效。荣定素闻其名，见而大悦。因遣人谓突厥曰："士卒何罪过令杀之，但当各遣一壮士决胜负耳。"突厥许诺，因遣一骑挑战。荣定遣万岁出应之，万岁驰斩其首而还。突厥大惊，不敢复战，遂引军而去。

及高智慧等作乱江南，以行军总管从杨素击之。万岁率众二千，自东阳别道而进，逾岭越海，攻陷溪洞⑤不可胜数。前后七百余战，转斗千余里，寂无声闻者十旬，远近皆以万岁为没。万岁以水陆阻绝，信使不通，乃置书竹筒中，浮之于水。汲者得之，以言于素。素大悦，止其事。高祖嗟叹，赐其家钱十万，还拜左领军将军。

先是，南宁夷爨玩⑥来降，拜昆州刺史，既而复叛。遂以万岁为行军总管，率众击之。入自蜻蛉川，经弄冻，次小勃弄、大勃弄至于南中。贼前后屯据要害，万岁皆击破之。行数百里，见诸葛亮纪功碑，铭其背曰："万岁之后，胜我者过此。"万岁令左右倒其碑而进。渡西洱河，入渠滥川，行千余里，破其三千余部。诸夷大惧，遣使请降，献明珠径寸。于是勒石颂美隋德。万岁遣使驰奏，请将玩入朝，诏许之。爨玩阴有二心，不欲诣阙⑦，因赂万岁以金宝，万岁于是舍玩而还。蜀王秀时在益州，知其受赂及玩复反，乃奏之。上令穷治其事，事皆验，罪当死，上数之曰："受金放贼，重劳士马⑧。朕念将士暴露，寝不安席，食不甘味，卿岂社稷臣也？"万岁曰："臣留爨玩者，恐其州有变，留其镇抚。"上以万岁心有欺隐，大怒，将斩之。左仆射高颎进曰："史万岁雄略过人，每行兵用师之处，未尝不身先士卒，尤善抚御，将士乐为致力，虽古名将未能过也。"上意少解。

开皇末，突厥达头可汗犯塞。上令晋王及杨素出灵武道，汉王谅与万岁出马邑道。万岁率柱国张定和、大将军李药王等出塞，至大斤山，与虏相遇。达头遣使问曰："隋将为谁？"候骑报："史万岁也。"突厥复问曰："得非敦煌戍卒乎？"候骑曰："是也。"达头闻之，惧而引去。万岁驰追百余里，大破之，斩数千级。杨素害其功，因谮万岁云："突厥本降，初不为寇，来于塞上畜牧耳。"遂寝其功。时所将士卒在朝称冤者数百人，万岁谓之曰："吾今日为汝极言于上，事当决矣。"既见上，言将士有功，为朝廷所抑，词气愤厉，忤于上。上大怒，令左右暴杀之。死之日，天下士庶闻者，识与不识，莫不冤惜之。万岁为将，不治营伍，令士卒各随所安，无警夜之备，虏亦不敢犯。临阵对敌，应变无方，号为良将。

孙子曰："三军可夺气。"万岁射杀挑骑而突厥不战，闻其威名而达头引去是也。

【注释】

① 占候：其一，视天象变化以附会人事，预言吉凶。其二，指根据天象变化预测自然界的灾异和天气变化。

② 尔朱勋：《隋书》和《北史》中有作尔殊勋和尔殊劫。

③ 警：惧怕，震慑。

④ 辕门：领兵将帅的营门。

⑤ 溪洞：亦作"溪峒"。古代指今部分苗族、侗族、壮族及其聚居地区。

⑥ 爨（cuàn）玩：云南人，隋末唐初云南番王。

⑦ 诣阙：诣，至，前往；阙，借指皇宫、朝廷。

⑧ 士马：兵马。引申指军队。

【今译】

史万岁，京兆杜陵（今陕西西安）人，年少时就有英武气概，擅长骑马射箭，身手矫捷，有如鹰隼，喜爱阅读兵书，并且精通观天象预测之术。尉迟迥起兵叛乱时，史万岁跟随梁士彦出征。部队行进到冯翊，看到有一群大雁飞过，史万岁对梁士彦说："请求射雁阵中的第三只。"于是举弓发箭，那只大雁应声落地，三军将士皆佩服。等到和尉迟迥的军队相遇后，史万岁每场战斗必奋勇居前。面对敌军在邺城的布阵，隋军士兵稍稍退却，史万岁对他的左右说："事情紧急，我当前去破敌。"于是策马出击，杀敌数十人，众将士也齐心协力一同出击，隋军士气大振。尔朱勋因为谋反被诛杀，史万岁和他颇有牵连，被削官除名，发配敦煌为戍卒。戍守敦煌的主将非常骁勇善战，常常单骑深入突厥，掳其羊马而归，每次都有大的收获。突厥人无论人数多少，都不敢上前阻挡。主将因而非常自负，多次辱骂史万岁。史万岁心有不快，便自称也有英武骁勇之能，主将测试他的骑射水平，主将笑着说："你小子一定能行。"史万岁要求给予弓箭和战马，再次深入突厥，掠夺了六只牲畜回来，主将开始对他友善，常常一起深入突厥境内数百里，其名威震突厥境内。

窦荣定率军攻打突厥，史万岁到窦荣定军营前请求效劳，窦荣定早就知道史万岁的威名，见到他非常高兴。窦荣定因此派人告诉突厥："两军对阵，众士兵有何罪过，而使他们被杀害，只需各派一名壮士，在阵前比武，以此决胜负。"突厥同意，派出一名骑兵前来挑战。窦荣定命史万岁出击迎敌，史万岁策马飞驰而出，立斩突厥兵首级而回。突厥大惊，不敢再战，于是撤军退去。

等到高智慧等人在江南地区作乱时，隋文帝命史万岁为行军总管，跟随杨素前去征讨。是役，史万岁率领两千名士兵，从东阳别道出发，一路历经艰难险阻，攻下的少数民族部落不计其数。前后历经七百余场战斗，辗转千余里。其间，有长达一百天的时间朝廷没有收到前方的消息，众人都以为史万岁已经阵亡。因为水陆两路受阻，难以通过信使传递消息，史万岁设法将书信放于竹筒中，顺水漂浮，为汲水者所得，汲水者又把书信报告了杨素。杨素非常高兴，下令收军撤回。隋文帝为之嗟叹，赏赐史万岁家中十万贯钱，并任命他为左领军将军。

先前，现今广西南宁一带的少数民族部落，以爨玩为首，隋文帝任他为昆州刺史，但不久爨玩再次叛变。隋文帝于是令史万岁为行军总管，率军攻打。史万岁自蜻蛉川进军，途经弄冻，驻扎在小勃弄、大勃弄，最后抵达南中。敌军在前后要害之地都驻军防守，但都被史万岁所击破。前进数百里，见到诸葛亮的纪功碑，史万岁在碑后刻道："自史万岁以后，能战胜我的人才能经过此地。"史万岁令人将碑放倒，继续南进。渡过西洱河，进入渠滥川，行军千余里，击破敌军三千余部，诸土著部落大为恐惧，派遣使者要求归降，并献上一寸大的明珠，还在石碑上记载赞颂隋朝的美德。史万岁遣使火速上奏，请准许带爨玩入朝，隋文帝下诏同意。爨玩暗自心怀二心，不想前往京城见文帝，就用金元宝贿赂史万岁，史万岁就放爨玩回去了。蜀王杨秀当时在益州，知道了史万岁受贿一事，等到爨玩再次起兵叛乱，便上奏文帝。文帝派人彻查此事，一一得到验证，史万岁罪当处死。文帝一一宣布他的罪状："收受钱财，放走敌军，令兵马十分劳顿。朕念及将士在外征战，风餐露宿，食不果腹，你还是关乎国家社稷的重臣吗？"史万岁说："臣留爨玩的原因是害怕当地有叛变，留下他用来镇抚。"文帝认为史万岁有所隐瞒欺骗，大怒，将要下令处斩。左仆射高颎力谏文帝，说："史万岁雄才谋略过人，每次行军打仗，没有不身先士卒的，尤其擅长安抚管理士兵，将士愿意为他效力，即使是古代名将也难以超过他。"文帝怒气稍稍缓解。

开皇末年，突厥达头可汗侵犯边境。文帝令晋王杨广和杨素从灵武道出击，汉王杨谅和史万岁从马邑道出击。史万岁率领柱国张定和、大将军李药王等人出塞行进至大斤山，和突厥军相遇。达头可汗派使者来询问："当前的隋将是谁？"隋军巡逻的骑兵说："是史万岁。"突厥使者又问："是不是就是以前的敦煌戍卒史万岁？"隋军骑兵答："正是此人。"达头可汗听到后大为恐惧，率军撤退。史万岁急忙率军追击百余里，大破突厥军，斩杀数千人。杨素忌惮他的功劳，趁机诬告史万岁，说："突厥本是前来投降，起初并不打算作乱，只是来塞上放牧罢了。"于是抹除了他的功劳。当时，史万岁手下将士有数百人在朝廷上为史万岁申冤，史万岁对他们说："我今天为你们极力劝谏皇上，事情定当有个了结。"于是史万岁前去觐见文帝，称将士立下功劳，被朝廷所贬低，语气愤恨，言词激烈，对文帝有所顶撞。文帝大怒，命人将其残杀。史万岁被杀害之日，天下官员百姓听说后，无论是否认识史万岁本人，都认为其死得冤枉，感到惋惜。史万岁作为军中将领，不刻意治军，让士兵各自安顿，也不安排夜晚警戒守备人员，突厥军也不敢侵犯。临阵和敌军交战，随机应变没有固定方法，被人们称为良将。

孙子说："面对敌军，要夺取敌军的士气。"史万岁将前来挑战的突厥骑兵射杀从而令突厥军不敢交战，后来达头可汗听说了他的威名就率军撤退了。

【评析】

史万岁，隋朝名将。长于骑射，好读兵书。十五岁随父从军。北周武帝时，其父战死，以忠臣之子袭爵太平县公。隋初，因大将军尔朱勋谋反被杀而受牵连，发配敦煌为戍卒。隋开皇三年，窦荣定击突厥，遂至辕门请自效。奉命与突厥单骑比武决胜负，驰斩其一勇士，使突厥军不敢再战而退。每行军作战，身先士卒，善抚部下，将士乐为效力。杨素初败高智慧后，即派史万岁率军进攻婺州，杨素则率主力追击逃走的高智慧。史万岁率军从东阳（今浙江省金华江上游）别道而进，转战千余里，历经七百多次战斗，击败叛军无数。史万岁军数十日杳无音信，远近皆以为其部已全军覆没。由于水陆交通阻绝，信使不通，史万岁只得置书信于竹筒之中，浮于水上，顺流而下。有人得到竹筒后，报告给杨素。杨素大喜，并上奏报于隋文帝。隋文帝接报后赞叹不已，赐史万岁家钱十万，官拜左领军将军。杨素军也抓获高智慧，平定了叛乱。由此可看出史万岁的骁勇善战与聪明。后来因其南征北战，屡建战功，遭杨素嫉妒诬陷，被隋文帝冤杀。

唐·李孝恭

【原文】

李孝恭，少沉敏有识量。高祖已定京师，拜山南招慰大使，徇巴蜀，下三十余州。进击朱粲，破之，俘其众。诸将曰："粲徒食人，挚①贼也，请坑之。"孝恭曰："不然。今列城皆吾寇，若获之则杀，后渠有降者乎？"悉纵之。繇是腾檄所至辄下。

萧铣据江陵，孝恭数进策图铣，帝嘉纳。进王赵郡，乃大治舟舰，肄水战。会李靖使江南，孝恭倚其谋，遂图江陵，尽召巴蜀首领子弟收用之，外示引擢而内实质也。俄进荆湘道总管，统水陆十二军发夷陵②，破铣二镇。纵战舰放江中，诸将曰："得舟当济吾用，弃之反资贼，奈何？"孝恭曰："铣之境南际岭，左③薄洞庭，地险士众。若城未拔而援至，我且有内外忧。舟虽多，何所用之？今铣濒江镇戍，见舻舳蔽江下，必谓铣已败，不即进兵，觇候往返，以引救期，则吾既拔江陵矣。"已而救兵到巴陵，见船，疑不进。铣内外阻绝，遂降。帝悦，迁荆州大总管，诏图破铣状以进。

辅公祏反，寇寿阳，诏孝恭为行军元帅讨之。引兵趋九江，李靖、李勣、黄君汉、张镇周、卢祖尚皆禀节度。将发，大飨士，杯酒变为血，在坐皆失色。孝恭自如，徐曰："祸福无基，唯所召尔！顾我不负于物，无重诸君忧。公祏祸恶贯盈，今仗威灵以问罪，杯中血乃贼臣授首①之祥乎！"尽饮罢，众心为安。公祏将冯惠亮等拒岭邀战，孝恭坚壁不出，遣奇兵绝饷道。贼饥，夜薄营，孝恭卧不动。明日，使羸兵扣贼垒挑之，祖尚选精骑阵以待。俄而兵却，贼追北且嚣，遇祖尚军，薄战，遂大败。惠亮退保梁山。孝恭乘胜破其别镇，贼赴水死者数千计。公祏穷，弃丹阳走，骑穷追，生禽之，江南平。

贞观初，为礼部尚书，改王河间。暴薨。隋亡，盗贼遍天下，皆太宗自讨定，谋臣骁帅并隶麾下，无特将专勋者，惟孝恭独有方面功以自见云。

孙子曰："形之，敌必从之。"孝恭纵船江中以疑贼援。又曰："禁祥去疑。"孝恭以杯血为授首之祥，而众心安。又曰："以利动之，以卒待之。"孝恭使羸兵挑贼，而待以精骑是也。

【注释】

① 挚：古同"鸷"，凶猛。

② 夷陵：位于风景秀丽的长江西陵峡畔，长江中上游的分界处，属鄂西山区向江汉平原过渡地带。

③ 左：面向南时，东的一边，地理上指东方。

④ 授首：投降或被杀。

【今译】

李孝恭，年少时沉稳机敏，有胆识气量。唐高祖李渊定都长安后，任命他为山南招慰大使，出兵巴蜀之地，攻下三十多个州。又攻打朱粲，将其击败，俘获大量士兵。众将士说："朱粲是吃人狂魔，是凶猛的叛将，请将其活埋处死。"李孝恭说："不可以，现在各城都是我们的敌人，如果俘获后就都杀死，后面的城池还会有降附的么？"于是将全部俘虏释放。此后书檄所至,各城相继降附。

萧铣(后梁皇帝曾孙)占据江陵,李孝恭多次建言献策攻打萧铣,高祖非常高兴地同意了,任命李孝恭为赵郡王,同时大举修造战船,准备从水路发起进攻。当时,李靖出使江南,李孝恭遵从李靖的计策,于是开始进攻江陵,他将巴蜀地区所有酋长的子弟都征召任用,对外宣示是任用提拔,实际上是作为人质。不久,李孝恭被任为荆湘道行军总管,统管水陆两路共十二支部队,从夷陵出发,接连攻下萧铣的两座城镇。李孝恭将缴获的战船散置于长江上,众将领说:"这些战船可为我用,弃置了反而增添了敌军的实力,为什么这样做呢?"李孝恭说:"萧铣管制的区域内南面有高山峻岭,东面又靠近洞庭湖,地势险要而我们士兵众多,如果未能攻下敌城而敌军援兵到达,我们就面临腹背受敌了,虽然有大量战船,又有什么用呢?如今萧铣的军队临江设防,看到上游飘来的战船布满了江面,必定认为萧铣已经战败,不会立即出兵,侦察的骑兵来回往返,从而可拖延敌军援兵到达的时间,那么我们就可立即攻打江陵了。"不久,敌军的援兵到达巴陵,看到空无一人的战船,狐疑不敢前进。萧铣内外交困,于是投降唐军。唐高祖非常高兴,升任李孝恭为荆州大总管,并下诏命人绘制李孝恭大战萧铣的画卷,带在身边。

辅公祏(唐初农民战争中最后一位有影响的起义领袖)造反,盘踞在寿阳,高祖下诏命李孝恭为行军元帅,前去讨伐。李孝恭率军来到九江,李靖、李勣、黄君汉、张镇周、卢祖尚都听从他的指挥。将要发兵攻打时,李孝恭设宴款待众将士,酒杯中盛的变成了鲜血,在座的将士都大惊失色,李孝恭镇定自若,慢慢说道:"祸福没有定数,都是人所自取的。所以我没有辜负一物一人,众将无须过度担忧。辅公祏恶贯满盈,祸乱多端,如今我们以威灵为名兴兵讨伐,杯中的鲜血是预示着辅公祐投降的祥兆啊。"说完,众人都一口喝完,众将士心情也都平复。辅公祐的手下冯惠亮等人凭借着险要的地形前来挑战,李孝恭按兵不动,派一路奇兵断绝其运粮道路。敌军士兵饥饿难耐,晚上摸近李孝恭的军营,李孝恭卧床不发兵。第二天,李孝恭派体弱疲惫的士兵到敌军营前挑战,卢祖尚率领精锐骑兵在后面列阵以待。不久,挑战的唐军退却,敌军追击,气焰嚣张,同卢祖尚的骑兵遭遇,交战,大败而归。冯惠亮退守梁山自保。李孝恭乘胜追击,攻下其别镇,敌军士兵跳水淹死的有数千人。辅公祐走投无路,舍弃丹阳逃跑,唐军骑兵猛追,终于将其活捉,江南就此平定。

贞观初年,李孝恭被任为礼部尚书,改封河间王。后暴病身亡。隋朝灭亡后,国内群雄并起,动乱不已。在唐朝的统一战争中,各地势力均为李世民所平定,许多谋臣猛将也都被收入他的部队中,因而极少有人再立别的功勋,唯独李孝恭在南方建立了功绩,声名远扬。

孙子说:"故意给对方以假的表象,敌人就会根据这个假象做出相应的错误举动。"李孝恭将俘获的战船空置江中,从而迷惑了敌军援兵。孙子说:"制止迷信活动,士兵就不会感到疑虑。"李孝恭称杯中有血是敌军将领投降的祥兆从而安定了众人。孙子说:"以小利来诱惑调动敌人,以严整的伏兵来等待敌人进入圈套。"李孝恭派老弱疲惫的士兵前去挑战敌军,后面却用精锐的骑兵列阵以待。

【评析】

李孝恭,唐凌烟阁二十四功臣之一,位列第二名,仅次于长孙无忌。陇西成纪(今甘肃秦安)人,唐朝宗室大将。李孝恭是唐高祖李渊的堂侄。李孝恭战功赫赫,西取巴蜀,攻占三十余州,俘获朱粲;南征萧梁,得李靖之助,灭萧铣;又招抚岭南诸州,擒辅公祐于武康。

江南平定后，拜扬州大都督。李孝恭对降附之人怀之以礼，抚慰有加，往往书檄到处兵不血刃，保全了许多性命，可称得上"仁德"二字。其后长江以南均受其统领，隋灭乱起，李氏家族除李世民带兵战功卓著外，宗室中只有李孝恭一人能独当一面，并立有大功。后因军权过重受到猜忌，被名还。贞观初，任礼部尚书，以功封河间郡王，好游宴，晚年以歌舞美人自娱。由于李孝恭本性宽恕退让，没有骄矜自得之色，故而李渊、李世民都对他十分亲待。贞观十四年，李孝恭暴病而死，时年五十岁，正当壮年。李世民亲自举哀，哭之甚恸。

唐·尉迟恭

【原文】

尉迟敬德①,名恭,以字行,朔州善阳人。隋大业末,与宋金刚袭破永安王孝基,执独孤怀恩等。武德二年,秦王战柏壁,金刚败奔突厥,敬德合余众守介休。王遣任城王道宗、宇文士及谕之,乃与寻相举地降,从击王世充。会寻相叛,诸将疑恭且乱,囚之。屈突通曰:"恭慓敢,今执之,猜贰已结,不即杀,后悔无及也。"王曰:"不然。恭必叛,宁肯后寻相者耶?"释之,引见卧内,曰:"丈夫意气相许②,小嫌不足置胸中,我终不以谗害良士。"因赐之金,曰:"必欲去,以为汝资。"

是日猎榆窠,会世充自将兵数万来战,单雄信者,贼骁将也,骑直趋王,恭跃马大呼横刺,雄信坠,乃翼王出,率兵还战,大败之。王顾曰:"此众人意公必叛,我独保无他,何相报速耶?"窦建德营板诸,王命李勣等为伏,亲挟弓,令恭执槊,略其垒,大呼致师③。建德兵出,乃稍引却,杀数十人,众益进。伏发,大破之。

时世充兄子琬使于建德,乘隋帝厩马,铠甲华整,出入军中以夸众。王望见,问:"谁可取者?"恭请与高甑生、梁建方三骑驰往,禽琬,引其马以归,贼不敢动。

隐太子④尝以书招之,赠金皿一车。辞曰:"秦王实生之,方以身徇恩。今于殿下无功，其敢当赐？若私许则怀二心，徇利弃忠，殿下亦焉用之哉？"太子怒而止。恭以闻，王曰："公之心如山岳然，虽积金至斗，岂能移之？然恐非自安计。"巢王⑤果遣壮士刺之。恭开门安卧，贼至，不敢入。因谮⑥于高祖，将杀之。王固争，得免。

其后隐、巢计日急，恭与长孙无忌入白曰："大王不先决，社稷危矣！"王曰："我惟同气，所未忍。"恭曰："人情畏死，众以死奉王，此天授也。大王即不听，请从此亡，不能交手⑦蒙戮。"无忌曰："王不从恭言，恭亦非王有，今败矣。"王曰："寡人之谋，未可全弃，公更图之。"恭曰："处事有疑非智，临难不决非勇。王今自计如何？勇士八百人，悉入宫控弦被甲矣，尚何辞？"后又与侯君集等恳熟劝进，计乃定。时房玄龄、杜如晦被斥在外，召不至。王怒曰："是背我耶？"因解所佩刀授之，谓曰："即不从，可斩其首以来。"恭遂往谕玄龄等，与入计议。

隐太子死，恭领骑七十趋玄武门，王马逸，坠林下，元吉将夺弓窘王，恭驰叱之，元吉走，遂射杀之。宫、府兵屯玄武门，战不解，恭持二首示之，乃去。

时帝泛舟海池，王命恭往侍，不解甲趋行在。帝惊曰："今日之乱为谁？尔来何耶？"对曰："秦王以太子、齐王作乱，举兵诛之，恐陛下不安，遣臣宿卫。"帝意悦。王为皇太子。时坐隐、巢者百余家，将尽没入之。恭曰："为恶者二人，今已诛，若又穷支党，非取安之道。"由是普原。

论功为第一。尝侍宴庆善宫，有班⑧其上者，恭曰："尔何功，坐我上？"任城王道宗解喻之，恭勃然，击道宗目几眇。太宗不悦，罢，召责曰："朕观汉史，尝怪高祖时功臣少全者。今视卿所为，乃知韩、彭夷戮，非高祖过。国之大事，惟赏与罚，横恩⑨不可数得，免自整饬，悔可及乎！"恭顿首谢。帝将讨高丽，恭上言："乘舆至辽，太子次定州，两京空虚，恐有玄感之变。夷貊⑩小国，不足枉万乘。愿委之将臣，以时摧灭。"帝不纳。显庆三年，卒。

恭善避槊⑪，每单骑入贼，虽群刺之不能伤，又能夺取贼槊还刺之。齐王元吉使去刃与之校，恭请王加刃，而独去之，卒不能中。帝尝问："夺槊与避槊，孰难？"对曰："夺槊难。"试使与齐王戏，少顷，王三失槊，遂大愧服。

孙子曰："远而挑人者，欲人之进也。"恭大呼致师而破建德是也。

【注释】

① 尉迟敬德：名恭，字敬德。

② 意气相许：指志趣和性格相同的人，彼此投合。

③ 致师：挑战。

④ 隐太子：指李建成，唐高祖李渊长子。陇西成纪（今甘肃省静宁县西南）人。对唐朝的建立颇有贡献，曾统兵平定河北的刘黑闼。后其弟李世民发动玄武门之变，将李建成一箭射死，建成诸子亦被李世民全数处决，不留活口。李世民继位后，追封李建成为息王，谥"隐"。贞观十六年五月，又追赠"隐太子"。

⑤ 巢王：指李元吉，唐高祖李渊第三子。

⑥ 谮：诬告。

⑦ 交手：拱手。形容恭敬、恭顺。

⑧ 班：排列。

⑨ 横恩：额外的恩赏。

⑩ 夷貊：古代对东方和北方民族之称。亦泛指各少数民族。

⑪ 槊：长矛。

【今译】

　　尉迟敬德，名为恭，世人多知晓其字，朔州鄯阳（山西朔城区）人。隋朝大业末年，尉迟恭和宋金刚大破永安王孝基，擒获独孤怀恩等人。唐高祖武德二年，秦王李世民率兵在柏壁（今山西新绛西南）和尉迟恭军大战，宋金刚战败逃往突厥，尉迟恭率剩余部队退守介休。李世民派任城王道宗、宇文士及前去招降尉迟恭。尉迟恭与寻相（隋朝末年刘武周的属将）献城投降了李世民，并跟随李世民攻打王世充。不久，寻相叛变，众将领怀疑尉迟恭也会作乱，于是将他囚禁起来。屈突通说："尉迟恭骁勇善战，如今被囚禁，内心已有猜疑不忠，不立即杀了他，后悔都来不及啊。"李世民说："不行。若尉迟恭决心叛变，何必非要在寻相之后才叛变呢？"于是就释放了尉迟恭，并在卧室会见他，说："我们志趣和性格相似，彼此投合，都是大丈夫，不会把这点小委屈放在心上。我绝不会因谗言而谋害良士。"并赐给尉迟恭一些金银，对他说："若你想要离开，这些钱就充当你的盘缠吧。"

　　过了几天，唐军攻打榆窠，王世充亲自率数万人来战。单雄信是王世充手下的一员骁将，他骑马直奔李世民杀过来。尉迟恭飞身上马，举枪横刺单雄信，将其挑落，又护卫着李世民突出重围，然后返回与敌军继续交战，最后大败敌军。李世民说："众人都说尉迟恭一定叛变，唯独我一个人保他，不然他怎么会这么快就报答我呢？"窦建德在板诸安营扎寨，李世民命李勣等人设下埋伏。李世民亲自挟带弓箭，让尉迟恭放哨，前去进攻敌军军营，向军营中大声呼喊挑战。窦建德的军队马上出来迎战，李世民率军稍稍回撤，敌军斩杀了数十名唐军士兵，更加逼近。此时，唐军伏兵突然出击，大破窦建德的军队。

　　当时，王世充的侄子王琬作为使者，前去会见窦建德，乘坐的是隋炀帝的御马，铠甲华丽整齐，在军中出入，耀武扬威。李世民看到后，问："谁可以把他擒获？"尉迟恭请求和高甑生、梁建方一起骑马突袭，一举擒获了王琬，并把隋炀帝的御马带了回来，敌军没有一个敢上前阻拦的。

隐太子李建成曾经写信招揽尉迟恭，赠给他一车金制器皿。尉迟恭拒绝道："秦王对我有生养之恩，我应当以死相报。如今我没有给殿下建立任何功绩，怎敢接受这些恩赐呢？若我私下答应归顺您，就心怀二心，为了利益而抛弃了忠诚，殿下还肯用我吗？"李建成大怒，不再提此事。尉迟恭将此事告诉了李世民，李世民说："你的忠心稳如泰山，即使用成斗的黄金，也不能打动你。只是恐怕这不是自保的方法。"后来，巢王果然派壮士来刺杀尉迟恭。尉迟恭敞开大门，安然而卧。刺客来了也不敢进去。李建成趁机在唐高祖面前诬告尉迟恭，将要斩杀尉迟恭。李世民极力争取，尉迟恭才得以幸免。

后来，李建成和李元吉的谋划越来越紧迫，尉迟恭与长孙无忌就劝李世民说："大王再不先下手，国家社稷就危险了！"李世民说："我顾及同胞手足之情，不忍心下手。"尉迟恭说："人人都怕死，但众人却愿以死来报答大王。这是天赐良机！大王若不听从相告，请容许我离开，我不能就此坐以待毙。"长孙无忌说："大王不听尉迟恭的话，他就会另投他主，那就彻底失败了。"李世民说："我的谋划也并非全然不可取，你们再考虑一下。"尉迟恭说："处事有疑心，就是不明智；临危优柔寡断，就是不勇敢。大王说现在该怎么办？现在只能派八百勇士携弓箭身穿铠甲杀入宫中，还有什么可想的呢！"尉迟恭又联合侯君集等人极力劝说，李世民这才定下行动计划。当时，房玄龄、杜如晦被贬在外，李世民多次召见都不来，李世民生气地说："这是要背叛我吗？"于是解下佩刀交给尉迟恭，说："倘若再不来，就把他们的人头带来。"尉迟恭领命前去，将李世民的话告诉房玄龄等人，最后房玄龄等人一起为李世民出谋划策。

李建成被杀后，尉迟恭率领七十名骑兵赶往玄武门。李世民因战马受惊奔逃，坠落在林下。李元吉夺下弓箭将要射死李世民。此时，尉迟恭策马飞奔过来，大声呵斥，李元吉急忙逃跑，尉迟恭一箭把他射死。李建成、李元吉的士兵屯据在玄武门，和李世民的士兵交战，难分胜负，尉迟恭手持李建成和李元吉的头颅给他们看，那些士兵方才撤退。

此时，唐高祖李渊正在海池划船。李世民命尉迟恭前去侍卫，尉迟恭身不解甲即动身前往。李渊看到他后大惊，问道："今日作乱的是谁，你为什么来到这里？"尉迟恭答道："秦王李世民因为太子李建成、齐王李元吉作乱，起兵将他们诛杀，因害怕陛下有危险，特意派臣前来守卫。"李渊听了很高兴。李世民成了皇太子。当时，受李建成、李元吉牵连的有几百户人家，朝廷打算将他们尽数抄家查收。尉迟恭说："为恶的两人已经被诛杀，若再追查余党，恐怕不是谋求安定之道。"李世民由此作罢。

李世民即位后，论功行赏，尉迟恭位居第一。一次，尉迟恭在庆善宫赴宴时，有个人坐到了尉迟恭的前面。尉迟恭说："你有什么功绩，竟敢坐在我的位置之前？"任城王道宗前来劝解，尉迟恭勃然大怒，瞪了道宗好几眼。李世民很不高兴，宴会过后，召见尉迟恭，责备道："朕观汉史，看到汉高祖时的功臣很少能做到善始善终，我曾经对此感到奇怪，现在看到你的所作所为，朕才知道韩信、英布被杀并不是汉高祖的过错。在国家大事上，只可依靠奖赏和惩罚，不可多次给予额外的恩禄，以免到时候要亲自整顿军队，追悔莫及啊！"尉迟恭连忙叩头，向李世民谢罪。李世民将要攻打高丽。尉迟恭说："陛下御驾亲征辽州，太子殿下驻守定州，长安和洛阳两都城空虚，臣有会发生叛变的感觉。高丽不过是个小国家，不值得劳烦陛下亲自前往。愿陛下将此事委托给臣，臣保证按期灭除高丽。"李世民没有采纳。唐高宗显庆三年（658年），尉迟恭去世。

尉迟恭擅长躲避长矛，每次单骑杀进敌阵，即使是几个人用长矛刺他，都不能伤到他，他还能夺取敌军的长矛，回刺敌人。一次，齐王李元吉用去掉尖刃的长矛和尉迟恭比试，尉迟恭要求李元吉加上尖刃，而自己则去掉，李元吉却始终不能刺中他。李渊曾经问："夺取长矛与躲避长矛，哪个更难呢？"尉迟恭答道："夺取长矛更难。"李渊让他再和齐王比试，不一会儿，李元吉就被尉迟恭三次夺去长矛。李元吉为此极为惭愧，而对尉迟恭则极为佩服。

孙子说："敌人离我军很远而前来挑战，很可能是在引诱我军前进。"尉迟恭大声呼喊挑战，引敌出战从而击败了窦建德。

【评析】

尉迟恭，唐朝名将，鲜卑族，传说其面如黑炭，是唐凌烟阁二十四功臣之一，谥忠武，赐陪葬昭陵。年少时尉迟恭以打铁为业，隋炀帝大业末，尉迟恭从军于高阳，以武勇称，累授朝散大夫。李世民与刘武周对战时，曾降服尉迟恭，后尉迟恭被诸将排挤，李世民看出来后，跟他说："愿意，就留下来；不愿意，我可以放你走。"尉迟恭求去，于是李世民给他一笔钱；后来，李世民在战场上身陷危险，尉迟恭突然杀出，解救李世民一命，从此成为左右手。后在玄武门之变中尉迟恭事前事后出力甚多，助李世民夺取帝位，内外遂定，可谓力挽狂澜。尉迟恭同时还有远见卓识，玄武门事变后，对太子的党羽主张释而不杀，这一举措迅速缓和了内部矛盾，同时还保留了魏征那样的大批栋梁之才。在某种程度上甚至可以这样说：没有尉迟恭，可能就没有后来的大唐盛世。在性格上,尉迟恭纯朴忠厚,自归李世民之后,从无二心,而在拒绝娶公主一事上,更显示出其高贵的品质。虽说居功自负是尉迟敬德的不足之处,但从另一方面也说明了他的纯朴与做事毫无心机。所以后来尉迟恭被尊为民间驱鬼避邪、祈福求安的中华门神。在中国传统文化中,尉迟敬德与秦叔宝是"门神"的原型。

唐·李靖

【原文】

　　李靖，字药师，京兆三原人。姿貌魁秀，通书史。尝谓所亲曰："丈夫遭遇，要当以功名取富贵，何至作章句儒。"其舅韩擒虎每与谕兵，辄叹曰："可与论孙吴者，非斯人，尚谁哉！"隋吏部尚书牛弘见之，曰："王佐才也。"左仆射杨素拊其床谓曰："卿终当坐此。"

　　大业末，为马邑丞。高祖击突厥，靖察有非常志，自囚上急变，传送江都，至长安，道梗。高祖已定京师，将斩之。靖呼曰："公起兵为天下除暴乱，欲就大事，以私怨杀谊①士乎？"秦王亦为请，得释。

　　萧铣据江陵，诏靖安辑②。至峡州，阻铣兵不得前。帝谓逗留，诏都督许绍斩靖，绍为请而免。

　　开州蛮冉肇则寇夔州，赵郡王孝恭战未利，靖率兵八百破其屯，要险设伏，斩肇则，俘禽五千。帝谓左右曰："使功不如使过，靖果然。"因手敕劳曰："既往不咎，向事吾久已忘之。"

　　靖遂陈图铣十策。有诏拜靖行军总管，兼摄孝恭行军长史，军政一委焉。武德四年，大阅兵夔州。时秋潦，涛濑涨恶，铣以靖未能下，不设备。诸将亦请江平乃进，靖曰："兵机事，以速为神。今士始集，铣不及知，若乘水傅垒，是震霆不及塞耳，就能仓卒召兵，无以御我，此必禽也。"孝恭从之。舟师叩夷陵，铣将文士洪③以卒数万屯清江，孝恭欲击之，靖曰："不可。士洪健将，下皆勇士，今新失荆门，悉锐拒我，此救败之师，不可当。宜驻南岸，待其气衰，乃取之。"孝恭不听，留靖守屯，自往与战，大败还。贼委舟散掠，靖视其乱，纵兵击破之，取四百余艘，溺死者万人。即率轻兵五千为先锋，趋江陵，薄城而营，破其将杨君茂、郑文秀，俘甲士四千。孝恭军继进，铣大惧，檄召江南兵，不及到，明日降。靖入其都，号令静严，军无私焉。或请靖籍铣将拒战者家赀以赏军，靖曰："王者之兵，吊人而取有罪，彼其胁驱以来，藉以拒师，本非其情，不容以叛逆比之。今新定荆、郢，宜示宽大，以慰其心。若降而籍之，恐自荆而南，坚城剧屯，驱之死守，非计之善也。"止不籍。由是江、汉列城争下。

辅公祏据丹阳反，诏孝恭为帅，召靖入朝受方略，副孝恭东讨，李世勣①等七总管皆受节度。公祏遣冯惠亮以舟师三万屯当涂，陈正通⑤步骑二万屯青林，自梁山连锁以断江道，筑却月城，延袤十余里，为犄角。诸将议曰："彼劲兵连栅，将不战疲老我师。若直取丹阳，空其巢窟，惠亮等自降。"靖曰："不然。三军虽精，而公祏所自将亦锐卒也，既保石头，则牢未可拔。我留不得志，退有所忌，腹背蒙患，非百全计。且惠亮、正通百战余贼，非怯野斗，今方持重待公祏立计尔。若出不意，挑攻其城，必破之。惠亮拔，公祏禽矣。"孝恭听之。靖率黄君汉等水陆皆进，苦战，杀伤万余人，惠亮等亡去。靖将轻兵至丹阳，公祏惧，众尚多，不能战，乃出走，禽之，江南平。帝叹曰："靖乃铣、公祏之膏肓也，古韩、白、卫、霍何以加！"

八年，突厥寇太原，为行军总管，以江淮兵万人屯太谷。时诸将多败，独靖以完军归。

太宗践祚，授刑部尚书，兼检校中书令。突厥部种离畔，帝方图进取，以兵部尚书为定襄道行军总管，率劲骑三千繇⑥马邑趋恶阳岭。

颉利可汗大惊，曰："兵不倾国来，靖敢提孤军至此？"于是帐部数恐。靖纵谍者离其腹心，夜袭定襄，破之，可汗脱身遁碛口。进封代国公。帝曰："李陵以步卒五千绝漠，然卒降匈奴，其功尚得书竹帛。靖以骑三千，蹀血虏庭，遂取定襄，古未有辈，足澡吾渭水之耻矣！"颉利走保铁山，遣使者谢罪，请举国内附。以靖为定襄道总管往迎之，又遣鸿胪卿唐俭、将军安修仁慰抚。靖谓副将张公谨曰："诏使到，虏必自安，若万骑赍二十日粮，自白道袭之，必得所欲。"公谨曰："上已与约降，行人在彼，奈何？"靖曰："机不可失，韩信所以破齐也。如唐俭辈何足惜哉！"督兵疾进，行遇候罗，皆俘以从，去其牙七里乃觉，部众震溃，斩万余级，俘男女十万，禽其子叠罗施，杀义成公主。颉利亡去，为大同道行军总管张宝相禽以献。于是斥地自阴山北至大漠矣。帝因大赦天下，赐民五日酺。御史大夫萧瑀劾靖持军无术，纵士大掠，散失奇宝。帝召责之，靖无所辩，顿首谢。帝徐曰："隋史万岁破达头可汗，不赏而诛。朕不然，赦公之罪，录公之功。"乃进左光禄大夫，既而曰："向人谮短公，朕今悟矣。"迁尚书右仆射。靖每参议，恂恂似不能言，以沈厚称。

顷之，吐谷浑寇边。帝谓侍臣曰："靖能复起为帅乎？"靖往见房玄龄，曰："吾虽老，尚堪一行。"帝喜，以为西海道行军大总管，任城王道宗、侯君集、李大亮、李道彦、高甑生五总管兵皆属。军次伏俟城，吐谷浑尽火其莽，退保大非川。诸将议，春草未牙，马弱不可战。靖决策深入，遂逾积石山。大战数十，多所杀获，残其国，国人多降，吐谷浑伏允愁蹙自经死[⑦]。靖更立大宁王慕容顺而还。甑生军繇盐泽道，后期，靖簿责之。既归而憾，与广州长史唐奉义告靖谋反，有司按验无状，甑生等以诬罔论。靖乃阖门自守，宾客亲戚一谢遣。改卫国公。

帝将伐辽，召靖入，谓曰："公南平吴，北破突厥，西定吐谷浑，惟高丽未服，亦有意乎？"对曰："往凭天威，得效尺寸功。今疾虽衰，陛下诚不弃，病且瘳矣。"帝悯其老，不许。病甚，帝幸其第，流涕曰："公乃朕生平故人，于国有劳。今疾若此，为公忧之。"薨，年七十九。

孙子曰："兵之情主速。"靖谓兵机以速为神。又曰："乱而取之。"靖因敌散乱击而破之。又曰："出其不意。"靖破冯惠亮及颉利。又曰："死问者，为诳于外。"靖因唐俭使虏而袭破突厥是也。

【注释】

① 谊：通"义"。
② 安辑：平定，安抚。
③ 文士洪：多作"文士弘"。
④ 李世勣：即李勣。
⑤ 陈正通：也有作"陈正道"。
⑥ 繇：此处通"由"，经由。
⑦ 一说自尽，还有一说是被部下所杀。

【今译】

李靖，字药师，京兆三原（今陕西三原）人。李靖身材魁梧，相貌英俊，精通诗书历史，李靖胸怀大志，曾对父亲说："大丈夫在世，当遇时而动，求取功名，博得富贵，怎能作一寻章摘句的儒生。"李靖的舅父韩擒虎是隋朝名将，每次与他谈论兵事，都要惊叹说："除你之外，还有谁可以跟我讨论孙、吴兵法呀！"隋朝吏部尚书牛弘见到他之后，惊讶于李靖的才华，说："李靖你有辅佐天下之才。"隋左仆射杨素也摸着自己的坐椅对李靖说："卿终当坐此位。"

隋大业末年，李靖任马邑郡（今山西朔州市）郡丞。隋末大乱，太原留守李渊以北击突厥为名招兵买马，伺机而动。李靖察觉到李渊有谋反之意，就自己给自己戴上枷锁，赶往江都（今江苏扬州）上报，但到长安之时，关中已经大乱，因道路阻塞而未能成行。不久，李渊于太原起兵，并迅速攻占了长安，俘获了李靖，准备将其斩杀。李靖临刑前大声疾呼："公起义兵，本为天下除暴乱，如果想成就帝王大业，岂能以私怨而杀壮士！"秦王李世民赞赏他的才识和胆气，替他求情，因而得以获释。

后梁萧铣割据江陵（今湖北荆州），唐高祖李渊命李靖前往征讨安抚该地。大军进至峡州（三峡之口，今湖北宜昌），萧铣军控制要塞，李靖进军受阻。李渊误以为李靖故意滞留不前，有所图谋，便下诏命都督许绍将其处死，许绍替他说情，才得以免死。

不久，开州（今重庆开县）蛮人首领冉肇则叛唐，率众进犯夔州（今四川奉节），赵郡王李孝恭率唐军出战失利，李靖则率八百士卒偷袭其营垒，大破蛮兵。后又在险要处设下伏兵，斩杀冉肇则，俘获五千多人。唐高祖李渊对左右说："朕听闻使用有功劳的人不如使用有过失的人，让其将功赎过，李靖果然体现出这种效果。"并亲笔写下赦书赐给李靖说："既往不咎，过去之事我久已忘记。"

李靖后来向唐高祖上陈了攻灭萧铣的十条策略。唐高祖下诏任命李靖为行军总管，兼任夔州总管李孝恭的行军长史，并委托李靖统管三军的军政事务。武德四年，李靖在夔州阅兵显示军威并准备讨伐萧铣。时值秋天雨季到来，江水暴涨，萧铣以为水势汹涌，三峡路险难行，唐军无法东下，就不加防备。唐军诸将也大都请求待洪水退却之后再进兵。李靖却说："兵贵神速，机不可失。今大军刚刚集结，萧铣尚未得知，若乘水涨之势，突至城下，所谓疾雷不及掩耳之势。萧铣仓促召集兵马，无以应敌，必为我等所擒。"李孝恭依言，率战舰过三峡直扑夷陵（今湖北宜昌）城下。萧铣的大将文士弘率数万精兵驻守在附近的清江（今宜昌境内）。李孝恭想要率军进攻。李靖劝告他说："文士弘乃是萧铣的猛将，手下士卒骁勇，如今敌军新失荆门，精锐尽出来抵御我军，敌军此时是救援失败之师，难以抵挡。最好是暂时驻军南岸，待其士气衰竭，然后出兵攻打，必可破敌。"李孝恭不听李靖的劝告，命李靖留守军营，自己率兵出战，结果大败而还。敌军获胜之后，战船四处散放，纵兵四出抢掠。李靖见敌军队伍大乱，立即指挥唐军出战。大败敌军，俘获战船四百多艘，敌军被杀及溺水而死者将近一万人。攻下夷陵之后，李靖即率轻骑兵五千为先锋，直奔后梁都城江陵。李靖在江陵城外扎营，接连击败萧铣手下大将杨君茂、郑文秀，俘虏甲士四千人。李孝恭统率大军在后赶来，萧铣大为恐慌，发檄文召集江南各地的兵马前来救驾，但为时已晚。萧铣走投无路就在第二天打开城门向唐军投降。李靖率军进入江陵，军纪严明，秋毫无犯。这时，唐军中有人建议籍没萧铣及其手下的家产，用以犒赏将士。李靖说："王者之兵，应当吊民伐罪，这些人都是被胁迫驱赶而来才被迫抵抗王师，本非其所愿，不能以叛逆之罪来类比。如今我们刚刚平定荆州、鄞州之地，应当示以宽大，才能安抚人心。如果将投降之人的家产全部没收，恐怕自荆州以南的各地，都将据城固守，拼死力战，这绝非好事啊！"李靖禁止籍没降将的家产。听闻此事之后，江汉其他各地纷纷望风归降。

原投降唐朝的农民起义军将领辅公祏与杜伏威不和，趁杜伏威入朝之际，占据丹阳（今江苏南京），举兵反唐。唐高祖李渊下诏命李孝恭为元帅，并召李靖入朝领受征讨方略，为李孝恭的副帅，率李勣等七总管东下讨伐。辅公祏派大将冯惠亮率三万水师驻守当涂,陈正通率两万步骑兵驻守青林(今当涂东南),从梁山(当涂以东)用铁索横亘长江,阻断水路,并筑造却月城,绵延十余里,成掎角之势,以互相支援。李孝恭召集诸将商议破敌之策,诸将议论说:"辅公祏劲兵屯驻,营垒森严,相互连接,敌军固守不战,意欲消磨我军士气,使我军疲惫。如果直取丹阳,捣毁其巢穴,冯惠亮一定不战自降。"李靖不赞同,说:"辅公祏之兵虽是精锐,而诸公所率之师亦是百战精锐之师,如果我军进攻石头城(今江苏南京),城坚短期难克,此时我军留下无济于事,撤退则担心冯惠亮所部偷袭,腹背受敌,不是万全之计。冯惠亮、陈正通都是久经沙场的老将,不怕野战,但现在却要据城坚守,等待辅公祏的决定。我们如果出其不意,突然攻城,必可破之。冯惠亮当涂一失,则辅公祏只有束手就擒。"李孝恭依从其计。李靖率黄君汉等水陆并进,一番苦战之后,杀伤敌军一万余人,冯惠亮等人逃走。李靖率轻骑兵至丹阳,辅公祏极为恐惧,虽然将士众多,却不能作战,就逃跑,结果被擒,江南全部平定。唐高祖叹曰:"李靖真是萧铣、辅公祏之膏肓啊,即便是古代的韩信、白起、卫青、霍去病也比不过啊!"

武德八年(625年),突厥颉利可汗率兵大举进犯太原。唐高祖任命李靖为行军总管,统率一万多江淮兵驻守太谷(今山西太谷)。由于突厥来势凶猛,诸将迎战大多失利,唯独李靖所部全师而还。

唐太宗李世民即位,任命李靖为刑部尚书,兼任检校中书令,后任兵部尚书。此后不久,东突厥国内发生了动乱(突厥所属薛延陀、回纥、拔野古诸部相继叛乱,又遭遇风雪灾害,牛羊损失惨重,国内饥荒严重,各部族纷纷离散)。唐太宗想趁此机会攻伐突厥,就任命李靖以兵部尚书的身份为定襄道(山西北部)行军总管,统率大军出征北伐突厥。贞观四年（630年），李靖亲率三千精锐骑兵从马邑出发，直赴恶阳岭（今内蒙古和林格尔）。颉利可汗大惊，说："若非唐军举倾国之力来攻，李靖怎敢孤军深入至此？"突厥国内一时大惊恐慌，李靖探知这一消息，密令间谍离间颉利的心腹，唐军星夜突袭定襄城（大同以北，当时为东突厥大本营），大破敌军，颉利可汗仓皇逃往碛口（今内蒙古二连浩特西南）。李靖因军功进封代国公。唐太宗高兴地对大臣说："李陵以步卒五千远涉大漠，但最终还是投降了匈奴，其功尚得史书留名。李靖以精骑三千，喋血虏庭，攻取定襄，古未有之，足以洗刷朕当年的渭水之耻！"颉利大败之后，退守铁山（今内蒙古包头境内大青山北麓），派使者入朝请罪，请求举国内附。唐太宗命李靖为定襄道总管率军前往迎接，又派遣鸿胪卿唐俭、将军安修仁前往抚慰突厥。李靖对副将张公谨说："陛下下诏派使者前往抚慰，敌军必定安定。若此时我率一万骑兵带二十日军粮，自白道（今内蒙古呼和浩特北）突袭敌军，必可大获全胜。"张公谨说："皇帝已经同意突厥内附的请求，况且使者现在就在突厥，这该怎么办？"李靖说："机不可失，韩信当年破齐也是靠此计，攻破突厥此等大事，像唐俭这样的人没有什么值得珍惜的。"就率军急行。进至阴山，遇到突厥斥候，将其全部俘获，命与唐军同行。颉利可汗因唐使臣在营中，放松戒备。李靖大军前锋行至突厥可汗牙帐七里远的地方才被发觉。突厥一时大乱，四下溃乱，唐军斩杀一万余人，俘虏男女十几万人，生擒颉利可汗之子叠罗施，杀死隋朝的义成公主（原嫁与突厥启民可汗，后为颉利可汗后妃）。颉利可汗率万余人想北过大漠，在碛口被大同道行军总管张宝相擒获，并送到京师。东突厥从此灭亡，大唐领土一下从阴山向北扩张至大漠。唐太宗大喜，大赦天下，赐百姓宴饮五日。事后御史大夫萧瑀妄加弹劾李靖治军无方，在袭破颉利可汗牙帐时，纵兵大肆抢掠，一些珍宝奇物都被士卒们抢掠一空。太宗召见李靖严加责备，李靖却不加辩解，只是叩头谢罪。唐太宗慢慢说道："隋朝史万岁攻破西突厥达头可汗，却未受赏反被诛杀。朕不会如此，赦你无罪，并命史官记录你的大功。"唐太宗加授李靖为左光禄大夫。后来唐太宗得知李靖实际上是受到了诬告，就对他说："以前的事是有人诬告你，朕如今已经明白了事情的原委。"唐太宗就升迁李靖为尚书右仆射。李靖参议政事之时，极为谨慎似乎不善言辞，以沉稳持重著称。

不久，西北的吐谷浑进犯凉州（今武威），太宗对侍臣说："李靖还能再次为帅领兵出征吗？"李靖就去见宰相房玄龄，请求挂帅出征，说："我虽然年迈，但还能出征。"太宗大喜，任命李靖为西海道行军大总管，刑部尚书任城王李道宗、兵部尚书侯君集、凉州都督李大亮、右卫将军李道彦、利州刺史高甑生五个行军总管都归其指挥。唐军进驻伏俟城（今青海省海南藏族自治州共和县），吐谷浑伏允可汗向西败退，为断绝唐军军马草料，就下令将牧草烧光，之后退守大非川（今青海湖南）。诸将认为干草已被烧光，春草尚未萌生，战马羸弱，难以追击再战。李靖同意侯君集的意见，决意派兵深入追击，唐军就翻过积石山（今甘肃境内）。经过十次大战，大大消耗了吐谷浑的实力，吐谷浑部众也大多投降唐军。伏允可汗穷途末路自尽身亡。李靖奏请朝廷同意立伏允可汗之子大宁王慕容顺为可汗，之后率军东返。此次出击吐谷浑的过程中，高甑生任盐泽道总管从盐泽（今新疆罗布泊）出发，未能按期率军到达，遭李靖责备。高甑生对此不满，回来后就和广州长史唐奉义诬告李靖谋反。有司审查之后发现并无此事，高甑生因诬告之罪被流放。李靖也开始闭门谢客，在家休养，将亲戚朋友一律辞谢遣退。后李靖以功进封为卫国公。

唐太宗想征伐高丽，召李靖觐见，对他说："公昔日南平吴地，北破突厥，西定吐谷浑，如今只有高丽未服，公可有意将其平定？"李靖回答说："以往凭借天威，得以立下尺寸之功。今臣虽染病在身，若陛下不嫌臣老弱，一点小病不足挂齿。"唐太宗体恤李靖年老，就不许他随自己出征。李靖病重，唐太宗亲至府第看望，流泪说："公乃是朕生平的故人，于国有功。今日病重，朕很为公担忧。"李靖以七十九岁的高龄去世。

孙子说："兵贵神速。"李靖认为军情应以神速为要。孙子说："要趁敌人混乱的时候去攻打他。"李靖趁敌军分散混乱出击大破敌军。孙子说："出其不意，攻其不备。"李靖以此击破冯惠亮和颉利可汗。孙子还说："所谓死间，就是要通过我方间谍将假情报传递给敌军，使其上当受骗。"李靖趁唐俭出使突厥而击败突厥就是如此。

【评析】

李靖，隋末唐初最著名的将领。他文武双全，是著名的军事家和政治家。在李唐建国的过程中，他灭萧梁、破辅公祏、平定江南。唐建国后，他又击灭东突厥，平定吐谷浑，战功卓著。他在军事理论方面颇有造诣，所作《李卫公问对》是我国古代著名的兵书。他出生在官宦之家，受家庭熏陶，自幼就文韬武略；早在隋朝任职时，就以才干闻名公卿。名将韩擒虎称："可与论孙、吴之书者，惟斯人矣。"吏部尚书牛弘称赞他有"王佐之才"，左仆射杨素也抚着坐床对他说："卿终当坐此！"李靖与李唐的结识具有传奇色彩，而李世民与李靖的惺惺相惜也使他日后得以屡建奇功。李靖在军事上的造诣是全方位的，从建军治军到行军打仗都有非凡建树。李靖用兵，不拘一格，讲究因势利导，善于料敌和把握大略。平萧铣时，他力排众议，以奇兵突袭敌军；破辅公祏，精辟地分析敌军形势；灭东突厥，更是能够把握大略，不惜牺牲皇帝使者，以"将在外，君命有所不受"为名突袭敌军，一举攻灭东突厥，解除了唐初期的大患。李靖在政治上的成熟也使他能够成为文武兼备的名臣。他高瞻远瞩，宽宏大度，在处置降将萧铣时，就劝诫众将要有"吊民伐罪"之心，而他在受到诬告之时，不做辩解；成为宰辅之后，更是"恂恂似不能言"。性格沉稳，宽广包容是他在宰相位置上成功的因素之一。李靖本身具有洞察世事，深谙月盈则亏的道理，他本身具有的神秘主义倾向和个人的传奇经历也使他被后世逐渐神化。唐太宗称他："器识恢宏。风度冲邈，早申期遇，夙投忠款，宣力运始，效绩边隅，南定荆扬，北清沙塞，皇威远畅，功业有成。"唐肃宗更是把他列为历史上十大名将之一。

唐·李勣

【原文】

李勣①，字懋功，曹州离狐人。本姓徐氏。隋大业末，韦城翟让为盗，勣年十七，往从之。说曰："公乡壤不宜自剽残，宋、邓商旅之会，御河在中，舟舰相属，往邀取之，可以自资。"让然之。

李密亡命雍丘，勣说让推密为主。以奇计破王世充。时河南、山东大水，隋帝令饥人就食黎阳仓，吏不时发，死者日万数。勣说密曰："天下之乱本于饥，今若取黎阳粟以募兵，大事济矣。"密以麾下兵五千付勣，济河，袭黎阳，守之。开仓纵食，旬日，胜兵至二十万。宇文化及引兵北上，密使勣守仓，周掘堑以自环。化及攻之，勣为地道出斗，化及败，引去。

武德二年，密归朝廷，其地东属海，南至江，西直汝，北抵魏郡，勣统之，未有所属。谓长史郭孝恪曰："人众土宇，皆魏公有也。吾若献之，是利主之败为己功，吾所羞也。"乃录郡县户口以启密，请自上之。使至，高祖讶无表，使者以意闻。帝喜曰："纯臣也。"诏授黎州总管，封英国公。赐姓，附宗正属籍。诏勣总河南、山东兵以拒王世充。

及密以谋反诛，帝遣使示密反状。勣请收葬，诏从之。勣为密服缞绖②，葬讫乃释。俄为窦建德所陷，质其父，使复守黎阳。三年，自拔来归。从秦王伐东都，战有功。东略地至虎牢，降郑州司兵沈悦。平建德，俘世充，乃振旅还，秦王为上将，勣为下将，皆服金甲，乘戎辂，告捷于庙。

太宗即位，拜并州都督。贞观三年，为通漠道行军总管，出云中，与突厥战，走之。引兵与李靖合，因曰："颉利若度碛，保于九姓，恐不可得。我若约赍薄之，不战缚虏矣。"靖大喜，以与己合，于是意决。靖率众夜发，勣勒兵从之。颉利欲走碛，勣前屯碛口，不得度，由是酋长率部落五万降于勣。诏拜光禄大夫，行并州大都督府长史。父丧解，夺哀还官，徙封英。

治并州十六年，以威肃闻。帝尝曰："炀帝不择人守边，劳中国筑长城以备虏。今我用绩守并，突厥不敢南，贤于长城远矣！"后帝自将征高丽，以勣为辽东道行军大总管。破盖牟、辽东、白崖等城，从战驻毕山，功多，封一子为郡公。

延陀部落乱，诏将二百骑发突厥兵讨之，大战乌德鞬山，破之，降其首领梯贞达干，而可汗咄摩支遁入荒谷，碛北遂定。

勣既忠力，帝谓可托大事。尝暴疾，医曰："用须灰可治。"帝乃自剪须以和药。及愈，入谢，顿首流血。帝曰："吾为社稷计，何谢为！"后留宴，顾曰："朕思属幼孤，无易公者。公昔不遗李密，岂负朕哉？"勣感涕，因啮指流血。俄大醉，帝亲解衣覆之。

帝疾，谓太子曰："尔于勣无恩，今以事出之，我死，宜即授以仆射，彼必致死力矣！"乃授叠州都督。高宗立，遂为尚书左仆射。太宗时，勣以画像凌烟阁，至是，帝复命图其形，自序之。

高丽莫离支男生为其弟所逐，遣子乞师。诏勣为辽东道行军大总管，率兵二万讨之。破其国，执高藏、男建等，裂其地州县之。诏勣献俘昭陵，明先帝意，具军容告于庙。进位太子太师。总章二年，卒，年八十六③。

帝曰:"勣奉上忠,事亲孝,历三朝未尝有过,性廉谨,不立产业。今亡,当无赢赀。有司其厚赗恤之。"

初,勣拔黎阳仓,就食者众,高季辅、杜正伦往客焉,及平虎牢,获戴胄,咸引见卧内,推礼之,后皆为名臣,世以勣知人。平洛阳,得单雄信,故人也。表其材武,且言:"若贷死,必有以报,请纳官爵以赎。"不许。乃号恸,割股肉蹈之曰:"生死永决,此肉同归于土!"为收养其子焉。其用兵多筹算,料敌应变,皆契事机。闻人善,抵掌嗟叹。及战胜,必推功于下。得金帛,尽散之士卒,无私贮。然持法严,故人为之用。临事选将,必訾相其奇庞④福艾者遣之。或问其故,答曰:"薄命之人,不足与成功名。"既没,士皆为流涕。

孙子曰:"辅周则国必强。"勣守并州,太宗以谓贤于长城。又曰:"战胜攻取不修其功者,凶。"勣每战胜必推功于下。又曰:"择人而任之。"勣之选将,必遣奇庞福艾者是也。

【注释】

① 勣:通"绩"。李勣原名徐世勣,字懋功,也作茂公。唐高祖李渊赐其姓李,后避唐太宗李世民讳改名为李勣。

② 缞绖:孝服,麻做的丧服为缞,丧带为绖。

③ 应为七十六岁。

④ 庞(máng):厚重。

【今译】

李勣,字懋功(亦作茂公),曹州离狐(今山东菏泽东明县东南,一说今山东鄄城西南)人。他原来姓氏为徐。隋大业末年,韦城(今河南滑县东南）人翟让起义，李勣时年十七岁，也去投奔翟让。李勣劝翟让说："附近都是明公你的家乡之地，不宜前往侵扰抢掠，宋州（今河南商丘）与邓州乃是商旅会聚之地，并且御河流经其间，船舶众多，去那里劫掠，极为方便，可以作为我们的资金来源。"翟让同意。

隋蒲山公李密叛隋，兵败之后亡命雍丘（今河南杞县），李密加入翟让的瓦岗军之后，李勣就劝说翟让推举李密为主公。隋朝廷派王世充讨伐李密，李勣以奇计击败王世充。当时河南、山东发生水灾，饥民遍地，隋炀帝命灾民到黎阳仓领取粮食，但主管的官吏却不发放粮食，赈灾不利，每天有数万人死亡。李勣对李密说："天下大乱，本是因为饥荒而起。如今我们要是能够攻取黎阳仓（今河南浚县），用里面的粮食来招募士卒，大事何愁不成。"李密就派李勣率五千兵马渡过黄河，突袭黎阳，攻占黎阳仓之后，瓦岗军开仓放粮。十天之内，就招募到二十万人。后来宇文化及在江都（今江苏扬州）弑隋炀帝之后率军北上，李密派李勣镇守黎阳仓，李勣在黎阳城四周开挖堑壕。宇文化及攻城，李勣从城中向外挖地道，率军突袭宇文化及，宇文化及战败撤军。

唐武德二年（619年），李密败给王世充，就投降了李渊，李密控制的地盘东至大海、南至长江、西至汝河、北达魏郡，此时全由李勣统领，尚未有归属。李勣对长史郭孝恪说："如今我们所占据的人口土地，全都属魏公李密所有。如今魏公已归顺大唐，如果我此时自己上表向唐主献地，是趁主公败亡而为自己谋功劳，我羞耻于这种行为，不愿如此。"李勣就把所辖各郡县的人口登记造册交给李密，请李密呈给唐朝廷。李勣派出的使者到达之后，唐高祖接见，发现使者竟没有携带上奏的奏表，十分惊讶，使者就将其中的原委讲明。唐高祖大喜，说："李勣真是一位实在的臣子。"唐高祖下诏授李勣黎州总管，封英国公，并赐姓李，列入宗室的属籍当中。高祖还下诏命李勣统领河南、山东的兵马抵御王世充。

李密后来因为谋反而被诛杀，高祖派使者告诉李勣有关李密谋反的情况。李勣上表请求收葬故主，高祖同意。李勣就穿孝服按君臣之礼厚葬李密，葬礼完毕之后才脱掉孝服。后李勣为窦建德所败，窦建德以李勣之父李盖作为人质，要李勣继续镇守黎阳。武德三年（620年），李勣趁机再次归顺唐朝。李勣跟随秦王李世民攻打东都洛阳，征战有功。向东略地至虎牢关迫降郑州司兵沈悦。李勣随秦王李世民东征，平窦建德、俘王世充，之后整顿部队班师而还。凯旋之后，秦王为上将、李勣为副将，两人着金甲战袍，乘战车入太庙告捷。

李世民继位为唐太宗之后，拜李勣为并州（今山西太原）都督。贞观三年（629年），李勣为通漠道行军总管，兵出云中（今山西北部），与突厥作战，大败突厥将其击退。李勣率兵与主将李靖会合，对李靖说："突厥颉利可汗若渡过大漠，退保漠北铁勒九姓部落（九大部落联盟）之地，我军恐难再将其擒获。我军若此时同意与其讲和，向其赠送礼物向其靠近，则可将其不战而擒。"这与李靖的想法不谋而合，李靖大喜，于是就定下了击破突厥的策略。李靖率军连夜出发，而李勣则率军跟从。颉利想从大漠逃走，而李勣已抢先占据碛口，堵住了颉利前进的道路，颉利无奈，率部落五万余人向李勣投降。唐太宗下诏拜李勣为光禄大夫，兼并州大都督府长史。李勣后来因父亲去世，就按制辞官守孝，皇帝后来命其在守孝期间回来做官，官复原职，后改封李勣为英国公。

李勣治理并州十六年，以威严整肃而闻名。唐太宗曾说："隋炀帝没有选派良将镇守边疆，才劳烦国内兴师动众修筑长城以抵御敌寇。如今我用李勣镇守并州，突厥不敢南下，比修长城强多了。"后唐太宗亲征高丽，任命李勣为辽东道行军大总管。攻破盖牟（一说位于今抚顺境内宾馆山，一说位于今沈阳境内塔山）、辽东、白崖（辽东、白崖两城均在今辽阳境内）等城池，跟随太宗驻军毕山。因李勣功劳大，太宗就封其一子为郡公。

薛延陀部（据说为匈奴别种，为铁勒一部）侵扰归附唐朝的其他部落，太宗命李勣率二百骑兵，统领突厥兵马前往征讨，与该部大战于乌德鞬山（也称之为郁督军山、于都斤山的东支，即今蒙古国之杭爱山，7世纪初至9世纪中先后为突厥、薛延陀、回纥诸部族的根据地），将其击败，迫降该部首领梯贞达干，薛延陀部咄摩支可汗逃入荒谷，漠北自此平定下来。

由于李勣忠于唐室而又有勇力，太宗认为可以将身后大事托付于他。李勣一次生重病，医生说需要用胡须灰入药才能治愈。太宗就剪下自己的胡须和药送给李勣治病。李勣病愈之后，入宫谢恩，叩头直至流血。太宗说："朕为社稷考虑才如此，不用这样感谢我。"之后太宗设宴在宫中款待李勣。太宗对李勣讲："朕考虑想把太子托付于重臣，思来想去只有你最合适。你往年不负李密，今日必不会负朕。"李勣感动得痛哭流涕，咬破指头流出鲜血，发誓以死报效朝廷。不久大醉，太宗亲解御衣为其盖上。

太宗病重，临终前对太子李治说："你无恩于李勣，我今先故意寻事将其贬出京城。我死之后，你就将其召回授以仆射这样的宰辅之职，李勣必死命效忠于你。"太宗临终前，贬李勣为叠州（今甘肃甘南迭部县）都督。高宗李治即位后，就任命李勣为尚书左仆射。太宗之时，李勣的画像就被挂在凌烟阁之内，如今，高宗命人再画李勣之像，并亲自为其写序。

高句丽莫离支（高丽最有权势的官职名）泉盖苏文病死，其子泉男生继掌国事，却被两个弟弟男建、男产所驱逐。男生派儿子向唐朝恳求发兵相助。唐高宗任李勣为辽东道行军大总管，率军两万征讨高句丽。唐军攻破平壤，生擒高藏、男建等人，并在其地设置州县管理高句丽旧地。高宗下诏命李勣献俘唐太宗的昭陵，以明先帝之意，李勣穿戴整齐告捷于太庙。

李勣因功进位为太子太师。总章二年（669年），李勣去世，享年八十六岁。

高宗在李勣去世后说："李勣侍奉皇帝忠心耿耿、服侍双亲极为孝顺，经历三朝未曾有大过失，为官清廉，为人谨慎，没有什么产业。如今去世之后，家中也没有什么积蓄。有司应当厚葬并抚恤。"

李勣最初攻克黎阳仓时，前来就食的人很多，高季辅、杜正伦前往投奔李勣当宾客，平定虎牢关（今河南荥阳）之后，又得到了戴胄，李勣都把他们引入自己的卧室，以礼相待，这些人后来都成为一代名臣，当世皆以为李勣知人善任。李勣随太宗平定洛阳之后，俘获了单雄信，这是李勣的故人，李勣就上表陈述单雄信的才能武功，请求用自己的官爵来赎回单雄信的性命。太宗不许。李勣痛哭流涕，割下自己大腿上的肉给单雄信吃，说："今与公生死诀别，你我当年曾约为兄弟，誓言同生共死，今日就让此肉与你同归于土。"单雄信死后，李勣收养了他的遗孤。李勣用兵精于谋划运筹，料敌应变，都契合战机。听说谁有才能，就拍手赞叹。获胜之后，总是将功劳让给部下。得到金帛财物，也都分给士卒，不私吞。李勣执法严格，因此将士们都愿意为他效力。李勣临战选将之时一定要相面，派遣那些有福相的前往，有人问其原因，他说："薄命之人，不足与成功名。"李勣去世之时，士卒都为其流泪。

孙子说："辅佐的缜密周详，国家就会强大。"李勣镇守并州，太宗认为他强过于修筑长城。孙子说："打了胜仗，攻取了土地城邑，却不能巩固战果的，会很危险。"李勣战胜之后把功劳让给部下。孙子还说"要选派良将"。李勣选将要相面，严加考察正是如此。

【评析】

　　李勣，唐初与李靖齐名的大将，曾破东突厥、高句丽，后被封为英国公，为唐凌烟阁二十四功臣之一。李勣一生历事唐高祖、唐太宗、唐高宗，出将入相，为朝廷重臣。李勣戎马大半生，经历无数战斗，立下显赫的功勋。他用兵经常是临敌应变，史称他为将"有谋善断"。李勣的成功在很大程度上是由于他胸怀宽广，具有"长者之风"。他本不是唐朝起家时的将领，但因为其对待故主的态度，使他获得了"纯臣"的称号，也赢得了李唐朝廷的尊重，成为托孤重臣更是皇帝对他的极大信任。他善于采纳部下意见，告捷之时，又归功于下，所获得的赏赐也大都分给部下，因此将士们都乐于效力，所向克捷。后世论唐代名将，必称"英、卫"。唐太宗就称赞他："参经纶而方面，南定维扬，北清大漠，威振殊俗，勋书册府。"高句丽平后，高宗祭祀宗庙，"以李勣为亚献"。李勣不仅是一位军事家，还是一位出色的政治家，特别是对宫廷斗争的特性有着深刻的理解。这一方面使他具备了出将入相的资格，另一方面他在太宗托孤和武氏封后问题上的世故，使他得以自保。

唐·苏定方

【原文】

苏烈，字定方，以字行，冀州武邑人。父邕，当隋季，率里中数千人为本郡讨贼。定方骁悍有气决，年十五，从父战，数先登陷阵。邕卒，代领其众，破剧贼张金称、杨公卿，追北数十里。自是贼不舍境，乡党赖之。

贞观初，从李靖袭突厥颉利于碛口，率骁马二百为前锋，乘雾行，去贼一里许，雾霁，见牙帐，驰杀数十百人，颉利及隋公主惶窘各遁去，靖亦寻至，余党悉降。

从葱岭道大总管程知节征贺鲁，至鹰娑川①，贺鲁率二万骑来拒，总管苏海政连战未决，鼠尼施等复引二万骑为援。定方始休士，见尘起，率精骑五百，逾岭驰捣贼营，贼众大溃，杀千余人，所弃铠仗、牛马藉籍山野不可计。副总管王文度疾其功，谬谓知节曰："贼虽走，军死伤者众。今当结辎重陈间，被甲而趋，贼来即战，是谓万全。"又矫制收军不深入。于是马瘦②卒劳，无斗志。定方说知节曰："天子诏讨贼，今反自守，何功之立哉？且公为大将，而阃外之事不得专，顾副将乃得专之，胡不因文度待天子命？"不从。至恒笃城，有胡人降，文度猥曰："师还而降，且为贼，不如杀之，取其赀。"定方曰："此乃自作贼耳，宁曰伐叛！"及分财，定方一不取。太宗知之，比知节等还，悉下吏，当死，贷为民。

擢定方伊丽道行军大总管，复征贺鲁，以任雅相、回纥婆润为副。出金山北，先击处木昆部，破之，俟斤懒独禄拥众万帐降，定方抚之，发其千骑并回纥万人，进至曳咥河。贺鲁率十姓兵十万拒战，轻定方兵少，舒左右翼包之。定方令③步卒据高，攒矟外向，亲引劲骑阵北原，贼三突步阵，不能入，定方因其乱击之，鏖战三十里，斩首数万级，贼大奔。明日，振兵复进，五弩失毕举众降，贺鲁独与处木昆屈律啜数百骑西走。定方令副将萧嗣业、回纥婆润率杂虏兵趋邪罗斯川追北，定方与雅相领新附兵绝其后。会大雪，吏请少休，定方曰："虏恃雪，方止舍，谓我不能进，若纵使远遁，则莫能禽。"遂勒兵进至双河，与弥射、步真合，距贺鲁所百里，下令阵而行，薄金牙山。方贺鲁将畋，定方纵击，破其牙下数万人，悉归所部。贺鲁走石国，弥射子元爽以兵与嗣业会，缚贺鲁以还。由是修亭障，列蹊隧，定疆畛，问疾收齿④，唐之州县极西海矣。高宗临轩，定方戎服奉贺鲁以献。策功拜左骁卫大将军、邢国公。

会思结阙俟斤都曼先镇诸胡，劫所部及疏勒、朱俱波、偈槃陀⑤三国复叛，诏定方还为安抚大使。率兵至叶叶水，而贼堞马头川。定方选精卒万、骑三千袭之，昼夜驰三百里，至其所。都曼惊，战无素，遂大败，走马头城。师进攻之，都曼计穷，遂面缚降。俘献于乾阳殿，有司请论如法。定方顿首请曰："臣向谕陛下意，许以不死，愿丐其命。"帝曰："朕为卿全信。"乃宥之。葱岭以西遂定。迁左武卫大将军。

出为神丘道⑥大总管，率师讨百济。自成山济海至熊津口，贼濒江屯兵，定方出左涯⑦，乘山而阵，与之战，贼败死者数千。王师乘潮而上，舳舻衔尾进，鼓而噪，定方将步骑夹引，直趋其都城。贼倾国来，酣战，破之，杀虏万人，乘胜入其郛，王义慈及太子隆北走。

定方进围其城，义慈子泰自立为王，率众固守。义慈之孙文思曰："王与太子出，而叔岂得擅为王？若王师还，我父子安得全？"遂率左右缒城下，人多从之，泰不能止。定方使士登城，建唐旗帜。于是泰开门请命，其将祢植与义慈降，隆及诸城送款，百济平，俘义慈、隆、泰等献东都。

定方所灭三国，皆生执其王，赏赉珍宝不胜计。乾封二年，卒。

孙子曰："微乎微乎，至于无形。"定方乘雾行而破颉利。又曰："速乘人之不及。"定方见尘起而驰捣贼营。又曰："出其不意。"定方知虏恃雪而追掩是也。

【注释】

① 鹰娑川：亦作鹰婆川，在今新疆焉耆都开河上游。

② 癯（qú）：瘦弱。

③ 今：应为"令"。

④ 胔（zì）：腐烂的肉。

⑤ 偈槃陀：也有译作揭盘陀、渴盘陀。

⑥ 神丘道：一说为熊津道。

⑦ 左涯：指江东岸。

【今译】

苏烈，字定方，他的字为人所识，冀州武邑（今河北武邑）人。其父苏邕在隋末之时率乡里数千人为本郡镇压各路义军，安定地方。苏定方少时就以勇猛闻名，十五岁便随父上战场，身先士卒，冲锋陷阵。苏邕去世之后，苏定方就统率其父的兵马，击破剧贼张金称、杨公卿，追杀敌军数十里。自此之后，各路义军不敢在其边境扎营住宿，乡党也都依赖苏定方的保护。

贞观初年，苏定方跟随李靖于碛口突袭突厥颉利可汗。苏定方率两百弓弩骑兵为先锋，趁大雾前进。距敌军一里多时，大雾散去，见突厥可汗牙帐，苏定方立即挥军掩杀，歼灭突厥数百骑。颉利可汗和隋公主仓皇逃窜，李靖随后率军赶到，突厥余众全部投降唐军。

苏定方后随葱岭道行军大总管程知节征讨西突厥贺鲁部，唐军至鹰娑川（今新疆焉耆都开河上游），贺鲁率两万骑来抵御。唐军前锋总管苏海政部连战不克，进攻受阻，而突厥别部鼠尼施部等又率两万多骑兵赶来增援贺鲁。此时苏定方正率部休整，突然发现对面山岭上烟尘大作，便率五百精锐骑兵翻越山岭直击敌军大营，敌军溃乱。苏定方杀敌一千余人，突厥人马遭受突然袭击，死伤惨重，所丢弃的铠甲军需物资和牛羊漫山遍野，不可胜计。副大总管王文度嫉妒苏定方的战功，对大总管程知节说："敌军虽然败逃，但我军亦伤亡惨重。为今之计当整理辎重，巩固阵地，结阵自守，披甲稳步进军，而后等敌军来战，这样才是万全之策。"之后又假传主将之命下令唐军不得追击深入，扩大战果。结果致使战马瘦死，士卒疲劳，兵无斗志。苏定方向程知节进言道："天子命我等讨贼，如今却结营自守，马饿兵疲，如何立功？况且公为主将，指挥作战之事却不能专权，而如今却副将专权，您怎能因为副将王文度而不听天子的命令？"程知节不听。进军至恒笃城，有胡人出降。王文度说："我军回军之时才投降，况且其本身就是叛贼，不如将其杀死，谋取其财物。"苏定方说："你这是逼人造反，不是讨平叛乱。"后来王文度等人屠城，瓜分胡人财物之时，苏定方一分也没有取。唐太宗了解到这一情况后，等到程知节等人还师之后将相关人员全部查办，程知节论罪当死，后交罚款，被革职贬为平民。

后来，唐太宗提拔苏定方为伊丽道（今伊犁河流域及巴尔喀什湖以东、以南地区）行军大总管，以任雅相、回纥婆润为副将，再次领兵征讨贺鲁部。唐军兵出金山（今阿尔泰山）之北，先击破处木昆（西突厥将领）部。又逼降俟斤嫩独禄部一万余帐，苏定方一面安抚降众，一面征发该部一千骑兵，会合回纥一万兵马，进军至曳咥河（今新疆额尔齐斯河上游，喀喇额尔齐斯河）。西突厥首领贺鲁率十部共计十万兵马来抵御唐军，贺鲁见苏定方兵少，就张开左右两翼将苏定方包围。苏定方令步兵占据南面高地，集中长兵器向外结成环形防御的军阵，自己率精锐骑兵列阵于北。突厥大军先冲击唐军步兵军阵，三次冲击都未能冲动，苏定方趁敌军混乱，突然出击，双方激战三十余里，敌军大败，被杀数万人，敌军逃走。第二天，苏定方整顿兵马再次进攻，强弓劲弩五次齐射之后，逼使贺鲁部下投降，只有贺鲁和处木昆屈律啜率数百骑向西逃脱。苏定方命副将萧嗣业、回纥婆润率胡人兵马往邪罗斯川（应在伊犁河以西）追击，苏定方则与任雅相统领新归附的军队断绝敌人的后路。赶上天降大雪，有官吏请求休息。苏定方说："敌人正是倚仗下雪才停下休息，认为我军无法追击。一旦敌人远逃，就无法生擒，将其彻底击败。"苏定方率军进至双河（今新疆博乐），与弥射、步真（二人是兄弟，都是西突厥部落的可汗）等会合，距贺鲁的营地有百里之遥时，苏定方下令列阵成战斗队形进军，唐军进逼金牙山。正好赶上贺鲁打猎，苏定方率军出击，击败其数万人，将其全歼。贺鲁逃到石国（今乌兹别克斯坦塔什干一带），弥射的儿子元爽与李嗣业会合，至石国生擒贺鲁而还。唐军趁此修筑各种驿站、堡垒、小路，确立疆界，加强对当地的管理，抚慰百姓疾苦，收拾暴露的骸骨，将疆域一直扩大到西海（可能指咸海）。唐高宗亲自到殿前屋檐下迎接，苏定方着战袍亲自押解贺鲁至长安向唐高宗进行献俘仪式。苏定方因军功升任左骁卫大将军、邢国公。

西突厥思结部酋长思结阙俟斤都曼胁迫各部落，并率自己的部落逼迫疏勒、朱俱波、偈槃陀三国（今帕米尔高原、昆仑山一带的喀什、叶城和塔什库尔干三地）再次反叛唐朝，苏定方被任命为安抚大使，率兵讨伐。唐军抵达叶叶水（一说应是啐叶河，即今中亚楚河；还有一说认为是今中亚锡尔河中下游），而敌军也驻军马头川。苏定方挑选精锐步兵一万人，骑兵三千，一昼夜强行军三百里突然杀至敌军城下，都曼大惊，被打了个措手不及，大败，退守马头城（应在今新疆喀什西北方向）。苏定方指挥军队攻城，都曼无奈向唐军投降。唐军押解都曼至长安乾元殿举行献俘仪式，有司请求依法将其处死。苏定方为都曼求情，称："臣当时曾说陛下会免除其死罪，希望陛下能饶恕他。"唐高宗说："朕成全爱卿的信誉。"就听从苏定方的建议饶恕了都曼。自此葱岭以西就平定下来，苏定方被提拔为左武卫大将军。

由于百济入侵新罗，新罗王上表救援，唐高宗任命苏定方为神丘道大总管（熊津道大总管），率军征讨百济（位于朝鲜半岛西南部）。唐军自成山（今山东荣成）渡海至熊津江口（今朝鲜南部锦江入海口）时，百济军队早已据江为天险，与唐军对峙。苏定方从东岸登陆，靠山布阵，与百济军队激战，百济军被歼灭数千人。唐军水陆并进，趁着潮水沿江而上，战船鱼贯前进，战鼓惊天动地，苏定方率步、骑兵夹岸引导，大军直逼百济都城。敌军举倾国之兵前来抵御，两军大战，唐军将其击败，斩杀敌人上万，并乘胜追入城中，逼使百济王义慈及太子隆弃城向北逃跑。唐军围困其皇城。百济王之次子泰自立为王，率兵固守，但却引起皇室内讧，百济王嫡孙文思认为："国王与太子虽然逃走了，但皇叔你怎能擅自称王，如果唐军撤走，我父子怎还能有命？"就率本部用绳子从城上逃下向唐军投降，很多人跟从，泰无法制止。苏定方率唐军攻上城池，树立起唐军旗帜。迫使泰开门投降，随后百济大将祢植又押百济王义慈来降，接着太子隆又率各城来降，于是百济平定，苏定方押解义慈、隆和泰等到东都洛阳举行献俘仪式。

苏定方攻破三个国家，都俘虏了他们的国王，缴获珍宝无数。乾封二年（667年），苏定方去世。

孙子说："精妙啊，竟然看不到一点儿痕迹。"苏定方趁大雾进军击破颉利可汗。孙子说："兵贵神速，要趁对方措手不及的时候进攻。"苏定方看到对面起烟尘，而率军直捣敌军大营。孙子说："要出其不意。"苏定方判断敌人倚仗下雪不怕唐军追击，因此命令部队冒雪追击就是如此。

【评析】

苏定方，初唐时期著名的边塞将领，先后灭了三个国家。苏定方少年时就以勇猛而闻名，后来随李靖等名将出征突厥，立下战功，开始在唐军中崭露头角，增长才干。长期的军旅生涯使其积累了很多经验，使他对敌军的判断非常精准。苏定方用兵讲究出奇制胜，不求稳而求奇，这对将领和军队的素质要求很高。后来他征西突厥贺鲁部时，表现出了很高的指挥艺术，以正兵战，占据有利地形，以军阵抵御敌军的骑兵，之后以奇兵胜，突然派骑兵攻击敌军薄弱环节，大败敌军。在征讨葱岭三国的过程中，他也是出奇兵突袭敌军。苏定方为人正直，具备名将高尚的道德。他替俘虏向皇帝求情体现出"仁"和"信"的名将品质。担任主帅，仍身先士卒，可谓是"勇"。苏定方的时代，正是唐建国时的元老名将过世，而边塞烽烟又不断的时代。苏定方征战高句丽、西域，为稳定唐初的边塞局势和为大唐开疆扩土做出了突出贡献。

唐·薛仁贵

【原文】

薛仁贵，绛州龙门人。少贫贱，以田为业。其妻曰："夫有高世之材，要须遇时乃发。今天子自征辽东，求猛将，此难得之时，君盍图功名以自显？"乃往应募。

王师攻安市城，高丽莫离支遣将高延寿等率兵二十万拒战，太宗命诸将分击之。仁贵恃骁悍，欲立奇功，乃著白衣自标显，持戟，腰鞬两弓，呼而驰，所向披靡。军乘之，贼遂奔溃。帝望见，遣使驰问："先锋白衣者谁？"曰："薛仁贵。"帝召见，嗟异，赐金帛人马甚众，授游击将军。师还，帝谓曰："朕旧将皆老，欲擢骁勇付阃外事，莫如卿者。朕不喜得辽东，喜得虎将。"迁右领军中郎将。

苏定方讨贺鲁，仁贵上疏曰："臣闻兵出无名，事故不成；明其为贼，敌乃可服。今泥熟不事贺鲁，为其所破，虏系妻子。王师有于贺鲁部落转得其家口者，宜悉取以还，厚加赍遣，使百姓知贺鲁为暴而陛下至德也。"帝纳之，遂还其家属，泥熟请随军效死。

诏副郑仁泰为铁勒道行军总管。将行，宴内殿，帝曰："古善射有穿七札者，卿试以五甲射焉。"仁贵一发洞贯，帝大惊，更取坚甲赐之。时九姓众十余万，令骁骑数十人来挑战，仁贵发三矢，辄杀三人，于是虏气慑，皆降。仁贵虑为后患，悉坑之。转讨碛北余众，禽伪叶护兄弟三人以归。军中歌曰："将军三箭定天山，壮士长歌入汉关。"九姓遂衰。铁勒有思结、多览葛等部，先保天山，及仁泰至，惧而降，仁泰不纳，虏其家以赏军，贼相率遁去。

吐蕃入寇，命为逻娑道行军大总管，率将军阿史那道真、郭待封击之，以援吐谷浑。待封尝为鄯城镇守，与仁贵等夷，及是，耻居其下，颇为①节度。初，军次大非川，将趋乌海，仁贵曰："乌海地险而瘴，吾入死地，可谓危道，然速则有功，迟则败。今大非岭宽平，可置二栅，悉内②辎重，留万人③守之，吾倍道淹贼不整，灭之矣。"乃约赍，至河口，遇贼，破之，多所杀掠，获牛羊万计。进至乌海城，以待后援。待封初不从，领辎重踵进，吐蕃率众二十万邀击取之，粮仗尽没，待封保险。仁贵退军大非川，吐蕃益兵四十万来战，王师大败。仁贵与吐蕃将论钦陵约和，乃得还，吐谷浑遂没。仁贵叹曰："今岁在庚午，星在降娄，不应有事西方，邓艾所以死于蜀，吾固知必败。"有诏原死，除名为庶人。

未几，高丽余众叛，起为鸡林道总管。复坐事贬象州，会赦还。帝思其功，乃召见曰："今辽西不宁，瓜、沙路绝，卿安得高枕不为朕指麾耶？"于是拜瓜州长史、右领军卫将军、检校代州都督，率兵击突厥元珍于云州。突厥问曰："唐将谓谁？"曰："薛仁贵。"突厥曰："吾闻薛将军流象州死矣，安得复生？"仁贵脱兜鍪见之，突厥相视失色，下马罗拜稍稍遁去。仁贵因进击，大破之，斩首万级，获生口三万，牛马称是。永淳二年，卒。

孙子曰："将者，国之辅。"仁贵立功而太宗喜得虓将。又曰："三军可夺气。"仁贵发三矢而虏气慑。又曰："上下同欲者，胜。"仁贵将帅不和而有大非川之败。又曰："天地孰得？"仁贵谓岁在庚午，不应有事西方。又曰："将军可夺心。"仁贵脱兜鍪而突厥遁是也。

【注释】

①为：应为"违"。

②内：通"纳"。

③万人：多作两万人。

【今译】

薛仁贵，绛州龙门（今山西河津）人。年少之时家境贫寒，以耕田为生。他的妻子对他说："夫君你有非凡的才能，要善于抓住时机。如今天子御驾亲征辽东，正是需要猛将的时候，这可是个难得的机会，夫君何不从军立个功名，出人头地？"薛仁贵就去投军应募。

唐军进攻安市城（今辽宁鞍山附近），而高丽莫离支派遣高延寿等人统率二十万人抵御。唐太宗命诸将各自率军分头进攻。薛仁贵恃其勇猛强悍，想凭借自己的英勇立下奇功，就身穿显眼的白衣，持戟，腰上挎着两张弓，大呼着单枪匹马杀入敌阵，所向披靡。唐军趁机发起进攻，大败高丽军。唐太宗看到之后，派遣使者骑马去问："身穿白衣的先锋是谁？"回答说是薛仁贵。战后，唐太宗召见薛仁贵，惊讶于他的勇敢就重重地赏赐了他，并提拔他为游击将军。大军班师之后，唐太宗对他说："朕以前的将军们年事已高，想提拔年轻骁勇的将领来领兵打仗，年轻一辈中爱卿最为骁勇。朕不喜得辽东，却喜得虎将。"提拔薛仁贵为右领军中郎将。

唐高宗时，唐大将苏定方征讨突厥贺鲁部，薛仁贵上疏称："臣听说如果师出无名，那就很难成功；如果声明敌人的罪名，那敌人才能被降服。如今泥熟部（西突厥一部）因为不听从贺鲁而被其击破，妻子儿女部众均被俘虏。我军如果在贺鲁所辖各部落中俘获泥熟的部众，应当归还泥熟，并厚加赏赐，让百姓知道贺鲁暴虐而陛下仁德。"唐高宗听从了这个建议，结果泥熟非常感动，请求随军出征为唐朝效力。

唐高宗任命郑仁泰为铁勒道行军总管，薛仁贵为副总管，领兵前往征讨进犯唐边境的铁勒九姓。出发前，皇帝在宫中宴请出征将领，席间唐高宗对薛仁贵说："古代善射之人可以射穿七层的铠甲，爱卿你射一个五层的铠甲试试看。"薛仁贵一箭就将甲射穿。高宗大吃一惊，忙命人取更坚固的铠甲赏赐给薛仁贵。龙朔二年（662年），铁勒九姓集合十余万兵力，利用天山（今蒙古国杭爱山）抵御唐军，铁勒军派出数十名大将出阵挑战，薛仁贵一人应战，连发三箭，射杀对手三人。敌军大惊，就全部投降。薛仁贵恐其留为后患，就将降卒全部坑杀。之后率军征讨漠北的铁勒余众，生擒伪叶护可汗三兄弟。唐军还师，将士们都高歌："将军三箭定天山，壮士长歌入汉关。"自此之后，铁勒九姓就衰败了。铁勒里面的思结、多览葛等部落，先拒守天山，等到郑仁泰率大军赶到之后，因惧怕唐军而投降。但郑仁泰竟不接受敌军的投降，还出兵捕获两部的部属赏赐给部下，结果两部只得逃走。

吐蕃强盛，击灭吐谷浑，并进犯唐西域边境。咸亨三年（672年）唐高宗任命薛仁贵为逻娑道行军大总管，率阿史那道真、郭待封等将前往征讨，增援吐谷浑。郭待封曾经是鄯城（今西宁）的镇守，出征前就和薛仁贵平级，因此耻为其副将，经常擅作主张，违反命令。起初，唐军进驻大非川（今青海共和县西南切吉平原，一说今青海湖西布哈河），将向乌海（今托索湖，一说今青海光海县西南苦海，一说今青海喀拉湖）进军。薛仁贵说："乌海地势险要而且有瘴气，我亲率大军进入险地，可以说是死道，此次作战依赖速度，如果速度快就可立下奇功，若是慢些就要失败。大非岭宽阔平整，可以设置两道栅栏，用以保护辎重，再留下一万人（多作两万人）守卫。我率军昼夜兼程攻敌不备，将其击破。"薛仁贵和郭待封约定好会师的日期，嘱托其不可轻动大非岭上的粮草，自己率精锐前往乌海，至河口（今青海玛多），遇到吐蕃军，将其击败，俘获大批牛羊。唐军进军乌海城，等郭待封率领的后援军到来。郭待封刚开始就不听从命令，擅自作主，竟然带着粮草辎重前进（对于郭待封如何违令这一点多数史书交代不清，一般认为是薛仁贵命郭待封留下两万人看守粮草辎重，然后率大军迅速与薛仁贵会合），因进军速度缓慢，未能及时向薛仁贵靠拢，结果遭吐蕃二十万大军攻击，郭待封败走，退守险地，唐军粮草辎重尽失。薛仁贵退军至大非川，吐蕃增兵至四十万人将其包围，唐军大败。薛仁贵和吐蕃将领论钦陵议和，之后带残军撤退，吐谷浑被吐蕃所灭。薛仁贵感慨："今年是庚午年，星在降娄（二十八宿之奎、娄二宿），不宜在西方打仗，邓艾也是如此才死在了蜀地，我早知会失败啊。"因此次战败，薛仁贵论罪要被处死，但后被赦免，贬为庶人。

　　后来高丽残余势力又再次叛乱，唐高宗又起用薛仁贵为鸡林道总管。后来又因为其他案子牵连而被贬到象州（今广西象州）。后遇到大赦，回到京城。高宗念其功高，召见薛仁贵，对他说："如今辽西不宁，而瓜州、沙州（今甘肃敦煌一带）的道路也被阻隔，你怎么能在家中高枕无忧，不为朕今后打仗分忧呢？"于是就再次启用薛仁贵为瓜州长史，不久又任命他为右领军卫将军、检校代州都督，率兵进击突厥元珍于云州（今山西大同一带）。突厥军问唐军："唐军将领是谁？"回答说是薛仁贵。突厥人不信，说："我们听说薛将军被流放到了象州，已经死去，怎么还能复生？"薛仁贵就脱下头盔让突厥军看。突厥人大惊失色，下马跪拜，并撤军，薛仁贵趁机进军，大败敌军，斩首万级，俘虏三万人，牛马的数量也与此相当。永淳二年（683年），薛仁贵去世。

　　孙子说："将领，是国家的辅佐重臣。"薛仁贵立功，而唐太宗非常高兴得到了猛将。孙子说:"可以使敌人的三军失去士气。"薛仁贵连发三箭而铁勒大军害怕。孙子说:"全军上下同心协力的才能获胜。"薛仁贵将帅不和才导致了大非川的惨败。孙子说:"谁知道天时地利?"薛仁贵说岁在庚午,不应在西方打仗。孙子还说:"可以挫败敌方将帅的决心。"薛仁贵脱下头盔而突厥害怕逃走即是如此。

【评析】

　　薛仁贵,唐代著名的军事家,由于小说和戏剧的原因,他也成为公众最为熟悉的唐朝将领之一。他所创造的"三箭定天山""神勇收辽东"等战功都广为传颂。薛仁贵是一位从士兵成长起来的将军,具有丰富的带兵打仗经验。薛仁贵起家是凭借着自己的勇猛和武艺,后期加上出色的胆略和果敢的精神而多次大败敌军。唐太宗称:"朕不喜得辽东,喜得卿也。"唐高宗也称赞他:"古之勇猛者,无一可敌卿。"具有传奇色彩的是他在征讨铁勒九姓的作战中,以三箭射杀九姓联军三员大将,一举威震敌军并迫使敌军投降,只是后来杀降成为其历史上的污点。他的威名在北地似乎已经达到了一种神话般的地步,竟出现了突厥大军听说唐军统兵大将是薛仁贵之后就撤军的情况。降伏高句丽成为薛仁贵一生军事活动的顶峰。在此战中,他率精锐轻进,以少胜多,大败高句丽,洗刷了唐太宗征讨高句丽失败的耻辱。只是在后来征讨吐蕃的大非川之战中,因副将的不配合导致失败,使唐军精锐大部尽丧,从此使唐面临着吐蕃巨大的军事威胁。他率军作战时,经常以精锐突袭敌军大营,往往出奇制胜。但也正是这种冒险的战法,使他在大非川之役中遭到惨败。《旧唐书》评价说:"仁贵骁悍壮勇,为一时之杰,至忠大略,勃然有立。噫,待封不协,以败全略。"

唐·裴行俭

【原文】

裴行俭,字守约,绛州闻喜人。贞观中,举明经,调左屯卫仓曹参军。时苏定方为大将军,谓曰:"吾用兵,世无可教者,今子也贤。"乃尽畀以术。

仪凤二年,十姓可汗阿史那都支及李遮匐诱蕃落以动安西,与吐蕃连和,朝廷欲讨之。行俭议曰:"吐蕃叛援方炽,敬玄失律,审礼丧元,安可更为西方生事?今波斯王死,其子泥涅师质京师,有如遣使立之,即路出二蕃,若权以制事,可不劳而成功也。"帝因诏行俭册送波斯王,且为安抚大食使。经莫贺延碛,风砾昼冥,导者迷,将士饥乏。行俭止营,致祭,令曰:"水泉非远。"众少安。俄而云彻风恬,行数百步,水草丰美,后来者莫识其处。众皆惊,以方汉贰师将军。

至西州,诸蕃郊迎,行俭召豪杰千余人自随。扬言:"大热,未可以进,宜驻军须秋。"都支觇知之,不设备。行俭徐召四镇酋长,伪约畋,谓曰:"吾念此乐未始忘,孰能从吾猎者?"于是子弟愿从者万人,乃阴勒部伍。数日,倍道而进,去都支帐十余里,先遣其所亲问安否,外若闲暇,非讨袭者。又使人趣召都支。都支本与遮匐计,及秋拒使者,已而闻军至,仓卒不知所出,率子弟五百余人诣营谒,遂禽之。是日,传契箭,召诸部酋长悉来请命,并执送碎叶城。简精骑,约赍，袭遮匐。道获遮匐使者，释之，俾前往谕其主，并言都支已禽状，遮匐乃降，悉俘至京师。将吏为刻石碎叶城以纪功。帝亲劳宴，曰："行俭提孤军深入万里，兵不血刃，而叛党禽夷，可谓文武兼备矣，其兼授二职。"即拜礼部尚书兼右卫大将军。

调露元年，突厥阿史德温傅反，单于管二十四州叛应之，众数十万。都护萧嗣业讨贼不克，死败系踵。诏行俭为定襄道行军大总管讨之。率太仆少卿李思文、营州都督周道务部兵十八万，合西军程务挺、东军李文暕等，总三十余万，旗帜亘千里行，俭咸节制之。先是，嗣业馈粮，数为虏钞，军馁死。行俭曰："以谋制敌可也。"因诈为粮车三百乘，车伏壮士五辈，赉陌刀、劲弩，以羸兵挽进，又伏精兵踵其后。虏果掠车，羸兵走险。贼驱就水草，解鞍牧马。方取粮车中，而壮士突出，伏兵至，杀获几尽，自是粮车无敢近者。大军次单于北，暮，已立营，堑壕既周，行俭更命徙营高冈。吏曰："士安堵，不可扰。"不听，促徙之。比夜，风雨暴至，前立营所，水深丈余，众莫不骇嗟，问何以知之，行俭曰："自今第如我节制，毋问我所以知也。"

贼据黑山，数战皆败，行俭纵兵，前后杀虏不可胜计。伪可汗泥熟匐为其下所杀，持首来降，又禽大首领奉职而还，余党走狼山。行俭既还，阿史那伏念伪称可汗，复与温傅合。明年，行俭还总诸军，顿代州之陉口，纵反间，说伏念，令与温傅相贰。伏念惧，密送款，且请缚温傅自效。行俭秘不布，密以闻。后数日，烟尘涨天而南，斥候惶骇，行俭曰："此伏念执温傅来降，非他也。且受降如受敌。"乃敕严备，遣单使往劳。既而果然。于是，突厥余党悉平。帝悦，遣户部尚书崔知悌劳军。初，行俭许伏念以不死，侍中裴炎害其功，建言："伏念为程务挺胁逐，又碛北回纥逼之，计穷而降。"卒斩伏念及温傅于都市，行俭之功不录。行俭叹曰："浑、潘①之事，古今耻之。但恐杀降则后无复来矣！"遂称疾不出。

永淳元年，卒。

行俭通阴阳、历术，每战，豫道胜日。善知人，所引偏裨，若程务挺、崔智晬、王方翼、党金毗、郭待封、李多祚、黑齿常之，类为世名将，慊奏至刺史将军者数十人。尝赐马及珍鞍，令史私驰马，马蹶鞍坏，惧而逃。行俭招还之，不加罪。初，平都支、遮匐，获环宝不赀，藩酋将士愿观焉，行俭因宴，遍出示坐者。有玛瑙盘广二尺，文彩粲然，军吏趋跌盘碎，惶怖，叩头流血。行俭笑曰："尔非故也，何至是？"色不少吝。帝赐都支资产皿金三千余物，橐驼马牛称是，行俭分给亲故洎麾下，数日辄尽。

孙子曰："用而示之不用。"行俭实欲袭都支，而伪示以闲暇。又曰："因利而制权。"行俭因敌钞掠而伏兵粮车。又曰："犯之以事，勿告以言。"行俭不告士卒以徙营之由。又曰："事莫密于间。"行俭纵反间而缚温傅是也。

【注释】

① 濬：同"浚"。

【今译】

裴行俭，字守约，绛州闻喜（今山西闻喜）人。唐太宗贞观年间经过明经的科举考试而开始走仕途，后被任命为左屯卫仓曹参军。当时苏定方为大将军（中郎将），对他说："我的用兵之法，世上没有人可以传授，如今发现你贤能，可以传授。"苏定方向裴行俭传授了他全部的用兵之法。

仪凤二年（677年），西突厥的十姓（部落联盟）可汗阿史那都支和突厥别部首领李遮匐鼓动各部族反唐,并且和吐蕃联合,震动安西。唐高宗想派兵征讨。裴行俭说:"如今吐蕃气焰正盛,而我军李敬玄又刚刚战败,刘审礼还丢掉了性命,怎能再在西方发动战争呢?如今正好波斯王死了,而波斯王子泥涅师正在京城当人质,不如派遣使节护送他回国继位,正好路过阿史那都支和李遮匐的地盘。如能见机行事,不需要劳师动众就能够取得成功。"高宗采纳了他的建议,下诏任命裴行俭为安抚大食使,率军护送波斯王子回国即位。在经过莫贺延碛(位于今罗布泊和玉门关之间,今称"哈顺戈壁")之时,遇到沙尘暴,白昼如夜,向导迷失方向,将士饥渴难耐。裴行俭命令部队扎营,向天祭祀祈祷,对众人说:"此处距离水源不远了。"众人方才稍稍安心。不久云散风住,风沙退却,唐军走了数百步就来到水草丰美的地方,而后来的人却再也没找到这个地方。众人都十分惊讶,以为与汉贰师将军李广利的遭遇类似。

　　大军行进至西州(今新疆吐鲁番地区),各民族部落的首领民众都到郊外来迎接,裴行俭从他们当中召集了英雄豪杰一千余人相随左右。他还到处扬言,称:"天气太热,无法前进,应当驻军至秋天天气凉爽之后再行军。"都支派来的密探向他报告了这一情况,于是都支就没有防备。裴行俭又召集安西四镇的各部酋长,假装相约和他们打猎,裴行俭说:"我很怀念当年在这里打猎的快乐时光,有谁愿再陪我去打猎?"各族子弟愿意跟从者有上万人,裴行俭暗中整编部队,秘密出发。数日之内裴行俭的队伍倍道兼程,大军直抵都支牙帐十余里的地方,之后派出与他熟识的人去问候他,对外装作闲暇出来打猎的样子,而不是来征讨都支的。之后又突然派使者召都支来见。都支本来已经与李遮匐约好到秋天共同抗御唐使者的军队,突然听说唐军已经到达,仓促之间不知所措,就率子弟五百多人到唐军大营来拜见裴行俭,结果被裴行俭捕获。当时裴行俭就用都支的令箭将其所属各部的酋长召集而来，趁机将他们全部抓获，押往碎叶城（今吉尔吉斯斯坦托克马克，唐安西四镇之一）。之后裴行俭挑选少量精锐骑兵，突袭李遮匐。在路上恰好抓住了李遮匐的使者，裴行俭将使者放回，让他去向李遮匐传话，并说明都支已经被擒的情况，李遮匐看到这一情况，就向裴行俭投降了。裴行俭命副将王方翼继续护送波斯王子回国，自己将俘虏押回京师长安。将士们在碎叶城将此事刻在石头上以彰显裴行俭的功绩。唐高宗亲自设宴慰劳，说："裴行俭提孤军，深入万里，兵不血刃，擒获叛党，真可谓是文武双全，再授予他两个官职。"当即任命裴行俭为礼部尚书兼右卫大将军。

调露元年（679年），突厥阿史德温傅反叛，并鼓动单于都护府所辖二十四州一起响应，叛军多达数十万。都护萧嗣业率军平叛，屡战不胜，唐军死伤惨重。高宗下诏任命裴行俭为定襄道行军大总管，率太仆少卿李思文、营州都督周道务所部十八万兵马前往征讨，到当地再整合西军程务挺、东军李文暕等将领的兵马共三十余万，旌旗千里，全部由裴行俭指挥。此前，萧嗣业派兵押运的粮草，多次被敌人袭击，唐军粮草不济，士卒们饥渴至死。裴行俭说："当以计谋制敌才可以。"裴行俭伪装了三百辆粮车，每辆车上潜伏壮士五人，装备大陌刀和劲弩，又选老弱兵士护送赶车，然后派精兵暗暗跟随其后。叛军果然前来夺粮车，赶车的士兵马上逃走，叛军将运粮车赶到有水草的地方去，解下马鞍，牧马休息。正要取车上军粮的时候，潜伏车上的壮士突然杀出，尾随的伏兵也迅速赶至，几乎将叛军全歼。从此敌军再也不敢靠近粮车。唐军进军至单于北（今内蒙古呼和浩特以北），天黑之后，大军已经扎营休息，四周也开挖了堑壕设置了岗哨，但裴行俭却命令部队将大营移到高冈之上。官吏们都说："士兵们已经安歇了，不便再打扰他们。"裴行俭不听，催促大军搬迁营地。当夜，暴雨突至，之前的营地被洪水所淹，水深一丈有余，众人全都十分惊骇，问裴行俭如何知道会下暴雨。裴行俭说："从今天开始，一切听我命令，不要问我怎么知道的。"

永隆元年（680年），叛军主力驻扎在黑山（今内蒙古包头附近），多次与唐军作战全都失败，裴行俭纵兵与突厥大战，前后斩杀敌军无数。叛军内讧，其部下杀死伪可汗泥熟匐并带着他的首级来投降，突厥大首领奉职也被唐军生擒，余部逃向狼山。裴行俭班师之后不久，突厥贵族阿史那伏念收罗叛乱余党又伪称可汗，与阿史那温傅联合继续顽抗。于是第二年，裴行俭再度统率诸军，屯兵代州（今山西代县）之陉口。他施展反间计，派间谍去挑拨伏念和温傅的关系，二人开始互相猜忌。阿史那伏念大为恐惧，于是偷偷派人和唐军联络，许诺会抓住温傅前来投降。裴行俭秘而不宣，等待消息。数日后，漫天烟尘滚滚自北而南，唐军的斥候侦察兵大为惊恐。裴行俭说："这不过是伏念抓住了温傅前来投降，不用担心。不过受降如临敌，还是要做好准备。"于是命令唐军严阵以待，派一个使节前往问询，果然如此。于是突厥叛乱的余党全部被平息。高宗大悦，派户部尚书崔知悌前去慰劳军队。最初，裴行俭答应确保伏念不死，但侍中裴炎妒忌其功劳，向朝廷进谗言："伏念是被程务挺打败，又被漠北的回纥军队逼迫，是没有办法才投降的。"最后鼓动朝廷下令将伏念和温傅在长安处决，而裴行俭的大功没有被记录下来。裴行俭因为自己言而无信而深感耻辱，感叹着说："过去王浑、王浚兄弟争功之事，古今以之为耻。只恐怕是有了这样杀降的先例以后就不会再有人来投降了！"于是就称病不出。

永淳元年（682年），裴行俭因病辞世，终年六十四岁。

裴行俭精通阴阳术数，每次作战之前都能预测到胜利的日子。裴行俭知人善任，推荐的偏将，如程务挺、崔智晬、王方翼、党金毗、郭待封、李多祚、黑齿常之等，后来都成为名将。推荐的侍从后来做到刺史将军的有数十人。一次皇帝赐给他宝马及珍贵的马鞍，令史送来时私自纵马飞驰，马摔倒了，镶宝石的鞍也破了，令史吓得逃走了。裴行俭派人把令史找了回来，并不加罪。在平叛阿史那都支和李遮匐的时候，缴获了大量珍宝，各部族的将士都想观赏一番，裴行俭于是设宴，拿出这些珍宝给大伙观赏。其中有一个二尺多的玛瑙盘，非常精致漂亮，军吏捧盘子时摔倒，玛瑙盘也摔碎了，吓得叩头直至流血。裴行俭笑着说："不是你的过错，何必如此？"完全没有显示出一点吝惜的样子。皇帝下诏把原属都支等人的资产器皿财物三千余件，还有很多驼马牲畜赏赐给裴行俭，他全部分给部下和亲戚朋友，数日就分光了。

孙子说："要攻打敌人的时候就要装作不是去攻打他们。"裴行俭实际上想去攻打都支，但却假装是闲暇时出去打猎。孙子说："要根据具体情况采取不同的措施。"裴行俭利用敌人劫掠粮车就秘密在粮车上设下伏兵。孙子说："向部下布置任务，却不告诉他们原因。"裴行俭不告诉士卒们搬迁营地的理由。孙子还说："没有比间谍更秘密的事情了。"裴行俭利用反间计而生擒温傅就是如此。

【评析】

裴行俭，唐中期著名的将领，自幼师从名将苏定方学习兵法，颇得其真传。裴行俭出身于著名的裴氏家族，号称"将相接武，公侯一门"。只是其出生在家道中落的时代，要靠自己的努力光耀门楣。后来遇到名将苏定方，苏定方惊奇其天分，将自己的兵法和经验倾囊相授。裴行俭后来在西域任职，政绩卓著，受到各民族群众拥护，史称

"西域诸国多慕义归附"。裴行俭大器晚成,年近五十才返回朝廷,随后才为主将领兵出征,而对突厥的赫赫战功则使他能够彪炳史册,也使他成为武则天时期最著名的将领之一。他用兵奇诡,不拘于常法,喜欢用奇谋。裴行俭借打猎为名,利用自己早年在西域创下的良好基础召集各部精兵,突袭阿史那都支和李遮匐,兵不血刃就大败敌军,堪称奇迹,后来也是利用粮车巧设奇兵而大败敌军。裴行俭所修习的李靖、苏定方一派的兵法讲究奇门遁甲一类的异术,也为后人留下了无尽的遐想。裴行俭的大度和知人使他能够推荐贤才,门下名将辈出,更重要的是他所创立的选贤任能制度,使大批优秀人才得以脱颖而出。裴行俭本人还是一位书法大家,曾书写《文选》,深受高宗喜欢。

唐·唐休璟

【原文】

唐璿，字休璟，以字行，京兆始平人。举明经高第，为营州户曹参军。

会突厥诱奚、契丹叛，都督周道务以兵授休璟，破之于独护山①，数馘多，迁朔州长史②。

永淳中，突厥围丰州，都督崔智辨死战，朝廷议弃丰保灵、夏。休璟以为不可，上疏曰："丰州控河遏寇，号为襟带，自秦汉以来，常郡县之。土田良美，宜耕牧。隋季丧乱，不能坚守，乃迁就宁、庆，戎羯得以乘利而交侵，始以灵、夏为边。唐初，募人以实之，西北一隅得以完固。今而废之，则河傍地复为贼有，而灵、夏亦不足自安，非国家利也。"高宗从其言。

垂拱中，迁安西副都护。会吐蕃破焉耆，安息道大总管韦待价等败，休璟收其溃亡，以定西土。

授灵州③都督，乃陈方略，请复四镇。武后遣王孝杰拔龟兹等城，自休璟倡之。

圣历中，授凉州都督、右肃政御史大夫、持节陇右诸军副大使④。吐蕃大将麹⑤莽布支率骑数万寇凉州，入洪源谷。休璟以兵数千临高望之，见贼旗铠鲜明，谓麾下曰："吐蕃自钦陵死，赞婆降，莽布支新将兵，欲以示武，且其下皆贵臣酋豪子弟，骑虽精，不习战，吾为诸君取之。"乃被甲先登，六战皆克，斩一将⑥，获首二千五百，筑京观而还。

吐蕃来请和，既宴，使者屡觇休璟，后问焉，对曰："洪源之战，是将军多杀臣士卒，其勇无比，今愿识之。"后嗟异，擢为右武威、金吾⑦二卫大将军。

西突厥乌质勒失诸蕃和，举兵相攻，安西道闭。武后诏休璟与宰相计议，不少选，画所当施行者。既而边州建请屯置，尽如休璟策。后曰："恨用卿晚。"进拜夏官尚书、同凤阁鸾台三品。后诮杨再思、李峤、姚元崇等曰："休璟练知边事，卿辈十不当一。"

改太子右庶子，仍知政事。会契丹入塞，复以夏官尚书检校幽营等州都督、安东都护。延和元年，卒，年八十六。

休璟以儒者号知兵，自碣石逾四镇，其间绵地几万里，山川夷阻，障塞之要，皆能言之，故行师料敌未尝败。惟张仁愿议筑受降城，而休璟独谓不可，卒就之，而漠南无虏患。始老，已逾八十，犹托倚权近求复用，颇为时讥訾云。

孙子曰："厉于廊庙之上，以诛其事。"休璟对武后计议边事，尽如其策。又曰："计险厄远近，上将之道。"休璟于山川夷阻，皆能言之是也。

【注释】

① 蜀护山：多译作独护山。
② 朔州长史：史书多作此官职为丰州司马。
③ 灵州：应为西州。
④ 副大使：史书多作此官职为持节陇右诸军州大使。
⑤ 鞠：同"曲"。
⑥ 一将：史书多作斩杀了两名敌将。

⑦ 金吾：指右金吾卫。

【今译】

唐璿，字休璟，以其字为人所知，京兆始平（今陕西兴平东南）人。唐休璟通过科举明经及第，后被任命为营州户曹参军。

突厥叛唐，煽动奚、契丹部落一起攻打营州。营州都督周道务派唐休璟率兵征讨，唐休璟于独护山大破敌兵，斩获甚众。唐休璟因战功转任丰州（今内蒙古中西部）司马。

唐高宗永淳年间，突厥反唐，将丰州包围，丰州都督崔智辨率部迎敌，战败被俘杀。唐朝廷大震，大臣们提议放弃丰州，将百姓迁至灵（今宁夏灵武西南）、夏（今宁夏、陕西北部）二州。唐休璟坚决反对，向皇帝上疏说："丰州可控制黄河，遏制贼寇，号为襟带险要之地。自秦汉以来，就常设郡县。丰州土地肥美，适宜耕种放牧，隋末天下大乱，无法坚守，才被迫迁徙百姓至宁、庆二州。结果致使戎羯等游牧民族利用此地不断向内入侵，才被迫以灵、夏二州为边界。唐初，召募人员充实此地才得以保全西北边界。如今若是将其废弃，则黄河临近之地将为敌军所有，而灵、夏二州将受到极大威胁，对国家不利。"唐高宗听从了这个建议。

唐睿宗垂拱年间，武则天将唐休璟调往西域，出任安西副都护，驻守碎叶城。后来吐蕃攻破焉耆（今新疆焉耆），安息道大总管韦待价战败，安西四镇为吐蕃占据。唐休璟收容前方溃散的唐军士卒坚守西州，稳定局势，使西部边境暂时得到安定。

不久，唐休璟被任命为西州（今新疆吐鲁番）都督，他向朝廷上陈方略，请求收复安西四镇（龟兹、于阗、疏勒、碎叶）。武则天听取了这个意见，派遣大将王孝杰率军，在唐休璟的参谋下，收复龟兹（今新疆库车）等城。

圣历二年（699年），唐休璟调任凉州（今甘肃武威）都督、右肃政御史大夫、持节陇右诸军州大使。吐蕃大将曲莽布支率数万骑兵进犯凉州，唐休璟率数千人马出战，双方在昌松（今武威东南）附近的洪源谷对峙。唐休璟登高眺望敌阵，见吐蕃军旗甲鲜明，气势旺盛。便对部下说："吐蕃自权臣钦陵死，他的兄弟赞婆归降之后，曲莽布支新就任为统兵大将，想要显耀威武，因此吐蕃国中贵臣酋豪子弟皆从军出征。敌军人马虽精，但却不通军事，吾为诸君取之。"唐休璟亲自披甲上阵，身先士卒，与吐蕃军六战六胜，斩杀吐蕃将领一名，斩杀敌军两千五百人，唐休璟修筑京观之后还师。

长安元年（701年），吐蕃派使臣前来求和，武则天设宴款待吐蕃使者，唐休璟也参加了这次宴会。席间，吐蕃使者多次偷看唐休璟，武则天便问是什么原因。吐蕃使者说："当年两军在洪源交兵，这位将军勇猛无比，斩杀我军许多将士，因此想好好认识一下。"武后听后方才知道此事，大为惊叹，立即擢升唐休璟为右武威、右金吾二卫大将军。

长安三年（703年），西突厥别部突骑施酋长乌质勒与西突厥各部落失和，各方互相攻伐，结果使安西和大唐的交通断绝。武则天命唐休璟与各位宰相商议解决的办法。很快唐休璟便把商议好的事态发展形势和应对之策呈报了上来。不久之后安西诸州向朝廷报告情况，具体的情况和唐休璟所设想的完全一样。武则天感慨地说："恨用卿晚。"并提拔唐休璟为夏官尚书、同凤阁鸾台三品（宰相）。武则天还嘲讽杨再思、李峤、姚元崇等几位宰相说："唐休璟熟知边境事务，你们几个十个人也比不上他一个。"

不久，唐休璟转任太子右庶子，依旧参与政务。不久契丹人入塞攻唐，武则天再次任命唐休璟为夏官尚书，兼任幽州、营州都督、安东都护之职，奉命出击契丹。延和元年（712年），唐休璟去世，终年八十六岁。

唐休璟以儒生文官出身，而后掌管军事。东起碣石（今河北昌黎西北），西至安西四镇，连绵万里的山川险阻，地理要害，唐休璟都能熟记于心，故出征谋划没有失败过。只是后来张仁愿上奏请求趁后突厥西征，漠南空虚之时在黄河河套以北修筑三座"受降城"防备突厥，只有唐休璟不赞同。最终皇帝同意修筑这三座城池，结果使漠南不再遭受敌人的威胁。唐休璟年老之后，十分迷恋权力，都已经年过八十了还想巴结权贵再次被启用，受到当时人们的讥讽。

孙子说："要在庙堂之上，多次谋划，作出决策。"唐休璟为武则天谋划边境地区的事务，全都符合当时的预计。孙子说："正确判断敌情，考察地形险易，计算道路远近，这是高明的将领必须掌握的方法。"唐休璟对山川险阻都烂熟于胸就是如此。

【评析】

　　唐休璟，一位经由科举出仕的将领，并通过多次作战积累下军功而做到宰相之位，可谓文武全才。在早期抵御突厥的作战中，唐休璟屡立战功，开始受到朝廷重视。在商议如何对待丰州的问题上，他的战略眼光和远见卓识受到皇帝重视。这种从长远考虑问题的能力也是他日后能成为朝廷重臣的重要因素。唐休璟对边塞地区的山川地理和社会情况烂熟于胸，使他能出谋划策帮助朝廷重新控制安西四镇，又能在西突厥封闭安西交通时提出应对措施，表现出了高超的谋划才能。连武则天也用他来刺激宰相说："休璟练知边事，卿辈十不当一。"而在对吐蕃的作战中，唐休璟更是亲自率军出战，凭着对敌军军情的精准判断，以弱胜强，六战六捷，一时威震吐蕃。只是在年老之后，他一方面迷恋权力，巴结权贵，另一方面在重大决策也有失误，反对张仁愿筑受降城。唐休璟是儒生领兵的典范之一，是中国古代能够出将入相的名臣之一。

唐·张仁愿

【原文】

张仁愿，华州下邽人。本名仁亶，以睿宗讳音近避之。有文武材。武后时，累迁殿中侍御史。

万岁通天中，监察御史孙承景监清边军，战还，自图先锋当矢石状。武后叹曰："御史乃能如是乎！"擢为右肃政台中丞，诏仁愿即叙其麾下功。仁愿先问承景破敌曲折，承景实不行，所问皆穷。仁愿劾奏承景罔上，虚列户级。贬为崇仁令，以仁愿代为中丞，检校幽州都督。

默啜寇赵、定，还出塞，仁愿以兵邀之，贼引去。迁并州都督长史。

朔方军总管沙吒忠义为突厥所败，诏仁愿摄御史大夫代之。既至，贼已去，引兵踵击，夜掩其营破之。始，朔方军与突厥以河为界。北涯有拂云祠，突厥每犯边，必先谒祠祷解，然后料兵渡而南。时默啜悉兵西击突骑施，仁愿请乘虚取漠南地，于河北筑三受降城，绝虏南寇路。唐休璟以为："两汉以下皆北守河，今筑城虏腹中，终为所有。"仁愿固请，中宗从之。表留岁满兵以助功，咸阳兵二百人逃归，仁愿禽之，尽斩城下，军中股栗，役者尽力，六旬而三城就。以拂云为中城，南直朔方，西城南直灵武，东城南直榆林，三垒相拒各四百余里，其北皆大碛也，斥地三百里而远。又于牛头朝那山北置烽候千八百所。自是突厥不敢逾山牧马，朔方益无寇，岁损费亿计，减镇兵数万。初建三城也，不置壅门、曲敌、战格。或曰："边城无守备，可乎？"仁愿曰："兵贵攻取，贱退守。寇至，当并力出拒，有回望城者斩。何事守备，退衄其心哉！"后常元楷代为总管，始筑壅门，议者益重仁愿而轻元楷。

景龙二年，拜左卫大将军、同中书门下三品，封韩国公。还朝，卒。

仁愿为将，号令严，将吏信伏，按边抚帅，赏罚必直功罪。后人思之，为立祠受降城，出师辄享焉。宰相文武兼者，当时称李靖、郭元振、唐休璟、仁愿云。

孙子曰："能使敌人不得至者，害之也。"仁愿筑受降城，而绝虏南寇路。又曰："兵之情，围则御，不得已则阙。"仁愿不置壅门，而令使并力拒敌。又曰："赏罚孰明。"仁愿赏罚必直功过是也。

【今译】

张仁愿，华州下邽（今陕西渭南）人。张仁愿本名张仁亶，因与唐睿宗李旦的名字发音相近而改为张仁愿。张仁愿文武全才。武则天时，多次升迁后担任殿中侍御史。

武则天万岁通天年间，监察御史孙承景担任清边军的监军，作战回来，为自己画了一幅冒着矢石冲锋陷阵的图画。武则天赞叹说："身为御史也能如此冲锋陷阵啊！"提升他为右肃政台中丞，下诏命张仁愿立即记录他的功劳。张仁愿先询问孙承景破敌经过，孙承景实际上未参加战斗，所问一概答不出来。张仁愿就弹劾孙承景有欺君之罪，虚报俘虏和首级数目。武则天就贬孙承景为崇仁令，令张仁愿接替他为中丞，检校幽州都督（治幽州，今北京附近）。

武周圣历元年（698年），突厥默啜可汗侵犯赵、定二州（今河北中部赵县、定州）。突厥回师出塞路过幽州之时，张仁愿率兵截击，突厥大败而逃。张仁愿因军功升迁为并州都督长史。

朔方军总管沙吒忠义被突厥打败，皇帝下诏令张仁愿代理御史大夫去接替他。到了镇所，敌军已经离去，张仁愿率兵跟踪追击，趁夜袭击敌营，大败突厥军。起初，朔方军和突厥以黄河为界，河北岸有座拂云祠，突厥每次进犯边境，总要先到祠里拜神祈祷并占卜吉凶，然后根据结果整兵渡河南下。当时默啜率全部兵力西攻突骑施（西域的突厥别部），张仁愿向朝廷建议趁虚攻占漠南之地，在黄河以北修筑三座受降城，断绝敌人南侵之路。唐休璟却认为："自汉以来都是北方以黄河为边界，如今在敌人腹地筑城，最终要被敌人占有。"张仁愿坚决请求，唐中宗听从了他的建议。张仁愿上表留下上年戍守期满的士兵帮助修城，二百名咸阳籍士兵逃跑，被张仁愿抓住，全部斩于城下，军中害怕，服役者都十分尽力，六十天就修完三座城池。张仁愿以拂云祠为中城（今内蒙古包头西南），正南对着朔方，西城（今内蒙古五原西北）正南对着灵武，东城（今内蒙古托克托）正南对着榆林，三城相距各有四百多里，城北面都是大沙漠，由此唐朝开拓疆域三百里之远。又在牛头朝那山（今内蒙古固阳县东）以北设置一千八百座烽火台。从此突厥不敢翻越山来牧马，朔方再没有敌人，每年减少费用达亿计，裁减镇兵数万。刚开始修筑三城之时，没有修筑瓮门、曲敌、战格等守备设施（瓮门指瓮城城门，代指瓮城；曲敌，一说应为却敌，和战格同为守城防御设施）。有人说："边城没有防守设施，能行吗？"张仁愿说："作战最重要的是进攻，退守是下策。敌人到来，应当全力出战抗击，敢回头望城者斩，何用设置守备设施，使人产生退守之心呢！"后来常元楷代任总管，才开始修建瓮门，议论之人更加推重张仁愿而轻视常元楷。

唐中宗景龙二年（708年），张仁愿拜左卫大将军、同中书门下三品，封韩国公。春季回朝，秋季督守边境。开元二年（714年）张仁愿去世。

张仁愿担任将领，号令严明，将吏信服，守备边境统御军队，赏罚必按功罪。后人思念他，在受降城为他建立祠堂，出师的时候都要祭祀。宰相中文武全才之人，当时称有李靖、郭元振、唐休璟、张仁愿四人。

孙子说："能使敌人不能先我来到战场，是设置障碍、多方阻挠的结果。"张仁愿筑受降城，而断绝敌人进犯的道路。孙子说："士卒的心理状态是：陷入包围就会竭力抵抗，形势逼迫就会拼死战斗。"张仁愿不修筑瓮门，从而让士卒们全力拒敌。孙子还说："赏罚应该公正严明。"张仁愿赏罚将士一定要按照功过是非来处置就是如此。

【评析】

张仁愿，唐中期最著名的将领之一，也是唐朝号称文武全才的四位宰相之一。张仁愿如同唐朝在走向鼎盛时期的名将一样，是在对突厥的作战中成长起来的名将。在抵抗突厥默啜可汗的战争中，张仁愿表现得有勇有谋。一方面他亲冒矢石，冲锋陷阵；另一方面，他又能够完善防御体系，使突厥无功而返。张仁愿能够成为名将的一个重要因素是对战略形势的正确判断和把握，在黄河北岸筑"受降城"的问题上，他不顾前辈名将唐休璟的反对，直陈自己的想法，事实证明了他的观点的正确性。张仁愿在作战上重视进攻，因此在筑"受降城"时不愿修筑防御设施，要求以勇猛果敢的进攻来夺取胜利。在治军和治理地方上，张仁愿强调严刑峻法维护法纪和权威。杀戮过重，捕杀盗贼，尸积府门；擒获逃兵，尽斩城下，自古"慈不掌兵"的特点在他身上体现得比较明显，但是他号令严明，赏罚明信，在将士当中享有很高的威信。由于其显赫的军功和治国才能，史书上称赞他："宰相文武兼者，当时称李靖、郭元振、唐休璟、仁愿云。"

唐·王晙

【原文】

王晙，沧州景城人。擢明经高第，尝为桂州都督。州有兵，旧常仰饷衡、永。晙始筑罗郛①，罢戍卒，埭②江，开屯田数千顷，以息转曹，百姓赖之。

后迁朔方军副大总管、安北大都护。吐蕃以精甲十万寇临洮，次大来谷，其酋坌达延以兵踵而前。晙率所部二千与临洮军合，料奇兵七百，易胡服，夜袭，去贼五里。令曰："前遇寇，士大呼，鼓角应之。"贼惊，疑伏在旁，自相斗死者万计。俄而薛讷至武阶，距大来二十里，贼阵两军间，亘一舍而近。晙往迎讷，夜使壮士衔枚鏖突，虏骇引去，追至洮水，败之，俘获如积。

后突厥默啜为拔曳固③所杀，其下多降，分置河曲。既而小杀④继立，降者稍稍叛去。晙上言："突厥向以国乱，故款塞。今徙处河曲，使内伺边鄙，久必为患。虏脱南牧，降帐必与连衡，以相应接，表里有敌，虽韩、彭、孙、吴，无所就功。请至农隙，令朔方军大陈兵，召酋豪，告以祸福，啖以金缯，且言南方麋鹿鱼米之饶，并迁置淮右、河南。不二十年，渐服诸华，料以充兵，则皆劲卒。议者若谓降狄不可以南处，则高丽旧俘置沙漠之西，城傍编夷居青、徐之右，何独降胡不可徙欤？"臣复料议者必曰："故事，置于河曲，前日已宁，今无独异。且往者颉利破亡，边鄙安定，故降户得以久安。今虏未殄灭，此降人皆戚属，固不与往年同也。臣请以三策料之：悉其部落置内地，获精兵之实，闭黠虏之患，此上策也；亭障之下，蕃华参处，广屯戍，为备拟，费甚人劳，下策也；置之朔塞，滋成祸萌，此无策也。不然，前至河冰，且必有变。"书未报，而虏已叛，乃敕晙将并州兵济河以讨。晙间行，卷甲舍幕趋山谷，夜遇雪，恐失期，誓于神曰："晙事君不以忠，不讨有罪，天所殛者，当自蒙罚，士众无罪。心诚忠，而天监之，则止雪反风，以奖成功。"俄而和齐。时叛胡分二道走，晙自东道追及之，获级二千。以功迁左散骑常侍、朔方行军大总管。

兰也⑤胡康待宾据长泉反，陷六州，诏郭知运与晙讨平之。元宗以宫人赐知运等，晙独不敢取，曰："臣之事君，犹子事父，讵有尝近闻掖而臣子敢当乎？誓死以免。"见听。初，晙奏："朔方兵力有余，愿罢知运，独当戍。"未报，而知运至，故不协。晙所降附，知运辄纵击，贼意晙卖己，乃复叛。

卒，赠尚书左丞相。晙气貌伟特，时谓为独虎相⑥。感慕节义，有古人风。其操下肃一，吏人畏爱。

孙子曰："动如雷震。"晙令士卒大呼，鼓角应之，而敌惊溃。又曰："卒善而养之。"晙以降虏料以充兵，则皆劲卒。又曰："上下同欲者，胜。"晙与知运不协而贼叛是也。

【注释】

①郛：指外城。

②埭（dài）：挡水的土坝。

③拔曳固：也有译为拔也古等。

④ 小杀：指突厥毗伽可汗。

⑤ 兰也：应为兰池。

⑥ 独虎相：可能是熊虎相之误。

【今译】

王晙，沧州景城（今河北省沧县）人。王晙通过科举考试明经及第，后来担任桂州（今广西桂林）都督。桂州当时驻有军队，以前依赖衡州（今湖南衡阳）、永州（今湖南零陵）运来的粮饷来提供补给，颇费周折。王晙到任后，修筑城郭，上奏裁撤戍卒。王晙还修筑堤坝整治水利，开垦屯田数千顷，以此来停止转运粮草，百姓从中获益良多。

王晙后来担任朔方军（今内蒙古乌审旗南白城子）副大总管、安北大都护（今内蒙古额济纳旗南）。唐玄宗开元二年（714年），吐蕃精锐骑兵十万人进犯临洮（今甘肃临潭），驻军大来谷，吐蕃将领坌达延又率军随后而来。王晙率所部两千兵马与临洮军会合，共同御敌。王晙挑选七百人组成奇兵，换上吐蕃军队的军服，夜袭吐蕃军，距敌军五里远时，王晙下令："前军遇到敌军之后就大呼小叫，后军要擂鼓吹号角虚张声势相呼应。"吐蕃军大惊，怀疑唐军在附近有伏兵，一时大乱，自相残杀，死者上万人。不久之后唐军摄右羽林将军薛讷率军前来增援，大军至武阶，距大来谷二十里，被吐蕃军所阻。吐蕃军扎营隔在两路唐军中间，连亘数十里。王晙率兵接应薛讷，在夜里派精锐衔枚（夜间行军防止士兵讲话，让士兵嘴里含着铜钱）突袭吐蕃军，敌军大惊逃走，两路唐军会合后追至洮水，大败敌军，杀获不可胜数。

开元四年（716年），后突厥阿史那默啜可汗为铁勒九姓之一的拔曳固所杀，其所属部落多向唐朝投降，唐朝廷将其分别安置在黄河河曲地区。不久之后，小杀（即突厥毗伽可汗）即位突厥可汗，投降唐朝的部众又叛归故土。王晙向皇帝上疏："此前是由于突厥国内出现动乱，所以这些部落才叩塞门请求归附。如今将他们迁徙到河曲一带安置，使其得以探得边境虚实，天长日久，必为祸患。一旦突厥南下进犯，这些投降的部落必与之相勾结，作为内应，这样我们腹背内外同时受敌，即便是韩信、彭越、孙武和吴起这样的名将也无能为力。请陛下在农闲时节，命令朔方军进行大规模阅兵，显示军威，召集各部落酋长，谕以利害祸福，再恩赐金帛财物。向他们说明南方是鱼米之乡，极为富饶，将他们迁移到淮右、河南（淮河西岸，黄河南岸）等地。二十年之后，就被同化，再用他们来补充军队，都将是精锐之师。如果有朝臣认为归降的北方胡人不可以安置在南方，那么当年将高丽战俘安置在沙漠之西，而城傍（内附唐朝的蕃兵，被唐政府安置在军镇周边地区，以备兵役。）在编的其他民族部队也散居在青、徐二州之西，为什么单单不能迁徙投降的北方突厥人呢？臣料定议者肯定会说："按照以前的先例，安置在河曲，此前安置的突厥部落都能安定下来，现在也没有什么区别。要知道当年突厥颉利可汗被灭亡，边境安宁，因此降户才能长期安定不生异端。现在后突厥汗国并未灭亡，这些归降的部落原多是其亲戚部属，因此与当年不同。臣认为此事会有三种情况：一是将归降的部落全部安置到内地，一方面可以获得精锐部队，另一方面可以免除他们成为祸患的危险，这是上策；二是将他们安置在哨所堡垒附近，蕃华杂处，广设屯田戍卒，以备不测，这种方法需要耗费大量人力物力，是下策；三是将他们安置在北方边境，任其自由往来，容易滋生祸端，这样的话对付他们就无计可施了。不然的话，等到冬季黄河结冰之时，必生变故。"王晙的上疏没有引起重视，还没有上奏皇帝，这些归降的部落就已经叛逃了。王晙受命率领并州兵马渡黄河追击。王晙率军秘密前进，卷起铠甲舍弃帐篷轻装前进到达一个山谷，夜间遇到大雪，王晙害怕延误进军的期限，向神灵发誓说："如果是王晙待奉君主不忠，没有讨伐有罪之人，上天要惩罚的话，就惩罚我一个人就行了，士卒们没有罪。如果我心诚，上天可鉴，那就停止风雪，用以奖励我成功。"过了不一会儿，风雪停止。当时叛逃的突厥部落兵分两路逃走，王晙率军追上东路的突厥叛军，斩杀敌军两千人。战后，王晙因军功被升迁为左散骑常侍，朔方道行军大总管。

开元九年（721年），兰池州（今宁夏灵武西南）胡人康待宾诱使诸降户占据境内的长泉县发动叛乱，攻陷六胡州（即唐为安置突厥降户所设的鲁、丽、含、塞、依、契六州，治所在今内蒙古鄂托克旗一带）。唐玄宗下诏命王晙与陇右节度使、羽林将军郭知运共同讨伐康待宾。唐玄宗将宫女赏赐给郭知运等人，只有王晙没有接受，王晙说："臣之事君，犹如子之事父，怎么能接受君主赏赐的宫女呢？誓死也不能接受。"这些话也被皇帝听到了。起初，王晙奏请："朔方军兵有余力，可以独自解决问题，请郭知运率所部回去吧。"但奏疏还没有上报到皇帝那里，郭知运已经率陇右兵赶到，因此郭知运对王晙心怀不满，两人配合得很不好。当时王晙已招降了一部分叛军，但郭知运为抢功，纵兵攻击，归降的叛军都以为是王晙出卖了他们，再次反叛。

开元二十年（732年），王晙去世。玄宗下诏追授他为尚书左丞相。王晙气度宽广，面貌雄伟，面相被当时之人称为独虎相（熊虎之相）。王晙崇尚气节义气，有古人之风。王晙对待下属严厉，官吏士卒对他又怕又爱。

孙子说："大军出动时，如雷霆万钧。"王晙命令士卒大声呼喊，鼓角又相呼应，敌人惊变溃乱。孙子说："善待俘虏，使他们有归顺之心。"王晙想以归降的突厥部落来补充兵力，都可成为精锐。孙子还说:"全军上下一致的就能获胜。"王晙与郭知运不和致使归降的部落再次叛乱就是如此。

【评析】

  王晙,唐玄宗时期的名将。他是一位经由明经科举出身的将领,因此与同时期其他将领相比,更具有士大夫忧国忧民的情怀。他在各地任职时都注重屯田,发展当地的生产,为军队屯驻和作战奠定了物质基础。王晙年轻时就有侠气,曾经为韩思忠在朝堂之上鸣不平,并因此受到牵连。这种敢于担当的作风也使他日后能够统领大军独当一面。王晙在桂州任职时,优化防御结构,减轻百姓负担,发展地方生产,政绩突出,表现出了治理州县的卓越才能。王晙用兵,讲究谋略,好出奇制胜,在抵御吐蕃的作战中,他多次夜袭敌军,均大获全胜。在对待突厥和胡人降户的问题上,他表现出了超出一般人的见解。他请求朝廷诏令"朔方军盛陈兵马,告其祸福",并将这些降户"分配淮南、河南宽乡安置,仍给程粮,送至配所"。这样通过分化瓦解,"虽复一时劳弊,必得长久安稳"。而在突厥复叛之后,王晙昼夜兼程前去平叛,忠心可鉴。王晙气貌雄壮,为人有胆识,不畏强权,时人称其有熊虎之状;其文治武功,在开元诸将中名列前茅。

唐·郭元振

【原文】

郭震，字元振，魏州贵乡人，以字行。少有大志，十六为太学生。家尝送资钱四十万，会有缞服①者叩门，自言五世未葬，愿假以治丧。元振举与之，无少吝，一不质名氏。

十八举进士，为通泉尉。会吐蕃乞和，其大将论钦陵请罢四镇兵，披十姓之地，乃以元振充使，因觇虏情。还，上疏曰："利或生害，害亦生利。国家之患，唯吐蕃与默啜耳。今皆和附，是将大利于中国也。若图之不审，害且随之。钦陵欲裂十姓地，解四镇兵，此动静之机，不可轻也。若直遏其意，恐边患必甚于前，宜以策缓之，使其和望勿绝，而恶不得萌，固当取舍审也。夫患在外者，十姓、四镇是也；患在内者，甘、凉、瓜、肃是也。关陇屯戍，向三十年，力用困竭，脱甘、凉有一日警，岂堪广调发耶？善为国者，先料内以敌外，不贪外以害内，然后安平可保。钦陵以四镇近己，畏我侵掠，此吐蕃之要；然青海、吐浑密迩兰、鄯，易为我患，亦国家之要。今宜报钦陵曰：'四镇本扼诸蕃走集，以分其力，使不得并兵东侵。今委之，则蕃力益强，易以扰动。保后无东意，当以吐浑诸部、青海故地归于我，则俟斤部落还吐蕃矣。'此足杜钦陵口，而和议未绝。且四镇久附，其倚国之心，岂与吐蕃等？今未知利害情实而分裂之，恐伤诸国意，非制御之算。"后从之。又言："吐蕃倦徭戍久矣,咸愿解和。以钦陵欲裂四镇,专制其国,故未归款。陛下诚能岁发和亲使,而钦陵常不从,则其下必怨,设欲大举,固不能,斯离间之渐也。"后然其计。后数年,吐蕃君臣相猜携,卒诛钦陵。

久之,突厥、吐蕃联兵寇凉州,后方御洛城门宴,边报遽至,因辍乐,拜元振为凉州都督,即遣之。初,州境轮广才四百里,虏来必傅城下。元振始于南硖口置和戎城,北碛置白亭军,制束要路,遂拓境千五百里,自是州无虏忧。又遣甘州刺史李汉通辟田,尽水陆之利,稻收叠衍。旧凉州粟斛售数千,至是岁数登,至匹缣易数十斛,支廪②十年,牛羊被野。治凉五岁,善抚御,夷夏畏慕。

神龙中,迁左骁卫将军,安西大都护。西突厥酋乌质勒部落盛强,款塞愿和,元振即牙帐与计事。会大雨雪,元振立不动,至夕冻冽。乌质勒已老,数拜伏,不胜寒,会罢即死。其子娑葛以元振计杀其父,谋勒兵袭击。副使解琬知之,劝元振夜遁,元振不听,坚卧营为不疑者。明日,素服往吊,道逢娑葛兵。虏不意元振来,遂不敢逼,扬言迎卫。进至其帐,修吊赠礼,哭甚哀,为留数十日助丧事。娑葛感义,更遣使献马五千、驼二百、牛羊十余万。制诏元振为金山道行军大总管。

乌质勒之将阙啜忠节与娑葛交怨,屡相侵,而阙啜兵弱不支。元振奏请追阙啜入宿卫,徙部落置瓜、沙间,诏许之。阙啜遂行。至播仙城,遇经略使周以悌,以悌说之曰:"国家厚秩待君,以部落有兵故也。今独行入朝,一羁旅胡人耳,何以自全?"乃教重宝赂宰相,无入朝;请发安西兵导吐蕃以击娑葛;求阿史那献为可汗以招十姓;请郭虔瓘使拔汗那蒐③其铠马以助军,既得复仇,部落更存。阙啜然之,即勒兵击于阗坎城,下之。因所获,遣人间道赍黄金分遗宗楚客,使就其谋。元振知之，上疏曰："国家往岁不与吐蕃十姓、四镇而不扰边者，盖其诸豪泥婆罗等属国自有携贰，故赞普南征，身殒寇庭，国中大乱，嫡庶竞立，将相争权，自相剪屠④，士马疫疠，才力困穷，顾人事、天时两不谐契，所以屈志于汉，非实忘十姓、四镇也。如其有力，后且必争。今忠节忽国家大计，欲为吐蕃乡导主人，四镇危机恐从此启。吐蕃得志，忠节亦当在贼掌股，若焉复得事我哉？往吐蕃于国无有恩力，犹欲争十姓、四镇。今若效力立恩，则请分于阗、疏勒者，欲何理抑之？且其国诸蛮及婆罗门方自嫌阻，藉令求我助讨者，亦何以拒之？是以古之贤人，不望夷狄妄惠，非不欲其力，惧后求无厌，益生中国事也。臣愚以为用吐蕃之力，不见其便。又请阿史那献者，岂非以可汗子孙能招绥十姓乎？且斛瑟罗及怀道与献父元庆、叔仆罗、兄馁子，俱可汗子孙也。往四镇以他匐十姓之乱，请元庆为可汗，卒亦不能招来，而元庆没贼，四镇沦陷。忠节亦尝请以斛瑟罗及怀道为可汗矣，十姓来附而碎叶几危。又吐蕃亦尝以馁子、仆罗并拔布为可汗矣，亦不能得十姓而皆自亡灭。此非佗，其子孙无惠下之才，恩义素绝故也。岂力不能招怀，且复为四镇患，则册⑤可汗子孙其效固试矣。献又远于其父兄，人心何繇即附，若兵力足取十姓，不必要须可汗子孙也。又请以郭虔瓘蒐兵税马于拔汗那。往虔瓘已尝与忠节擅入其国，臣时在疏勒，不闻得一甲一马，而拔汗那挟忿侵扰，南导吐蕃，将俀子，以扰四镇。且虔瓘往至拔汗那国，四面无助，若履虚邑，犹引俀子为敌。况今北有娑葛，知虔瓘之西，必引以相援，拔汗那倚坚城而抗于内，突厥邀伺于外，虔瓘等岂能复如往年得安易之幸哉？"疏奏不省。楚客等因建遣摄御史中丞冯嘉宾持节安抚阙啜，以御史吕守素处置四镇，以牛师奖为安西副都护，代元振领甘、凉兵，召吐蕃并力击娑葛。娑葛之使娑腊知楚客谋，驰报之。

娑葛怒，即发兵出安西、拨换、焉耆、疏勒各五千骑。于是阙啜在计舒河与嘉宾会，娑葛兵奄至，禽阙啜，杀嘉宾、吕守素、牛师奖，遂陷安西，四镇路绝。元振屯疏勒水上，未敢动。楚客复表周以悌代元振，且以阿史那献为十姓可汗，置军焉耆以取娑葛。娑葛遗元振书，且言："无仇于唐，而楚客等受阙啜金，欲加兵击灭我，故惧死而斗。且请斩楚客。"元振奏其状。楚客大怒，诬元振有异图，召将罪之。元振使子鸿间道奏乞留西土，不敢归京师。以悌乃得罪，流白州，而赦娑葛。

睿宗立，召为太仆卿。将行，安西酋长有剺面哭送者，旌节下玉门关，去凉州犹八百里，城中争具壶浆欢迎，都督嗟叹以闻。进同中书门下三品。玄宗讲武骊山，既三令，帝亲鼓之，元振遽奏礼止，帝怒军容不整，引坐纛下，将斩之。刘幽求、张说扣马首谏曰："元振有大功，虽得罪，当宥。"乃赦死，流新州。开元元年，帝思旧功，起为饶州司马。道病卒。

孙子曰："智者必杂于利害。"元振请不罢四镇兵。又曰："亲而离之。"元振间吐蕃而诛钦陵。又曰："能使敌人不得至者，害之也。"元振置和戎、白亭二城，而虏不得近凉州是也。

【注释】

① 缞服：古代丧服，用麻布做成，披在胸前。
② 廥（kuài）：仓库，粮仓。
③ 蒐：同"搜"。
④ 自相剪屠：自相残杀。
⑤ 册：皇帝对臣下封土授爵或免官的文书，此处应为"册封"。

【今译】

郭震，字元振，魏州贵乡（今河北人名）人，以其字为人所知。郭元振少年时有远大志向，十六岁就到太学当学生。一次家里给他送来四十万贯钱，正巧有人穿孝服来敲门找他，自称五世都没有安葬，想借钱来安葬先辈。郭元振就将四十万贯钱全部借给他，没有一点吝惜的样子，而且连来人的名字都不记下来。

十八岁时郭元振参加科举中进士，不久之后出任通泉（今四川射洪县东南七十里）尉。武则天执政的万岁通天元年（696年），吐蕃向唐朝乞和，吐蕃大将论钦陵提出了让唐朝裁撤安西四镇的唐兵，分十姓突厥之地给吐蕃等条件。武则天任命郭元振出使吐蕃，并打探吐蕃的虚实。郭元振还朝之后，上疏说道："臣听闻利能生害，害亦能生利。目前国家的大患，不过是吐蕃和突厥默啜可汗而已。如今两方均向朝廷请和，对朝廷将有大利。但若不详加考虑就和对方讲和，祸患就会随之而来。吐蕃钦陵想分突厥十姓之地，撤销安西四镇之兵，这一举动，不可轻视。如果我们直接拒绝其条件，恐边境再次陷入战乱，应当用缓兵之计，既不断绝其请和的愿望，又不使其萌生叛乱之心，所以对吐蕃所提的条件要有所取舍。目前朝廷面临吐蕃的威胁有内外之分，在外有十姓突厥、安西四镇，在内有甘、凉、瓜、肃四州（河西走廊之地，分别为今张掖、武威、酒泉之瓜州和肃州）。关陇之人，屯边备战已三十年，如今早已精疲力竭。假若甘、凉二州有边患的警报，怎能经受得起大规模的征发？善于执掌国家之人，先考虑国内的情况如何抵御外部的威胁，又不贪图损害内部外部的利益，之后就可以保持和平安定。钦陵认为四镇距离其较近，害怕我以此来侵略吐蕃，这是吐蕃的要害之地；但现在青海、吐浑密迩兰、鄯（均在今青海境内）距我较近，容易成为我国边境的祸患，这对朝廷而言是要害之地。

如今可以对钦陵说：'四镇是朝廷扼守吐蕃国的要害，使其兵力分散，不得集中力量东侵。如今裁撤四镇驻军，将四镇送于吐蕃，则吐蕃国力更强，容易使吐蕃生扰动之心。难免日后不生东侵之意。和吐蕃谈判时，要求吐蕃将吐浑诸部、青海故地归还我，而可将俟斤部落归还吐蕃。'这样可以堵钦陵之口，而又不中断议和。况且四镇各国归附朝廷时间已久，对国家的仰仗归附之心，绝非吐蕃可比。如今如果不分利害而将四镇割让过去，恐伤各国心意，不是制驭各国的长久打算。"武则天听从了这个建议。郭元振又进言称："吐蕃国内厌倦徭役兵役很长时间了，都愿意讲和。只是因为钦陵想占据四镇，在国内独揽大权，所以一直未能议和成功。如果陛下能每年派出和亲的使者前去议和，而钦陵又总是不从命的话，则其下属必生怨恨之心，即便吐蕃想有所作为，也无法得逞，这会逐渐离间吐蕃国内上下之间的关系。"武则天听从了这个建议。此后数年，吐蕃君臣相互猜忌，钦陵最终被杀。

后来，突厥和吐蕃联合进犯凉州（今甘肃武威），当时武则天正在洛阳城门举行宴会，边境报警的文书突然送到，就停止宴会，当即拜郭元振为凉州都督，奔赴凉州御敌。起初，凉州的地界方圆不过四百里，敌军很容易就直达凉州城下。郭元振就在凉州南部边境硖口设置了和戎城（今甘肃古浪），在北部碛口设置白亭军（今甘肃民勤东北），控制交通要道，一举为唐朝拓地一千五百里，从此凉州不再担心敌军侵扰。同时郭元振又派遣甘州（今甘肃张掖）刺史李汉通屯田，利用水陆的便利条件发展生产，连年丰收。以往凉州地区的谷子和小麦每斛值数千钱，实行屯田之后，一匹细绢就可以换到数十斛粮，积存在仓库的军粮可供十年之用，牛羊遍野。郭元振治理凉州五年，善于抚御百姓，各族百姓都对他敬畏仰慕。

神龙二年（706年），郭元振升迁为左骁卫将军、安西大都护。当时西突厥突骑施首领乌质勒部落强盛，表示愿意与唐朝讲和。唐中宗派郭元振到突骑施牙帐议事。当时天降大雪，郭元振立于帐外不动，与乌质勒商议直至晚上，而乌质勒因年老体弱，不胜严寒，多次摔倒在地，会谈结束后竟被冻死。其子娑葛误以为郭元振设计害死乌质勒，图谋起兵攻打唐军。唐朝副使解琬闻讯，劝郭元振连夜逃走。郭元振不听，安卧帐中，不起疑心。第二天，郭元振素服到突骑施牙帐行吊唁之礼，路上遇到娑葛的兵马。敌军没有料到郭元振来吊唁，不敢进逼，扬言是来迎宾护卫的队伍。郭元振进入大帐，行吊唁之礼，哭之极为哀痛。吊唁之后，又停留数十日与娑葛共办丧事。娑葛被郭元振的诚心所感动，遣使进贡五千匹马、两百头骆驼、十余万头牛羊。郭元振因功被授金山道行军大总管。

娑葛与其父乌质勒的部将阙啜忠节不和，双方多次交战。阙啜忠节由于兵少将微，渐渐抵挡不住。郭元振遂奏请将阙啜忠节召入京师宿卫，将其部落迁移至瓜（今甘肃瓜州东南锁阳城）、沙（今甘肃敦煌西）两州之间。此举得到中宗批准。阙啜忠节奉命率部东撤，行至播仙城（今新疆且末西南）时，与唐西域经略使周以悌相遇。周以悌对阙啜忠节说："国家以高官厚禄来对待您，是因为您统率部落，握有军队。如今一人轻身入朝，就不过是客居京城的一个年老胡人而已，如何保全自己？"周以悌就教他用重金贿赂宰相，让他不用入朝。再请求朝廷调集安西兵并引吐蕃兵来攻击娑葛；请求让阿史那献来当突厥十姓的可汗以招揽突厥十姓兵马；请郭虔瓘到拔汗那国（中亚古国，在锡尔河中游谷地，今吉尔吉斯斯坦费尔干纳地区。汉代称大宛。）征集铠甲军马以助军用。既能报仇，又能保存部落实力。阙啜忠节听从了周以悌的建议，就率军攻击于阗坎城，攻下之后，就用所抢掠的财物，派人秘密用黄金去贿赂宰相宗楚客，使其同意其计划。郭元振知道后，立即向皇帝上疏称："朝廷当年不把十姓突厥之地和安西四镇送给吐蕃，而吐蕃也没有因此前来侵扰，是因为吐蕃国内贵族和泥波罗等属国都有二心，相互不和，因此吐蕃赞普南征，却身死敌人之地，以致国中大乱，嫡庶夺位，将相争权，自相残杀，士兵和战马多生瘟疫，国内人财困窘，因人事、天时都不得，因此才归顺朝廷，并非是真的忘记了突厥十姓和四镇之地。如果吐蕃有余力，日后一定与朝廷争夺这些地方。如今阙啜忠节等人不顾国家大计，想为吐蕃当向导，恐从此开启四镇之危机。一旦吐蕃得逞，忠节也就在其掌握之中，又怎会忠于我朝呢？以往吐蕃于朝廷无恩且实力不济，如此尚且和朝廷争夺十姓和四镇之地；如今如果吐蕃为朝廷效力，对朝廷有恩，一旦请求分于阗、疏勒二镇，朝廷以什么理由来拒绝呢？再加上吐蕃国中其他民族部落及波罗门等属国正与吐蕃矛盾重重，假使来向我朝求助请求朝廷帮忙征讨，又如何来拒绝？因此古代的贤人，不贪图夷狄随便给出的利益，并不是不想用他们的力量，而是担心他们此后贪得无厌，所求无度，更为中国生事。臣愚以为利用吐蕃的力量，看不到什么得利之处。忠节还提出要请阿史那献去做可汗，那岂不是要以可汗子孙来招揽十姓突厥吗？况且斛瑟罗、怀道和阿史那献的父亲元庆、叔叔仆罗和哥哥馁子都是原突厥可汗的子孙。当年四镇因为他匍率突厥十姓叛乱，就请求朝廷以元庆为可汗，结果不但没能招降各部，反而使元庆死在敌军之中，四镇沦陷。忠节也曾经请求以斛瑟罗和怀道为可汗，十姓突厥来归附，结果反而使碎叶城几乎陷于危险。再者，昔日吐蕃也曾以馁子、仆罗并拔布为可汗，但也无法招来十姓的部众，他们最终也都自己灭亡。没有其他原因，就是这些突厥王子都没有招揽部众、抚慰属下的才能，对其故地部落也一向没有恩义。不但不能招揽怀柔十姓诸部，还会给四镇带来祸患，这样就可以预知册封可汗的子孙不会起到什么作用。阿史那献与十姓的关系比其父兄还要远，人心更不会归附，如果我们有足够的兵力来击败十姓，就不必要册封可汗的子孙来招揽其部众。忠节提出让郭虔瓘到拔那汗国去征集兵马。此前郭虔瓘已经和忠节擅自进入该国征集兵马财物，臣当时在疏勒，没听说征到一甲一马，而拔那汗国则怨恨两人侵扰，开始侵扰我四镇边境，并为南部的吐蕃当向导。吐蕃以阿史那俘子为将，侵扰四镇。况且郭虔瓘上次到拔那汗国，该国四面无助，郭虔瓘等如入无人之境，这尚且还引来了俘子这样的祸患。如今该国北有娑葛这样的强邻，拔那汗国知道郭虔瓘向西前来的话，必然会前往请求增援，此时拔那汗倚仗坚城在内抗击，而突厥伺机在外截击，郭虔瓘等人岂能像往年一样全身而退？"但是郭元振的奏疏没有被采纳。宗楚客等趁机建议派遣摄御史中丞冯嘉宾持节安抚阙啜忠节，派御史吕守素统领四镇，任命牛师奖为安西副都护，代替郭元振统领甘、凉之兵，并召吐蕃兵进击娑葛。这时娑葛所派遣向唐朝献马的使者娑腊正在长安，闻听宗楚客的计谋后立即飞驰向娑葛报告。

　　娑葛大怒，兵分四路对安西、拔换（今新疆阿克苏）、焉耆、疏勒发动进攻，每路有精锐骑兵五千人。阙啜忠节率本部兵马在计舒河口（今新疆库车东南）与安抚大使冯嘉宾会合，娑葛派兵偷袭，生擒阙啜忠节，杀冯嘉宾，娑葛又先后击败御史吕守素和安西副都护牛师奖，并将他们杀死。娑葛乘胜攻陷安西，断绝四镇之路。最初之时由于娑葛兵势强盛，郭元振屯兵疏勒，设栅栏于疏勒赤河（今克孜勒河）河口，不敢出击。宗楚客再次上表推荐让周以悌代替郭元振，然后册封阿史那献为西突厥十姓可汗，置军于焉耆以攻取娑葛。娑葛派人给郭元振送信，称："我本与唐朝无冤无仇，但宗楚客等人接受阙啜的贿赂，想要出兵攻打我，我因害怕被杀才被迫作战。请唐朝廷斩杀宗楚客。"郭元振将书信上奏朝廷。宗楚客大怒，诬陷郭元振图谋不轨，皇帝召郭元振回京，想将其治罪。郭元振派儿子郭鸿携带娑葛的书信秘密回京向皇帝上奏请求留在西域，而不敢回京师。后来皇帝知道此事，就将最初引发此事的周以悌流放白州（今广西博白），并赦免了娑葛。

　　唐睿宗即位后，任命郭元振为太仆卿。郭元振离开西域回京之时，安西各族酋长哭着相送，还有用刀割破脸面流血的。回京的队伍过玉门关，离凉州还有八百里时，凉州城中的百姓就已经争相准备好酒食欢迎。都督听后都十分感慨并将此事报告皇帝。郭元振后晋升为同中书门下三品。开元元年（713年），唐玄宗在骊山讲武阅兵。下过三通命令后，玄宗亲自擂鼓，郭元振却突然出班奏事，致使演练中止，唐军混乱，军容不整。唐玄宗大怒，命郭元振跪在军中的大旗之下，准备将其斩首。大臣刘幽求、张说急忙拉住玄宗的马头劝谏："郭元振给朝廷立过大功，虽有罪，也应当宽恕。"玄宗赦免了郭元振的死罪，将其流放新州。不久之后，玄宗思其旧功，又起用他为饶州（今江西鄱阳）司马。郭元振在赴任途中病逝。

　　孙子说："明智的将领一定会把利与害放在一起考虑权衡。"郭元振请求不要裁撤四镇的军队。孙子说："如果对方和睦就想办法离间他们。"郭元振离间吐蕃而诛杀钦陵。孙子还说："能使敌人无法到达战场，是设置障碍的结果。"郭元振设置和戎、白亭二城，而使吐蕃无法靠近凉州就是如此。

【评析】

　　郭元振，唐鼎盛时期的名将，以文韬武略而闻名。郭元振有古代的侠客之风。任侠尚气，好打抱不平而又仗义疏财，同时他年轻时又不拘礼法，多有违法乱纪的行为；年轻为官时曾祸乱一方百姓，但是在动乱时却有安定局势的大德。郭元振出众的地方在于他精准的战略眼光,这是名将最宝贵的才能。他在吐蕃和安西四镇的问题上,对内外形势和威胁的分析判断无不切中要害,所提出的应对之法也起到了很好的战略效果。当宰相宗楚客等人有祸国殃民之举时,他直言上谏,并在动乱发生后,想方设法为朝廷挽回局势,见识不凡,举措得当。他在凉州任职之时,采取了设军城、兴屯田等一系列起到长治久安效果的措施。在凉州时,他外能抵御突厥、吐蕃的侵扰,内能安抚各族百姓,表现出了出色的才能;在处理西突厥的问题,特别是在处理西突厥乌质勒葬礼的问题上,他表现出了非凡的勇气,化解了一场可能的风波。多年的历练也使他改掉了年轻时的许多毛病,为日后能够显贵奠定了基础。

唐·李嗣业

【原文】

李嗣业，字嗣业，京兆高陵人。长七尺，膂力绝众。开元中，从安西都护来曜讨十姓苏禄，先登捕虏，累功[1]为昭武校尉。后应募安西，军中初用陌刀，而嗣业尤善，每战必为先锋，所向摧北。

高仙芝讨勃律，表嗣业陌刀将。时吐蕃兵十万屯娑勒城，据山濒水，联木作郛，以扼[2]王师。仙芝潜军夜济信图河，令曰："及午破贼，不者皆死。"嗣业提步卒升山，颓石四面以击贼，又立大旗先走险，诸将从之。虏不虞军至，因大溃，投崖谷死者十七八。鼓而驱至勃律，禽其主，平之。虏号为"神通大将"。

大食运兵攻四镇，仙芝率兵二万深入，为大食所败，残卒数千。事急，嗣业谋曰："将军深履贼境，后援既绝，我与将军俱前死，尚谁报朝廷者？不如守白石岭以为后计。"仙芝曰："吾方收合余烬，明日复战。"嗣业曰："事去矣，不可坐须菹醢。"即驰守白石，仙芝乃得还。表嗣业功，进右金吾大将军，留为疏勒镇使。城一隅地，屡筑辄坏，嗣业祝之，有白龙见，因其处葩祠以祭，城遂不坏。汉耿恭故井久涸，祷已，泉复出。

初讨勃律也，通道葱岭，有大石塞隘，以足蹴[3]之，抵穿壑，识者以为至诚所感云。

安禄山反，肃宗追之，诏至，即引道，与诸将割臂盟曰："所过郡县，秋毫不可犯。"至凤翔，上谒，帝喜曰："今日卿至，贤于数万众。事之济否，固在卿辈。"乃诏与郭子仪、仆固怀恩犄角。常为先锋，以巨梃笞斗，贼值，类崩溃。进四镇、伊西、北庭行军兵马使。广平王收长安，嗣业统前军，阵于香积祠北。贼酋李归仁拥精骑薄战，王师注矢遂之，走未及营，贼大出，掩追骑，还蹂④王师，于是乱不能阵。嗣业谓子仪曰："今日不蹈万死取一生，则军无类矣。"即袒持长刀，大呼出阵前，杀数十人，阵复整。步卒二千以陌刀、长柯斧堵进，所向无前。归仁匿兵营左，觇⑤军势，王分回纥锐兵击其伏，嗣业出贼背合攻之，自日中至昃⑥，斩首六万级，填涧壑死几半，贼东走，遂平长安。进收东都，嗣业战多。

与子仪等围相州，师老，诸将无功，独嗣业被坚数奋，为诸军冠。中流矢，卧帐中，方愈，忽闻金鼓声，知与贼战，大呼，创溃，流血数升卒。嗣业忠毅忧国，不计居产，有宛马十匹，前后赏赐，皆上于官以助军云。

孙子曰："将者，安危之主。"嗣业既至，肃宗谓贤于数万众。又曰："死焉不得。"嗣业持刀堵进而败归仁是也。

【注释】

① 累功：积累军功。累，积累。功，军功。

② 扼：用手掐住。引申为遏制，控制。

③ 蹂：踩，踏。

④ 蹂：践踏。

⑤ 觇（chān）：偷看，侦察。

⑥ 昃：太阳西斜。

【今译】

　　李嗣业，字嗣业，京兆高陵（今陕西三原县）人，李嗣业身长七尺，臂力过人。唐玄宗开元年间，跟从安西都护来曜征讨西突厥十姓中的苏禄部，李嗣业身先士卒，抢先登上城头俘虏敌军，因累积军功被提拔为昭武校尉。后来响应召募来到安西（当时都护府在龟兹，即今新疆库车）。当时军中刚刚试用陌刀（一种长柄两刃刀），李嗣业非常善于使用这种刀，每次作战必为先锋，所向无敌。

　　天宝六年（747年），李嗣业跟随当时的安西都知兵马使高仙芝征讨小勃律国（今阿富汗境内），高仙芝推荐李嗣业为陌刀将。当时吐蕃十万大军屯驻娑勒城（今阿富汗东北部），该城依山傍水，并且有木制的外城，吐蕃军意图以此城来抵御唐军的进攻。高仙芝命军士在夜间悄悄渡过信图河，给李嗣业下令说："中午之前必须破敌，否则处死。"李嗣业率步兵爬山，山上抛石而下，李嗣业就亲自执掌军旗，率先走险路登山，诸将跟从。敌军没有想到唐军突然从小路杀到，被击溃，掉入悬崖山谷而死的有十之七八。之后唐军乘胜攻入小勃律，俘虏了小勃律王，平定了这一地区。李嗣业也被称为"神通大将"。

　　大食国攻安西四镇，高仙芝率军两万人深入敌境御敌，结果被大食军击败，只剩下残部数千人。情况紧急，李嗣业向高仙芝建议说："将军如今深入敌境，后援又断绝，如果我和将军都向前战死，那又有谁去向朝廷报告呢？不如退守白石岭，再从长计议。"高仙芝说："我要收集残部，明日再与敌决一死战。"李嗣业说："大势已去，不能再坐以待毙了。"随即赶赴白石岭守御，高仙芝才得以还师。高仙芝上表颂扬李嗣业的军功，李嗣业就被提拔为右金吾大将军，并留下担任疏勒镇的镇守使。由于疏勒一度为吐蕃所破，城池残破，李嗣业就率众整修城池，其中一个角落，屡筑屡坏，李嗣业向上天祷告，有一条白龙出现，就在龙出没的地方建祠祭祀，城墙就不再坏掉。汉代耿恭以前所挖的井已经干涸，李嗣业祈祷之后，泉水复出。

刚开始随高仙芝征讨小勃律时，从葱岭（今帕米尔高原）上的通道经过，有一块大石头堵塞隘口，李嗣业用脚踹了一脚，石头就滚下山崖，有认识的人就说是李嗣业诚感动天。

安禄山发动叛乱，唐肃宗即位后，下诏各地率军前来勤王，诏书一到，李嗣业就率军进京勤王，还与诸将割破手臂盟誓说："所过郡县，须秋毫无犯。"到达凤翔后，拜见唐肃宗，皇帝非常高兴地说："今日爱卿率军赶到，胜过数万兵卒。成功与否，就在爱卿等人了。"唐肃宗下诏命李嗣业与郭子仪、仆固怀恩成掎角之势，相互支援。李嗣业与叛军作战经常担任先锋，手持大木棒，冲锋陷阵，势不可当，敌军只要一接触就会崩溃。后李嗣业升为四镇、伊西、北庭行军兵马使。广平王（太子）收复长安，李嗣业统领前军，结阵于长安附近的香积祠以北与敌军决战。敌军李归仁统领精锐骑兵前来挑战，唐军用箭将敌军射回，后来叛军后撤，唐军追击，叛军突然回师，唐军不敌，混乱不能结成阵形。关键时刻，李嗣业对郭子仪说："今日若不拼死力战，我们都要死于此地。"李嗣业赤膊上阵，手持陌刀立于阵前大呼，陌刀一挥，人马俱碎，连杀数十人，才重新稳住了唐军的阵脚。李嗣业率领两千人持陌刀、长柄斧排成行，如墙而进，所向无敌。叛军正面进攻未能奏效，李归仁埋伏于阵东的叛军骑兵，观察形势，趁机杀出，偷袭唐军后方，广平王命唐军大将仆固怀恩率领回纥精锐骑兵迎战叛军伏兵，李嗣业趁机迂回敌后与仆固怀恩夹击敌军，双方从中午一直战到晚上，唐军斩首六万余级，敌军填河流、沟壑而死者将近一半。敌军向东逃走，长安就平定下来。后唐军收复东都洛阳，李嗣业战功颇多。

李嗣业随郭子仪等包围相州，结果久攻不克，师老兵疲，诸将多数作战不利，没有战果，而只有李嗣业多次身先士卒，冲锋陷阵。李嗣业在作战中被流矢所中，在帐中养病，伤快好的时候，忽然听到外面金鼓之声，李嗣业知道是在与敌军作战，就大声呼喊，结果伤口崩裂，李嗣业流血过多而死。李嗣业忠于朝廷，忧国忧民，自己没有多少私产，只养了十匹打仗用的大宛马。皇帝前后的赏赐，也全部充公用以资助军需。

孙子说："将领关系到国家的安危。"李嗣业率军赶到后，唐肃宗认为他率众赶来，胜过数万之众。孙子还说："将士们如果宁死不退，又怎会不拼死力战呢？"李嗣业持陌刀率军如墙而进，大败李归仁就是如此。

【评析】

李嗣业，唐中期名将。臂力过人，善使陌刀，所向披靡，历史上有"当嗣业刀者，人马俱碎"的说法。李嗣业建功主要分为西域建功和平定"安史之乱"两个阶段。在西域时，李嗣业随主帅高仙芝灭勃律，败吐蕃，立下战功。安史之乱中，李嗣业率安西军勤王救驾。在与叛军李归仁部决战之时，李嗣业勇冠三军，止住了唐军即将崩溃的趋势。在唐朝的名将当中，李嗣业战功并不算显赫，也没有兵法上的很高见解，只是以勇猛著称，但其在逆境时敢于直言劝谏主帅，并亲自担当后卫，表现出一名优秀将领的高贵品质。李嗣业虽勇猛有加却稍逊智谋，最难能可贵的是在"安史之乱"中表现出的一片忠心。李嗣业那句"国家至此，危矣，请自嗣业始"是在国家危亡之际军人表现出的责任感和勇气。

唐·李光弼

【原文】

李光弼,营州柳城人。严毅沉果,有大略,善骑射。累迁河西王忠嗣府兵马使①。忠嗣遇之厚,虽宿将莫能比。尝曰:"他日得我兵者,光弼也。"朔方节度使安思顺爱其材,欲以女妻之,光弼引疾去。陇西节度使哥舒翰异其操,表还长安。安禄山反,郭子仪荐其能,寻加郡魏太守、河北采访使。光弼以朔方兵五千出土门,东救常山,次真定②,常山团结子弟执贼将安思义降。

自颜杲卿死,郡为战区,露尸蔽野,酹而哭之,出为贼幽闭者,厚恤其家。时贼将史思明、李立节、蔡希德攻饶阳,光弼得思义,不杀,问其计,答曰:"今军行疲劳,逢敌不可支,不如按军入守,料胜而出。虏兵炎锐,弗能持重,图之万全。"光弼曰:"善。"据城待。明日,思明军二万傅堞,光弼兵不得出,乃以劲弩五百射之,贼退,徙阵稍北。光弼出其南,夹滹沱而军。思明虽数困,然恃近救,解鞍休士。是日,饶阳贼五千至九门,光弼谍知之,提轻兵,敛旗鼓,伺贼方饭,袭杀之且尽。思明惧,引去。光弼以范阳③本贼巢窟,当先取之,握贼根本。会潼关失守,乃拔军入井陉。

肃宗即位,诏以兵赴灵武④,光弼以景城、河间兵五千入太原。前此,节度使王承业政弛谬,侍御史崔众主兵太原,每侮狎承业,光弼素不平。及是，诏众以兵付光弼。众素狂易，见光弼长揖⑤，不即付兵，光弼怒，收击之。会使者至，拜众御史中丞。光弼曰："众有罪，已前击，今但斩侍御史。若使者宣诏，亦斩中丞。"使者内诏不敢出，乃斩众以徇，威震三军。

至德二载，思明、希德率高秀岩、牛廷玠将兵十万攻光弼。时锐兵悉赴朔方，而麾下卒不满万，众议培城以守，光弼曰："城环四十里，贼至治之，徒疲吾人。"乃撒民屋为擂石车⑥，车二百人挽之，石所及辄数十人死，贼伤十二。思明为飞楼⑦，障以木幔，筑土山临城，光弼遣穴地颓之。思明宴城下，倡优⑧居台上斩指天子，光弼遣人隧地禽取之。思明大骇，徙牙幔远去，军中皆视地后行。又潜沟营地，将沉其军，乃阳约降。至期，以甲士守陴，遣裨校出，若送款者，思明大悦。俄而，贼数千没于堑，城上鼓噪，突骑出乘之，俘斩万计。思明畏败，乃去，留希德攻太原。光弼出敢死士搏贼，斩首七万级，希德委资粮遁走。初，贼至，光弼设公幄城隅以止息，经府门不顾。围解，阅三宿乃归私寝。

乾元初，入朝，诏官四品以上郊谒，进兼侍中⑨，代子仪为朔方节度使。未几，为天下兵马副元帅。光弼以河东骑五百驰东都，夜入其军，且谓贼方窥洛，当扼虎牢，帅师东出河上。檄召兵马使张用济，用济惮光弼严，教诸将逗留其兵。用济单骑入谒，光弼斩之，以辛京杲代。复追都将仆固怀恩⑩，怀恩惧，先期至。会滑汴节度使许叔冀战不利，降贼，思明乘胜西向。光弼敦阵徐行，趋东京⑪，谓留守韦陟曰："贼新胜，难与争锋，欲诎之以计。然洛无具粮，危逼难守，公计安出？"陟曰："益陕兵，公保潼关，可以持久。"光弼曰："两军相敌，尺寸地必争。今委五百里而守关，贼得地，势益张。不如移军河阳，北阻泽、潞，胜则出，败则守，表里相应，贼不得西，此猿臂势也。夫辨朝廷之礼，我不如公；论军旅胜负，公不如我。"陟不能答。遂檄河南尹纵官吏避贼，督军趣战守备。思明至偃师，光弼悉军趋河阳，身以五百骑殿。

贼游骑⑫至石桥，诸将曰："并城而北乎？当石桥进乎？"光弼曰："当石桥进。"甲士夜持炬徐引，部曲⑬重坚，贼不敢逼。已入三城，众二万，军才十日粮，与卒伍均少弃耳。贼惮光弼，未敢犯宫阙，顿白马祠，治堑沟，筑月城⑭以守。贼攻光弼，与战中潬西，斩千级，执五千人。初，光弼谓李抱玉曰："将军能为我守南城二日乎？"抱玉曰："过期何若？"曰："弃之。"抱玉许诺。即绐贼曰："吾粮尽，明日当降。"贼喜，敛兵待期。抱玉已缮完，即请战。贼忿欺，急攻之。抱玉出奇兵夹击，俘获过当，贼帅周挚引却。与安太清合众三万攻北城，光弼敛军入，登陴望曰："彼军虽锐，然方阵而嚣，不足虞也。日中当破。"乃出战，及期未决，召诸将曰："彼强而可破者，乱也。今以乱击乱，宜无功。"因问："贼阵何所最坚？"曰："西北隅。"召郝廷玉曰："为我以麾下破之。"曰："廷玉所将步卒，请骑五百。"与之三百。复问其次，曰："东南隅。"召论惟正⑮，辞曰："蕃将也，不知步战，请铁骑三百。"与之二百。乃出赐马四十，分给廷玉等。光弼执大旗曰："望吾旗，麾若缓，可观便宜。若三麾至地，诸军毕入，生死以之，退者斩！"既而冯堞望廷玉军不能前，趣左右取其首来。廷玉曰："马中矢，非却也。"乃命易佗马。有裨将援矛刺贼，洞马腹，中数人，又有迎贼不战而却者，光弼召援矛者赐绢五百疋⑯，不战者斩。光弼麾旗三，诸军争奋，贼众奔败，斩首万余级，俘八千余人，马二千，军资器械以亿计，禽周挚，太清挺身走。思明未知，犹攻南城，光弼驱所俘示之，思明大惧，筑垒以拒官军。始，光弼将战，内刃于靴，曰："战，危事。吾位三公，不可辱于贼。万有一不捷，当自刎以谢天子。"及是，西向拜舞⑰，三军感动。太清袭怀州，守之。

上元元年。加太尉、中书令。进围怀州，思明来救，光弼再逐北。思明屯兵河清，声渡河绝饷路。

光弼壁野水渡，既夕还军，留牙将雍希颢守，曰："贼将高晖、李日越，万人敌也，贼必使劫我。尔留此，贼至勿与战，若降，与偕来。"左右窃怪语无伦。是日，思明果召日越曰："光弼野次，尔以铁骑五百夜取之，不然，无归！"日越至垒，使人问曰："太尉在乎？"曰："去矣。""兵几何？"曰："千人。""将为谁？"曰："雍希颢。"日越谓其下曰："我受命云何，今顾获希颢，归不免死。"遂请降。希颢与俱至，光弼厚待之，表授右金吾大将军。高晖闻之，亦降。或问："公降二将何易也？"光弼曰："思明再败，恨不得野战，闻我野次，彼固易之，命将来袭，必许以死。希颢无名，不足以为功。日越惧死，不降何待？高晖才出日越之右，降者见遇，贰者得不思奋乎？"诸军决丹水⑱灌怀州，未下。光弼令廷玉由地道入，得其军号，登陴大呼，王师乘城，禽太清，送之京师，献俘太庙。思明使谍宣言贼将士皆北人，讴吟思归。鱼朝恩信然，屡上贼可灭状。诏谕光弼，光弼固言贼方锐，未可轻动。仆固怀恩媢⑲光弼功，阴佐朝恩陈扫除计。使者来督战，光弼不得已，令李抱玉守河阳，出师次北邙。光弼使傅山阵，怀恩曰："我用骑，今迫险，非便地，请阵诸原。"光弼曰："有险，可以胜，可以败；阵于原，败斯歼矣。且贼致死于我，不如阻险。"怀恩不从。贼据高原，以长戟七百，壮士执刀随之，委物伪遁。怀恩军争剽获，伏兵发，官军大溃。怀州复陷，光弼渡河保闻喜，抱玉以兵寡，弃河阳。光弼请罪，帝以怀恩违令覆军，优诏召光弼入朝。未几，复拜太尉，兼侍中。

宝应元年，进封临淮郡王。赐铁券[20]，名藏太庙，图形凌烟阁[21]。北邙之败，朝恩羞其策缪，故深忌光弼切骨，而程元振尤疾之。

二人用事，日谋有以中伤者。吐蕃寇京师，代宗诏入援，光弼畏祸，迁延不敢行。及帝幸陕，犹倚以为重，数存问其母，以解嫌疑。帝还长安，因拜东都留守，察其去就。光弼以久须诏书不至，归徐州收租赋为解。帝令郭子仪自河中辇其母还京。

光弼疾笃，将吏问后事，答曰："吾淹军中，不得就养，为不孝子，尚何言哉！"取所余绢布分遗部将。寻薨，部将即以其布遂为光弼行丧，号哭相问。帝遣使吊恤其母。

光弼用兵，谋定而后战，能以少覆众。治师训整，天下服其威名，军中指顾，诸将不敢仰视。初，与郭子仪齐名，世称"李郭"，而战功推为中兴第一。其代子仪朔方也，营垒、士卒、麾帜无所更，而光弼一号令之，气色乃益精明云。

孙子曰："攻其无备。"光弼伺敌方饭而击之。又曰："辞卑而益备者，进也。"光弼潜沟营地而佯约降。又曰："我得则利，彼得亦利，为争地。"光弼移军河阳而使贼不得西。又曰："三军可夺气。"光弼先攻最坚而走太清。又曰："因形而措胜于众，众不能知。"光弼知贼必袭而降二将是也。

【注释】

① 兵马使：唐代节度使府重要的武职僚佐之一。

② 真定：历史上正定的旧称谓，今河北正定。

③ 范阳：约在今北京市和河北省保定市北部。从唐大历四年（769年）起，所谓"范阳"则仅限于涿州范阳县，为涿州治所，在今河北省涿州市。

④ 灵武：古称灵州。地处宁夏引黄灌区的精华地带，素有"塞上江南"之美誉。

⑤ 长揖：古代汉族交际礼仪风俗，流行于全国大部分地区，即拱手高举，自上而下。

⑥ 石车：投石车，擿石车。

⑦ 飞楼：攻城用的一种楼车。

⑧ 倡优：古代称以音乐歌舞或杂技戏谑娱人的艺人。娼妓及优伶的合称。倡，指乐人；优，指伎人。

⑨ 侍中：秦始置，为丞相之始，以其往来东厢奏事，故谓之侍中。为门下省长官，乃宰相之职。

⑩ 仆固：家族是铁勒九大姓之一"仆骨部"，仆固怀恩是仆骨首领仆骨歌滥拔延之孙，"仆骨"因音讹史载为"仆固"之误。唐太宗贞观二十年（646年），铁勒九姓大首领率部降唐朝。安史之乱时，仆固怀恩随郭子仪作战，任朔方左武锋使，骁勇果敢，屡立战功。

⑪ 东京：开封，古称东京，亦有汴梁、汴京之称，简称汴。

⑫ 游骑：担任巡逻突击的骑兵。

⑬ 部曲：古代军队编制单位。大将军营五部，校尉一人；部有曲，曲有军候一人。联称泛指某人统率下的军队。

⑭ 月城：围绕在城门外的半圆形小城，又称瓮城。

⑮ 论惟正：即论惟贞。

⑯ 疋：同"匹"。

⑰ 拜舞：跪拜与舞蹈，古代朝拜的礼节。

⑱ 丹水：即丹江，是汉江最长的支流。

⑲ 媢：嫉妒。

⑳ 铁券：又称丹书铁券，是中国封建时代皇帝赐给功臣、重臣的

一种带有奖赏和盟约性质的凭证，类似于现代普遍流行的勋章，允其世代享有优厚待遇及免死罪的一种特别证件，也叫免死券。

㉑凌烟阁：原本是皇宫内三清殿旁的一个不起眼的小楼，贞观十七年二月，唐太宗李世民为怀念当初一同打天下的众位功臣（当时已有数位辞世，还活着的也多已老迈），命阎立本在凌烟阁内描绘了二十四位功臣的图像，褚遂良题之，皆真人大小，时常前往怀旧。后来唐朝历代皇帝亦补绘不少有大功于唐王朝之人于其上。

【今译】

　　李光弼，是营州柳城人。李光弼威严沉稳果断，有宏大的谋略，擅长骑马射箭。做官后多次升职，任河西王忠嗣府兵马使。王忠嗣对他很优待，即使是王忠嗣旧将的待遇也比不上。朔方节度使安思顺看重他的才干，想把女儿嫁给他，李光弼称病辞官而去。陇西节度使哥舒翰欣赏他的节操，上表奏请将他召回长安。安禄山反叛，郭子仪向朝廷推荐他，不久加授他为魏郡太守、河北采访使。李光弼率五千名朔方士兵从土门出发，向东进军援救常山郡，驻扎在真定，常山一带的官兵百姓将安思义活捉，归降了李光弼。

　　自从颜杲卿死去，常山郡一带成为战区，满山遍野都是尸体，李光弼设祭坛吊唁死者，放出被囚禁的人，对他们的家人给予优厚抚恤。当时叛军将领史思明、李立节、蔡希德进攻饶阳，李光弼抓获安思义后，没有杀掉他，向他询问计策，安思义回答说："现在士兵疲劳，难以抵抗敌军，不如按兵不动入城坚守，预料能取胜时再出战。敌军气势凶猛，不能长久相持，战胜他们可以有十分的把握。"李光弼说："好。"就守城待敌。第二天，史思明率两万士兵逼近城墙，李光弼没有派兵出城迎战，而是派强弩手五百人放箭，史思明的军队退却,将阵地稍向北迁移。李光弼从叛军的南面出发,隔着滹沱河而扎营。史思明虽然曾多次受困,但倚仗附近就有援兵,叫士兵解下马鞍休息。当天,五千名进攻饶阳的叛军到达九门,李光弼获知该情报后,率领轻装部队,收起旗鼓,趁叛军正在吃饭,发动突袭,几乎将他们杀尽。史思明感到惧怕,率兵退去。李光弼认为范阳本是叛贼的巢穴,应当先夺取它,捣毁叛军的老巢。恰巧潼关失守,李光弼于是调兵退入井陉。

唐肃宗即位,下诏命李光弼率兵赶赴灵武,李光弼率景城、河间的士兵五千人进入太原。在这以前,节度使王承业政令松弛谬误,侍御史崔众在太原掌握兵权,经常凌辱排挤王承业,李光弼一直愤愤不平。到这时,唐肃宗下诏命崔众将兵权交给李光弼。崔众平时向来狂妄轻浮,见到李光弼只是作揖,而不肯立即交出兵权,李光弼发怒,拘捕了他。正巧皇上的使者来到,拜授崔众为御史中丞。李光弼说:"崔众有罪,事先已被逮捕,现在斩的只是侍御史。如果使者宣布诏命,斩的就是中丞了。"使者藏起诏书不敢拿出,李光弼于是将崔众斩首示众,声威震慑三军。

肃宗至德二年(757年),史思明、蔡希德统领高秀岩、牛廷玠率领十万兵马攻打李光弼的军队。当时李光弼手下的精兵全都赶赴朔方,而李光弼部下士兵不满一万,众人商议加固城墙以便防守,李光弼说:"城墙周长四十里,等叛军到达时还在修葺,白白劳费我军体力。"就拆毁民房制成投石车,每辆车由二百人牵拉,石块抛出落下之处就有几十人被砸死,十分之二的叛军被砸伤。史思明造飞楼,用木板围着作屏障,筑造土山靠近城墙,李光弼派人挖洞使其塌陷。史思明在城下设宴,倡妓和优伶在台上嘲弄天子,李光弼派人挖地道生擒了倡优。史思明大为惊恐,将中军营帐迁到远处,士兵都盯着地面小心行走。李光弼又暗中在史思明的营地周围挖掘壕沟，准备用陷坑陷落他的军队，就假意约降。到了约定的时间，李光弼派身披铠甲的士兵守在城上，派偏将出城，装作要去议和的样子，史思明非常高兴。不一会儿，数千名叛军掉进壕沟，城上官兵大声呼喊，李光弼派骑兵趁机冲出，俘获斩杀叛军数以万计。史思明害怕战败，于是撤离，留下蔡希德攻打太原。李光弼派出敢死队与叛军展开肉搏战，斩杀叛军七万名，蔡希德丢下物资和粮草逃跑。当初，叛军抵达，李光弼在城中角落处设置中军大帐以便歇息，经过府门而不进入。解围三天以后才到私宅就寝。

乾元元年（758年），李光弼入朝，皇帝下诏命四品以上的朝官到近郊迎接拜见，晋升李光弼兼任侍中，又取代郭子仪任朔方节度使。不久，又被任为天下兵马副元帅。李光弼率河东五百名骑兵紧急赶往东都，连夜进入军中，并称叛军正窥伺洛阳，应当控扼虎牢关，率军向东出发驻在黄河岸边。李光弼发檄文召见兵马使张用济，张用济惧怕李光弼的威严，指使众将率本部军队逗留不得出兵。张用济一人骑马前来拜见，李光弼斩杀了他，用辛京杲接替他。又追召都将领仆固怀恩，仆固怀恩恐惧，提前到达。适逢滑汴节度使许叔冀战败，投降叛军，史思明乘胜西进。李光弼整顿军队缓慢前进，自己急速赶到东京，对留守韦陟说："叛军刚刚取胜，难以与他们争锋，准备用计谋挫败他们。但洛阳现无存粮，危急时难以据守，你有什么计策么？"韦陟说："增加陕地的兵力，你守住潼关，可以长期坚持。"李光弼说："两军相抗衡，尺寸之地都一定要争夺。如今放弃五百里的土地而去守关，假如叛军得到了土地，气势会更加嚣张。不如调兵到河阳，向北阻隔泽、潞，取胜就出兵，战败就据守，内外呼应，叛军无法西进，这是既可攻又可守的态势。至于分辨朝廷的礼仪，我比不上你；而论述作战的胜负，你比不上我。"韦陟无法回答。于是李光弼发出檄文令河南尹放任官吏躲避叛军，督促军队做好交战的守备。史思明到达偃师，李光弼率领全部人马急速赶到河阳，亲自率五百名骑兵殿后。

　　叛军的先锋骑兵到达石桥，李光弼的众将问："沿着城墙向北前进呢？还是就向石桥进兵？"李光弼回答说："就向石桥进兵。"身穿铠甲的士兵手持火炬慢慢在前引导，部队严整，叛军不敢进犯。李光弼率军进入三城，士兵共计两万，军中却只有十天的粮食，李光弼与士兵同甘共苦。叛军惧怕李光弼，不敢侵犯东都，停驻在白马祠，整修壕沟，构筑瓮城，以便防守。叛军进攻李光弼，双方在中洋以西交战，李光弼击败叛军，斩杀一千人，活捉五千人。当初，李光弼对李抱玉说："将军能替我守两天南城吗？"李抱玉回答说："两天以后怎么办？"李光弼说："那就放弃它。"李抱玉答应了。李抱玉就去欺骗叛军说："我军粮草用光了，明天自当投降。"叛军很高兴，收兵等待来降。李抱玉已经将守备修缮完毕，就来请战。叛军愤恨受骗，就急忙攻打李抱玉的军队。李抱玉派出奇兵夹击叛军，俘获众多叛军士兵，叛军将领周挚率军撤退。周挚和安太清一起率领三万人马攻打北城，李光弼收兵入城，登上城墙远望说："叛军虽然强大，锐气逼人，但刚刚列阵就喧哗，不值得担忧，正午时分自当击败。"就出城交战，到了正午未决出胜负，李光弼就召集众将说："对方强大却可以击败，是因为混乱。现在用乱击乱，自当无效。"接着问道："叛军阵营什么地方最坚固？"众将回答说："西北角。"李光弼招来郝廷玉说："你替我率部下击败他们。"郝廷玉回答说："我郝廷玉所率领的是步兵，请派给我五百名骑兵。"李光弼派给他三百名骑兵。李光弼又向众将询问叛军车营还有哪个地方强大，众将回答说："东南角。"李光弼招来论惟正，论惟正推辞说："我是吐蕃将领，不懂步兵作战，请派给我三百名铁骑兵。"李光弼给了他二百名铁骑兵。接着李光弼牵出皇帝赏赐的四十匹马，分给郝廷玉等人。李光弼举着大旗说："看我的旗，若慢慢挥动，你们可随机应变。若三次挥动到地，各军应全部冲入敌阵，拼死作战，敢后退者斩！"随后李光弼在城头上望见郝廷玉的军队没有前进，就催促左右手下取他的头来，郝廷玉说："马中了箭，不是退却啊。"李光弼于是命人给他另换了一匹马。有位偏将持矛刺杀叛军，刺中了战马腹部，刺中数人，又有人面对叛军不战而退却，李光弼召见持矛的偏将赏给他五百匹绢，将持矛不战的人斩杀。李光弼挥了三下军旗，各军争相出击，叛军溃败奔逃，李光弼的军队斩杀叛军一万多人，俘获八千多人，缴获战马两千匹，军用器械数以亿计，生擒叛军将领周挚，只有安太清脱身逃跑。史思明不知叛军战败，仍然进攻南城，李光弼赶着俘虏给他看，史思明大为恐惧，慌忙构筑营垒抗拒李光弼。起初，李光弼准备出战时，将尖刀藏进靴子里，说："打仗，是危险的事。我位居三公，不能被叛军侮辱。万一战败，应当自刎来辞谢天子。"到这时，他向西叩拜行礼，三军都被感动。安太清攻取怀州（今河南沁阳），并驻守在那里。

上元元年（760 年），李光弼加授为太尉、中书令。出兵包围了怀州，史思明前来救援，李光弼再次击败了他。史思明在河清驻扎部队，声称要渡过黄河切断官军运粮的道路。

李光弼在野水渡设置营垒，到傍晚回来，只留下牙将雍希颢守卫，说："叛将高晖、李日越，能抵挡万人军队，叛军必定派他们来偷袭我军。你留在此处，叛军到了不要与他们交战，如果他们投降，就和他们一起来。"左右私下奇怪他的话说得语无伦次。当天，史思明果然召见李日越说："李光弼的军队驻扎在野外，你率五百名铁骑兵趁夜攻打他，不能抓住他就不要回来了！"李日越到壁垒跟前，派人问道："太尉在吗？"回答说："离开了。"问道："有多少士兵？"回答说："一千人。"问："将领是谁？"回答说："是雍希颢。"李日越对他的部下说："我接受的命令是怎么说的，如今看来即使俘获雍希颢，回去仍不免一死。"于是请求投降。雍希颢同李日越一起来到李光弼那里，李光弼对他很优待，上表请求朝廷授他为右金吾大将军。高晖听说后，也投降了官军。有人问李光弼："您降服二位将领怎么如此容易呢？"李光弼回答说："史思明两次惨遭失败，非常想在野外作战，听说我驻扎在野外，他本来就轻视我，命大将前来袭击，必定要以死来规定。雍希颢没有名气，俘获不足以用来立功。李日越怕死，此时不投降还等到什么时候？高晖才能在李日越之上，已经投降的李日越受到了礼遇，心怀二意的高晖怎能不想跟着来呢？"众军开决丹水，淹没怀州，但没有攻克。李光弼命郝廷玉从地道入城，得到叛军的军号，并登上城墙大声呼喊，官军趁机登上城墙，生擒了安太清，将其送到京师，朝廷在太庙里举行献俘仪式。史思明派间谍宣称叛军将士都是北方人，吟唱思乡歌曲，盼望返回家乡。鱼朝恩信以为真，多次上疏说可以消灭叛军，朝廷下诏告谕李光弼，李光弼坚持说叛军气势正盛，不可轻举妄动。仆固怀恩嫉妒李光弼的功劳，暗中帮助鱼朝恩陈述扫除叛军的计策。皇上派使者前来督战，李光弼不得已，派李抱玉守卫河阳，出兵驻扎在北邙。李光弼叫士兵靠山列阵，仆固怀恩说："我用的是骑兵作战，如今迫近险要之地，地势不便，请到平原上列阵。"李光弼说："有险要的地势可以依赖，胜可以进，败可以守；而到平原上列阵，战败就会全部被歼灭。况且叛军拼死与我军交战，我们不如依靠险要地势作战。"仆固怀恩不听从。叛军占据了高原，派长戟手七百人，叫壮士持刀跟随在后，并丢下东西假装逃跑。仆固怀恩的士兵争相抢获，叛军的伏兵杀出，官军大败。怀州又一次沦陷，李光弼率军渡过黄河守卫闻喜，李抱玉因兵力少，放弃了河阳。李光弼上表请罪，皇帝因仆固怀恩违背命令导致官军覆没，就下诏宽慰并召李光弼入朝。不久，又拜授李光弼为太尉，兼任侍中。

宝应元年（762年），李光弼被封为临淮郡王。朝廷赐给铁券，将姓名收藏在太庙中，并在凌烟阁绘制画像。北邙山之战失败后，鱼朝恩因他的计策失误而感到羞耻，所以对李光弼恨之入骨，而程元振尤其嫉恨他。

这二人当权，天天谋划着中伤李光弼的事情。吐蕃侵犯京师，代宗下诏命李光弼入京救援，李光弼畏惧祸害，拖延不敢前往。等到皇帝驾临陕西，仍然倚重他，多次慰问他的母亲，以此来消除他的疑虑。皇帝返回长安，随即拜授他为东都留守，来观察他的进退之意。李光弼以久等诏书不到，要返回徐州收取租税作为脱身的借口。皇帝命令郭子仪从河中用车载其母回京。

第二年，李光弼病重，手下的将领问他身后之事，李光弼回答说："我滞留在军中，不能奉养母亲，是不孝之子，还有什么可说的呢！"于是拿出剩余的绢布分送给部将。不久去世，部将就用他送给的绢布为李光弼治办丧事，号哭吊唁。皇帝也派出使者吊唁并抚恤其母。

李光弼用兵打仗，确定计谋后再出兵作战，能以少胜多。治军严整，天下人为他的威名所折服，在军中指点发号施令，众将不敢抬头看他。当初，李光弼与郭子仪齐名，世人称为"李郭"，而他的战功被推举为中兴第一。他取代郭子仪镇守朔方时，营垒、士兵、旗帜没有任何变更，但李光弼一声号令，众将士气色却更加严明。

孙子说："趁敌人没有准备时攻打。"李光弼趁敌军吃饭时出兵攻打。孙子说："敌人派来的使者措辞谦恭却正在加紧战备的，是准备进攻的阵势。"李光弼在营地周围偷挖暗沟却佯装约降。孙子说："我先占领于我有利,敌先占领于敌有利,此为兵家必争之地。"李光弼率军移驻河阳从而使叛军无法向西进军。孙子说:"要削弱敌军士兵的士气。"李光弼首先攻打敌军防御最坚固的部队,从而令安太清败逃。孙子说:"通过以假象迷惑敌人的'示形'方法取得的胜利放置在众人面前,众人不能了解其中的因由。"李光弼知道叛军必然来袭从而降服了二位将领。

【评析】

　　李光弼,契丹族人。李光弼于唐天宝十五载初,经郭子仪推荐为河东节度副使,参与平定安史之乱。乾元二年七月,任天下兵马副元帅,曾参与镇压浙东袁晁领导的农民起义军。至德二年(757年)春,在唐平安史之乱的战争中,唐北都留守李光弼率领军民坚守太原(今太原西南),挫败史思明等部围攻的著名防御作战,尽显英雄本色。当时,李光弼所部精兵都已调往朔方,太原所剩只有河北兵五千人,加上团练(地方武装)之众,也不满万人。面对叛军的攻势,诸将都惶惧不安,主张修城自固,李光弼率领军民在城外挖掘壕沟,最后全歼了敌人。广德二年,李光弼因受朝廷猜疑,抑郁而死。

唐·郭子仪

【原文】

　　郭子仪，字子仪，华州郑人。长七尺二寸，以武举异等累迁单于副都护。天宝十四载，安禄山反，诏子仪充朔方节度使，率本军东讨，与李光弼合破贼史思明众数万于藁城。南攻赵郡，禽贼四千，还常山。思明以众数万尾军，及行唐，子仪选骑五百更出挑之。三日，贼引去，乘之，又破于沙河，遂趋恒阳以守。禄山益出精兵佐思明。子仪曰："彼恃加兵，必易我；易我，心不固，战则克矣。"与战未决，戮一步将以徇，士殊死斗，遂破之，斩首二千级，俘五百人，获马如之。于是昼扬兵，夜捣垒，贼不得息，气益老。乃与光弼、仆固怀恩、浑释之、陈回光等击贼嘉山，斩首四万级，获人马万计。思明图范跳奔博陵。于是河北诸郡往往斩贼首，迎王师。方北范阳，会哥舒翰败，天子入蜀，太子即位灵武，诏班师。子仪与光弼率步骑五万赴行在[①]。拜子仪同中书门下平章事，仍总节度。肃宗大阅六军，鼓而南，至彭原。宰相房琯自请讨贼，次陈涛，师败，众略尽，故帝唯倚朔方军为根本。俄从元帅广平王率蕃、汉兵十五万收长安。李嗣业为前军，元帅为中军，子仪副之，王思礼为后军，阵香积寺之北，距澧水，临大川[②]，弥亘[③]一舍[④]。

　　贼李归仁领劲骑薄战，官军嚣，嗣业以长刀突出，斩贼数十骑，乃定。回纥以骑兵缭贼背，夹攻之，斩首六万级。贼帅张通儒夜亡陕郡。翌日，王入京师，老幼夹道呼曰："不图今日复见官军！"王休士三日，遂东。安庆绪闻王师至，遣严庄悉众十万屯陕，助通儒，旌帜钲鼓径百余里。师至新店，贼已阵，出轻骑，子仪遣二队逐之，又至，倍以往，皆不及贼营辄反。最后，贼以二百骑掩⑤军，未战走，子仪悉军追，横贯其营。贼张两翼包之，官军却。嗣业率回纥从后击，尘且坌⑥，飞矢射贼，贼惊曰："回纥至矣！"遂大败，僵尸相属于道。严庄等走洛阳，挟庆绪渡河保相州，遂收东都，于是河东、河西、河南州县悉平。入朝，帝遣具军容迎灞上，劳之曰："国家再造，卿力也。"

　　乾元元年，破贼河上，执安守忠以献。还朝，进中书令。帝即命大举九节度师讨庆绪，以子仪、光弼皆元功，难相临摄，第用鱼朝恩为观军容宣慰使，而不立帅。子仪自杏园济河，围卫州。庆绪分其众为三军。将战，子仪选善射三千士伏壁内，诫曰："须吾却，贼必乘垒，若等噪而射。"既战，伪遁，贼薄营，伏发，注射如雨。贼震骇，王师整而奋，斩首四万，获铠胄数十万执安庆和，收卫州。连营进围相州，引漳水灌城，漫二时，不能破。城中粮尽，人相食。庆绪求救于史思明，思明自魏来，李光弼前军遇之，战邺南，胜负相当。子仪督后军，未及战。会大风拔木，遂晦，跬步⑦不能相物色，于是王师南溃，贼亦走，辎械⑧满野。时王师众而无统，进退相顾望，责功不专，是以及于败。鱼朝恩素疾⑨其功，因是媒孽⑩之，故帝以李光弼代子仪领朔方兵。子仪虽失军，无少望，乃心朝廷。议者谓子仪有社稷功，而孽寇首鼠，乃置散地，非所宜。帝亦悟。及光弼败邙山，失河阳，河中乱，杀李国贞，太原戕邓景山。朝廷忧二军与贼合，而少年新将望轻不可用，遂以子仪为天下兵马副元帅，进封汾阳郡王，屯绛州。时帝已不豫⑪,群臣莫有见者,子仪请曰:"老臣受命,将死于外,不见陛下,目不瞑。"帝引至卧内,谓曰:"河东事一以委卿。"子仪呜咽流涕。至屯,诛首恶数十人,太原辛云京亦治害景山者。

代宗立,程元振自谓于帝有功,忌宿将难制,离构百计,因罢子仪副元帅。子仪惧谗且成,尽衰⑫肃宗所赐诏敕千余篇上言之,因自明。诏曰:"朕不德,贻大臣忧,朕甚自愧,自今公毋有疑。"

广德二年,仆固怀恩诱吐蕃、回纥、党项数十万入寇,朝廷大恐,诏子仪屯奉天。帝问计所出,对曰:"无能为也。怀恩本臣偏将,虽剽果,然素失士心。今能为乱者,因思归之人,劫与俱来,且皆臣故部曲,素以恩信结之,彼忍以刃相向乎?"帝曰:"善。"虏寇邠州,先驱至奉天,诸将请击之。子仪曰:"客⑬深入,利速战。彼下素德我,吾缓之,当自携贰。"因下令:"敢言战者斩!"坚壁待之,贼果遁。子仪至,进拜尚书令。永泰元年,怀恩尽说吐蕃、回纥、党项、羌、浑、奴剌等三十万,掠泾、邠,躏凤翔,入醴泉、奉天,京师大震。于是帝命李忠臣屯渭桥,李光弼屯云阳,马璘、郝廷玉屯便桥,骆奉先、李日越屯鳌屋,李抱玉屯凤翔,周智光屯同州,杜冕屯坊州,天子自将屯宛中。急召子仪屯泾阳,军才万人。比到,虏骑围已合,乃使李国臣、高升、魏楚玉、陈回光、朱元琮各当一面,身自率铠骑二千出入阵中。回纥怪问:"是谓谁?"报曰:"郭令公。"惊曰:"令公存乎?怀恩言天可汗弃天下,令公即世,中国无主,故我从以来。令公存,天可严存乎?"报曰:"天子万寿。"回纥悟曰:"彼欺我乎!"子仪使谕虏曰:"昔回纥涉万里,戡大憝,助复二京,我与若等休戚同之。今乃弃旧好,助叛臣,一何愚!彼背主弃亲,于回纥何有?"回纥曰:"本谓公云亡,不然,何以至此。今诚存,我得见乎?"子仪将出,左右谏:"戎狄野心,不可信。"子仪曰:"虏众数十倍,今力不敌，吾将示以至诚。"左右请以骑五百从，又不听。即传呼曰："令公来！"虏皆持满待。子仪以数十骑出，免胄⑭见其大酋曰："诸君同艰难久矣，何忍忘忠谊而至是耶？"回纥舍兵下马拜曰："果吾父也。"子仪即召与饮，遗⑮锦彩结欢誓好如初。因曰："吐蕃本吾舅甥国，无负而来，弃亲也。马牛被数百里，公等若倒戈乘之，若俯取一芥，是谓天赐，不可失。且逐戎得利，与我继好，不两善乎？"会怀恩暴死，群虏无所统一，遂许诺。吐蕃疑之，夜引⑯去。子仪遣将白元光合回纥众追蹑，大军继之，破吐蕃十万于灵武西原。

大历元年，赤心节度使周智光谋叛，帝间道以蜡书赐子仪，令率军讨之。同、华将吏闻军起，杀智光，传首阙下。回纥赤心请市马万匹，有司以财乏，止市千匹。子仪曰："回纥有大功，宜答其意，中原须马，臣请内一岁奉，佐马直。"诏不听，人许其忠。帝尝与语吐蕃方强，慷慨至流涕。退，上疏曰："朔方，国北门，西御犬戎，北虞猃狁，五城相去三千里。开元、天宝中，战士十万，马三万匹，仅支一隅。自先帝受命灵武，战士从陛下征讨无宁岁。顷以怀恩乱，痍伤雕耗，亡三分之二，比天宝中止十之一。今吐蕃兼吞河、陇，杂羌、浑之众，岁深入畿郊，势逾十倍，与之角胜，岂易得耶？属者虏来，称四节度，将别万人，人兼数马。臣所统士不当贼四之一，马不当贼百之二，外畏内惧，将何以安？臣惟陛下制胜，力非不足，但简练不至，进退未一，时淹师老，志广势分。愿于诸道料精卒满五万者，列屯北边，则制胜可必。窃惟河南、河北、江淮大镇数万，小者数千，殚屈廪给⑰，未始搜择。臣请追赴关中，勒步队，示金鼓，则攻必破，守必全，长久之策也。"

德宗嗣位，赐号"尚父"。薨。年八十五。子仪事上诚，御下恕，赏罚必信。遭幸臣⑱程元振、鱼朝恩短毁，方时多虞，握兵处外，然诏旨，即日就道，无纤芥顾望，故逸间不行。破吐蕃灵州，而朝恩使人发其父墓，盗未得。子仪自泾阳来朝，中外惧有变，及入见，帝唁之，即号泣曰："臣久主兵，不能禁士残人之墓，人今发先人墓，此天谴，非人患也。"朝恩又尝约子仪修具，元载使人告以军容将不利公。其下衷甲愿从，子仪不听，但以家僮十数往。朝恩曰："何车骑之寡？"告以所闻。朝恩泣曰："非公长者，得无致疑乎？"

田承嗣傲狠不轨，子仪尝遣使至魏，承嗣西望拜，指其膝谓使者曰："兹膝不屈于人久矣，今为公拜。"麾下宿将数十，皆王侯贵重，子仪颐指进退，若部曲然。幕府六十余人，后皆为将相显官，其取士得材类如此。与李光弼齐名，而宽厚得人过之。代宗不名，呼为大臣。以身为天下安危者二十年。

孙子曰："逸而劳之。"子仪扬兵捣垒而贼不得息。又曰："以利动之，以卒待之。"子仪伏卒壁内而为遁。又曰："三军既疑且惑，则诸侯之难至矣。"子仪与光弼责功不专而及于败。又曰："强而避之。"子仪谓贼利速战，而坚壁待之。又曰："敌虽众，可使无斗。"子仪示以至诚而回纥感服是也。

【注释】

① 行在：天子所在的地方。

② 大川：可能指黄河。

③ 弥亘：绵延。

④ 一舍：古代以三十里为一舍。

⑤ 掩：掩护。

⑥ 坌（bèn）：灰尘。

⑦ 跬步：很近的距离。现代的两步古代称"步"，现代的一步古

代称"跬"。

⑧ 辎械：指武器装备。

⑨ 疾：妒忌。

⑩ 谮：说坏话诬陷别人。

⑪ 不豫：不适。

⑫ 衰：聚集。

⑬ 客：外来人。这里指敌人深入我方作战。

⑭ 免胄：脱下铠甲。

⑮ 遗（wèi）：给予，赠送。

⑯ 引：退却。

⑰ 殚屈廪给：殚屈，竭尽；廪给，官方供给（粮食）。

⑱ 幸臣：宠臣。

【今译】

郭子仪，字子仪，是华州郑县（今陕西华县）人。身高七尺二寸，因为武功高强，多次升官，任单于副都护。天宝十四载（755年），安禄山谋反，唐玄宗下诏命郭子仪担任朔方节度使，率领军队东征讨伐叛军，和李光弼一同在藁城（今河北藁城）击败史思明率领的数万叛军。郭子仪又向南进攻赵郡，活捉了四千名叛军士兵，返回常山郡。史思明率领剩余的数万名士兵到达行唐，郭子仪挑选出五百名骑兵出击迎战。经过三天的战斗，叛军撤退，郭子仪乘胜追击，又在沙河击溃叛军，于是前往恒阳防守。安禄山增派精锐兵力辅助史思明。郭子仪说："安禄山仗着增兵，有恃无恐，必定轻视我军；轻视我军，军心就不牢固，那么作战时我军就能战胜他们。"交战没有决出胜负，郭子仪杀死了一名步兵将领示众，士兵们马上拼死作战，于是击败叛军，斩杀了二千人，俘获了五百人，缴获了许多马匹。郭子仪白天出兵示威，晚上袭击叛军营地，叛军得不到休息，士气越加低落。郭子仪于是和李光弼、仆固怀恩、浑释之、陈回光等人在嘉山（今河北定西）攻打叛军，斩杀叛军四万人，俘获数以万计的士兵和马匹。史思明披头散发、光着脚叛逃到了博陵（今河北定州）。河北十多个郡的百姓纷纷杀死叛军守将，迎接官军到来。当时郭子仪将北征范阳，正赶上哥舒翰战败，唐玄宗逃往蜀郡，太子李亨在灵武即位，下诏令郭子仪率军返回。郭子仪和李光弼率五万步兵和骑兵赶往灵武。李亨任命郭子仪为同中书门下平章事，同时依然担当总节度使。唐肃宗对军队进行大规模检阅，击鼓向南进军，抵达彭原（今甘肃庆阳）。宰相房琯请求率兵讨伐叛军，然后陈涛也请求讨伐，后来战败，众人再也没有了计策，所以唐肃宗只有依赖朔方军了。不久郭子仪跟随兵马大元帅广平王（唐代宗李豫，初名俶，被封为广平王）率领吐蕃、汉族士兵共计十五万人进行了收复长安之战。其中，李嗣业率领前锋部队，广平王率领中军部队，郭子仪担任副将，王思礼率领殿后部队，在香积寺以北排兵布阵，依托沣水防御，面朝黄河，部队展开绵延三十里。

叛军将领李归仁率精锐骑兵来迎战，官军气势正盛，李嗣业手持长枪出击，斩杀叛军骑兵数十人，于是平定了局势。吐蕃骑兵迂回到叛军后方，对叛军形成夹击，斩杀了六万人。叛军将领张通儒连夜逃往陕郡。第二天，肃宗进入长安，老少百姓夹道欢呼："没想到如今又看到官军来了。"肃宗令士兵休息三天，叛军于是向东撤退。安庆绪听说肃宗来了，派遣严庄（唐朝节度使安禄山的军师，安禄山称帝后拜为丞相）率十万军队驻扎于陕郡，辅助张通儒，沿途旌旗锣鼓布设了一百多里。官军抵达新店（今河南陕县西），叛军已经排好阵形，叛军派出轻骑兵出击，郭子仪派出两支军队驱逐，叛军又来，郭子仪派出比上次多一倍的兵力驱逐，都没有到达叛军营地就返回了。最终，叛军凭借二百名骑兵作掩护，没有同官军交战而撤退，郭子仪率全部兵力追击，横穿叛军营地。叛军从两翼包围，官军怯退。李嗣业率回纥军队从后方出击，尘土飞扬，只见飞驰的箭群射向叛军，叛军惊呼："回纥军来了！"叛军大败，道路上到处都是僵硬的死尸。严庄等人从洛阳逃走，带着安庆绪渡过黄河到达相州（今河南安阳），官军就此收复了东都洛阳。河东、河西、河南的各州县也都得以收复。郭子仪入朝觐见，肃宗在灞上地区陈列仪仗迎接他，慰劳他说："国家能得以重建，是由于你的贡献啊。"

　　乾元元年（758年），郭子仪在河上击败叛军，抓获安守忠献给朝廷。郭子仪回朝，晋升为中书令。肃宗立即命九路节度使出兵，大举讨伐安庆绪，因郭子仪和李光弼均功勋卓著，难以相互管辖，肃宗命鱼朝恩为观军容宣慰使，没有指定元帅。郭子仪带兵从杏园（今河南汲县东南）渡河，包围卫州（今河南汲县）。安庆绪兵分三路。将要交战时，郭子仪在土垒后面布置了三千弓弩手，个个箭术精湛，郭子仪告诉他们："我假装败退，敌军必然追赶至此，你们等待信号发箭射杀敌军。"交战之时，唐军假装后退，叛军果然追至土垒边上，伏兵箭如雨下，叛军心胆俱裂，唐军气势大振，整理部队出击，斩首四万人，缴获铠胄数十万件，抓获了安庆和，收复了卫州。官军布下连环营地，包围了相州，郭子仪引漳水来淹城，相州被淹两个月，依然未被攻破。相州城内粮草用尽，人与人相互蚕食。安庆绪向史思明求救，史思明从魏郡率军前来，李光弼的前锋部队与之遭遇，在邺城以南交战，不分胜负。郭子仪负责督导殿后部队，没有能够参战。激战中，忽然间狂风呼啸，树木被拔起，天昏地暗，咫尺之间分不清物体的颜色，官军向南溃退，叛军也奔逃，辎重武器装备丢得漫山遍野。此战各节度使没有统一指挥,前进后退相互观望,职责没有明确,所以才导致了战败。鱼朝恩向来嫉妒郭子仪的功劳,趁机找借口将过错推到郭子仪身上,所以肃宗令李光弼代替郭子仪统领朔方军。郭子仪虽然失去了指挥权,但没有失望,仍然心向朝廷。有人议论说叛军仍在窥伺观望,郭子仪有建立社稷的功劳,却被流放至闲散之地,实在不应该啊。肃宗也有所醒悟。后来李光弼在邙山战败,河阳失守,河中大乱,太原、绛州(今山西新绛)两地驻军将邓景山(河东节度使)、李国贞杀害,朝廷担忧这两路军队同叛军会合,而年轻将领威望经验不足,尚难以任用,于是任郭子仪为天下兵马副元帅,封为汾阳郡王,率兵驻扎在绛州。当时肃宗身体不适,众臣子一个都不接见,郭子仪请求道:"老臣受命而来,将在外战死,不见到陛下您,难以闭上眼睛。"肃宗派人将郭子仪带至卧室,对他说:"河东平乱之事就委托你了。"郭子仪痛哭流涕。到了绛州,郭子仪按军法杀掉了作乱的头领等数十人,太原辛云京也对杀害邓景山的人予以问罪。

代宗继位,宦官程元振自认为有功劳,忌惮郭子仪难以管制,想方设法离间郭子仪,代宗便罢免了郭子仪的副元帅之职。郭子仪害怕代宗听信谗言,把唐肃宗褒扬他的上千道诏书交给了唐代宗,代宗由此明白。代宗下诏说:"我没有德行,让大臣们担忧,我深感惭愧,从今以后你不要再有疑虑了。"

广德二年(764年),仆固怀恩诱使吐蕃、回纥、党项等族起兵数十万人进攻唐朝,朝廷大为惊恐,下诏令郭子仪在奉天驻军。代宗问有何计策,郭子仪说:"怀恩不会有作为的。仆固怀恩是我的偏将军,虽久经战场历练,作战果敢,但向来不得军心。现今叛乱的士兵都是因为思念家乡被胁迫而来,况且他们又都是我的旧部下,我向来用恩德信义对待他们,这些士兵忍心和我兵刃相见么?"代宗说:"你说得有道理。"回纥、党项军队攻占了邠州,其先头部队已经到达了奉天,官军各将领要求出兵杀敌。郭子仪说:"敌军深入腹地,迅速结束战斗最为有利。敌军的下层士兵向来信服我的德行,我暂缓出击,敌军士兵定会有所动摇。"郭子仪因此下令:"有胆敢要求出战的人,一律斩首。"官军加强防御,坐镇以待,敌军果然撤退。郭子仪回朝,被提升为尚书令。

永泰元年(765年),仆固怀恩游说吐蕃、回纥、党项、羌、浑、奴剌等族率三十万士兵,先后攻占了泾州、邠州、凤翔、醴泉和奉天,一路烧杀抢掠,朝廷大为震惊。于是代宗命李忠臣驻兵渭桥,李光弼驻兵云阳,马璘、郝廷玉驻兵便桥,骆奉先、李日越驻兵盩厔(今陕西周至),李抱玉驻兵凤翔,周智光驻兵同州,杜冕驻兵坊州,代宗自己率军驻扎在苑中。朝廷紧急下诏令郭子仪率军驻扎在泾阳,但军队人数才一万人。等到郭子仪率军赶到时,敌军骑兵已经形成包围,于是郭子仪令李国臣、高升、魏楚玉、陈回光、朱元琮各自率军防御一个方向,自己亲率两千名骑兵杀入敌军阵营。回纥头领惊奇地问道:"谁来了?"来人回答说:"郭令公。"回纥头领大为惊讶,说道:"郭令公还活着?仆固怀恩称唐朝皇帝已经去世,郭子仪也去世了,国家没有了统领,所以我才带兵前来。郭令公还活着的话,那么皇帝还活着么?"来人回答说:"皇帝健在长寿。"回纥头领明白了,说:"仆固怀恩欺骗了我。"郭子仪派来的使者对回纥头领说:"先前回纥军队跋涉万里,击败叛军,帮助我们收复了长安、洛阳,我们和你们是生死与共啊。如今你们抛弃先前的盟友,转而帮助叛军,你是多么的愚笨啊!仆固怀恩背叛朝廷抛弃亲人,跟回纥你们有什么关系啊?"回纥头领说:"仆固怀恩本来说郭令公去世了,若不是这样的话,事情怎么会到现在这样。现在郭令公果真活着,我能和他见见么?"郭子仪将要前往会见回纥头领,手下将领劝说道:"游牧民族野心勃勃,我们不可信任他们啊。"郭子仪说:"敌军人数是我方的数十倍,现在我们难以和他们抗衡,我将展现我方真挚的诚意。"各将领要求派五百名骑兵跟随,郭子仪不答应。随后向回纥传达说:"郭令公来了。"回纥军都准备好作战,严阵以待。郭子仪率数十名骑兵前来,郭子仪脱下铠甲,见到回纥头领说:"你们也一样过了很久的艰难日子啊,怎么能够忘记我们之间的友谊而前来攻打呢?"回纥头领放下兵器,下马跪拜说:"你果真是我的父亲呀。"郭子仪随后召见回纥头领,和他一起喝酒,又赠送罗锦,两人高兴地立下誓言,和好如初。郭子仪趁机劝说:"吐蕃本是我朝舅甥之国,朝廷没有辜负他们,而他们到这里,就是不再和我们是盟友了。他们的羊群马群遍野,长达数百里,你们如果趁其不备倒戈一击,就像拾地芥那样容易,这正是天赐的机会,不可错过啊。况且战胜敌人后还能获得利益,与我朝继续友好,这不是对我们双方都有利的吗?"当时赶上仆固怀恩暴病身亡,敌军没有了统领,回纥头领于是答应了下来。吐蕃头领对此产生了怀疑,晚上率军撤退。郭子仪派遣白元光和回纥军一同追赶,大批官军在后面增援,在灵武西原(今甘肃泾川境)击败十万吐蕃军。

大历元年(766年),赤心节度使周智光叛变,皇帝将文书封在蜡丸里赐予郭子仪,命令他率军前去讨伐。同州(今渭南市大荔县)、华州(今陕西华县)的官员听说郭子仪率军来平叛,就把周智光杀了,并把他的头颅送到了长安。回纥诚心要求向唐朝出售一万匹战马,朝臣认为目前国库匮乏,只能购买一千匹。郭子仪说:"回纥在平叛过程中立有大功,我们应当报答他们,现在中原需要战马,臣请求拿出我一年的俸禄资助朝廷买马。"代宗下诏没有答应此事,但众人都赞许郭子仪的一片忠心。代宗曾经和郭子仪谈论实力强大的吐蕃,最终感慨地流泪。郭子仪回去后，上疏代宗称："朔方是我国的北大门，向西防御犬戎，向北防御猃狁，与五城（今安徽黄山市府屯溪或休宁县城）相距三千里。开元、天宝年间，我朝用十万将士和三万马匹才仅仅能守卫住这片狭小的地区。先帝在灵武即位以来，将士们跟随陛下出征讨伐，没有安稳的日子。不久前，仆固怀恩又起兵叛乱，国家饱经战乱创伤，百姓生活凋敝，三分之二的百姓死于战乱，现在全国的人口不到天宝年间的十分之一。如今吐蕃吞并了河陇地区（相当于甘肃省西部地区），每年都会和羌族和浑族军队一起深入我朝境内，兵力超出我方十倍以上，战胜他们怎么会容易呢？以往他们率军前来时，号称只有四个节度使，可是每个将领都统领上万人，每名士兵都会有数匹战马。臣所能统领的士兵总数不到敌军的四分之一，战马总数不到敌军的百分之二。朝臣对外畏缩对内惧怕，国家怎能安全呢？臣认为陛下若想克敌制胜，我军现在的问题不在于力量不够，而在于士兵缺乏挑选和训练，号令不一，以至于士卒劳累，兵力分散。臣希望从各地挑选五万名精锐士兵，派驻在北部边境地区，那么就一定能战胜敌人了。现在河南、河北、江淮地区的较大的城镇驻军在数万人左右，较小的城镇也有数千人，即便用尽粮草供给，也不一定能有所获。臣请赶赴关中地区，在那里操练步兵，鸣金击鼓，最终会达到出击必胜、防御全面的效果，这样才是国家的长治久安之计。"

唐德宗即位，赐郭子仪名号"尚父"。后郭子仪去世，时年八十五岁。郭子仪对圣上一片忠诚，对属下宽容，赏罚分明。在遭到佞臣程元振、鱼朝恩的诋毁陷害时，当时国家正多灾多难，郭子仪虽在外手握兵权，但只要接到朝廷的诏书，定会即日起程，没有丝毫的犹豫不决，这就让谗言难以奏效。当年就在郭子仪带兵在灵州攻打吐蕃时，鱼朝恩派人挖了他父亲的坟墓，没有挖到什么值钱的东西。郭子仪从泾阳入朝面圣，朝廷内外的官员都担心他会发动兵变，等到他进宫，德宗表示慰问，他立即大声哭泣道："臣常年带兵打仗，没能制止手下损毁别人的坟墓。如今轮到别人掘开我家先辈之墓，这是上天的报应，不是什么人祸。"鱼朝恩还曾经邀请郭子仪赴宴。元载派人转告郭子仪此行对其不利。部下披上铠甲，要求一同前往，郭子仪没有答应，只带了十来个家仆前去。鱼朝恩问他："您的车马怎么会这么少呢？"郭子仪将传闻都告诉了他。鱼朝恩哭道："除了您之外，还有谁不怀疑我呢？"

田承嗣（唐肃宗乾元初，田承嗣为魏博节度使，统治今河北南部、山东北部）飞扬跋扈，行为不端，郭子仪曾派使者前往魏州。没想到田承嗣竟朝着西边伏地叩拜，并指着膝盖对使者说："这两条腿很长时间没给人下跪了，今天特意给郭公叩拜。"郭子仪部下有几十个旧将，都已位及王侯等权重之位，郭子仪指使他们就像指派军中的部下一样。郭子仪本府中有六十几个人后来都成为朝廷的重臣名将。这些人也像郭子仪一样任人唯贤，知才善任。郭子仪与李光弼齐名，但在宽厚待人方面，李光弼远不及他。代宗从来不直呼他的名字，而称其为大臣。郭子仪以自己一人的力量维持了国家二十年的平安。

孙子说："对于休整很充分的敌军，就要想办法使其劳顿。"郭子仪命令将士不断骚扰敌营，使叛军不得安歇。孙子说："用小的利益引诱敌人，用重兵伏击敌人。"郭子仪将士兵埋伏在墙内，令敌军误以为他们逃跑了。孙子说："军队士兵如果既疑虑又迷惑，那么诸侯国就会趁机率军前来。"郭子仪与李光弼分工不明，责任不明确，导致战败。孙子说："敌人强大时，就要避免与其发生正面冲突。"郭子仪认为敌人气势正盛，快速出兵作战对敌有利，就坚守营垒不出兵，来等待战机。孙子说："敌人虽然兵力雄厚，但我们可想办法不用与之交战。"

郭子仪用真诚打动了回纥人令其倒戈。

【评析】

郭子仪，中唐名将。他以武举高第入仕从军，安史之乱爆发后，任朔方节度使，率军收复洛阳、长安两京，功居平乱之首，晋为中书令，封汾阳郡王。代宗时，又平定仆固怀恩叛乱，并说服回纥酋长，共破吐蕃，朝廷赖以为安。郭子仪戎马一生，屡建奇功，以八十四岁的高龄才告别沙场。他一生经历了武则天、唐中宗、唐睿宗、唐玄宗、唐肃宗、唐代宗、唐德宗七朝，出将入相堪为四朝元老；大唐也因为有他而获得安宁达二十多年，史称"权倾天下而朝不忌，功盖一代而主不疑"，举国上下，享有崇高的威望和声誉。八十五岁寿终，赐谥忠武，配飨代宗庙廷。综观郭子仪一生的起伏变迁，并不是"主不疑"，而是他识时务，行事谨慎，能够小心地将君主的怀疑安然消解。

唐·李抱真

【原文】

李抱真，字太元，沈虑而断。兄抱玉属以军事，授汾州别驾。仆固怀恩反，陷焉，挺身归京师。代宗以怀恩倚回纥，所将朔方兵精，忧之，召抱真问状，答曰："郭子仪尝领朔方军，人多德之。怀恩欺其下曰：'子仪为朝恩所杀。'今起而用，是伐其谋，兵可不战解也。"既而怀恩败，如抱真策。迁陈郑泽潞节度留后①。既谢，因言："百姓劳逸在牧守，愿得一州以自试。"更授泽州刺史，兼泽潞节度副使。徙怀州，仍为怀泽潞观察留后，凡八年。抱真策山东有变，泽、潞兵所走集②，乘战伐后，赋重人困，军伍雕刓③，乃籍户三丁择一，蠲④其徭租，给弓矢，令闲月得曹偶习射，岁终大校，亲按籍第能否赏责。比三年，皆为精兵，举所部得成卒二万，既不廪⑤于官，而府库实。乃曰："军可用矣。"缮甲⑥淬兵，遂雄山东，天下称招义步兵为诸军冠。

德宗嗣位。初，田悦反，围邢及临洺。诏抱真与河东马燧合神策兵救之，斩其将杨朝光，遂解临洺⑦、邢之围。复与悦战洹水，走之。进围魏，悦战城下，大败。会朱滔、王武俊反，救悦，抱真退保魏。帝仓卒狩奉天，闻问，诸将皆哭，各引麾下还屯。于时，李希烈陷汴，李纳反郓，李怀光相次反河中，抱真独以数州截然⑧横绝溃叛中，离沮⁹其奸，为群盗所惮。

兴元初，检校⑩左仆射、同中书门下平章事，进义阳郡王。朱滔悉幽蓟兵与回纥围贝州，以应朱泚。而希烈既窃名号，则欲臣制⑪诸叛，众稍离。天子下罪己诏⑫，并赦群盗。抱真乃遣客贾林以大义说武俊，使人从击滔，武俊许诺，而内犹豫。抱真将自造其壁，诿军事于卢元卿曰："吾此行，系时安危，使遂不还，部勒以听天子命，惟子；励兵东向，雪吾之耻，亦惟子。"即以数骑驰入见武俊，曰："泚、希烈争窃帝号，滔攻贝州，此其志皆欲自肆于天下。足下既不能与竞长雄，舍九叶天子而臣反虏乎？且诏书罪己，禹、汤之心也。方上暴露播越⑬，公能自安乎？"因持武俊，涕下交颐⑭，武俊亦感泣，左右皆泣。退卧帐中，酣寝久之。武俊感之不疑，乃益恭，指心誓天曰："此身已许公死矣！"食讫，约为昆弟而别。旦日合战，大破滔经城。进检校司空⑮。

抱真喜士，闻世贤者，必欲与之游。虽小善，皆卑辞厚币数千里邀致之，至无可录⑯，徐徐以礼谢。好方士，因饵丹而死。

孙子曰："上兵伐谋。"抱真请用子仪，而解回纥之兵。又曰："士卒孰练。"抱真步兵为诸军之冠。又曰："亲而离之。"抱真说降武俊而败朱滔是也。

【注释】

① 留后：唐代节度使、观察使缺位时设置的代理职称。

② 走集：边界要塞，交通要冲。

③ 雕刓：伤残损失。

④ 蠲：除去、驱除、去掉。

⑤ 廪：公家发给粮食；收藏，储积。

⑥ 缮甲：整治武器装备。

⑦ 临洺：应为临洺关，今河北邯郸永年县城。

⑧ 截然：态度严正的样子。

⑨ 离沮：分崩离析。

⑩ 检校：勾稽查核之意，加于官名之上。

⑪ 臣制：臣服节制。

⑫ 罪己诏：古代的帝王在朝廷出现问题、国家遭受天灾、政权处于危难时，自省或检讨自己过失、过错发生的一种口谕或文书。它通常是在三种情况下出现，一是君臣错位，二是天灾造成灾难，三是政权危难之时。用意都是自责，只是情节轻重有别。

⑬ 暴露播越：暴露，露在外面，无所遮蔽，播越，流亡。

⑭ 交颐：满腮。

⑮ 司空：唐时为三公之一，与司马、司寇、司士、司徒并称五官，掌水利、营建之事，但仅是一种崇高的虚衔。

⑯ 录：录取，任用。

【今译】

　　李抱真，字太元，做事沉稳果断。他哥哥李抱玉在军中做官时，任他为汾州（今山西汾阳）别驾。仆固怀恩起兵造反时，攻陷汾州，李抱真只身返回长安。代宗认为仆固怀恩有回纥军做依靠，手下的朔方军实力精锐，为此感到担忧，召见李抱真询问情况，李抱真说："郭子仪曾经统领朔方军，军中士兵人多认可其恩德。仆固怀恩欺骗下属说郭子仪被朝廷杀害。现在可恢复郭子仪的官职，令其领兵出征，这才是讨伐的计策，可不战而胜。"不久仆固怀恩战败，果真如李抱真所言。李抱真被提升为陈郑、泽潞节度留后。李抱真致谢后，趁机说：

"百姓生活的劳累安逸取决于地方官员，我想掌管一个州郡来检验自己。"于是李抱真被任为泽州刺史，兼任泽潞节度副使。被调往怀州（今河南沁阳）后，仍然任命为怀、泽潞观察留后，任职达八年之久。李抱真认为山东会有叛变发生，泽、潞州地处边界要冲之地，又正逢战乱刚过，百姓赋税繁重生活困苦，军队兵员短缺，李抱真于是在各户中按三选其一的比例挑选合适的男子，免除其徭役和租税，配发弓箭，让他们在农闲季节抽时间加以练习，年终时进行大考，并亲自拿着户册监考，根据能力情况进行赏罚。等到三年后，这些人都成为精兵，经这样训练而成的士兵有两万人，如此既不会消耗官府的粮食，又确保了国库资金充实。李抱真于是说："部队可以用来作战了。"便整治武器装备，训练士兵，在山东称雄，天下百姓称昭义军步兵位列诸军之首。

　　唐德宗即位。起初，田悦起兵造反，包围了邢州（今河北邢台）和临洺（今河北邯郸永年）。德宗下诏命李抱真和河东马燧一起领兵前往救援，斩杀了田悦的手下杨朝光，解除了邢州和临洺的包围。李抱真又同田悦在洹水（今名安阳河，又名洹河）交战，令田悦撤军。李抱真率军包围魏州，与田悦在城下交战，田悦战败。当时适逢朱滔、王武俊起兵叛乱，他们前来救援田悦，李抱真撤退到魏州据守。德宗急忙向奉天逃跑，听到圣上关切询问，各将领都痛哭流涕，各自率领手下士兵回到驻地。那时，李希烈攻陷了汴州，李纳在郓城（山东省西南）谋反，李怀光也在河中谋反，李抱真独自凭借数州的势力范围拦阻、击败叛军，令叛军分崩离析，被众叛乱将领所忌惮。

　　兴元初年（784年），李抱真被任命为检校左仆射和同中书门下平章事，升为义阳郡王。朱滔率幽州和蓟州的全部兵力和回纥军一起包围了具州，以和朱泚相呼应。而李希烈又偷偷另立名号，想控制众路叛军,各路叛军逐渐离散。德宗发出诏书,检讨自己的过失,并对众路叛军予以赦免。李抱真于是派出说客贾林用国家大义劝降王武俊,要求其出兵攻打朱滔,王武俊答应了,但心里却犹豫不决。李抱真亲自建设营垒,委托卢元卿负责军务,说:"我这次出征关系到国家的安危,若未能回来,将士们必须听从圣上的旨意,就全靠你了;要做好战斗准备,向东进军,为我洗刷耻辱,也全靠在你身上了。"李抱真于是带领数名骑兵飞奔而去会见王武俊,对他说:"朱泚和李希烈争相偷立帝号,朱滔又在攻打贝州,他们都想自己称雄天下。你既然不能和他们争雄,也不会背叛大唐九代天子而向叛将称臣吧?况且圣上已发出'罪己诏',有大禹、商汤之心呐。假如圣上四处流亡,无所遮蔽的话,你自己就能安全么?"李抱真边说边抓住王武俊的手,满脸都是泪水,王武俊也感动地流泪,左右部下也声泪俱下。李抱真回到帐中睡下,安然入眠。王武俊十分感动,不再有所怀疑,于是对李抱真更加恭敬,指着心对天发誓说:"我已决定为您出生入死。"两人吃完饭,结为兄弟告别。第二天,两人一起率军出击,在经城将朱滔击败。李抱真又升任为检校司空。

李抱真喜爱有才能的贤士,只要听说天下有才能的人,一定要和他见一面,即使是普通人,李抱真都派人带着丰厚的礼物,不远数千里,用谦虚的言辞加以邀请,如果寻访后发现没有什么能任用的地方,也以礼相留。李抱真又喜好炼方术士,因中丹毒而死。

孙子说:"用兵的最高境界是使用谋略胜敌。"李抱真请求起用郭子仪,从而化解了回纥军的进攻。孙子说:"战争胜负取决于哪一方的士兵训练更加有素。"李抱真手下的步兵实力位居各路军之首。孙子说:"敌人内部和睦,就要离间其内部关系。"李抱真说服王武俊投降从而击败了朱滔。

【评析】

　　李抱真，唐代功臣。他以山东三州训练有素的军队，外抗叛军，内安军士，为群盗所惮，为维护唐王朝的安定与统一做出了重要贡献。李抱真沉断有计谋，礼贤下士，只要听说有才能的人，一定派人以谦辞、厚币去寻访，如果寻访后发现此人没有什么特长，就以礼相送。只是当全国形势有所好转，尤其他晚年时，李抱真追求享受，大起台榭以自娱，又相信道士炼丹长生不老之说，多次服食丹药，以致死于丹毒。李抱真死后，唐德宗为之废朝三日，追赠太保。

唐·李晟

【原文】

李晟，字良器，洮州临洮人。年十八，往事河西王忠嗣，从击吐蕃。悍酋乘城，杀伤士甚众，忠嗣怒，募善射者，晟挟一矢殪①之，三军欢奋。忠嗣抚其背曰："万人敌也。"

大历初，李抱玉表晟右军将。吐蕃寇灵州，抱玉授以兵五千击之，辞曰："以众则不足，以谋则多。"乃请千人。繇②大震灵趋临洮，屠定秦堡，执其帅慕容谷钟，虏乃解灵州去。马璘与吐蕃战盐仓，败绩，晟率游兵拔璘以归，封合川郡王。璘内忌晟威略，归之朝，为右神策都将。

建中二年，魏博田悦反，晟为神策先锋，与河东马燧、昭义李抱真合兵攻之。斩杨朝光，晟乘冰度洺水破悦；又战洹水，悦大败，遂进攻魏。朱滔、王武俊围康日知于赵州也，抱真分兵二千戍邢，燧怒，欲班师，晟曰："奉诏东讨者，吾三帅也。邢、赵北壤，今贼以兵加赵，是邢有昼夜忧，李公分众守之，不为过，公奈何遽引去！"燧悟，释然，即造抱真垒，与交欢。晟建言："以兵趋定州，与张孝忠合，以图范阳，则武俊等当舍赵。"帝壮之，俾神策三将军莫仁曜等隶之。晟自魏引而北，武俊果解去。会帝出奉天，有诏召晟即日治严③。而孝忠以军介二盗间，倚晟为重，数止晟无西。晟语众曰："天子播越④，人臣当百舍一息。义武欲止吾,吾当以子为质。"乃以凭约昏⑤,并遗良马。孝忠有亲将谒晟,晟解玉带遗之,使喻孝忠。乃得逾飞狐,次代州。诏迎拜神策行营节度使。进临渭北,壁东渭桥⑥,所过樵苏⑦无犯。

时刘德信自扈涧败归,亦次渭南,军器无制。德信入谒晟,晟责所以败,斩之,以数骑入壁劳其军,无敢动。晟已并兵,则军益振。李怀光⑧方军咸阳,不欲晟当一面,请与晟合。有诏徙屯,与怀光联垒。晟每与贼战,必锦裘绣帽自表,指顾阵前。怀光望见,恶之,戒曰:"将务持重,岂宜自表褾⑨,为贼饵哉!"晟曰:"昔在泾原,士颇相畏伏,欲令见之,夺其心尔。"怀光不悦。每兵至都城下,而怀光军多卤掠,晟军整戢⑩。怀光使分所获遗之,又辞不敢受。怀光谋沮挠⑪其军,即奏言:"神策兵给赐北方镇独厚,今桀逆未平,军不可以异。"怀光欲晟自削其军,则士怨易挠。帝议诸军与神策等,力且不赡⑫,遣学士陆贽临诏怀光,令与晟计所宜者。怀光曰:"廪赐不均,军何以战!"贽数顾晟,晟曰:"公,元帅,军政得专之。晟将一军,唯所命,其增损费调,敢不听?"怀光默然计塞,顾刻削廪赐事出己,乃止。

怀光阴通朱泚图反。晟与李建徽、阳惠元皆联屯,适有使者到晟军,晟乃令曰:"有诏徙屯。"即结阵趋东渭桥。后数日,怀光并建徽、惠元兵,惠元死之。是日,帝进狩⑬梁州,顾浑瑊曰:"渭桥在贼腹中,兵孤绝,晟能办胜邪?"瑊曰:"晟秉义挺忠,崒然⑭不可夺。臣策之,必破贼。"帝乃安,遣晟将张少弘口诏进晟同中书门下平章事。

晟提孤军横当寇锋,恐二盗合以轧之,则卑辞厚币,伪致诚于怀光者。时敖仓⑮单乏,乃使张彧假京兆少尹,调畿内赋,不淹旬,刍米告具。乃陈兵下令曰:"国家多难,乘舆⑯播迁,见危死节⑰,自吾之分。公等此时不诛元凶，取富贵，非豪英也。渭桥断贼首尾，吾欲与公戮力一心，建不世之功，可乎？"士皆奋泣曰："惟公命。"于是骆元光以华州之众守潼关，尚可孤以神策兵保七盘[18]，皆受晟节度，戴休颜举[19]奉天，韩游瑰悉宁军从晟，怀光始惧。晟乃移书显责之，使破贼自赎。怀光不听，然其下益携落[20]，畏为晟袭，乃奔河中。其将孟陟、段威勇以兵数千自拔归，晟皆表以要官。

帝欲益西幸，晟请驻梁、汉以系天下望。晟家为贼质，左右有言者，晟涕数行下，曰："陛下安在，而欲恤[21]家乎？"瑊使晟吏王无忌婿款壁门曰："公等家无恙。"晟怒曰："尔乃与贼为间[22]乎？"叱[23]斩之。时输缣[24]不属，盛夏，士有衣裘者，晟能与下同甘苦，以忠谊感发士心，终无携怨。逻士得姚令言、崔宣谍者，晟命释缚，饭饮之，遣还，敕[25]曰："为我谢令言等，善为贼守，勿不忠于阃。"乃引兵叩都门，贼不敢出，振旅而还。明日，会诸将图所向，众对先拔外城，然后清宫。晟曰："外城有里闬之隘，若设伏格战，居人嚣溃，非计也。贼重兵精甲聚苑中，今直击之，是披其心腹，将图走不暇。"诸将曰："善。"乃自东渭桥移壁光泰门，以薄都城，连沟栅。而贼将张庭芝、李希倩求战，晟顾曰："贼不出，是吾忧也。今乃冒死来，天诱之矣。"勒吴诜等纵兵鏖击。贼攻华师急，晟以精骑驰救，中军噪而从，大破之，乘胜入光泰门；再战，贼却僵尸相藉[26]，余众走白华，贼大哭，终夜不息。翌日，将复战。或请待西师，晟曰："贼既败，当乘机扑殄。苟俟西军，是容其为计，岂吾利邪？"乃悉军军光泰门，使王佖、李演将骑，史万顷将步，抵苑北。晟先夜颓苑垣为道二百步，比兵至，贼已伐木塞以拒战。晟叱诸将曰："安得纵贼？今先斩公矣！"万顷惧，先登，拔栅以入，侣督骑继之，贼崩溃，执其将段诚谏，大兵分道进，雷噪震地。令言、庭芝、希倩等殊死斗，晟令唐良臣等步骑奔突，贼阵成辄北，十余遇皆不胜，蹙㉗入白华。贼伏千骑出官军背，晟以麾下百骑自驰之，左右呼曰："相公来！"贼惊溃，禽馘㉘略尽。泚率残卒万人西走，田子奇追之，余党悉降。晟引军屯含元㉙外廷，舍右金吾次，令军中曰："五日内不得辄通家问，违者斩。"遣京兆尹李齐运部长安、万年令，分慰居人，秋毫无所扰。别将高明曜取贼妓一，司马伯取贼马二，即斩以徇。坊人之远者，宿昔㉚乃知王师之入也。明日，孟涉屯白华，尚可孤屯望仙门，骆元光屯章恭寺，晟屯安国寺。择文武摄台省官，以俟乘舆。

条胁污于贼者，请以不死。露布至梁，帝感泣，群臣上寿，且言："晟荡夷凶憝㉛，而市不易廛㉜，宗庙不震，长安之人不识旗鼓，虽三代用师，不能如之。"帝曰："晟天生，为社稷万人，岂独朕哉！"拜晟司徒㉝，兼中书令。帝至梁，晟以戎服见三桥，帝驻马劳之。晟再拜顿首，贺克殄大盗，庙朝安复，已即跪陈："备爪牙臣，不能指日破贼，致乘舆再狩，乃臣不任职之咎，敢请死。"伏道左，帝为掩涕，命起之，使就位，有诏赐第永崇里。晟入第，京兆供帐，教坊㉞鼓吹迎导，诏将相送之。

始，晟屯渭桥也，荧惑守岁，久乃退，府中皆贺曰："荧惑退，国家之利，速用兵者昌。"晟曰："天子暴露，人臣当力勤死难，安知天道邪？"至是乃曰："前士大夫劝晟出兵，非敢拒也。且人可用，而不可使之知也。夫惟五纬㉟盈缩㊱不常，晟惧复守岁，则我军不战自屈矣！"皆曰："非所及也。"

泾州㊲倚边，数戒其帅，晟请治不供命者，因以训耕积粟实塞下㊳，羁制西戎㊴。帝乃拜晟凤翔、陇右、泾原节度使，兼行营副元帅，徙王西平郡。

时宦者尹元正持节到同、华，擅入河中谕慰李怀光，晟劾元正矫使,欲洗宥元恶⁴⁰,请治罪。又言:"赦怀光有五不可:河中抵京师三百里,同州制其冲,兵多则示未信,少则力不足,勿惊东偏⁴¹,何以待之?一也。今赦怀光,则必以晋、绛、慈、隰还之,浑瑊、康日知又且迁徙,二也。兵力未穷,忽宥反逆,四夷闻之,谓陛下兵屈而自罢耳,今回纥拒北,吐蕃梗⁴²西,希烈僭⁴³淮、蔡,若弃强示弱,以招窃觊,三也。怀光既赦,则朔方将士悉复叙勋行赏,追还缣廪⁴⁴,今府库空殚,物不酬满,是激其叛,四也。既解河中,诸道还屯,当有赐赉⁴⁵,赏典不举,怨言必起,五也。今河中米斗五百,刍槁⁴⁶且罄,人饿死墙壁间,其大将杀戮几尽,围之旬时,力穷日溃,愿无养腹心疾为后忧。臣请选精兵五千,约十日粮,可以破贼。"帝方以贼委马燧、浑瑊,故不许。晟常曰:"河陇之陷,非吐蕃能取之,皆将臣沓贪⁴⁷,暴其种落⁴⁸,不得耕稼,日益东徙,自弃之尔。且士无缯絮⁴⁹,人苦役扰,思唐之心岂有既乎?"因悉家赀怀辑⁵⁰降附,得大酋浪息曩,表以王号。每虏使至,必召息曩于坐,衣大锦袍,金带,夸异之,虏皆指目歆艳⁵¹。

吐蕃君臣大惧,相与议。尚结赞者善计,乃曰:"唐名将特李晟与马燧、浑瑊尔,不去之,必为吾患。"即遣使委辞,因燧请和,且求盟,因盟谋执瑊以卖燧,于是结赞大兴兵逾陇岐,无所掠,佯怒曰:"召吾来,乃不牛酒犒军。"徐引去,以是闻晟。晟选兵三千,使王佖伏汧阳旁,击其中军,几获结赞。晟又遣野诗良辅等攻摧沙堡,拔之。结赞屡乞和,会晟朝京师,奏言:"戎狄无信,不可许。"而张延赏当国,故与晟有隙,密言晟不可久持兵。帝惑其言。

贞元三年,拜太尉、中书令,罢其兵。是岁,瑊与吐蕃盟平凉,虏劫之,瑊挺身免,诏罢燧河东,皆如结赞计云。通王府长史丁琼者,尝为延赏挤抑,内怨望,乃见晟曰:"以公功,乃夺兵柄,夫惟位高者难全，盍密图之？"晟曰："君安得不祥㊼之言？"执以闻。七年，以临洮未复，请附贯㊽万年，诏可。九年，薨。

晟性疾恶，临下明。每治军，必曰："某有劳，某长于是。"虽厮养㊾小善，必记姓名。

孙子曰："攻其所必救。"晟谓北图范阳则贼当舍赵。又曰："将军可夺心。"晟锦裘绣帽，使贼望而畏之。又曰："反间者，因敌间而用之。"晟得谍者食而遣还。又曰："能愚士卒之耳目。"晟谓人可用之而不可使知之。又曰："择人而任势。"晟虽厮养小善，必记姓名是也。

【注释】

① 殪（yì）：杀死。

② 繇：古同"由"，从，自。

③ 治严：整理行装。

④ 播越：流亡。

⑤ 昏：古同"婚"，婚姻。

⑥ 渭桥：汉唐时代长安附近渭水上的桥梁，共有三座，分别为东渭桥、西渭桥和中渭桥。其中东渭桥故址在今西安市东北灞水、泾水合渭处东侧。汉景帝五年（前152年）始建。唐咸亨中置渭桥仓于此，漕粮自东来，先聚于仓，再转运长安。唐后废。

⑦ 樵苏：柴草，指日常生计。

⑧ 李怀光：渤海靺鞨人，本姓茹，其先徙幽州，以战功赐姓李氏。他少年从军，以军功累进都虞侯。

⑨ 襮：暴露。

⑩ 整：有秩序，不乱，使有条理，整顿；戢：收敛，收藏。

⑪ 沮：阻止；挠：扰乱，阻止。

⑫ 赡：供给人财物。

⑬ 进狩：巡行视察诸侯为天子所守的疆土。

⑭ 峚然：突兀，高耸貌。

⑮ 敖仓：古代重要粮仓。

⑯ 乘舆：古代特指天子和诸侯所乘坐的车子。

⑰ 死节：为保全节操而死。

⑱ 七盘：指七盘岭。在四川广元东北与陕西宁强的交界处，上有七盘关，是川陕间重要关隘之一。

⑲ 举：攻克。

⑳ 携落：因离散而减少。

㉑ 恤：顾及，顾念。

㉒ 间：说客，间谍。

㉓ 叱：大声呵斥。

㉔ 输缣：输，转运；缣，双经双纬的粗厚织物之古称。

㉕ 敕：告诫。

㉖ 相藉：相互枕藉而卧。

㉗ 麾：紧迫。

㉘ 禽馘：俘获斩首。

㉙ 含元：大明宫的前朝第一正殿。

㉚ 宿昔：夜晚。

㉛ 慝：怨恨，憎恶；灭亡；奸恶，亦指恶人。

㉜ 市不易廛：没有影响集市的贸易。

㉝ 司徒：六卿之一，职位相当于宰相。

㉞ 教坊：唐高祖置内教坊于禁中，为掌教习音乐之所，属太常寺。

㉟ 五纬：亦称五星。

㊱ 盈缩：伸屈，进退。

㊲ 泾州：今甘肃泾川、灵台、镇原以及宁夏固原东部等地泾水中游地区。

㊳ 塞下：边塞附近。亦泛指北方边境地区。

㊴ 西戎：古代华夏人对西方少数民族的统称。

㊵ 洗宥：赦免宽恕，昭雪宽大；元恶：大恶之人，首恶。

㊶ 东偏：指东部边境小邑。

㊷ 梗：阻塞，阻碍。

㊸ 僭：超越身份，冒用在上者的职权、名义行事。

㊹ 缣廪：粮食和布帛。泛指给养。

㊺ 赐赉：赏赐。

㊻ 刍槁：一般指喂养牲畜的草饲料，刍为牧草，槁为禾秆。

㊼ 沓贪：贪婪。

㊽ 种落：种族部落。

㊾ 缯絮：缯帛丝绵。亦指缯帛丝绵所制衣服。

㊿ 怀辑：怀集，招来。

㉑ 歆艳：歆羡，美慕。

㉒ 不祥：不善。

㉓ 附贯：附入本地户籍的外地人。

㉔ 厮养：旧称干杂事劳役的奴隶。后泛指受人驱使的奴仆。

【今译】

李晟，字良器，是洮州临洮人。十八岁那年，跟随河西王忠嗣攻打吐蕃。吐蕃军一名强悍的部落首领登上城墙，杀伤了很多士兵。王忠嗣大怒，招募擅长射箭之人，李晟挽弓一射，一箭射死了他。三军上下，士气为之大振。王忠嗣拍着李晟的肩膀，说："你可以抵挡一万敌军。"

大历初年（766年），李抱玉上表任命李晟为右军将军。此时正值吐蕃入侵灵州，李抱玉分配给李晟五千士兵出兵御敌。李晟推辞道："靠数量取胜，五千士兵明显不够；靠谋略取胜，这些士兵又太多了。"于是李晟仅率领了一千名士兵。李晟率军从大震灵直奔临洮，袭击定秦堡（今甘肃临洮境内），生擒吐蕃首领慕容谷钟，吐蕃军这才解除对关州的围困。马璘和浑瑊率军与吐蕃在盐仓交战，战败，李晟急忙率兵救出马璘，回去后，李晟被封为合川郡王。马璘内心嫉妒李晟的威武雄略，就让朝廷召李晟入朝担任右神策都将一职。

建中二年（781年），魏博节度使田悦发动叛变，李晟担任神策军先锋，与马燧的河东军、李抱真的昭义军联合进兵讨伐。官军斩杀叛将杨朝光后，李晟趁沼水结冰，渡河击败田悦。双方又在洹水交战，田悦再次大败，于是官军发兵攻打魏州。朱滔、王武俊将康日知（唐朝少数民族将领）围困在赵州，李抱真只好分出两千兵力前去防守邢州，马燧愤怒不已，想要撤军回去，李晟说道："我们三人奉诏率军东讨叛军，邢州和赵州北部接壤，现在叛军围困赵州，势必会给邢州带来危险，李抱真分兵防守并没有什么不对，您为何要离开呢！"马燧于是醒悟，不再有疑虑，就到李抱真的军帐中请罪，和他交谈甚欢。李晟上疏朝廷说："我们可以率兵进驻定州，和张孝忠的军队联合进攻范阳，那么王武俊等人必然放弃围困赵州。"德宗赞同这一建议，命令神策军的莫仁曜等三位将军听从李晟的调遣。李晟从魏州率军北上，王武俊果然解围而去。当时，唐德宗出逃奉天，下诏李晟令立即整理行装出战。张孝忠认为在军队将领中德宗最为倚靠李晟，便阻止李晟西进。李晟对部众说："现在天子蒙难流亡，身为臣子应当舍弃所有全力营救。但义武军想阻止我，我将用儿子做人质担保。"李晟立下凭据，订立婚约，并留下良马为证。张孝忠的亲信去拜会李晟，李晟解下自己的玉带送给他，令他转告张孝忠，这才得以顺利通过飞狐关（河北省涞源县北）抵达代州。李晟接到朝廷的任命，为神策行营节度使。后来，李晟率军赶赴渭北，在东渭桥驻军，所过之处，对老百姓秋毫无犯。

当时，刘德信从扈涧战场败退下来，也驻扎在渭南。他的军队目无法纪，缺乏管制。刘德信前去拜见李晟，李晟责问刘德信战败的原因，将他斩首。李晟带着几个骑兵到刘德信的军营，慰劳众将士，结果没有一个人敢妄动。李晟收编了他的部队，增加了实力。李怀光当时在咸阳负责军务，不愿看到李晟独当一面，就请求与李晟的军队合并。朝廷下诏让李晟迁徙军营，和李怀光的营垒合驻在一起。李晟每次同叛军作战，一定穿着用锦缝制的皮衣，戴着绣帽以显现自己，站在阵前指挥。李怀光见此情景，十分厌恶，就告诫说："身为将领，一定要稳重谨慎，怎么可以彰显自己，让自己成为敌人的目标呢！"李晟说："当初在泾原作战，敌军对我有所畏惧。我想让他们看到我，以动摇他们的军心。"李怀光非常不高兴。每次作战进入都城，李怀光手下的士兵大多四处掳掠，而李晟的军队则收起兵器，整顿军纪。李怀光将掠夺来的物品赠予李晟，又遭到李晟的推辞拒绝。李怀光打算排挤干扰李晟的军队，便上奏朝廷："神策军获得的赏赐在北方各镇中是最多的。如今叛军未灭，各支军队的待遇不应有区别。"李怀光想让李晟自行削减兵力，这样李晟手下的士兵会心生怨恨，容易被扰乱。德宗知道朝廷的财力无法让诸军和神策军得到一样的待遇，于是就派遣学士陆贽拿着诏书去安慰李怀光，要求他和李晟商讨解决的办法。李怀光说："赏赐不公，军队士兵怎么作战？"陆贽又多次去找李晟，李晟说："李怀光是元帅，总揽军政大权。我不过是一军之长，只能听从命令，军饷赏赐数目的增减调整，我怎敢不听他的安排呢？"李怀光无言以对，不知怎么办了，又顾虑是自己要求削减军饷，怕触犯众怒，就不再追究这件事了。

李怀光暗中勾结朱泚造反。李晟、李建徽和阳惠元三支部队驻扎在一起。正好有使者来到李晟的军营中，李晟便传令："朝廷下诏，让我们更换驻地。"随即率军直奔东渭桥。几天后，李怀光接管了李建徽、阳惠元的军队。阳惠元被李怀光处死。当天，德宗逃亡到梁州，问浑瑊："现在渭桥的四周都是叛军，李晟的军队势单力薄，能战胜叛军吗？"浑瑊说："李晟向来忠义双全，敌军不能战胜他，照臣看来，他必定能够击败叛军。"德宗于是才安心，于是派李晟的部将张少弘传口谕，升任李晟为同中书门下平章事。

李晟率领孤军，奋力同叛军精锐力量作战，为了免遭两路叛军合围夹击，只好拿着丰厚的礼物，委曲求全假装向李怀光表示诚意。不久，官军粮食匮乏告急，李晟派张或担任京兆少尹，在京城征税，不到十天，就置备了充裕的粮食。李晟布置好部队，下令说："国家多灾多难，天子流亡，危难中为节操而死是我们的本分，你们今天不站出来诛杀元凶，以求富贵名利，就不配为英雄豪杰。我们所处的渭桥正好拦腰切断了叛军的首尾，我想与你们同心协力，建下此前世上未有的功劳，怎么样？"众将士都哭着说："一切都听命于将军！"于是骆元光率华州的军队据守潼关，尚可孤率神策军保卫七盘，他们都受李晟调度指挥。戴休颜攻克了奉天，韩游瑰率领全部邠宁（今陕西彬县）军前来跟随李晟，李怀光开始有所畏惧。李晟于是写信斥责李怀光，希望他能自己弥补罪过，杀敌立功。李怀光没有听从，但他的部下担心李晟会发兵袭击而纷纷逃散，李怀光于是退守河中。他的部将孟陟、段威勇率领数千士卒投奔官军，李晟上表都封给他们显要的官职。

德宗打算继续西逃，李晟希望天子留在梁汉之地以寄托百姓的期望。李晟的家人成了叛军的人质，身边的人将这一消息告诉李晟，李晟泪流满面，说道："如今陛下安危都没有保证，我怎能想着顾及家人呢？"叛将朱泚让李晟的手下王无忌的女婿到军营门口传话："将军的家人现在安然无恙。"李晟大怒道："你居然给叛军当说客？"骂了他一顿后将其斩首。当时后勤供给不畅，正值盛夏，士兵身上有人还穿着冬装，李晟能和部下同甘共苦，以自己的赤诚忠义感召军心，所以众将士一句怨言也没有。巡逻的士兵抓获了叛将姚令言、崔宣的间谍。李晟命人给他们松绑，用酒菜招待他们，随后把他们释放，并叮嘱道："替我向姚令言等人答谢，告诉他们要忠于职守，一定不要背叛朱泚。"李晟带兵到城外挑战，叛军都不敢出城应战，军队士气大振，后撤离。第二天，众将领正讨论攻城的策略，众将主张先攻下外城，然后清除宫中的叛军。李晟说："外城狭隘，若设伏搏斗，百姓定会遭受骚扰损失，这不是可行的计策。叛军的主力精锐都聚集在苑中，现在对他们予以直接打击，就是直捣其心腹之地，他们连逃跑都来不及。"众将说："好！"李晟于是把军营从东渭桥移到光泰门驻扎，这样更加接近都城，同时令士兵挖壕筑栅。叛将张庭芝、李希倩来到阵前挑战。李晟说："我一直担忧叛军会不出兵应战。如今他们居然冒死前来，真是天赐良机啊。"随即李晟命令吴诜等人率兵迎击。这时，叛军猛烈攻打华师，李晟率领精锐骑兵火速救援，中路军擂鼓而进，最后大胜叛军，并乘胜杀入光泰门；又和叛军交战，叛军死伤无数，残余叛军士兵逃往白华门，叛军中哭泣之声彻夜不停。第二天，将要继续战斗，有人建议等待西路援军（由浑瑊率领）到来后再战。李晟说："现在叛军失败，我们应当趁机将他们一网打尽。若是等待援军到来，只会令叛军得到喘息，这还会对我们有利么？"于是下令所有军队驻守在光泰门，命王佖、李演率领骑兵，史万顷率领步兵，进军禁苑北部。李晟事先在夜里派人凿开苑墙，有两百步宽，等到大军赶到时，发现叛军在缺口处堵上了栅栏进行防御。李晟训斥部将道："怎么能放跑叛军呢？今天先斩杀你这些人。"史万顷听闻此言，感到惧怕，率先登上苑墙，毁掉栅栏让部队进入禁苑，王佖率领骑兵接踵而入，叛军四处逃散，叛军段诚谏遭擒，李晟率大军分路挺进，声响惊天动地。叛将姚令言、张庭芝和李希倩等人拼死抵抗，李晟命唐良臣等人率步兵和骑兵突袭，叛军立即溃败，经过十多个回合的交战，叛军未能取胜，急忙逃向白华门。叛军埋伏的上千名骑兵从官军的后面杀出，李晟亲自率领一百名骑兵迎击，左右手下大喊道："李晟来了！"叛军大惊，士兵溃散，官军几乎斩杀了所有叛军。朱泚率领剩余万名叛军向西逃窜，田子奇率军追击，其他各路叛军都已投降。李晟率军驻扎在含元殿外，为避免军兵借机扰民，李晟下令："五天内不准与家人联系，违者斩。"又派京兆尹李齐运的手下长安和万年令分头安抚百姓，确保对百姓秋毫无犯。部将高明曜霸占一名叛军的歌伎，司马仙私吞了叛军的两匹战马。李晟立即下令将他们处斩示众。住在远郊的百姓，到了晚上才知道有官军进入长安城。第二天，孟涉驻军在白华门，尚可孤扎营在望仙门，骆元光驻兵章恭寺，李晟屯兵安国寺。李晟挑选文武官员，恢复京师官府机构的运作，等待天子的归来。

李晟把自己受叛军胁迫，不得已投降李怀光一事，用文书上奏朝廷，请求免于死罪。文书被送到梁州后，唐德宗感动地潸然泪下，群臣纷纷恭贺德宗，并说道："李晟一举扫除叛军，而且没有影响集市的贸易，没有毁坏先人的宗庙，城内百姓都没有见到军队的战旗和战鼓，即使是三代为军的将领也做不到这样啊。"德宗也说道："李晟生来就是为了国家社稷百姓，怎会仅仅为我一个人呢！"德宗提拔李晟为司徒，兼中书令。德宗到了梁州，李晟穿着军服在三桥觐见德宗，德宗停下马慰问他。李晟又一次磕头跪拜，祝贺歼灭叛军，收复长安，他跪着说道："手下将领无能，不能迅速击败叛军，导致圣上再次流亡，这是臣不称职的罪过，敢请圣上赐予死罪。"李晟跪在道路左边，德宗为他而流泪，命令他起身，回到原来的位置，德宗把永崇里的一处宅第赐给李晟。乔迁之时，李晟在京城设宴庆贺，教坊派人击鼓奏乐迎接来客，朝廷还下诏诸位将相都前去祝贺。

起初，李晟在渭桥驻军时，天象出现火星冲犯岁星，很久才退去。府中部下庆贺道："火星退却，是对国家有利的象征，加紧作战便可昌盛。"李晟说道："现在天子流亡，人臣唯有拼死全力营救，哪还顾得上知道什么天道呢？"收复长安后，李晟解释说："之前士大夫劝他出兵，他不敢拒绝。况且只可命令部下去做事，不可让他们了解为什么。五星的位置变化不是寻常现象，若自己担心火星再次冲犯岁星，那么我军必定不战而败。"众人说："这不是我们能比得上的。"

泾州（今甘肃泾川、灵台、镇原以及宁夏固原东部等地泾水中游地区）靠近边关，驻守当地的将帅数次被杀害。李晟请求严惩不听从命令的士兵，又进行军事训练和农业生产，储备军粮充实边关，以约束西戎。李晟后被任命为凤翔、陇右、泾原节度使，兼任行营副元帅，又改封为西平（今青海湟源、乐都间）郡王。

当时，宦官尹元正持节前往同州和华州，擅自到河中去慰问李怀光。李晟参劾尹元正假传圣旨，想要赦免李怀光，请求朝廷将他治罪。并说道："不可赦免李怀光有以下五大理由：第一，自河中到京师只有三百里。同州是联系两地的要冲，在此地大量陈兵表示不信任李怀光，兵力太少又不足以震慑他。一旦他再次起兵，朝廷该怎么办？第二，赦免李怀光，则必定要把晋、绛、慈、隰等地归还他，浑瑊、康日知又要率军迁出。第三，国家兵力并不匮乏，不能突然宽恕叛乱逆反之人，四夷知道了，要是只是以为我们在示弱就算了，可如今回纥占据着北方，吐蕃盘踞在西方，李希烈在淮、蔡两州越权篡位作乱，如果放弃威慑转而对外示弱，这只会招来敌人的觊觎啊。第四，赦免李怀光后，朔方军的将士都要重新论功行赏，补发粮食和布帛，但现在国库空虚，物资匮乏，这只会激起更大的反叛。第五，解除河中之围后，各路军马返回驻地，当然要有所封赏，如未得到赏赐，必定会有怨言出现。现今河中地区一斗米卖五百钱，连喂养牲畜的饲料也快没有了，饿死的百姓倒在墙边，叛军将领几乎已经死光，围城十日，城内叛军实力大减，逐渐溃散，可出兵铲除叛军以解心腹之患。臣请挑选五千精锐士兵，携带大约十日的军粮，即可歼灭叛军。"德宗就要委派马燧、浑瑊领兵铲除叛军，李晟不同意。李晟常说："河陇地区失陷，不是因为吐蕃实力强盛，能够将其攻克，都是因为守将贪得无厌，役使当地百姓，使他们难以耕田种地。人们逐渐向东迁徙，放弃了家乡。况且将士衣不遮体，百姓饱受徭役困苦，怎么还会有效忠大唐之心呢？"于是李晟捐出家产用于招抚归降的吐蕃部落，吐蕃将领浪息曩归降，李晟上表请求朝廷给他封号。每次吐蕃有使者前来，李晟都让浪息曩坐在身旁，身穿大锦袍，腰扎金带，李晟还夸奖他，这让吐蕃使者看到都艳羡不已。

吐蕃的首领和大臣们感到极为恐惧，赶忙商量对策。尚结赞擅长谋划，他说："大唐名将不过是李晟、马燧和浑瑊三人，不除掉他们，必定是我们的祸患。"当即派遣使者拜访马燧，通过他向朝廷提出请和，并要求结盟，吐蕃计划在结盟时擒住浑瑊以此出卖马燧。于是尚结赞率领大军前往陇、岐两地，但没有像往常一样大肆劫掠，佯装生气的样子说:"大唐召我们过来,却又不设宴犒劳众将士。"就带着部队从容不迫地离开了,以此让李晟知道此事。李晟选出三千士兵,派王佖率兵埋伏在汧阳,袭击吐蕃军中路部队,还差一点就擒获了尚结赞。后李晟又派野诗良辅等人攻克了吐蕃的摧沙堡。尚结赞向大唐求和,正好李晟返回长安入朝。李晟上奏道:"戎狄不讲诚信,绝对不能答应。"但正值张延赏(德宗时任中书侍郎、同中书门下平章事)主管国事,他曾经和李晟有个人矛盾,密奏德宗称不可让李晟长期领兵。德宗受到了谗言蛊惑。

贞元三年(787年),李晟被任命为太尉、中书令,剥夺了他的军权。这一年,浑瑊率军和吐蕃在平凉结盟,结果遭到吐蕃的袭劫,浑瑊独自脱身,朝廷下诏罢免了河东的马燧。一切都如尚结赞谋划的那样。通王府的长史丁琼曾经受到张延赏的排挤打压,心存不满,于是拜见李晟说:"以您的功勋,竟然被夺去兵权。位高的人总是难以保全自己,何不秘密起兵呢?"李晟说:"你竟敢说出这样大逆不道的话!"当即命人将他拿下示众。贞元七年,因临洮尚未被收复,李晟请求将户籍附入万年,朝廷下诏批准。贞元九年,李晟去世。

李晟生来疾恶如仇,对待下属爱憎分明。每次管理军队,一定会说:"谁有战功,谁擅长什么。"即便从事杂役的人有什么好的表现,李晟也都一定记下他们的姓名。

孙子说:"进攻敌人一定会出兵救援的地方。"李晟认为北攻范阳就可以解除赵州之围。孙子说:"可以通过某种方法动摇将帅的决心。"李晟穿锦裘,戴绣帽,这让敌军望而生畏。孙子说:"所谓反间,就是引诱敌方的间谍为我所用。"李晟擒获间谍后,宴请他们并予以释放,从而成功地利用了这些间谍。孙子说:"将帅可以蒙蔽士兵的耳目。"李晟认为只可命令士卒做事,不需要告诉他们其中的缘由。孙子说:

"挑选合适的人才,并充分利用形势。"李晟对于从事杂役的人,有一点好的表现,都一定要记下他们的姓名。

【评析】

李晟,中唐重要将领。他年轻时就是一位武艺不凡的豪杰,十八岁时投奔名将王忠嗣,屡建奇功。一次与吐蕃的战斗中,唐军遭遇吐蕃悍将,屡战不利,大为恼火的王忠嗣下令招募弓箭高手,李晟报名参加,纵马出阵,一箭射杀敌将;王忠嗣兴奋地拍着李晟的后背称赞他是"万人敌",由此获得"万人敌"的绰号。安史之乱以后,唐朝日趋衰落,天下混乱。李晟多次为国家平定叛乱,结束了长达五年之久的"藩镇连兵"浩劫,维护了唐王朝的统一大局。李晟像古时圣贤学习,直言极谏,为相期间,每当德宗有所顾问,必知无不言,尽大臣之节。但由于其功勋太大,李晟最终被唐德宗解除了兵权,六十七岁时病逝。

唐·李愬

【原文】

李愬^①，字元直，有筹略，善骑射。宪宗讨吴元济，唐邓节度使高霞寓既败，以袁滋代将，复无功。愬求自试，宰相李逢吉亦以愬可用，遂检校左散骑常侍，为随唐邓节度使。愬以其军初伤夷，士气未完，乃不为斥候部伍。或有言者，愬曰："贼方安袁公之宽，吾不欲使震而备我。"乃令于军曰："天子知能忍耻，故委以抚养。战，非吾事也。"众信而安之。乃斥倡优^②，未尝嬉乐。士伤夷病疾，亲为营护。蔡人以尝败辱霞寓等，又愬名非夙所畏者，易之，不为备。愬沈鸷^③，务推诚待士，故能张其卑弱而用之。贼来降，辄听其便，或父母与孤未葬者，给粟帛遣还，劳之曰："而王人也，无弃亲戚。"众愿为死，故山川险易与贼情伪，一能晓之。居半岁，知士可用，乃请济师，诏益河中、鄜坊二千骑。于是缮铠厉兵，攻马鞍山，下之，拔道口栅，战嵖岈山，以取垆冶城，入白狗、波港栅，拔楚城，袭郎山，再执守将。平青陵城^④，禽票将丁士良，异其才，不杀，署捉生将。士良谢曰："吴秀琳以数千兵不可破者，陈光洽为之谋也。我能为公取之。"乃禽以献。于是秀琳举文城栅降。遂以其众攻吴房，残外垣。始出攻，吏曰："往亡^⑤日，法当避。"愬曰："彼谓吾不来，此可击也。"既引还，贼以精骑尾击，愬下马据胡床^⑥，令军曰："退者斩。"众决死战，射杀其将，贼乃走。或劝遂取吴房，愬曰："不可。吴房拔，则贼力专，不若留之以分其力。"初，秀琳降，愬单骑抵栅下与语，亲释缚，表以为将。秀琳与愬策曰："必破贼，非李祐无与成功者。"祐，贼健将也，守兴桥栅，其战尝易官军。愬候祐护获于野，遣史用诚以壮骑三百伏其旁，见羸卒若将燔聚者，祐果轻出，用诚禽而还。诸将素苦，请杀之，愬不听，以为客。待间⑦，召祐及李忠义屏人语，至夜艾。忠义，亦贼将，所谓李宪⑧者。军中多谏此二人不可近，愬待益厚。乃募死士三千人为突将，自教之。会雨，自五月至七月不止，军中以为不杀之罚，将吏杂然不解。愬力不能独完，乃持以泣曰："天不欲平贼乎？何见夺者众邪？"则械⑨而送之朝，表言必杀，无与共诛蔡者。诏释以还愬。愬乃令佩刀出入帐下，表六院兵马使。六院者，随、唐兵也，凡三千人，皆山南奇材锐士，故委统之。捧檄呜咽，诸将乃不敢言，由是始定袭蔡之谋矣。旧令，敢舍谍者族。愬刊其令，一切抚之，故谍者反效以情，愬益悉贼虚实。时李光颜战数胜，元济悉锐卒屯洄曲以抗光颜。愬知其隙可乘，乃遣从事郑澥见裴度告师期，于时元和十一年十月己卯。

师夜起，祐以突将三千为前锋，李忠义副之，愬率中军三千，田进诚以下军殿。出文城栅，令曰："引而东。"六十里止，袭张柴，歼其戍。敕士少休，益治鞍铠，发刃彀弓，会大雨雪，天晦，凛风偃旗裂肤，马皆缩栗，士抱戈冻死于道十一二。张柴之东，陂泽阻奥⑩，众未尝陷也，皆谓投不测。始发，吏请所向，愬曰："入蔡州取吴元济！"士失色，监军使者泣曰："果落祐计。"然业从愬，人人不敢自为计。愬道分轻兵断桥以绝洄曲道，又以兵绝郎山道。行七十里，夜半至悬瓠城，雪甚，城旁皆鹅鸭池，愬令击之，以乱军声。贼恃吴房、郎山戍，晏然无知者。等坎⑪堳⑫先登，众从之，杀门者，发关，留持柝传夜自如。黎明，雪止，愬入驻元济外宅，蔡吏惊曰："城陷矣！"元济尚不信，曰："是洄曲子弟来索褚衣尔。"及闻号令曰："常侍传语。"始惊曰："何常侍得至此！"率左右登牙城，田进诚兵薄之。愬计元济且望救于董重质，乃访其家慰安之，使无怖，以书召重质。重质以单骑白衣降，愬待以礼。进诚火南门，元济请罪，梯而下，槛送京师。申、光诸屯尚二万众，皆降，愬不戮一人。其为贼执事帐内厨厩厮役，悉用其旧，使不疑。乃屯兵鞠场⑬以俟裴度，至，愬以櫜鞬⑭见，度将避之，愬曰："此方废上下分久矣，请因示之。"度以宰相礼受愬谒，蔡人耸观⑮。乃还屯文城栅。有诏进检校尚书左仆射、山南东道节度使，封凉国公。

李师道反，诏愬代愿，帅武宁军。旬日践父兄两镇，世以为荣。愬与贼战金乡，破之。凡十一遇，禽其队帅五十，俘馘万计。淄青平，进同中书门下平章事。会田弘正守镇州，乃以愬帅魏博。长庆初，幽、镇乱，杀弘正，愬素服以令军曰："魏人富庶而通于大化者，田公力也。上以其爱人，使往治镇。且田公抚魏七年，今镇人不道而戕害之，是无魏也。父兄子弟食田公恩者，何以报之？"众皆哭。又以玉带、宝剑遗牛元翼，曰："此剑吾先人⑯尝以蕲大盗，吾又以平蔡奸，今镇人逆天，公宜用此夷之也。"元翼感动，谢曰："敢有不承而爱其死力！"乃下令军中，勒兵以俟。会愬疾甚，不能军，诏田布代之。以太子少保还东都，卒。始，晟克京师，市不改肆。愬平蔡，亦如之。功名之奇，近世所未有。

孙子曰："用而示之不用。"愬示卑弱而有马鞍之胜。又曰："出其不意。"愬以往亡日而击贼。又曰："我专而敌分。"愬不取吴房，以分其力。又曰："卒善而养之。"愬不杀降将而皆得其用。又曰："由不虞之道，攻其所不戒。"愬坎墉登城而禽元济。又曰："全国为上。"愬平蔡而不戮一人是也。

【注释】

① 愬：音同"肃"，诉的异体字，现版资料多称李愬为李诉，也有称其为李槊（shuò）。

② 倡优：古代称以音乐歌舞或杂技戏谑娱人的艺人。娼妓及优伶的合称。倡，指乐人；优，指伎人。古本有别，后常并称。

③ 沈鸷：深沉勇猛。

④ 青陵城，位于蜀南的最北边，也是蜀南距神州大陆中部最近的唯一的城市。

⑤ 往亡：阴阳家语。凶日名。旧历每月皆有。是日诸多禁忌。

⑥ 胡床：马扎、小板凳，古时一种可以折叠的轻便坐具。

⑦ 待间：得间；待机。

⑧ 李宪：西平王李晟的第十个儿子。

⑨ 械：木枷和镣铐之类的刑具。

⑩ 阻奥：道途阻隔遥远。

⑪ 坎：自然形成或人工修筑的台阶状东西。

⑫ 墉：城墙。

⑬ 鞠场：古代踢足球的场地。为平坦大广场，三面矮墙，一面为殿、亭、楼、台，可作看台。

⑭ 櫜（gāo）鞬：藏箭和弓的器具。

⑮ 竿观：指踮足观看。

⑯ 先人：其父为名将李晟。

【今译】

　　李愬，字元直。其人谋略过人，善于骑射。唐宪宗发兵讨伐蔡州叛将吴元济时，唐邓节度使高霞寓出师不利，宪宗派袁滋接替他，仍是无功而返。李愬自告奋勇，愿意领军平叛。宰相李逢吉也认为应派他出征，于是任命他为检校左散骑常侍，兼任随唐邓节度使。李愬认为军队刚刚打了败仗，士气低落，并没有马上整肃军纪。有部下请战，李愬说："叛军刚刚放松下来，我们不能加紧战备而让叛军对我们有所防范。"于是传令军中："皇上知道我能忍受耻辱，所以才让我来这里抚养军士。打仗可不是我的分内之事。"众叛军相信了便放松了下来。李愬解散了以前将领豢养的娼妓和优伶，却并没有过养尊处优的生活。遇到士卒生病，他会亲自上前护理。叛军曾经用战败侮辱高霞寓等人，又认为李愬没有什么名气，便不拿他当回事，没有什么防范。李愬深沉勇猛，礼贤下士，真诚待人，善于抓住每个人的强项加以委任。叛军来降，对于他们的去留总是自任其便，军中有士兵的家人去世，还没有入葬时，李愬发给其粮食和布匹，准许回家，并安慰道："你们都是大唐的子民，不可抛弃你们的家人。"众将士感动地都愿为李愬战死，所以李愬也逐渐摸清了山川地形的险易与叛军的情况。半年之后，李愬感到军队的斗志已经恢复，便上书请求朝廷出兵，皇上下诏调拨河中、鄜坊的两千骑兵增援。李愬于是修缮装备，训练士兵，率军接连攻克马鞍山、道口栅、嵖岈山（位于河南省遂平县境内）、庐冶城、白狗、波港栅、楚城、郎山等地，生擒当地守将。之后又收复了青陵城（蜀南的最北边，也是蜀南距神州大陆中部最近的唯一的城市），擒获叛将丁士良，李愬因为觉得他很有才干，非但没有杀他，而且还表彰他。丁士良非常感谢，说道："吴秀琳只有区区几千兵力却始终没有被击败，在于有陈光洽给他出谋划策。我愿意为您将他拿下。"丁士良于是就把陈光洽擒获,进献给朝廷。吴秀琳只好献出文城投降。接下来李愬率领众军攻打吴房,摧毁了外城墙,正要出兵进攻的时候,有个部将说:"今天是凶日,应当回避一下。"李愬说:"正因为敌军认为我们不敢出击,所以,今天正是绝好的战机。"立即率军撤退,叛军派出精锐骑兵追击,李愬跳下战马,坐在胡床之上,传令军中道:"退者斩!"众将士拼死力战,射杀了叛军将领,叛军随后逃跑。有人劝李愬应该顺势攻取吴房,李愬说:"不可以。吴房失守,叛军就会聚集兵力。不如暂且留下吴房,以分散他们的兵力。"起初,叛将吴秀琳率部下投降,李愬一个人骑马来到军营中和他谈话,并亲自给他松绑,任命为将领。吴秀琳向李愬出谋划策说:"若没有李祐,那一定能击败叛军。"李祐,是叛军中的一员虎将,此时正驻守在兴桥栅(今河南汝南西北),曾经战胜过官军。李愬探知李祐到城外保护收割的庄稼,命史用诚率领三百名精兵设下埋伏。李祐看到城外防守的官军羸弱不堪,果然轻装出城,史用诚将其擒拿返回。将士们都吃过李祐的苦头,纷纷要求杀掉他。李愬并没有准许,反而将李祐奉为宾客。李愬挑时间在军帐中单独召见李祐和另一个降将李忠义谈话,而且每次都是彻夜长谈。李忠义也是叛军将领,即李宪。尽管军中将士多次劝谏李愬说这两个人不可接近,但李愬对待二人比之前更好了。李愬于是招募敢死之士三千人组成突击队,并亲自教导。正碰上驻地下雨,从五月到七月降雨不止,军中盛传这是老天爷对李愬不杀李祐的惩罚,将士们议论纷纷,难以理解。李愬看到无法再保全李祐,便拉着他的手哭道:"难道老天爷不愿看到平定叛乱吗?为什么这么多人要求杀李祐呢?"李愬给李祐带上脚镣手镣,送往朝廷,同时上表说若杀了李祐,就没人可以帮助歼灭吴元济了。朝廷下诏赦免了李祐。李愬命令他可带刀出入军营,又任命李祐为六院兵马使。六院的军队，共有三千名，都是有独特本领的勇武之士，所以李愬委任李祐统领。李祐手捧檄文，呜咽不已，各将领都不敢说话，于是开始制定奇袭李元济的计划。按照军中旧律，有谁敢和敌军间谍扯上关系，就会有灭族的惩罚。李愬废除了这条军令，他对所有抓获的间谍都给予安抚，所以间谍都向他透露情报作为报答，李愬进一步摸清了敌兵的虚实。此时，李光颜连战连捷，吴元济调集全部精锐兵力到洄曲地区驻扎，抵御李光颜。李愬意识到有机可乘，便派郑澥将出兵时间密呈宰相裴度时间定于元和十一年（816年）。

十月初十夜晚，大军出发，李祐率领三千剽悍将卒担任前锋，李忠义担任副手；李愬率领三千士兵作为中路军，田进诚率领剩余士兵作为殿后。出文城后，李愬下令道："一直向东行进。"行军六十里，攻打叛军据守的张柴。大军将守敌全歼。李愬让部下稍作休息，整顿鞍马盔甲，磨快兵器的锋刃，张满弓箭。此时，天上下起了鹅毛大雪，天空晦暗，凛冽的寒风吹倒了旗帜，冻裂了皮肤，战马都紧缩在一起直打寒战，十分之一至十分之二的士兵手持武器冻死在路旁。张柴以东地区，路途遥远，遍布险阻，众人之前没有来过，因此都认为是前往不测之地。起初在部队出发时，将士询问将要出兵前往哪里，李愬说："奔袭蔡州城，捉拿吴元济！"将士听了无不大惊失色，监军使者甚至哭着说："果然中了李祐的圈套！"然而此时已跟随李愬出征，众将士不敢私自做其他打算。李愬分派轻装部队首先截断桥梁，断绝了通向洄曲的路，又派兵断绝了通向郎山的道路。又走了七十里，夜半时分赶到蔡州的治所悬瓠城，此时雪下得更大了，城旁到处是鹅舍和鸭舍。李愬命人击打鸭鹅，以掩盖行军的声音。悬瓠城内的守军倚仗吴房、郎山两地有人守卫，丝毫没有防范。李祐等人登上城墙，掘土为坎（自然形成或人工修筑的台阶状东西），众人随后登上城楼，他们杀死守卫的士兵，只留打更的人照常打更巡夜。等到黎明时分，雪已经停了。李愬率军进驻到吴元济的外宅。蔡州的官吏大惊，说道："城已经陷落了！"吴元济还不相信，说："是洄曲那边派人来向我索要寒衣的吧？"等听到外面喊道："常侍传令。"此时吴元济才大吃一惊，说："常侍怎么会来这里？"急忙率领随从登上牙城，田进诚率军攻打牙城。李愬料想吴元济寄希望于董重质前来救援，便到董重质的家中，安抚其家属，让其不要感到害怕，说服董重质的家属写信招降董重质。董重质一个人骑着马穿着白衣前来投降，李愬对其以礼相待。田进诚下令火烧南门，吴元济主动认罪，从牙城上下来，带着刑具被押送回长安。当时申州、光州驻扎了两万叛军，他们都放下武器投降，李愬没有诛杀一个人。即使是原来给叛军做饭打杂的人，也照用不误，让士兵们没有怀疑。李愬在鞠场驻扎部队迎接裴度。裴度到的时候，李愬背着弓箭前来迎见，裴度看到后正要回避。李愬劝道："这里不讲究上下尊卑已经很久了，今天请求给他们做个榜样。"裴度于是以宰相之礼接受了李愬的拜谒。蔡州百姓纷纷围观。随后李愬撤军驻扎在文城栅。朝廷下诏晋升他为检校尚书左仆射、山南东道节度使，后又加封为凉国公。

　　李师道作乱，朝廷下诏李愬率领武宁军前去平定，李愬先是在金乡大败敌军，之后的十一次交战中，共生擒五十名叛将，俘虏数万敌军。淄青平定后，李愬又晋升为同中书门下平章事。田弘正据守镇州时，任命李愬治理魏博。长庆初年（821年），幽州、镇州叛军作乱，田弘正被叛军杀害。李愬身穿素服号令诸军："魏博地区之所以能够富庶而且教化深厚，一切归功于田公。皇上看到他仁慈爱民，便派他负责镇州事务。况且田公在魏博地区当政长达七年，如今镇州人不守道义居然戕害了他,他们不是魏博百姓。你们的父兄子弟都受过田公的恩惠,又拿什么来报答他呢?"众将士都大哭。李愬取出自己的玉带、宝剑赠予牛元翼,说道:"家父曾经用这把剑斩杀乱臣贼子,我刚用它除掉了蔡州叛军。现在镇州叛军逆天行事,希望你能用此剑铲除叛军。"牛元翼感动不已,说道:"将军尽管放心,吾等怎会不敢担当,定当拼死杀敌!"李愬接着下令军中收拾行囊,整装待发。就在这时,李愬病情加剧,无法率军出征。朝廷下诏让田布接替他。后来,朝廷加封李愬为太子少保返回东都洛阳,李愬不久与世长辞。想当初,李晟收复长安,百姓集市未受丝毫影响。李愬平定蔡州后,也是这样。李愬的功劳之大,是近世所罕见的。

孙子说:"本来要攻打的,故意装着不打。"李愬故意显露卑弱,从而战胜了不加防范的叛军。孙子说:"在敌人意想不到的情况下,进行突然袭击。"李愬才定在凶日出击。孙子说:"争取做到集中自己的兵力,使敌人的兵力分散开。"李愬决定不攻下吴房,即是为分散敌军的兵力。孙子说:"对于俘获而来的军士一定要予以善待并加以使用。"李愬不杀降将而且都加以重用。孙子说:"走敌人预料不到的道路,攻击敌人不加防备的地方。"李愬掘土为坎登上城墙从而成功擒获了吴元济。孙子说:"使敌举国不战而降是上策。"李愬在平定蔡州时没有杀戮一人。

【评析】

李愬,唐代著名将领。李愬从小慈孝过人,父亲李晟(大唐名将)死后,在兄弟十五人中,唯他与哥哥李宪坚持为父庐墓三年,被皇帝劝回,隔天又跑回去守墓,其孝廉感人肺腑。李愬有谋略,善骑射。因家族背景当协律郎,累迁卫尉少卿。后被授坊、晋二州刺史。元和十一年，李愬率兵讨伐吴元济的叛乱。他善于观察形势，选择战机。次年冬，趁敌松懈，雪夜攻克蔡州，生擒吴元济，进授山南东道节度使，封凉国公。李愬治军有方，奉己俭约，待将士丰厚，既得人心又明于知人，敢于重用降将；他见可能断，敢于抓住有利战机，实施奇袭；又长于谋略，善于麻痹敌方，瓦解其民心和士气。应当说，唐宪宗和裴度平定淮西的坚定决心和集中力量对吴元济用兵，而北线唐军牵制、吸引住淮西的主力，这些都为李愬奇袭叛军创造了有利条件。后于元和十五年因患重病死于洛阳，享年四十九岁。

唐·马燧

【原文】

马燧，字洵美，汝州郏城人。与诸兄学，辍策叹曰："方天下有事，丈夫当以功济四海，渠老一儒哉？"更学兵书战策，沈勇多算。

安禄山反，使贾循守范阳。燧说循曰："禄山首乱，今虽举洛阳，犹将诛覆。公盍斩向润客、牛廷玠，倾其本根，使西不得入关，退亡所据，则坐受禽矣。此不世功也。"循许之。不时，安禄山遣韩朝阳召循计事，因缢杀之。泽潞节度使李抱玉表燧为赵城尉。时回纥还国，恃功恣睢，所过皆剽荡，州县供饩不称，辄杀人。抱玉将馈劳，宾介无敢往。燧自请典办具，乃先赂其酋，与约得其旗章为信，犯令者得杀之。燧又取死囚给役左右，小违令辄戮死。虏大骇，至出境无敢暴者。抱玉才之。抱玉守凤翔，表燧陇州刺史。

西山直①吐蕃，其上有通道，虏常所出入者。燧聚石种木障之，设二门为樵楗，八日而毕。虏不能暴。后在河阳，秋大雨，河溢，军吏请具舟以避。燧曰："使城中尽鱼而独完其家，吾不忍。"既而水不为害，迁河东节度使。

太原承鲍防之败，兵力衰单。燧募厮役得数千人，悉补骑士，教之战，数月成精卒。造铠必短长三制，称士所衣，以便进趋。为战车，冒以狻猊②象，列戟于后，行以载兵，止则为阵，遇险则制冲冒③。

器用完锐④。居一年，辟广场，罗兵三万以肆⑤，威震北方。

初，田悦新有魏博，恐下未附，即输款⑥朝廷。燧建言悦必反。既而悦果围邢州，身攻临洺，筑重城⑦绝内外援。邢将李洪、临洺将张伾固守。诏燧以步骑二万与昭义李抱真、神策兵马使李晟合军救之。燧出郭口，未过险，移书抵悦，示之好。悦以燧畏己，大喜。既次邯郸，悦使至，燧皆斩之，遣兵破其支军，射杀贼将成元之。悦闻，使大将杨朝光以兵万人据双冈，筑东西二栅以御燧。燧率军营二垒间。是夜，东垒遁，燧进营狗明山，取弃垒置辎重。悦计曰："朝光坚栅，且万人，虽燧能攻，未可以数日下，且杀伤必众，则吾已拔临洺，飨士以战，必胜术也。"即分恒州兵五千助朝光。燧令大将李白良等以骑兵守双冈，戒曰："令悦得过者斩！"燧乃推火车焚朝光栅，自晨讫晡⑧，急击，大破之，斩朝光，禽其将卢子昌，获首五千，执八百人。居五日，进军临洺。悦悉军战，燧自以锐士当之，凡百余返，士皆决死，悦大败，斩首万级，俘系千余，馆谷⑨三十万斛，邢围亦解。初，将战，燧约众：胜则以家赀赏。至是，殚私财赐麾下。德宗嘉之，诏出度支钱五千万偿其财。进兼魏博招讨使⑩。李纳、李惟岳合兵万三千人救悦，悦衰⑪散兵二万壁洹水，淄青军其左，恒冀军其右。燧进屯邺，请益兵。诏河阳李晟以兵会，次于漳。悦遣将王光进以兵守漳之长桥，筑月垒⑫扼军路。燧于下流以铁销维车数百绝河，载土囊⑬遏水而后度。悦知燧食乏，深壁不战。燧令士赍⑭十日粮，进营仓口，与悦夹洹而军，造三桥逾洹，日挑战。悦不出，阴伏万人，将以掩燧。燧令诸军夜半食，先鸡鸣时鸣鼓角，而潜师并洹趋魏州，令曰："闻贼至，止为阵。"留百骑持火，待军毕发，匿其旁，须悦众度，即焚桥。燧行十余里，悦率李纳等兵逾桥，乘风纵火，噪而前。燧乃令士无动，命除榛莽⑮广百步为场，募勇士五千人阵而待。

比悦至，火止，气少衰，燧纵兵击之。悦败奔桥，桥已焚，众赴水死者不可计，斩首二万级，杀贼将孙晋卿、安墨啜，虏三千人，尸相枕藉三十里，淄青兵几歼。悦夜走魏州，其将拒不纳，比明，追不至，悦乃得入。抱真、瑊问曰："粮少而深入，何也？"燧曰："粮少战利速，兵善于致人。今悦与淄青、恒三军为首尾，欲不战以老我师，若分击左右，未可必破，悦且来助，是腹背受敌也。法有攻其必救，故取魏以破之。"皆曰："善。"

悦遣许士则、侯臧间行⑯告穷于朱滔、王武俊。会二人者怨望，乃连和。悦恃燕、赵方至，即出兵背城阵，燧复与诸军破之。进同中书门下平章事、北平郡王。滔、武俊联兵五万傅魏。会帝遣李怀光以朔方军万五千助燧。怀光勇于斗，未休士，即与滔等战，不利。悦决水灌军，燧兵亦屈。会泾师乱，帝幸奉天，燧还军太原。

初，李抱真欲杀怀州刺史杨钬，钬奔燧，燧奏其非罪，乃免，抱真怒。及共解邢州围，获军粮，燧自有之，以余给抱真军，抱真益怒。洹之捷，军进薄魏，悦以突骑犯燧营，李晟救之，抱真勒兵不出。燧将攻魏，取攻具⑰于抱真营，并请杂两军平其功，抱真不听，请独当一面，繇是⑱逗留。帝数遣使讲解。武俊略赵地，抱真分麾下二千人戍邢，燧怒谓："抱真以兵还守其地，我能独战死邪？"将引还，李晟和之，乃复与抱真善。

及田昂降，燧请以洺州隶抱真，而用昭义副使卢元卿为刺史，兼魏博招讨副使。李晟兵前独隶抱真，抱真亦请兼隶于燧，以示协一。然议者咎燧私忿交恶，卒不成大功。李怀光反河中，诏燧与浑瑊、骆元光合兵讨之。时贼党要廷珍守晋，毛朝敭守隰，郑康守慈，燧移檄⑲镌谕⑳，皆以州降。燧乃率步骑三万次于绛，守将夜弃城去，降四千人。遣李白良定六县，收卒五千。裨将谷秀违令掠士女，斩以徇㉑。时天下蝗，兵艰食，朝臣多请宥怀光者，帝未决。燧以："河中近甸，舍之屈威灵，无以示天下。"乃舍军入朝，为天子自言之："且得三十日粮，足平河中。"许之。乃与瑊、元光、韩游瑰之兵合。贼将徐廷光守长春宫城。燧度长春不下，则怀光固守，久攻所伤必众，乃挺身至城下见廷光。廷光惮燧威，拜城上。燧顾其心已屈，徐曰："我自朝廷来，可西向受命。"廷光再拜。燧曰："公等朔方士，自禄山以来，功高天下，奈何弃之为族灭计？若从吾言，非止免祸，富贵可遂也。"未对。燧曰："尔以吾为欺邪？今不远数步，可射我。"披而示之心，廷光感泣，一军皆流涕，即率众降。燧以数骑入其城，众大呼曰："吾等更为主人矣。"浑瑊亦自以为不及也，叹曰："尝疑马公能窘田悦，今观其制敌，固有过人者，吾不逮㉒远矣！"

进营焦篱堡，堡将降，余戍望风遁去。燧济河，兵八万阵城下。是日，贼将牛名俊斩怀光降，河中平。

贞元二年，吐蕃尚结赞破盐、夏二州，守之，自屯鸣沙。及春，牧产死，粮乏。诏燧为绥银麟胜招讨使，与骆元光、韩游瑰等会师击虏。结赞惧，乞盟，帝不许。乃遣将论颊热甘辞请于燧，且重币申勤勤。燧与论颊热俱朝，盛言宜许以盟，天子然之。燧之朝，结赞遽㉓引去。帝诏浑瑊与盟平凉，虏劫瑊，仅得免。吐蕃归，帝闻，悔怒，夺其兵。卒。

孙子曰："先为不可胜。"燧教骑士造车甲以修战具。又曰："卑而骄之。"燧贻书示好而骄田悦。又曰："取敌之利者，货。"燧约众胜则以家赀赏。又曰："致人而不致于人。"燧趋魏州以致田悦。又曰："大吏怒而不服。"燧与抱真私忿而功不立。又曰："无约请和者，谋也。"燧不悟结赞之计是也。

【注释】

① 直：面对着。

② 狻猊：传说中龙生九子之一，形如狮，喜烟好坐，所以形象一般出现在香炉上，随之吞烟吐雾。古书记载是与狮子同类能食虎豹的猛兽，亦是威武百兽率从之意。

③ 冲冒：冲击。

④ 完锐：完备精锐。

⑤ 肆：陈列，布设。

⑥ 输款：投诚。

⑦ 重城：古代城市在外城中又建内城。

⑧ 讫：完结，终了；晡：申时，即午后三点至五点。

⑨ 馆谷：居其馆，食其谷。指驻军就食。

⑩ 招讨使：始置于唐贞元年间。后遇战时临时设置，常以大臣、将帅或节度使等地方军政长官兼任。五代与宋亦不常置，掌镇压人民起义及招降讨叛，军中急事不及奏报，可便宜行事。

⑪ 裒：聚集。

⑫ 月垒：半圆形的营垒，以加强防御之用。

⑬ 囊：口袋。

⑭ 赍：怀抱着，带着，旅行的人携带衣食等物。

⑮ 榛莽：杂乱丛生的草木。

⑯ 间行：私下行动。

⑰ 攻具：攻城用的器械。

⑱ 繇是：于是，表示后一事承接前一事，后一事往往是前一事引起的。

⑲ 移檄：古代官方文书移和檄的并称。多用于征召、晓谕和声

讨，发布文告晓示。

⑳ 镌谕：指劝诫训谕。

㉑ 徇：同"殉"，处死。

㉒ 逮：到，及。

㉓ 遽：急，仓猝，惊惧、慌张。

【今译】

马燧，字洵美，汝州郏城（今河南郏县）人。马燧和几个兄长共同学习时，丢下书策叹道："现在国家战事不断，大丈夫当在天下建功立业，怎能到老都只是一个儒生呢？"此后，转向研读兵法战策，而沉勇多谋。

安禄山起兵造反，派贾循驻守范阳（今北京）。马燧劝说贾循："安禄山是叛军头领，如今虽然攻下了洛阳，仍然难逃被诛杀灭亡的命运。你何不杀了他的亲信向润客和牛廷玠，颠覆他的根基，使他向西打不过潼关，只能后退到据守的地方，最终束手，这是盖世之功啊！"贾循采纳了马燧的建议。不久，安禄山派部将韩朝阳以议事为名召见贾循，趁机把贾循给缢杀了。泽潞节度使李抱玉上表推荐马燧为赵城尉。当时回纥军队班师回国，倚仗帮助唐王朝平叛有功，肆无忌惮地掳掠，所过之处鸡犬不宁。若是州县招待不周，他们不由分说举刀杀人。李抱玉要派人前去犒劳，部下吓得不敢前往。马燧毛遂自荐，由他去宴请慰劳回纥士兵。马燧首先贿赂回纥首领，约定以旗章为信物，得到首领"违令者斩"的许诺。马燧让牢中的死囚做随从，抓住犯小错误的就推出去斩首。回纥士兵大为惊讶，一直到出境都规规矩矩，不敢再作乱。通过这件事，李抱玉发觉马燧确实有才能。后来李抱玉被调往凤翔据守，便上表让马燧任陇州刺史。

西山面对着吐蕃，山上有通道，吐蕃人经常从那里进进出出。马燧用了八天的时间，在通道上堆积石块，种植树木，并设置两道栅门。从此以后，吐蕃人再不能沿着这条路去胡作非为了。后来，马燧在河阳当职。一年秋天下大雨，河水暴涨，部下让马燧上船躲避，马燧说："我怎么忍心看着城里百姓浸泡在水中，唯独自己家中却安然无恙。"之后治理了城中水患，马燧又升迁为河东节度使。

官军在太原被鲍防击败，兵力锐减。马燧从杂役中招募了数千人，都补编入骑兵，教习作战技能，经过几个月的训练，这些人都成为精兵。马燧命人制作铠甲，分出大、中、小三个型号，这样，将士们可以选择适合自己身材的铠甲，作战时行动自如。马燧制造战车，外表绘上狮子图案，后面插上矛戟。战车在行进时可以载兵，停止时可以布阵，遇到危险可以进行冲击，战车工艺完备精良。一年后，马燧在广场上陈兵三万检阅，威震北方。

田悦刚刚占据魏博时，害怕手下不服从，就臣服了朝廷。马燧指出田悦必定造反。不久，田悦果然派军围困邢州，亲自带人攻打临洺，修筑外城以断绝内外的援助。邢州将领李洪和临洺将领张伾据城防御。朝廷下诏令马燧率步兵、骑兵二万，和昭义军首领李抱真、神策军兵马使李晟协同解围。马燧从郭口出兵，在通过险境之前，先写信给田悦，向他示好。田悦以为马燧惧怕自己，非常得意。马燧抵达邯郸后，田悦派来使者，马燧均一律斩杀。马燧先派兵击败田悦的附属部队，射杀叛将成元之。田悦听闻后，命大将杨朝光领兵据守双冈，修筑东西两座堡垒以抵御马燧。马燧率军驻扎在两座堡垒之间。当夜，东边堡垒中守军不战而逃，马燧于是率军进入狗明山扎营，占据了敌军舍弃的营垒，布置辎重。田悦暗想："杨朝光在堡垒中坚守，有兵力万人，虽然马燧有能力攻下来，但几天之内不一定能完全拿下，并且部队伤亡一定很大，到那时，我已经攻下临洺，再犒劳将士，掉头来攻打，一定能取胜。"田悦立即分拨恒州五千兵力援助杨朝光。马燧命大将李自良率骑兵守在双冈，并告诫他说："放过了田悦部队的人一律斩首！"马燧命人用发火车焚烧杨朝光的堡垒，从早晨一直烧到下午，马燧发起突袭，大胜敌军，斩杀杨朝光，生擒了他的部将卢子昌，俘获八百多人，斩杀叛军五千人。五天后，马燧引军至临洺。田悦全军迎战，马燧派出精锐部队迎击，一百多个回合后，将士都拼死力战，田悦败下阵来。官军斩杀叛军上万人，俘虏一千余人，缴获三十万斛粮食，邢州之围也因此解除。战前，马燧曾向部下许诺：此战胜利之后，自己会捐出家产犒劳大家。战后，果然马燧把家产都分给了麾下战将。德宗听闻后褒奖马燧，下诏令主管国库的官员拨款五千万钱弥补马燧的家财。马燧被提升兼任魏博招讨使。李纳、李惟岳集合一万三千兵力救援田悦。田悦收罗集结散兵两万，驻扎在洹水，淄青军驻扎在左边，恒冀军驻扎在右边。马燧率军进驻邺城，请求朝廷调兵增援。德宗下诏令河阳李晟率军前来，驻扎在漳城。田悦派部将王光出兵据守漳水上的长桥，修筑营垒守卫行军道路。马燧率军到下游，用铁索串起来数百辆车架扔到河中，车上装有填满沙土的口袋，堵住河水，借此渡过漳水。田悦知道马燧的军粮不足，便据守不出。马燧命令将士携带好十天的军粮，进驻仓口，与田悦隔着洹水相望。在洹水上修筑了三座木桥，每天前去挑战。田悦一直坚守不出，并暗中埋伏下一万名士兵，打算偷袭马燧。马燧命诸军半夜吃饭，鸡鸣前就鸣鼓呐喊，同时悄悄地率军沿洹水直奔魏州。马燧下令说："得到情报敌军将要到达，停下布阵。"并在桥边留下一百个骑兵手持火把，等到大军全部出动后隐藏起来，直等田悦率军过桥后，就立即焚毁木桥。马燧率军前行了十余里的时候，田悦率领部下李纳等人领兵过桥，那一百个骑兵趁风点火,并大声呐喊。马燧命令部队不得出动,又令军士清理杂草,开辟出一个百步宽的战场,招募五千勇士严阵以待。等到田悦的部队来到阵前,大火已经熄灭,田悦部队的士气有所低落,马燧率军猛攻。田悦战败,向桥边逃窜,发现木桥已经焚毁,众多叛军士兵只好跳入水中逃命,淹死的不计其数。官军斩杀叛将孙晋卿和安墨啜,杀敌两万,俘虏三千,叛军的尸体遍地都是,铺陈了三十里,淄青军几乎全军覆没。田悦趁夜逃往魏州,却被城内的守将拒于门外。直到天已大亮,守将看到官军的追兵没有杀来,田悦方才得以入城。战后,李抱真、浑瑊等人问马燧:"既然缺乏军粮,为什么还敢深入敌境?"马燧说:"军粮匮乏才有利于速战速决。要善于掌握战争的主动权,而不是受制于人。田悦与淄青、恒州三军首尾呼应,拒绝应战,妄想以此拖垮我们。倘若分击左右,不一定能取胜,若田悦发兵来救援,那时我们将会腹背受敌。兵法有云'攻其必救',所以我直攻他的老巢魏州从而击败了叛军。"众人听了都说:"是这样。"

田悦派遣许士则、侯臧先后向叛将朱滔、王武俊告急求救。朱、王之间原本有矛盾,于是握手言和,一致对外。田悦倚仗来自燕赵之地的救兵就要赶到,便出城列阵迎战。结果,马燧和诸将领再次将他击败。马燧晋封为同中书门下平章事、北平郡王。朱滔、王武俊联合率领五万叛军攻打魏州。这时,恰好天子命李怀光率一万五千名朔方军援助马燧。李怀光有勇无谋,急于迎战,还没有休整好军队,就率军与朱滔交战,结果没有取胜。田悦趁机决堤用洪水围困官军,马燧的军队也有所损失。不久,发生"泾师之变",天子逃往奉天,马燧只好移师太原。

起初,李抱真要杀死怀州刺史杨钵,杨钵投奔到马燧那里,马燧上疏朝廷,认为怀州刺史无罪,于是朝廷为杨钵免罪,李抱真感到很生气。等到两人一起率军解了邢州之围，缴获了大量的军粮。马燧私自取用了一部分，将剩下的交给了李抱真的军队，李抱真感到更加生气。洹水大捷后，官军进逼魏州。田悦派骑兵突然袭击马燧的军营，李晟率军前去救援，而李抱真却按兵不动。马燧要攻打魏州，向李抱真借用攻城的装备，表示合并两军力量攻城，然后平分功劳，李抱真予以拒绝，要求自己独当一面，于是按兵不动。皇上多次派使者前去讲和。王武俊攻打赵州，李抱真分拨两千人守卫邢州，马燧大怒道："李抱真派兵回去保卫他的地盘，我为什么还要在这里死战呢？"说完就要带兵撤退，多亏李晟的极力斡旋，才与李抱真和好。

田昂投降后，马燧请求把洺州划归李抱真，同时任命李抱真所部的副使卢元卿为刺史，兼任魏博招讨副使。李晟的军队战前归李抱真一人指挥，这时他请求同时受马燧的指挥，以向人们显示出将帅之间的和谐。然而人们都责怪马燧纠缠于个人恩怨，最终没能立下大的功劳。李怀光在河中作乱，朝廷下诏马燧和浑瑊、骆元光联合讨伐。此时叛将要廷珍据守晋州，毛朝敭把守隰州（今山西平阳），郑康驻守慈州，马燧发布文告，劝降叛军将领，各州将领均投降官军。马燧于是率步兵、骑兵三万驻扎在绛地，守将趁夜弃城而逃，城内四千叛军纷纷投降。马燧派李自良平定六县，收编了五千士兵。部将谷秀违犯军令，掳掠妇女，被马燧斩首示众。当时全国都在闹蝗灾，军粮匮乏，朝臣屡次请求赦免李怀光，德宗犹豫不决。马燧劝阻道："河中靠近京师，朝廷赦免李怀光，有损朝廷威严，无法向天下百姓交代。"马燧离开部队入朝，对德宗说："给我三十天的军粮，就足够我平定河中。"德宗同意了。马燧于是和浑瑊、骆元光、韩游瑰的军队联合前去歼灭叛军。叛将徐廷光守卫长春，马燧估计不攻克长春，李怀光必然会固守不降，但长时间作战，军队死伤必然惨重。马燧于是只身来到长春城下，约见守将徐廷光。徐廷光害怕马燧，便在城上向马燧行礼。马燧猜想徐廷光内心已经屈服，便神情自若地说："我从朝廷而来，你可向西给朝廷行礼领命。"徐廷光依言朝西行礼。马燧又说："你们这些朔方军的将士，自平定安禄山叛乱以来，立下赫赫战功，为什么现在却要冒灭族的危险放弃这些功劳呢？若听从我的话去做，不但可以免除杀身之祸，而且还可享有荣华富贵。"徐廷光一言不发。马燧说："你以为我在欺骗你？那好，现在你我相距只有数步的距离，你可一箭射死我。"说完朝城上撩开衣襟，露出胸膛。徐廷光感动得潸然泪下，叛军上下都为之感动，徐世光当即率领众将士投降。马燧带着几个骑兵进城，众人惊呼："我们才更像主人啊。"浑瑊也自愧不如，感叹道："我曾经怀疑马公不能战胜田悦，现在看到他克敌制胜的办法，才知道他确实是有过人之处。我跟他比起来，真是差远了！"

官军向焦篱堡进发，守将投降，其他叛将闻讯逃跑。马燧率领八万大军渡过黄河后，列阵于城下。当天，李怀光的部将牛名俊斩杀了李怀光，率部投降。至此，河中叛乱平定。

贞元二年（786年），吐蕃尚结赞攻占盐州和夏州，并派兵守卫，尚结赞亲自率军驻扎在鸣沙山。第二年春天，牧场发生大面积灾荒，粮食匮乏。朝廷派马燧担任绥银麟胜招讨使，与骆元光、韩游瑰等人联合讨伐吐蕃。尚结赞有所畏惧，向唐朝乞求结盟，德宗予以拒绝。尚结赞又派部将论颊热用花言巧语劝说马燧，同时用大量的财宝贿赂申勤勤。马燧和论颊热一同入朝，极力说服朝廷应当和吐蕃结盟和解，德宗准许。马燧到朝堂上去，尚结赞连忙率军撤退。朝廷下诏命令浑瑊在平凉与吐蕃会盟，谁知会盟之时，吐蕃突然袭击，要绑架浑瑊，浑瑊只身脱逃。吐蕃率军返回，德宗闻之，又悔又怒，剥夺了马燧的兵权。后马燧去世。

孙子说:"古代善于指挥作战的人,总是先创造条件使自己处于不可战胜的地位。"马燧带领部将制造精良的战车和舍身的铠甲,为以后的胜利奠定了基础。孙子说:"卑辞示弱,使对手骄傲,放松戒备,从而利于发起攻击。"马燧写信给田悦,向他示好,使得田悦骄傲放松警惕。孙子说:"鼓励将士夺取敌人资财,要用财物奖励。"马燧向部将许诺,倘若胜利就用自己的家产犒赏他们。孙子说:"善于指挥作战的人,总是设法调动敌人而自己不为敌人所调动。"马燧直捣魏州,诱使田悦来战。孙子说:"怨怨,不服从指挥,主将不了解部将的能力而加以控制,就会导致失败。"马燧与李抱真斗争不止,未能再立新功。孙子说:"敌人没有预先约定而突然求和的,其中必有阴谋。"马燧因为没有看穿尚结赞暂且屈服的阴谋,由此而导致兵败。

【评析】

马燧,与李晟、浑瑊并称为中晚唐三大名将。他喜研兵法,博览兵书,这为其以后立下一系列光耀后人的赫赫战功打下了坚实的基础。马燧沉着勇敢而富于智略,安禄山反唐时,曾劝留守范阳(今北京城西南)的叛将贾循倒戈,事败后逃脱。后来大唐向回纥借兵平叛,回纥大军回国的时候,仗着收复洛阳的功劳,肆意妄为,马燧略施小计使得回纥大军从此再不敢在大唐境内胡作非为,大大收敛了游牧民族的暴虐性情,让大唐百姓免除了回纥人的抢掠之苦。马燧文武全才,不仅精于战阵,也擅长建筑和水利。唐肃宗时期,他在长沙修建的道林精舍,是文人读书修业之地。可惜一代名将,贞元三年,因轻信吐蕃求和之请,奏请许盟,招致平凉败盟之耻。使得大将浑瑊几乎遇难,被剥夺兵权,备受唐德宗冷落。

唐·浑瑊

【原文】

　　浑瑊，本铁勒九姓之浑部也。善骑射。禄山反，从李光弼定河北，射贼骁将李立节，贯其左肩，死之。从郭子仪复两京，讨安庆绪，胜之新乡，擢武锋军使。从仆固怀恩平史朝义，大小数十战，功最，改太常卿。吐蕃盗塞深入，瑊会泾原节度使马璘讨之。次黄菩原，瑊引众据险，设枪垒①自营，遏贼奔突。旧将史抗等内轻瑊，顾左右去枪，叱骑驰贼。既还，虏蹑②而入，遂大败，死者十八。子仪召诸将曰："朔方军高天下，今败于虏，奈何？"瑊曰："愿再战。"乃驰朝那，与盐州刺史李国臣趋秦原。吐蕃引去，瑊邀击破之，悉夺所掠而还。回纥侵太原，破鲍防军。拜瑊都知兵马使，自石岭关而南，督诸军犄角③，虏引去。子仪为太尉，德宗析所部为三节度，以瑊兼单于大都护。建中中，李希烈诈为瑊书，若同乱者，帝识其谍，用不疑，更赐良马、锦币。帝狩奉天，瑊率家人子弟以从。朱泚兵薄城，战譙门④，晨至日中不解。或以刍车至，瑊曳车塞门，焚以战，贼乃解。泚治攻具，矢石如雨，昼夜不息，凡浃日⑤，凿堑围城。城中死者可藉，人心危惴，或夜缒出掇蔬本供御，帝与瑊相泣。泚造云梁，广数十丈，施大轮，濡毡及革冒之，周布水囊为郛，指城东北，构木庐，蒙革周置之，运薪土其下，将塞隍⑥。帝召瑊，授以诏书千余，自御史大夫、实封五百户而下，募突将死士当贼；赐瑊笔，使量功授诏，不足则以衣授。因曰："朕与公诀矣，令马承倩往，有急可奏。"瑊俯伏呜咽，帝抚而遣之。瑊前与防城使仲庄揣云梁所道，掘大隧，积马矢⑦及薪然之。贼乘风推梁以进，载数千人。王师乘城⑧者皆冻馁，甲弊兵饥，瑊但以忠义感率使当贼，人忧不支，群臣号天以祷。瑊中矢，自握去，被血而战愈厉。云梁及隧而陷，风返悉焚，贼皆死，举城欢噪。乃第赏⑨将史。瑊攻城益急，会李怀光奔难，贼乃去。乘舆进狩山南，浑瑊以诸军卫入谷口，怀光追骑至，后军击却之。率诸军趋京师。贼韩旻拒武功，瑊率吐蕃论莽罗兵破之武亭川，斩首万级，遂屯奉天，以抗西面。李晟自东渭桥破贼，瑊与韩游瑰、戴休颜以西军收咸阳，进屯延秋门。泚平，论功，以瑊兼侍中。天子还宫，授河中绛慈隰节度使、河中同陕虢行营副元帅，封咸阳郡王，赐大宁里甲第⑩，将相送归第⑪，与李晟钧⑫礼。还屯河中。

吐蕃相尚结赞陷盐、夏，阴窥京师，而畏瑊与李晟、马燧，欲以计胜之。乃诡辞重礼，请燧讲好，燧苦赞，帝乃诏约盟平凉川，以瑊为会盟使。为结赞所劫，副使崔汉衡以下皆陷，惟瑊得免。自奉天入朝，嬴服⑬待罪，诏释之。会吐蕃复入盗，使瑊镇奉天。虏罢，还河中。卒。瑊好书，性忠谨，功高而志益下，岁时贡奉，必躬阅视。每有赐予，下拜跪受，常若在帝前，世方之金日䃅，故帝终始信待。贞元后，天子常恐藩侯生事，稍桀骜则姑息之。惟瑊有所奉论不尽从可，辄私喜曰："上不疑我。"故治蒲十六年，常持军，猜间不能入。君子贤之。

孙子曰："守则不足。"瑊设枪垒以自营。又曰："能使敌人不得至者，害之也。"瑊趋秦原而吐蕃去，诸军犄角而回纥遁。又曰："守而必固。"瑊守奉天而拒朱泚是也。

【注释】

① 枪垒：古时用尖竹木所筑之壁垒。

② 蹑：尾随。

③ 犄角：分兵牵制或夹击敌人。

④ 谯门：建有瞭望楼的城门。

⑤ 浃日：古代以干支纪日，称自甲至癸一周十日为"浃日"。

⑥ 隍：没有水的城壕。

⑦ 马矢：马粪。

⑧ 乘城：守城。

⑨ 第赏：评定奖赏。

⑩ 甲第：豪门贵族的宅第。

⑪ 归第：回家。

⑫ 钧：通"均"，相等，相同。

⑬ 羸服：破旧的衣服。

【今译】

浑瑊，是铁勒九大部族中的浑部人。擅长骑马射箭。安禄山谋反时，他跟从李光弼在河北平叛，一箭射死叛将李立节，箭矢从其左肩贯穿。后来他又跟随郭子仪收复两京，讨伐安庆绪，在新乡击败叛军，被提升为武锋军使。其后，他跟从仆固怀恩参加平定史朝义叛乱之战，历经大小战役数十场，功劳最大，改任太常卿。吐蕃军深入境内，浑瑊联合泾原节度使马璘率军讨伐。驻扎在黄菩原，浑瑊率领众将士把守险要之地，建造壁垒，防止敌军突袭。史抗等人心里轻视浑瑊，他们抛开左右部下，从壁垒中骑马而出，追击叛军。返回时，叛军尾随而来，官军被叛军击败，有十八名士兵阵亡。郭子仪召见众将领说：

"朔方军作战能力很高,如今被叛军击败,为什么呢?"浑瑊说:"愿意再次出战。"于是领兵前往朝那县,和盐州刺史李国臣前往秦原。吐蕃军将要离开,浑瑊拦截将其击败,将吐蕃掠夺的所有物品全部拿回后撤军。回纥入侵太原,击败了鲍防军。朝廷任命浑瑊为都知兵马使,从石岭关向南进军,指挥各路军分兵夹击敌人,叛军于是撤退。郭子仪升任太尉,德宗将其部队分派给三个节度使,并任命浑瑊为单于大都护。建中中期,李希烈假装给浑瑊写信,仿佛浑瑊和叛军是一伙的,德宗看出了李希烈的离间计,对浑瑊依然任用不疑,更赐予良马和钱财。德宗逃往奉天,浑瑊带领家人跟从。朱泚率军向奉天城进发,在城门外同官军交战,从早晨打到中午都没有分出胜负。有人赶着装有粮草的车到了城门,浑瑊拉着车去堵塞城门,将其点燃以阻挡敌军,叛军于是撤围而去。朱泚制造了攻城用的云梯车,车上发箭如雨下,日夜不停,大概过了十天,叛军已经挖掘沟堑,将奉天城包围。城内死去的人的尸体相互压着,百姓人心惶惶,有人趁夜翻出城墙捡菜叶充饥御寒,德宗和浑瑊都泪流满面。朱泚建造了巨型云梯车,有数十丈那样大,装有巨型滚轮,外面裹着浸水的湿牛草皮,周围悬满了水囊,又在奉天城东北修建木屋,外面和周围用皮革包裹,派人运来木柴和泥土,用来填充壕沟。德宗召见浑瑊,拿出千余张空白诏书交给浑瑊,任命浑瑊为御史大夫,分封给五百户,令其招募敢死队御敌,授权浑瑊可以按照功劳大小任意填写,如果委任状用完,浑瑊可以直接在将士的衣服上书写所授官职。德宗说:"我和你也许就此诀别了,我派马承倩和你一起去,若有急事可立即上奏。"浑瑊俯身哭泣,德宗连忙安慰,后派其出征。浑瑊和防城使仲庄推算云梯车可能经过的道路,在下面挖掘大型隧道,里面填满马粪和木柴。叛军顺风推着云梯车前进,上面载有数千士兵。守城的唐军将士饥寒交迫,缺少甲胄和兵器，浑瑊用忠义二字激励将士，率领将士抵挡叛军，士兵们担忧难以抵挡叛军的攻势，众臣祷告上天祈求保佑。浑瑊身中流箭，随手拔出，身披血衣继续指挥作战，越战越勇。叛军的云梯车行进到隧道处陷了进去，风向逆转，整个云梯车都被点燃，叛军都被烧死，奉天城内全城欢呼。浑瑊于是对将士们论功行赏。浑瑊加紧攻城，李怀光也率朔方军前来驰援，叛军于是撤退。德宗逃往山南，浑瑊率军守卫山谷的入口，李怀光追击的骑兵赶来，殿后的部队将其击败。浑瑊率军奔赴长安。叛将韩旻据守武功，浑瑊率领吐蕃头领论莽罗的部队在武亭川将其击败，斩杀上万名叛军，于是返回驻扎在奉天城，在西边防御。李晟从东渭桥出击，击败叛军，浑瑊和韩游瑰、戴休颜率领西路军收复了咸阳，驻扎于延秋门。朱泚叛乱平定后，朝廷论功行赏，任浑瑊为侍中。德宗回到长安，授任浑瑊为河中绛慈隰节度使和河中同陕虢行营副元帅，加封为咸阳郡王，赏赐给大宁里的豪门宅邸，朝臣将相送其回家，和李晟享受一样的礼节。

吐蕃头领尚结赞攻克了盐、夏两州，暗自窥视长安，但畏惧浑瑊和李晟、马燧这些将领，便想要用计谋取胜。于是用巧言令辞和贵重的礼物，恳请马燧劝说朝廷结盟，马燧受尚结赞迷惑，德宗于是下诏和吐蕃商定在平凉川结盟，由浑瑊担任会盟使。但唐军遭到尚结赞算计，从副使崔汉衡以下的将士都被俘获，只有浑瑊突围而出。浑瑊从奉天入朝，穿着破旧的衣服等待治罪，德宗下诏将其释放。吐蕃再次前来入侵，朝廷派遣浑瑊镇守奉天，吐蕃就此作罢，浑瑊率军撤回河中。后浑瑊去世。浑瑊喜爱读书，性情忠厚严谨，功劳越高越是志向低下，每年向朝廷进献的贡品，他一定亲自查看。每当接受朝廷赏赐的时候，他都下拜跪着接受，如同平常他在德宗面前一样，所以德宗始终非常信任他。贞元末年，德宗经常害怕藩镇作乱，便一贯姑息纵容。只有浑瑊劝说德宗不可一味姑息藩镇，他私下里还高兴地说："皇上没有怀疑我。"所以治军十六年，还常常手握兵权，他人的猜疑离间难以奏效。人们都认为他有贤德。

孙子说："防守是由于兵力处于劣势。"浑瑊修筑营垒以防御敌人。孙子说："能使敌人不得前来的，是相逼以害。"浑瑊率军前往秦原从而令吐蕃撤军，各路军成犄角布置令回纥军逃跑。孙子说："在敌人不可能进攻的地方防守才一定稳固。"浑瑊据守奉天抵挡朱泚的军队时就是这样做的。

【评析】

浑瑊，唐朝名将，以忠勇著称。他善骑射，屡立战功。在唐代宗时期，浑瑊跟从郭子仪击退吐蕃贵族的侵扰，升至左金吾卫大将军。浑瑊功高不骄，深受德宗信任。贞元三年（787年），奉命与吐蕃尚结赞会盟，因无戒备为吐蕃军所劫，只身逃归，入朝请罪。德宗不予追究，令还河中，史称平凉劫盟。浑瑊为人谦虚，"虽位穷将相，无自矜大之色"，做事谨慎，"故能以功名终"。贞元十六年（800年）十二月，因病死于任上，享年六十四岁。唐德宗得知噩耗，极为悲痛，追赠浑瑊为太师，谥号忠武，为他两度废朝，大哭不已。

唐·王忠嗣

【原文】

王忠嗣，华州郑人。父海宾，太子右卫率。吐蕃寇陇右，诏陇右防御使薛讷御之。以海宾为先锋，战武阶，追北至壕口，杀其众。进战长城堡，诸将妒其功，按兵顾望，海宾战死，大军乘之，斩贼万七千级，获马七万、牛羊十四万。玄宗怜其忠，赠左金吾大将军。忠嗣时年九岁，始名训。入见帝，伏地号泣，帝抚之曰："此去病孤也，须壮而将之。"更赐今名，养禁中。肃宗为忠王，帝使与游。及长，雄毅寡言，有武略，上与论兵，应对蜂起，帝器之。萧嵩出河西，数引为麾下。帝以其年少，有复仇志，诏不得特将[①]。嵩入朝，忠嗣曰："从公三年，无以归报天子。"乃请精锐数百袭虏。会赞普大酋阅武郁标川，其下欲还，忠嗣不从，提刀略阵，斩数千人，获羊马万计。嵩上其功，帝大悦。累迁左威卫将军、代北都督。

天宝元年，北讨奚怒皆，战桑乾河，三遇三克，耀武漠北，高会而还。时突厥新有难，忠嗣进军碛口经略之。乌苏米施可汗请降，忠嗣以其方强，特文降[②]耳，乃营木刺、兰山，谍虚实。因上平戎十八策，纵反间于拔悉密与葛逻禄、回纥三部，攻多罗斯城，涉昆水，斩米施可汗，筑大同、静边二城，徙清塞、横野军以实之，并受降、振武为一城，自是虏不敢盗塞，兼河东节度使。

忠嗣本负勇敢，及为将乃能持重安边，不生事。尝曰："平世为将，抚众而已。吾不欲竭中国力以幸功名。"故训练士马，随缺缮补。有漆弓百五十斤，每弢③之，示无所用。军中士气盛，日夜思战，忠嗣纵诡间，伺虏隙，时时出奇兵袭敌，所向无不克，故士亦乐为用。军每出，召属长付以兵，使授士卒，虽弓矢亦志姓名其上。军还，遗弦亡镞，皆按名第罪。以是部下人自劝，器甲充牣④。自朔方至云中袤数千里，据要险筑城堡，斥地甚远。自张仁亶后四十余年，忠嗣继其功。俄为河西、陇右节度使，权朔方、河东节度，佩四将印，劲兵重地，控制万里，近世未有也。帝方事石堡城，诏问攻取计，忠嗣奏言："吐蕃举国守之，若顿兵坚城下，费士数万，然后可图，恐所得不补所失，请厉兵马，待衅取之。"帝意不快。而李林甫尤忌其功，日钩摭⑤过咎。会董延光建言请下石堡，诏忠嗣，不得已为出军，而士无尝格⑥，延光不悦。河西兵马使李光弼入说曰："大夫爱惜士卒，有拒延光心，虽名受诏，实夺其谋。然大夫已付万众，而不立重赏，何以贾士勇？且大夫惜数万段赐，以启谗口，有如不捷，归罪大夫，大夫先受祸矣。"忠嗣曰："吾固审得一城不足制敌，失之未害于国。吾忍以数万人命易一官哉！明日见责，不失一金吾、羽林将军，归宿卫，不者，黔中上佐耳。"光弼谢曰："大夫乃行古人事，光弼又何言！"趋而出。延光过期不克，果诉忠嗣沮⑦兵。又安禄山城雄武，扼飞狐塞，谋乱，请忠嗣助役，因欲留其兵。忠嗣先期至，不见禄山而还。数上言禄山且乱，林甫益恶之，阴使人诬告："忠嗣尝养宫中，云吾欲奉太子。"帝怒，召入付三司详验，罪应死。哥舒翰请以官爵赎忠嗣罪，帝意解，贬汉阳太守。卒。后翰引兵攻石堡，拔之，死亡略尽，如忠嗣言，故当世号为名将。

初，在朔方，至互市，辄高偿马直，诸蕃多争来市，故蕃马寖少，唐军精。及镇河、陇，又请徙朔方，河东九千骑以实军。迄天宝末，益滋息。

孙子曰："进不求名。"忠嗣不欲竭中国力以幸功名。又曰："退不避罪。"忠嗣不忍以万人命易一官。又曰："城有所不攻。"忠嗣谓石堡城得之不足制敌，失之未害于国是也。

【注释】

① 特将：独自统率、指挥军队。

② 文降：以虚文归降，也指表面投降。

③ 弢（tāo）：原指装弓或剑使用的套子、袋子，可活用为动词，通"韬"，隐藏的意思。

④ 充牣：充足。

⑤ 钩摭：钩取，探求。

⑥ 尝格：赏赐。

⑦ 沮：同"阻"，阻止，阻遏，终止。

【今译】

王忠嗣，是华州郑县人。父亲王海宾，任太子右卫率。吐蕃侵犯陇右，朝廷下诏命陇右防御使薛讷率军抵御。薛讷派王海宾为先锋，到武阶与吐蕃兵交战，王海宾追击败军到达壕口，斩杀了吐蕃兵众。进攻长城堡，众将嫉妒他的战功，按兵观望，王海宾战死，大军趁机进攻，斩杀叛军一万七千人，缴获战马七万匹、牛羊十四万头。玄宗怜惜他的忠诚，追封为左金吾大将军。王忠嗣当时才九岁，原名叫训。入宫拜见皇帝，他趴在地上大哭，皇帝安慰他说："这是霍去病的遗孤，等长大后可任命为将领。"改赐现名，收养在宫中。肃宗为忠王时，皇帝叫他与王忠嗣交往。等到长大，他为人勇猛刚毅，寡言少语，通晓用兵，皇上与他谈论兵法，能够对答如流，皇帝因此很器重他。萧嵩任河西节度使时，多次将王忠嗣召为自己的部下。皇帝因他年轻，心怀为父复仇的志向，下诏不可以任命他为将领独自统帅军队。萧嵩入朝，王忠嗣说："我跟随您已经三年，没有什么能回报天子。"于是请求率数百精兵突袭敌军。适逢吐蕃大首领赞普在郁标川练兵，部下想要返回，王忠嗣不听，提刀冲入敌阵，斩杀数千人，缴获羊只马匹数以万计。萧嵩向朝廷奏报他的战功。皇帝非常高兴。先后升任为左威卫将军、代北都督。

天宝元年（742年），王忠嗣率兵北上讨伐奚怒皆，两军在桑乾河交战，官军三战三捷，在漠北大展武力，大设宴会而归。当时突厥刚刚发生内乱，王忠嗣进军到碛口筹划谋取突厥。乌苏米施可汗请求投降，王忠嗣考虑到他的势力还很强大，现在只是假意投降而已，于是在木刺、兰山一带驻营，以便探听他的虚实。趁机向朝廷上奏平定敌戎的十八条计策，在拔悉密与葛逻禄、回纥三个部落间施展离间计，进攻多罗斯城，渡过昆水，斩杀了米施可汗，修筑大同、静边二城，调发清塞、横野军充实那里的防御，将受降、振武两地合并为一城，从此突厥族人不敢侵犯边塞。后来，王忠嗣兼任河东节度使。

王忠嗣原本十分勇敢，但到任之后，却能持重安定边界，不生事端。他曾说："和平之世为将，不过安抚众人而已。我不想竭尽中原之力来求取功名。"因此训练士兵和战马，随时进行补充修理。王忠嗣有张漆弓重一百五十斤，经常将它藏起来，表示没有什么用处。军中士气旺盛，每天想着打仗，王忠嗣派间谍窥视敌人的薄弱之处，时常出奇兵袭击敌人，无不获胜，所以士兵也乐意为他效劳。军队每次出发，王忠嗣召集部将，将兵器交给他们，并叫他们发给士兵，即使是弓箭也在上面刻上姓名。军队作战归来，如果有谁丢失弓箭，都按姓名治罪。因此部下人人自励，兵器装备充实。从朔方到云中方圆数千里，王忠嗣命人依据险要修筑城堡，开拓土地很远。自张仁亶以后已四十多年，王忠嗣继续了他的功业。不久王忠嗣改任河西、陇右节度使，暂时代任朔方、河东节度使，佩有四枚将印，拥有强兵重地，统辖方圆万里的地区，为近代所没有。皇帝当时正谋划拿下石堡城，下诏询问进攻的计策，王忠嗣上奏说："吐蕃倾全国之力守卫此城，如果在坚固的城下驻兵，要动用数万士兵，然后才可以夺取，恐怕得不偿失，请整顿兵马，伺机而夺取。"皇帝内心有所不快。而李林甫尤其忌妒他的功劳，时时搜罗他的过失。适逢董延光建议请求攻克石堡城，朝廷下诏命王忠嗣出击，王忠嗣不得已而出兵，但对士兵没有悬赏，董延光很不高兴。河西兵马使李光弼来到军中劝说王忠嗣说："大夫您爱惜士卒，有抗拒董延光之心，虽名义上奉诏，但实际却想改变他的谋略。然而大夫已将上万人的军队交给了他，却不设重赏，用什么来鼓舞士气呢？况且大夫吝惜数万段布匹的赏赐，为谗言留下把柄，如果不能取胜，人们将归罪于大夫，大夫您将会首先遭受祸端啊。"王忠嗣说："我本来考虑的是得到一城不足以制服敌人，失掉了它也不会对国家有害。我怎能忍心拿数万人的性命换取一个官职呢！往后即使受到责罚，不过就是失去一个金吾或者羽林将军的称号，回去守卫长安，再不然的话，也不过贬为一名黔中上佐而已。"李光弼道歉说："大夫是依古人作为行事，我李光弼又有什么可说的呢。"就急步退出。董延光超出了既定的期限，没有取胜，果然上诉朝廷说王忠嗣拒绝出兵，再加上安禄山在雄武筑城，控制了飞狐塞，图谋反叛，请求王忠嗣发兵援助，实际想趁机扣留他的士兵，王忠嗣提前到达，没有见到安禄山而返回。王忠嗣多次上疏说安禄山将要起兵叛乱，李林甫更加嫉恨他，暗中派人诬告他说："王忠嗣曾收养在宫中，说想奉太子即位。"皇帝发怒，召他入朝将他交付三司详加审问，罪当处死。哥舒翰请求用自己的官爵为王忠嗣赎罪，皇帝的怨怒得以缓解，将王忠嗣贬为汉阳太守，随后抑郁而死。后来哥舒翰率兵攻打石堡城，将其攻占，但士兵几乎全部战死，正如王忠嗣所说的那样，因此当代人称他为名将。

当初，王忠嗣在朔方时，到集市上往往用高价收买马匹，众部落争相前来卖马，因此各部落的良马逐渐减少，而唐军的战马逐渐精良。等到王忠嗣任河陇节度使，又请求调派朔方、河东的九千匹马来充实军队。直到天宝末年，战马繁殖兴盛不息。

孙子说："作战应以国家民族利益为重，从大局出发，不应考虑个人的功名和得失。"王忠嗣不想竭尽全国之力以换取功名，不忍心拿数万人的性命换取一个官职。孙子说："有的城邑可以不用攻下。"王忠嗣认为石堡城就是这样得到它不足以制服敌人，失掉了它也不会对国家有害。

【评析】

王忠嗣，唐朝名将。其父王海宾以骁勇闻名，官至太子右卫率。王忠嗣九岁时，王海宾在吐蕃松州保卫战中战死，追赠为左金吾大将军。后来王忠嗣被接入宫中抚养，玄宗收其为义子，赐名忠嗣。唐玄宗曾考校他的兵法，王忠嗣"应对纵横，皆出意表"，玄宗高兴地判断他，"以后一定是位英勇善战的将军"。此后，王忠嗣凭着军功步步高升，直至成为大唐的第一名将。他治军有方，战无不胜。常常委派间谍潜伏刺探敌情，做到了知己知彼。每次分发兵器，都让士卒在每一支羽箭上刻下各自的名字，由此养成了士卒爱惜兵器的习惯，还善于培养和提拔人才，日后救他的哥舒翰是其一手提拔起来的，所器重的勇将李光弼，后来因为平定"安史之乱"而名垂青史，郭子仪和李晟更是再造大唐的功臣和元勋。后遭奸臣李林甫诬告，王忠嗣被贬为汉阳（今湖北）太守，一年后抑郁而死，年仅四十五岁。

梁·刘鄩

【原文】

刘鄩①，密州安丘县人也。幼有大志，好兵略，涉猎史传，事青州王师范。唐昭宗幸凤翔，太祖率师奉迎于岐下。师范遣腹心，乘虚袭取太祖管内州郡。鄩以偏裨陷兖州，遂据其城。初，鄩遣细入诈为鬻油者，觇城内虚实及出入所，视罗城下一水窦②可以引众而入，遂志之。鄩乃告师范，请步兵五百，宵自水窦衔枚③而入，一夕而定。军城晏然，市民无扰。太祖命大将葛从周攻之。时从周家属在城中，鄩善抚其家，升堂拜从周之母。

从周攻城，鄩以板舆④请母登城告从周曰："刘将军待我甚至，新妇⑤已下，并不失所，尔其察之！"从周歔欷⑥而退。鄩料简城中，凡不足当敌者悉出之于外。与将士同甘苦，分衣食，以抗外军。戢兵禁暴，居人泰然。后从周攻围既久，鄩无外援，一日副使王彦温逾城而奔，守陴⑦者从之，鄩禁之不可。鄩即遣人从容告彦温曰："请少将人出，非素遣者勿带行。"又扬言于众曰："素遣从副使行者即勿禁，其擅去者族之。"守民闻之，奔逸者乃止。外军果疑彦温，即戮于城下。自是军城遂固。及师范力窘，从周以祸福谕鄩。鄩报曰："俟青州本使归降，即以城池还纳。"及师范告降，鄩即出城听命。太祖嘉其节概，以为有李英公之风，寻授都押牙。太祖牙下诸将皆四镇旧人，鄩一旦居众人之右，及与诸将相见，并用阶庭⑧之礼，太祖尤奇重之。后晋王入魏州，郭以精兵万人自洹水移军魏县。晋王来觇⑨，郭设伏于河曲丛木间。俟晋王至，大噪而进，围之数匝，杀获甚众，晋王仅以身免。后郭潜师出黄泽西趋太原。将行，虑为晋军所追，乃结刍为人，缚旗于上，以驴负之，循堞⑩而行。数日，晋人方觉。会霖雨积旬，师不克进，郭即整众而旋。魏知临清积粟之所，郭引军将据之。遇晋将周阳五自幽州率兵至，郭乃趋贝州与晋军遇于堂邑，郭要击却之。遂军于莘县，增城垒，浚池隍⑪，自莘及河筑甬道，以通饷路。末帝诏郭出战，郭奏曰："臣深沟高垒，享士训兵，日夜戒严，伺其进取。苟得机便，岂敢坐滋患难？"帝又遣使问郭破敌之策，郭曰："臣无奇术，但人给粮十斛，粮尽则破敌。"帝大怒，诮⑫郭曰："将军蓄米，将疗饥耶？将破贼耶？"乃遣中使督战。郭集诸校而谋曰："主上深居宫禁，未晓兵家，与白面儿⑬共谋，终败大事。大将出征，君命有所不受。临机制变，安可预谋？今揣敌人未可轻动，诸君更筹之。"时诸将皆欲战，郭默然。他日，复召诸将列坐军门，人具河水一器，因命饮之。众未测其旨，或饮或辞。郭曰："一器而难若是，滔滔河流，可胜既乎？"众皆失色。居数日，郭率万余人薄镇定之营。时郭军奄至，上下腾乱，杀获甚多。少顷，晋军继至，乃退。郭自莘引军袭魏州，与晋王战于故元城，王师败绩，郭脱身南奔。及归洛，张宗承旨逼令饮酖而卒。

孙子曰："由不虞之道。"郭自水窦入攻兖州。又曰："无所不用间。"郭令外军杀王彦温。又曰："众草多障者，疑也。"郭结刍为人，以驴负之是也。

【注释】

① 鄩：音为 xún。

② 水窦：水道。

③ 衔枚：古代行军时，为防止喧哗，让士兵衔在口中的竹片或木片。

④ 板舆：古代一种用人抬的代步工具，多为老人乘坐。

⑤ 新妇：新娘子，弟妻，儿媳。

⑥ 歔欷（xūxī）：悲泣，抽噎，叹息。

⑦ 陴：城上的矮墙。亦称"女墙"，俗称"城垛子"。

⑧ 阶庭：台阶前的庭院。

⑨ 觇：偷偷地察看，窥探，侦察。

⑩ 堞：城上如齿状的矮墙。

⑪ 池隍：借指城市。

⑫ 诮（qiào）：责备。

⑬ 白面儿：白面书生。

【今译】

刘鄩，密州安丘县人，自幼就有远大志向，喜好研读兵法谋略，阅读历史传记，后成为青州节度使王师范的部下。唐昭宗到达凤翔。朱全忠率军在岐山下迎接。王师范派遣心腹率军趁朱全忠后方空虚之机攻取其所管辖的州郡。刘鄩担当偏将，攻克了兖州，于是就在城中据守。起初，刘鄩命间谍伪装成卖油的小贩混入城中，了解城里守备虚实及进出城的路线，发现城墙下有一水道可供众人由此进城，就默记在心。刘鄩将这一情况报告给了王师范，要求分拨步兵五百人，在一天晚上，刘鄩让士兵们口中横衔着竹片（或木片）通过水道入城。

这样，仅一个晚上，刘郡便取得了兖州。刘郡率军进城后，城中一如既往，百姓生活丝毫没有受到打扰。朱全忠命令手下大将葛从周率军攻打。当时葛从周的家属都留在兖州城内，刘郡对葛从周的家属给予优待安抚，并亲自登门拜见葛从周的母亲。

葛从周攻城时，刘郡命人将其母亲抬到城墙上对葛从周说："刘将军对我非常好，儿媳妇等人都没有流离失所，你可要好好看看！"葛从周不禁哭泣，于是撤军。刘郡在城中挑选壮丁，充实部队，并将所有难以用来抵挡敌军的人都送出城外，和将士们同甘共苦，穿同样的衣服，同甘共苦，以抵御敌军。刘郡禁止手下士兵施暴，城中百姓生活安然无恙。葛从周围城日久，刘郡又找不到救兵来解围，一天节度副使王彦温翻过城墙逃跑，守卫城墙的士兵也都跟随他而去，刘郡难以制止，他命人从容地向王彦温高呼："请不要带太多士兵出城，不是执行任务需要的士兵不要带出城去。"接着，他又对士兵宣布："如果是先前因任务需要随副使同行的士兵出城，绝不禁止，其他人员若擅自离城，处以诛九族之罪。"守城的士兵听到这些话，逃跑的人也都停了下来。城外敌军果然怀疑王彦温投降的诚意，将其斩杀于城下示众。自此以后，城内守军又都有了坚守不降的决心。等到王师范兵力不足，葛从周派人传话劝降刘郡。刘郡回答道："等到青州节度使本人投降后，我定当立即将城池相让于你。"等到王师范宣告投降，刘郡才领兵出城，听从处置。朱全忠盛赞刘郡的气概，认为他有李英公的风范，便任命他为都城的押牙。当时，朱全忠手下诸将大都是各藩镇的旧将，而刘郡突然成为诸将之首，等到和众将领会见时，接受行礼时泰然自若，朱全忠越发对他重视。此后，晋王入侵魏州，刘郡率领万名精兵从洹水前往魏县。晋王前来暗中查看，刘郡命人埋伏于河流和树林中。等到晋王率军前来，刘郡手下的士兵大声喊叫着出击，将敌军包围了好几层，斩杀俘获大量敌军，只有晋王得以幸免。后来，刘鄩悄悄率军从黄泽岭出发，向西前往太原，将要出发时，刘鄩担心晋军前来追击，就用草料扎成草人，在背上绑上旗帜，用驴驮着，沿着城墙上的矮墙行进。几天后，晋军才发觉。又碰上一连半个月阴雨天，晋军难以取胜，刘鄩于是整理部队，凯旋而归。刘鄩率军将要占领魏州临清的粮仓，正逢晋军将领周阳五率军从幽州赶来，刘鄩于是率军赶往贝州，和晋军在堂邑相遇，刘鄩想要将晋军击退。于是在莘县驻军，修筑城墙，疏通城内水道，又在莘县和黄河之间修筑通道，修通了后勤供给的道路。末帝下诏令刘鄩率军出击，刘鄩上奏说："我命人深挖沟壑加高城墙，宴请将士训练士兵，无论白天夜晚都严加戒备，等待出击。若有利于出战的机会，还怎敢坐视国家有难不管呢？"皇上又派使者来询问刘鄩击退敌军的计策，刘鄩说："我没有奇特的计策，只要求给予每名士兵十斛粮食，粮食用完也就将敌人击退了。"皇上大为生气，责备刘鄩道："将军你储存军粮，是用来填饱肚子呢还是用来击败敌军呢？"于是皇上派中使者前来督战。刘鄩召集众将领商议道："皇上深居宫中，不通晓兵法，和白面书生一同谋事，终会误了国家大事。将军在外征战，皇上的命令可以有所不接受。作战时要随机应变，怎么能提前谋划呢？如今不知敌人意图，不可轻举妄动，各位将领还需再加商议啊。"当时众将领都要求请战出击，刘鄩沉默不语。过了几天，他又召集众将领列坐于军营门前，每人面前摆放一碗河水，他命令将领们喝掉。众将领不知为何意，有的喝了而有的没有喝。刘鄩说道："面对一碗水都这么为难，若是面对滔滔河水哪还能取胜呢？"众将领都大为失色。又过了几天，刘鄩率领一万余名士兵出击，斩杀俘获大量敌军士兵。没过多久，晋军赶到，刘鄩于是率军撤退。刘鄩从莘县率军突袭魏州，和晋王在故元城（今河北大名东）交战，刘鄩的部队战败，刘鄩脱身向南逃跑。回到洛阳之后，张全义奉旨逼令其饮毒酒自杀。

孙子说："由敌人料想不到的道路发起进攻。"刘鄩从水道入城从而攻占了兖州。孙子说："作战要时时用到间谍。"刘鄩借城外敌军之手杀死了王彦温。孙子说："草丛中设有许多障碍物，是敌人搞的疑兵之计。"刘鄩命人扎制草人，用毛驴背着来迷惑敌人。

【评析】

刘鄩，五代时后梁名将。他擅长谋略，有"一步百计"之称。刘鄩少年就有远大志向，喜欢兵法和史传。天复元年，唐昭宗被李茂贞等人绑架至凤翔，宣武节度使朱全忠率四镇之师来抢夺。李茂贞与内官韩全诲矫诏，征天下兵来救援，王师范密派多名心腹将领袭击朱全忠的后方，只有刘鄩以偏师攻陷兖州。此战之后，葛从周特别向朱全忠推荐刘鄩有大将之才，朱全忠见到刘鄩后，认为他是个奇才，任命他为都押牙。当时，朱全忠手下大将都是随他起兵的宿将，而刘鄩以一个降将的身份，突然成为诸将之首，在接受诸将参礼时，泰然自若，更令朱全忠另眼相看。天祐六年六月，刘鄩被任命为河东道招讨使，与华州节度使尹皓攻取同州，晋将李嗣昭率师救援，战于城下，刘鄩兵败，率残兵退走河南。梁末帝怀疑刘鄩故意不战，而尹皓、段凝等人又素妒忌刘鄩的战功，遂进谗言，末帝信以为真，命河南尹张全义逼令刘鄩饮毒酒自杀，时年六十二岁。刘鄩死后，被梁末帝追赠为中书令。

唐·刘词

【原文】

刘词,字好谦,元城人。梁初事邺帅杨师厚,以勇悍闻。唐庄宗入魏,亦列于麾下,两河之战,无不预①焉。晋初从杜重威,败安重荣于宗城。及围镇阳,词自登云梯,身先士伍,以功检校司空。时王师方讨襄阳,命词兼行营都虞侯。襄阳平,迁本州团练使。在郡岁余,临事之暇必被甲枕戈而卧。人或问之,词曰:"我以勇敢而登贵仕,不可一日而忘本也。若信其温饱,则筋力有怠,将来何以报国也?"

及汉有天下,从太祖平邺,加检校太保。李守贞叛于河中,太祖征之,命分屯于河西。守贞遣敢死之士数千,夜入其营,将士怖惧,不知所为。词神气自若,令于军中曰:"此小盗耳,不足惊也。"遂免胄②横戈叱短兵③以击之,贼众大败而退。自是守贞丧胆,不复有奔突之意。河中平,为华州节度使。周显德初,世宗亲征刘崇,词领所部兵随驾。行及高平南,遇樊爱能等自北退回,且言官军已败,止词不行。词弗听,疾驱而北。世宗闻而嘉之,车驾还京,授永兴军节度使。以疾卒于镇。

孙子曰:"惟民是保而利合于主,国之宝也。"词被甲枕戈而卧,思以报国。又曰:"军扰者,将不重也。"词神气自若而退奔突是也。

【注释】

① 预：参与。

② 胄：盔，古代战士戴的帽子。

③ 短兵：指刀剑等短兵器。

【今译】

　　刘词，字好谦，元城人。梁初时是邺城将领杨师厚的手下，以勇猛剽悍闻名。唐庄宗来到魏州，也将其纳入部下，曾参加两河之战。晋初时又跟从杜重威，在宗城将安重荣击败。等到围攻镇阳时，刘词亲自登上云梯，身先士卒，指挥作战，因立战功被任命为检校司空。当时梁军正要攻打襄阳，又让刘词兼任行营都虞候。平定襄阳后，刘词改任为本州围练使。在襄阳任围练使的一年多的时间里，闲暇休息时必定穿着铠甲头枕兵器而眠。有人问他，他说："我是因为作战勇敢才得到这个职位，一天也不能忘记本职工作啊。若放任自己吃喝，那体力就会有所下降，将来还怎么能够杀敌报国呢？"

　　等到后汉建立后，刘词又跟随太祖（郭威）平定了邺城，加任为检校太保。李守贞在河中起兵叛乱，太祖率军前去征讨，分兵驻扎于河西。李守贞派遣由数千人组成的敢死队趁夜色潜入军营，梁军将士都非常害怕，不知道该怎么办。而刘词镇定自若，传令军中说："这只是小股敌人，不足以感到吃惊。"于是命士兵摘下帽子，放下戈矛，拿着短兵器吃喝着出击，敌军战败撤退。自此李守贞信心全无，不再有发动突袭的想法。平定河中后，刘词被任为华州节度使。后周显德初年，世宗亲自率军征讨刘崇，刘词率领所辖军队跟随护驾。部队行进到高平以南，遇见樊爱能等人从北面率军撤退，说梁军已经战败，让刘词不要往北走了。刘词没有听从，加速带领部队向北面行进。世宗知道后十分赞许他。刘词率军回到京城,被授任为永兴军节度使,后因病在永兴镇去世。

孙子说:"一心只求保护民众而符合国君长远的根本利益,这样的将帅,才是国家的宝贵人才!"刘词穿着铠甲头枕兵器而眠,心怀报国之心。孙子说:"敌营惊扰纷乱的,是敌将没有威严的表现。"刘词镇定自若击退了突袭之敌。

【评析】

刘词,以勇悍闻名,曾任后梁、后唐、后晋、后汉和后周五朝的武职。刘词胆识过人,危机意识强烈,常常披甲枕戈而卧。后汉时刘词曾随郭威平定李守贞叛乱,当时李守贞曾命数千敢死士兵偷袭汉军,众将都不知所措,唯有刘词镇定自若,亲自引兵击退。后周时,世宗与北汉契丹联军战于高平,刘词能不为樊爱能的流言所惑,率领后军驰援,及时赶到才取得了最后的胜利,被周世宗器重。刘词虽是武将,但从不苛政扰民,还能够知人善任,北宋名相赵普就是经他推荐才得以入仕的。显德二年(955年)辞世,终年六十五岁,谥号忠惠。